Staat – Souveränität – Nation

Beiträge zur aktuellen Staatsdiskussion

Herausgegeben von
R. Voigt
Netphen, Deutschland

S. Salzborn
Göttingen, Deutschland

Weitere Bände in dieser Reihe:
http://www.springer.com/series/12756

Zu einem modernen Staat gehören Staatsgebiet, Staatsgewalt und Staatsvolk (Georg Jellinek). In Gestalt des Nationalstaates gibt sich das Staatsvolk auf einem bestimmten Territorium eine institutionelle Form, die sich über die Jahrhunderte bewährt hat. Seit seiner Etablierung im Gefolge der Französischen Revolution hat der Nationalstaat Differenzen in der Gesellschaft auszugleichen vermocht, die andere Herrschaftsverbände gesprengt haben. Herzstück des Staates ist die Souveränität (Jean Bodin), ein nicht souveräner Herrschaftsverband ist kein echter Staat (Hermann Heller). Umgekehrt ist der Weg von der eingeschränkten Souveränität bis zum Scheitern eines Staates nicht weit. Nur der Staat ist jedoch Garant für Sicherheit, Freiheit und Wohlstand der Menschen. Keine internationale Organisation könnte diese Garantie in ähnlicher Weise übernehmen.

Bis vor wenigen Jahren schien das Ende des herkömmlichen souveränen Nationalstaates gekommen zu sein. An seine Stelle sollten supranationale Institutionen wie die Europäische Union und – auf längere Sicht – der kosmopolitische Weltstaat treten. Die Zustimmung der Bürgerinnen und Bürger zu weiterer Integration schwindet jedoch, während gleichzeitig die Eurokratie immer mehr Macht anzuhäufen versucht. Die demokratische Legitimation politischer Entscheidungen ist zweifelhaft geworden. Das Vertrauen in die Politik nimmt ab.

Wichtige Orientierungspunkte (NATO, EU, USA) haben ihre Bedeutung für die Gestaltung der Politik verloren. In dieser Situation ist der souveräne Nationalstaat, jenes „Glanzstück occidentalen Rationalismus“ (Carl Schmitt), der letzte Anker, an dem sich die Nationen festhalten (können). Dabei spielt die Frage nur eine untergeordnete Rolle, ob die Nation „gemacht“ (Benedict Anderson) worden oder ursprünglich bereits vorhanden ist, denn es geht nicht um eine ethnisch definierte Nation, sondern um das, was Cicero das „Vaterland des Rechts“ genannt hat.

Die „Staatsabstinenz“ scheint sich auch in der Politikwissenschaft ihrem Ende zu nähern. Und wie soll der Staat der Zukunft gestaltet sein? Dieser Thematik will sich die interdisziplinäre Reihe Staat – Souveränität – Nation widmen, die Monografien und Sammelbände von Forschern und Forscherinnen aus unterschiedlichen Disziplinen einem interessierten Publikum vorstellen will. Das besondere Anliegen der Herausgeber der Reihe ist es, einer neuen Generation von politisch interessierten Studierenden den Staat in allen seinen Facetten vorzustellen.

Rüdiger Voigt
Samuel Salzborn

Rüdiger Voigt
(Hrsg.)

Staatsgeheimnisse

Arkanpolitik im Wandel der Zeiten

Springer VS

Herausgeber
Rüdiger Voigt
Netphen, Deutschland

Staat – Souveränität – Nation
ISBN 978-3-658-16234-4 ISBN 978-3-658-16235-1 (eBook)
DOI 10.1007/978-3-658-16235-1

Die Deutsche Nationalbibliothek verzeichnet diese Publikation in der Deutschen Nationalbibliografie; detaillierte bibliografische Daten sind im Internet über http://dnb.d-nb.de abrufbar.

Springer VS

Gedruckt auf säurefreiem und chlorfrei gebleichtem Papier

Springer VS ist Teil von Springer Nature
Die eingetragene Gesellschaft ist Springer Fachmedien Wiesbaden GmbH
Die Anschrift der Gesellschaft ist: Abraham-Lincoln-Str. 46, 65189 Wiesbaden, Germany

Inhalt

Einleitung

Rüdiger Voigt

„Das Geheimnis wirkt als Schutz für und Schutz gegen das Heilige."
(Assmann/Assmann 1997, S. 7)

Nicht nur in den Kulturen indigener Völker (z. B. in der Südsee) gibt es Tabus, die bei religiös-gesellschaftlicher Strafe nicht gebrochen werden dürfen. Es handelt sich dabei um Plätze, Gebäude, Natur und Kunstgegenstände, die als unantastbar gelten (Dingeldein/Emrich 2015). So dürfen z. B. Frauen in diesen Kulturen die geheiligten Plätze nicht betreten, geheiligte Gegenstände nicht berühren. In der westlichen Welt gibt es ebenfalls Tabus, die aber eine andere Funktion haben. Sie schützen ein Thema vor dem Diskurs in der Gesellschaft, es kommt dann in der öffentlichen Diskussion nicht vor. Wer das Thema trotzdem behandeln möchte, setzt sich dem Unwerturteil oder zumindest dem Unverständnis der Mehrheit aus. Eine sachliche politische Diskussion ist somit nicht möglich.

Offensichtlich können und dürfen die Bürger nicht über alles Bescheid wissen, was mit Staat und Regierung zu tun hat. Thomas Hobbes hatte bereits im Titelbild zu seinem *Leviathan* (1651) zum Ausdruck gebracht, dass es Bereiche der Macht gibt, die dem Auge des Betrachters entzogen werden (müssen). Carl Schmitt hat den Vorhang im unteren Mittelfeld des Frontispiz des *Leviathan*, das sich auf der zweiten, dem Titelblatt gegenüberliegenden Seite befindet und einige Berühmtheit erlangt hat, als Zeichen für die geheime Machtpolitik des Staates (*Arcanum imperii*) gedeutet (Schmitt 1995). Aleida und Jan Assmann sprechen von einem „Schleier", wenn sie die Grenzen des Wissbaren bezeichnen wollen. In diesem geistigen Umfeld ist auch das Staatsgeheimnis angesiedelt. Staatsgeheimnis und Öffentlichkeit sind allerdings komplementäre Begriffe. Es ist daher auch sicher kein Zufall, dass Geheimdienste und eine durch Zeitungen vermittelte bürgerliche Öffentlichkeit ungefähr zur gleichen Zeit etabliert worden sind. Die Anfänge der Arkanpolitik sind allerdings viel früher zu finden. Wenn man von der Antike absieht, finden bereits mit Beginn der Neuzeit Diskussionen über die Zulässigkeit von (politischen) Geheimnissen und von Handlungen des Fürsten, die den Rahmen allgemeiner Zulässigkeitsregeln verlassen, statt.

Insbesondere in der Außenpolitik und noch stärker im Krieg soll bzw. darf der Gegner nicht im Voraus die Strategie der Regierung kennen. Bestimmte Informationen werden der Allgemeinheit nicht zugänglich gemacht, sondern als schützenswerte Geheimnisse des Staates behandelt. Vor allem den Amtsträgern, aber auch Privatpersonen, wird dann – bei Androhung von Strafe – verboten, diese Geheimnisse auszuplaudern. Die Frage ist allerdings, ob dies – z. B. in innenpolitischen Fragen – auch für die eigenen Staatsbürger gilt. Und wie weit darf die Festlegung von Geheimnissen gehen? Sind wirklich nur staatsrelevante Informationen gemeint, bei deren Bekanntwerden der Bestand der Republik gefährdet wäre, oder geht es auch um solche Informationen, deren Bekanntwerden den Machtanspruch der Regierung und der in ihr vertretenen Parteien in Frage stellen könnten? Mit anderen Worten: Dürfen die Herrschenden durch das Erklären von Informationen zu „Staatsgeheimnissen" ihre persönliche Machtposition sichern und womöglich auf Dauer stellen? Oder ist nicht – umgekehrt – in einer liberalen Demokratie, die auf dem Öffentlichkeitsprinzip beruht, nur äußerst sparsam von diesem Herrschaftsinstrument, der Arkanpolitik, Gebrauch zu machen?

In der Demokratie gilt zwar grundsätzlich das Öffentlichkeitsgebot, dennoch gibt es auch hier das Staatsgeheimnis, das man – um in derselben Terminologie zu bleiben – *secretum* nennen könnte. Der gewissermaßen hell beleuchteten Seite der Macht, dem „guten Staat", steht eine dunkle Seite, der „böse Staat" gegenüber, der notfalls mit Polizeigewalt nicht nur die staatliche Ordnung, sondern auch die Herrschaft der Machthaber schützt. Der Titel „Staatsgeheimnisse" für diesen Band ist bewusst gewählt, er soll deutlich machen, dass damit mehr als der von Tacitus stammende Begriff *arcana imperii* gemeint ist. Es liegt nämlich nahe, *arcana imperii* mit der „guten Staatsräson" in Verbindung zu setzen, wie es Tacitus vorgegeben hat. Vor allem in seinem berühmtesten Werk *Il Principe* hat Niccoló Machiavelli diese Diskussion später aufgegriffen. Dem Fürsten sind Herrschaftstechniken der *arcana imperii* erlaubt, die dem Bürger verboten sind, wie z. B. Lügen, Täuschen, Tarnen und Vertuschen. Allerdings handelt es sich dabei um ein notwendiges Übel und keineswegs um eine normale Regierungstechnik. Der Fürst darf sich auf die *arcana imperii* vor allem dann berufen, wenn er damit das öffentliche Wohl schützt und fördert. Die Erhaltung des bestehenden Gemeinwesens und seiner eigenen Macht sind dabei zwar zulässig, aber dem Gemeinwohl nachgeordnet.

In drei Teilen wird die Arkanpolitik des Staates von ihrer Entstehung über ihre Blütezeit und ihre Exzesse in Kriegszeiten bis zu ihrer vorgeblichen Abschaffung, tatsächlich aber ihrer Wiederauferstehung in den liberalen Demokratien des Westens im Zeichen des globalen Terrorismus behandelt. Dabei wird eine chronologische Vorgehensweise innerhalb der Teile mit einer diachronen Betrachtungsweise im Gesamtkonzept kombiniert. Die Autoren bzw. Autorinnen der Beiträge dieses Sammelbandes sind Politik- und RechtswissenschaftlerInnen, HistorikerInnen, SoziologInnen und PhilosophInnen.

Literatur

Assmann, A., Assmann, J. i.V.m. Hahn, A. und Lüsebrink, H.-J. (Hrsg) 1997. *Schleier und Schwelle*. Bd. 1: Geheimnis und Öffentlichkeit. München: Wilhelm Fink.

Bredekamp, H. 2012. *Thomas Hobbes Der Leviathan*. Das Urbild des modernen Staates und seine Gegenbilder 1651-2001. Berlin: Akademie Verlag.

Dingeldein, A., Emrich, M. (Hrsg.) 2015. *Texte und Tabu*. Zur Kultur von Verbot und Übertretung von der Spätantike bis zur Gegenwart. Bielefeld: Transcript.

Horn, E. 2007. *Der geheime Krieg*. Verrat, Spionage und modern Fiktion. Frankfurt am Main: Fischer.

Schmitt, C. 1995. *Der Leviathan in der Staatslehre des Thomas Hobbes*. Sinn und Fehlschlag eines politischen Symbols. 2. Auflage. Stuttgart: Klett-Cotta.

Simmel, G. 1923. Das Geheimnis und die geheime Gesellschaft (1908). In: Ders., *Soziologie. Untersuchungen über die Formen der Vergesellschaftung*. 3. Aufl. München und Leipzig: Duncker & Humblot.

Stolleis, M. 1980. *Arcana imperii und ratio status*. Bemerkungen zur politischen Theorie des frühen 17. Jahrhunderts. Göttingen: Vandenhoeck & Rupprecht.

Stolleis, M. 1980. *Staat und Staatsräson in der frühen Neuzeit*. Studien zur Geschichte des öffentlichen Rechts. Frankfurt am Main: Suhrkamp.

Tacitus: *Annalen*, 1. Buch, 6. Kapitel, 2. Buch, 36. Kapitel.

Westerbarkey, J. 2015. *Geheimnisse*. Dunkelkammern der Öffentlichkeit. Berlin: LIT-Verlag.

Arcana Imperii

Das Staatsgeheimnis als Instrument der Arkanpolitik

Rüdiger Voigt

Staatsgeheimnisse sind in einem den Blicken des Publikums verborgenen Raum außerhalb der Sphäre der Moral angesiedelt (Horn 2007, S. 104). Es ist ein „rechtsfreier Raum", in dem staatliche Macht sich ohne öffentliche Kontrolle Geltung verschafft. „Der Raum des Staatsgeheimnisses ist die in der Ordnung selbst vorgesehene Aufhebung der Ordnung, der in der Kultur der Öffentlichkeit integrierte Entzug der Öffentlichkeit" (Horn 2007, S. 117 unter Bezug auf Carl Schmitt). Denn obgleich der Staat die „öffentliche Gewalt" schlechthin ist, entziehen sich Staatsgeheimnisse bewusst der Öffentlichkeit. „'Öffentlich' in diesem engeren Sinne wird synonym mit staatlich" (Habermas 1990, S. 55, 75).

> „Das Prärogativ der Macht ist es, gewisse Fragen gar nicht erst zur Debatte zu stellen, sich nicht auf Rechtfertigungen einzulassen, sondern bestimmte Dinge im Verborgenen zu erledigen. [...] Macht ist das, was nicht debattiert werden muss und sich nicht rechtfertigt" (Horn 2007, S. 103f.).

Pierre Bourdieu hat diesen Aspekt der „symbolischen" Macht unter Platons Begriff „Doxa" gefasst. Darunter versteht er die für selbstverständlich gehaltenen Regeln, Funktionsmechanismen und Formen des Handelns und Wissens (Bourdieu 1980, S. 125). Indem der Staat den Rahmen alltäglicher sozialer Praktiken absteckt, „errichtet und unterrichtet der Staat symbolische Formen des gemeinsamen Denkens, soziale Grenzen der Wahrnehmung, der Verständigung oder der Erinnerung, staatliche Formen der Klassifizierung" (Bourdieu 2004, S. 224). Es liegt auf der Hand, dass diese „Doxa" von größter Bedeutung für die Politik ist, sie ist die Garantie für die Herrschenden, dass die stets beschworene „Alternativlosigkeit" politischer Entscheidungen von den Menschen für wahr gehalten wird (Voigt 2012a).

Alle gebrauchen gewisse Kunstgriffe, um ihr Ziel zu erreichen. Im Staat muss es dabei stets (wenn auch mehr oder weniger dekorative) Bemühungen geben, die einen Schein von Freiheit erwecken, um das Volk zu beruhigen (Schmitt 1921, S. 14). Bei den *Arcana imperii* geht es aber vor allem um das geheime Herrschaftswissen staatlicher Funktionsträger, ein Wissen also, das den Machtbestrebungen der Herrschenden dienlich ist. So gesehen handelt es sich um eine Verdoppelung des Verheimlichens: Das Staatsgeheimnis ist nicht nur selbst geheim, sondern es ist zugleich das Geheimnis des Selbsterhalts der Macht. Beide Aspekte sollen möglichst verborgen (geheim) bleiben. Besonders wirkungsvoll ist dabei der „Geheimnis-Effekt", also „das Bewusstsein, dass es ein Geheimnis gibt, ein Effekt, der, zumal in der Strukturierung von Machtbeziehungen, machtvoller sein kann als ein tatsächlich existierendes Geheimnis" (Horn 2007, S. 105 unter Bezugnahme auf Jacques Derrida). Das Staatsgeheimnis zeigt sich nicht als „normale" Regierungspraxis, sondern als Skandal, Panne oder Indiskretion. Dieser „Geheimnis-Effekt" ist besonders interessant für die quotenorientierten Massenmedien und ihre Enthüllungsjournalisten.

> „Man weiß, da ist etwas, das entdeckt und entschlüsselt werden will. Es erzeugt und nährt eine ständige Aufforderung zur Suche und zum Misstrauen" (Horn 2007, S. 122).

In der Demokratie haben die *Arcana imperii* eine besonders große politische Bedeutung. Tatsächlich kann die aktuelle Diskussion über sie kaum von dem Diskurs über Souveränität, Staatsräson und Macht einerseits sowie Öffentlichkeit, Transparenz und Partizipation andererseits getrennt werden. Niccoló Machiavelli hat in seinem berühmten Buch *Il Principe* (1513) bereits deutlich gemacht, dass Politiker durch die Geheimhaltung von Informationen, Entscheidungen und Absichten versuchen, Macht zu gewinnen, zu erhalten und zu steigern. Dabei geht es um einen „Katalog geheimer Praktiken, die die Erhaltung der Herrschaft über das unmündige Volk sichern sollen" (Habermas 1990, S. 117). Solche politischen Geheimnisse haben eine jahrhundertelange Tradition. An ihnen entzündet sich heute jedoch die brisante Frage nach dem Charakter demokratischer Herrschaft. Muss nicht zumindest in der Demokratie die Regierung alle Fakten „auf den Tisch legen", damit das Volk als Souverän – i.d.R. repräsentiert durch das Parlament – auf Grund einer umfassenden Kenntnis der Tatsachen entscheiden kann? Oder gibt es auch in einem demokratischen Staat Bereiche („Arkanbereiche"), die zu brisant sind, um auf dem öffentlichen „Markt der Informationen" be- und gehandelt zu werden? Dabei könnte es z. B. um die Sicherung der freiheitlich demokratischen Grundordnung oder um den Bestand der Bundesrepublik Deutschland gehen. Gibt es womöglich ein Interesse des Staates an sich selbst, das im Ernstfall Vorrang vor den Anforderungen der Demokratie beanspruchen kann?

1 Politisch-gesellschaftliche Rahmenbedingungen

Die Antwort auf diese brisanten Fragen hängt nicht zuletzt von den politisch-gesellschaftlichen Rahmenbedingungen ab. Dabei spielt nicht nur das in der Verfassung festgelegte grundsätzliche Verständnis von Demokratie und Staat sowie ihr Verhältnis zueinander eine bestimmende Rolle, sondern auch die Beschaffenheit der modernen Kommunikationsgesellschaft. Sind für aggressive Boulevardmedien in Presse, Fernsehen bzw. Internet und ihre Enthüllungsjournalisten Sensationen um jeden Preis wichtiger als die Interessen eines „good government", dann müssen bestimmte Informationen geheim gehalten werden, um größeren Schaden zu vermeiden. Das Staatsgeheimnis erscheint so im Rahmen der Staatsräson als „politische Sachtechnik" (Carl Schmitt), als eine Art Wissensverwaltung. Dabei fragt es sich natürlich, welche Werte, Gründe bzw. Ziele eine solche Geheimhaltung oder aber ihre Durchbrechung rechtfertigen. Denn auf der anderen Seite ist die Versuchung für die Herrschenden groß, die Geheimhaltung vor allem als Instrument zur Machterhaltung zu nutzen und unter dem Vorwand der Schadensabwendung vom Staat eigene dubiose Machenschaften vor den Blicken der Öffentlichkeit zu verstecken. In der heutigen Gesellschaft sind Massenmedien für die Politik von zentraler Bedeutung. Geschickte Politiker gehen daher eine symbiotische Partnerschaft mit bestimmten Medien und ihren Journalisten ein. Sie nutzen diese Medien mit einer Mischung aus Offenheit, Verdrehung und Verheimlichung zur Verbreitung der ihnen genehmen Informationen und zur Verheimlichung ihnen unangenehmer Fakten, um so ihre politischen Ziele besser durchsetzen zu können.

1.1 Postdemokratie

In der neueren politiktheoretischen Diskussion über die sog. Postdemokratie spielt die Geheimsphäre der Politik eine bedeutende Rolle. Colin Crouch hat darauf aufmerksam gemacht, dass neben der öffentlichen Seite der Politik, die in den Wahlkämpfen der Parteien ihren Höhepunkt finden sollte, konkurrierende Teams professioneller PR-Experten insgeheim die Themen für den Wahlkampf so aussuchen, dass sie die Bürger von den eigentlichen Problemen ablenken und die öffentliche Debatte zum Spektakel verkommt (Crouch 2008, S. 10).

> „*Secrecy*, Geheimhaltung, entfaltet sich demgemäß zwischen einem Schutz von bürgerlichen Freiheitsrechten (etwa im Wahlgeheimnis) und der Unabhängigkeit von Entscheidungen (im Amtsgeheimnis) einerseits und einer Bedrohung von Gesetzlichkeit und demokratischer Transparenz andererseits" (Horn 2007, S. 118 unter Bezug auf Carl J. Friedrich).

So genannte *Spin Doctors* werden von Politikern dafür bezahlt, dass sie politisch relevanten Ereignissen in der Mediendarstellung den „richtigen Dreh" (englisch: spin) geben, um sie in positivem Licht zu zeigen. Die wichtigen Entscheidungen werden demgegenüber nicht vor den Augen der Öffentlichkeit, sondern hinter verschlossenen Türen von Politikern und Lobbyisten ausgehandelt. Wer zu diesem „erlauchten" Kreis der Geheimnisträger gehört, sieht sich als Angehöriger einer Elite, die von dem grundsätzlich für alle geltenden Recht „befreit" ist. Pierre Bourdieu hat in diesem Zusammenhang von „Staatsadel" gesprochen (Bourdieu 2004).

Ein Beispiel für Geheimpolitik sind die geheimen Verhandlungen der EU-Kommission mit den USA über ein Transatlantisches Freihandelsabkommen (TTIP), die im Juli 2013 begonnen haben. Ursprünglich sollten nicht einmal die nationalen Parlamente Informationen über TTIP erhalten. Alles sollte unter dem Siegel der Verschwiegenheit behandelt werden. Man fragt sich natürlich, was die Protagonisten zu verbergen hatten. Nach massiven Protesten dürfen Bundestagsabgeordnete jedoch seit einiger Zeit in einem speziellen Leseraum TTIP-Dokumente einsehen. Ihnen ist allerdings lediglich erlaubt, handschriftliche Notizen zu machen, das Anfertigen von Kopien oder Fotografien der Unterlagen ist hingegen verboten. Ihre Mobiltelefone müssen die Abgeordneten vor Betreten des Leseraums abgeben. Über die von ihnen eingesehenen Dokumente dürfen die Parlamentarier nicht sprechen. Bei Zuwiderhandlung drohen ihnen disziplinarische und/oder rechtliche Maßnahmen. Am 2. Mai 2016 veröffentlichte allerdings Greenpeace Niederlande eine Abschrift der Dokumente, die von dem Rechercheverbund der Süddeutschen Zeitung und des Norddeutschen Rundfunks alsbald als echt bestätigt wurden.

1.2 Whistleblower

In dieser Situation, in der Politiker weite Bereiche der Politik geheim zu halten versuchen, treten sog. Whistleblower in Aktion, die für die Allgemeinheit wichtige Informationen an die Öffentlichkeit bringen und damit die Interessen der Herrschenden konterkarieren. Sind sie „Helden", die der geballten Staatsmacht bzw. machtversessenen Politikern trotzen, um die Demokratie zu „retten"? Oder sind sie umgekehrt unverantwortliche Idealisten, die wegen ihrer „Blauäugigkeit" eine Gefahr für den demokratischen Staat bilden? Oder sind sie sogar kriminelle Verräter bzw. Spione, denen – womöglich mit der Todesstrafe oder lebenslanger Haft – das Handwerk gelegt werden muss. Kein Wunder also, dass Informanten wie Chelsea (Bradley) Manning oder Edward Snowdon gnadenlos bestraft werden bzw. bei Ergreifen eine solche Bestrafung zu erwarten haben. Gefreite(r) Manning sitzt eine 35jährige Freiheitsstrafe ab, der ehemalige NSA-Mitarbeiter Snowdon lebt im Exil in Moskau, um sich der Verurteilung durch die US-Justiz zu entziehen. Das Medium für die Veröffentlichung geheimer Informationen war noch zu Zeiten der Pentagon-Papiere (1971) die Presse, heute ist es daneben vor allem das Internet, in dem sich mit WikiLeaks eine eigene Plattform für derartige Enthüllungen etabliert hat. Die Geheimhaltungspraxis der demokratischen Regierungen, immer mehr Themen als Verschlusssachen zu deklarieren, hat diese Enthüllungsplattform auf den Plan gerufen. *Leak* bedeutet eine nicht autorisierte Veröffentlichung von Informationen. Ein maßgeblicher Initiator von WikiLeaks ist der australische Aktivist Julian Assange, der seit 2012 wegen der gegen ihn in Schweden erhobenen Vergewaltigungsvorwürfe und der Angst vor Auslieferung und Strafprozess in den USA in der Botschaft Ecuadors in London lebt und politisches Asyl erhalten hat.

2 Arcana imperii – arcana dominationis

Arcana Imperii sind die Geheimnisse der Herrschaft einer Politik, die sich hinter verschlossenen Türen, also unter Ausschluss der Öffentlichkeit abspielt. Geheimdiplomatie, Geheimverträge und Geheimdienste kennzeichnen die dunkle Seite der Macht. Botero, Bodin, Ammirato und Clapmarius haben die *Arcana imperii* als (ganz „normale") Regeln der Regierungstechnik bzw. der Herrschaftsstabilisierung behandelt.

> Sie sind „die innersten und verborgenen Mittel oder Ratschläge derer, die im Staat die Herrschaft innehaben. Sie dienen sowohl ihrer eigenen Ruhe als auch der Bewahrung der gegenwärtigen Staatsverfassung, und zwar um des öffentlichen Wohls willen" (Clapmarius 2013, S. 9; Disselkamp 2002, S. 176).

Clapmarius hat die (legitimen) *Arcana imperii* in drei Gruppen unterteilt: Erstens die „*arcana imperii sive sophismata*", die der Erhaltung der bestehenden Staatsform dienen, zweitens die „*arcana dominiationis*", die der Fürst zu seiner persönlichen Sicherheit gebraucht, sowie drittens die „*simulacra imperii sive arcana inana*", die Trug- und Scheinbilder, die der Fürst zur Erhaltung seiner Herrschaft verbreitet (Mährle 2000, S. 339). Diese Unterteilung erscheint erstaunlich aktuell, gerade auch was die dritte Kategorie betrifft, die Clapmarius ebenfalls für legitim hielt.

2.1 Mysterien des Staates?

Über Jahrhunderte galt diese Auffassung für Kirche und Staat, sie gilt heute – wenn auch mit Modifikationen – auch für moderne liberaldemokratische Staaten. In diesem Zusammenhang weist Michael Stolleis zu Recht darauf hin, dass die *Arcana imperii* ein säkularisierter Abkömmling der *mysteria ecclesiae* sind. Das Mysterium ist das Nicht-Wissbare, das religiöse oder kultische Geheimnis (Horn 2007, S. 107). Eine weitere, folgenreiche Verbindung zeigt sich in Folgendem:

> „Die Parallelen zwischen [...] *ministerium* und *mysterium* [...], zwischen Priestern und Juristen, die beide als Wissenseliten spezifische Arcana verwalten, sind von zentraler Bedeutung für die Entstehung des modernen States" (Stolleis 1980, S. 6).

Ernst Kantorowicz war es, der den theologischen Ursprung des Mysteriums bis in das 17. Jahrhundert verfolgt hat (Kantorowicz 1990, S. 205ff.). „Die *Mysteries of State* [bezeichnen] die spätmittelalterliche Konstruktion der Heiligkeit des Souveräns als überirdisches, unsterbliches *corpus mysticum* des Staates" (Horn 2007, S. 107). Von einem solchen Mysterium sind die liberaldemokratischen Staaten des Westens allerdings weit entfernt. „[...] *Arcanum* hat auch da, wo er Staatsgeheimnisse bedeutet, nicht mehr und nicht weniger Mystisches wie der moderne Begriff des Betriebs- und Geschäftsgeheimnisses [...]" (Schmitt 1921, S.13).

Es besteht kein Zweifel daran, dass die *Arcana imperii* keineswegs auf absolutistische oder totalitäre Regime begrenzt sind. Sie erweisen sich bei näherer Betrachtung vielmehr als Instrumente staatlichen Handelns, die in allen Staaten – unabhängig von der Staatsform – eingesetzt werden. Auch in den heutigen Liberaldemokratien des Westens halten die Herrschenden sie für selbstverständlich und sind nicht bereit, auf sie zu verzichten.

> „Zu den Arcana imperii gehören daher bei den verschiedenen Staatsformen (Monarchie, Aristokratie, Demokratie) die verschiedenen Methoden, das Volk in Ruhe zu halten, zum Beispiel in der Monarchie und der Aristokratie eine gewisse Beteiligung an politischen Institutionen, namentlich aber Rede- und Preßfreiheit, die eine geräuschvolle, aber politisch bedeutungslose Beteiligung an staatlichen Vorgängen zulassen [...]" (Schmitt 1921, S. 14f.).

Die Frage ist dann jedoch, zu welchem Zweck diese Geheimpolitik heute dient und inwieweit ihr Einsatz legitim ist. Und gibt es überhaupt eine Möglichkeit, zwischen legitimen und illegitimen Zwecken sauber zu trennen?

2.2 Gute und schlechte Geheimnisse

Den *Arcana imperii*, den „guten" Geheimnissen, stellt Carl Schmitt die *Arcana dominationis*, die „schlechten" Geheimnisse, gegenüber, die sich (nur) auf den Schutz und die Verteidigung der herrschenden Personen beziehen (Schmitt 1921). Dabei geht es zum einen um den Schutz dieser Personen bei außerordentlichen Ereignissen, Rebellionen und Revolutionen. Zum anderen wird dadurch festgelegt, welche Mittel verwendet werden sollen, um mit solchen Ereignissen fertig zu werden. Damit knüpft Schmitt an die Tradition des Tacitismus an, in der z. B. Scipione Ammirato 1598 – darin Tacitus folgend – die „gute Staatsräson" mit den *Arcana imperii*, die schlechte hingegen mit den *Dominationis flagitia* umschrieben hat (Stolleis 1980, S. 6). *Flagitia* sind nach Tacitus Rechtsbrüche, die keinesfalls erlaubt sind. Niccoló Machiavelli hat diese Diskussion später in seinen Schriften, vor allem im *Principe*, aufgegriffen. Er gilt als bedingungsloser Verfechter der Staatsräson (Voigt 2012), der die Macht des Souveräns erhalten und erweitern wollte.

Auf der anderen Seite ist jedoch zu bedenken: Die Transparenz politischer Entscheidungsfindung gehört zu den unverzichtbaren Grundlagen der Demokratie. Geheimhaltung ist in der Demokratie eine „Pathologie des Politischen" (Horn 2007, S. 9, 118). Prinzipiell schließt die Volkssouveränität jegliche *Arcana imperii* aus (Lotter 2014, S. 16). Der Wirkungsraum „unsichtbarer Mächte" sollte in Demokratien – idealtypischerweise – gegen Null tendieren. Arkanpraktiken werden daher zu Recht als „Verstoß gegen das Öffentlichkeitsprinzip" gerügt (Stolleis 1990, S. 37). Da es dennoch Bereiche der Politik gibt, die geheim bleiben sollen, gibt es in liberalen Demokratien die sog. Doppelte Öffentlichkeit (Westerbarkey 2015, S. 151). Das bedeutet, dass bei wichtigen Gremiensitzungen zwei Protokolle angefertigt werden, eines für die Mitglieder und eines für die Allgemeinheit. Norberto Bobbio kommt bei seiner Analyse der Zukunft der Demokratie allerdings zu einer ernüchternden, wenn auch realistischen Schlussfolgerung:

> „Je höher der Verselbständigungsgrad der Bürokratie und je geringer die institutionellen Möglichkeiten zur Repräsentation und Vermittlung gesellschaftlicher Interessen- und Wertkonflikte im politischen System und zur wirksamen Kontrolle von Herrschaftspraktiken durch intermediäre Institutionen (Parteien und andere gesellschaftliche Organisationen) oder die politische Öffentlichkeit (Parlamente und Medien) sind, desto größer ist der Wirkungsraum „unsichtbarer Mächte", d. h. der Arkanbereich „arcana imperii" von Politik" (Bobbio 1988, S. 100).

Den Terminus „doppelte Öffentlichkeit" kann man aber auch so verstehen, dass – wie in einem Theater – auf der Vorderbühne von zweitklassigen „Schauspielern" ein Stück für die Öffentlichkeit der Medien und der Bürger aufgeführt wird, das freilich mit der Realität wenig zu tun hat. Auf der Hinterbühne (in Hinterzimmern) kommen hingegen die eigentlichen Entscheider zusammen, die im Dunkeln geheime Verabredungen treffen und wichtige Entscheidungen fällen.

2.3 Militärisch-politische Aufklärung

„Die Institutionen, die zugleich für die Anrüchigkeit wie die Effizienz des Geheimnisses in der Politik der Moderne verkörpern, sind die Geheimdienste" (Horn 2007, S. 126). Die englische Bezeichnung „Secret Intelligence" macht deutlich, dass es dabei vor allem um „militärisch-politische Aufklärung", also um die Verarbeitung von ganz spezifischem Wissen geht. Es liegt auf der Hand, dass die damit befassten Institutionen in der Demokratie einer besonderen Aufmerksamkeit durch den Souverän bedürfen. Grundaxiom der westlichen Liberaldemokratien ist das Repräsentationsprinzip. Danach repräsentiert das Parlament durch seine gewählten Abgeordneten das Volk als Souverän. In repräsentativen Demokratien tritt das Parlament (mit Ausnahme der Parlamentswahlen) weitgehend oder sogar vollständig an die Stelle des Staatsvolkes. „Der Wert der Repräsentation beruht darauf, daß Publizität und Personalität dem politischen Leben seinen Charakter geben" (Schmitt 1928, S. 214). Publizität ist also eine der wichtigen Voraussetzungen für die Funktionsfähigkeit der repräsentativen Demokratie.

> „Die Publizität der Parlamentsverhandlungen sichert der öffentlichen Meinung ihren Einfluß, sichert den Zusammenhang zwischen Abgeordneten und Wählern als Teilen ein und desselben Publikums" (Habermas 1990, S. 154).

Kontrollinstanz für die Aktivitäten der Regierung (und der Geheimdienste) ist das Parlament, das diese Aufgabe durch seine Ausschüsse, gelegentlich auch durch gerichtsähnliche Untersuchungsausschüsse, wahrnimmt. In der parlamentarischen Demokratie geht die Regierung allerdings aus dem Parlament hervor und agiert selbst durch die Abgeordneten der Regierungspartei(en) im Parlament. Da ein allzu starker Widerstand der Regierungspartei(en) im Parlament leicht zum Sturz der Regierung führen könnte, findet die Kontrolle der Regierung hier schnell ihre Grenze. Das gilt besonders für das Verhalten von Regierung und Parlament gegenüber in- und ausländischen Geheimdiensten.

2.4 Der Umgang mit Geheimdiensten

Der Umgang der Bundesregierung mit dem Bundestag in Sachen Spionagetätigkeit der US-amerikanischen National Security Agency (NSA) in Deutschland zeigt andererseits jedoch, wie wichtig, ja geradezu ausschlaggebend die Handhabung von Geheimnissen und der Umgang mit Geheimdiensten auch in einer parlamentarischen Demokratie sind. Am 20. März 2014 wurde vom Deutschen Bundestag ein Untersuchungsausschuss eingesetzt, der „Ausmaß und Hintergründe der Ausspähungen durch ausländische Geheimdienste in Deutschland aufklären“ soll, der sog. NSA-Untersuchungsausschuss. Mehrere Ausschussmitglieder – einschließlich des ersten Vorsitzenden Clemens Binninger (CDU) – traten im Laufe der Arbeit des Ausschusses zurück. Dass dies mit einem „Veto“ der Bundesregierung, Edward Snowdon als Zeugen durch den Ausschuss zu befragen, in Zusammenhang stehe, konnte nicht nachgewiesen werden.

In einem Mitte Oktober 2014 bekannt gewordenen Schreiben von Kanzleramtsminister Peter Altmaier (CDU) an die Mitglieder des NSA-Untersuchungsausschusses wurde diesen mit Strafanzeige wegen der aus dem Ausschuss „durchgesickerten“ Informationen gedroht („Ich behalte mir vor, im Wiederholungsfall Strafanzeige gegen Unbekannt zu erstatten“). Den (Partei-) Obleuten des Ausschusses wurden zudem sog. Krypto-Handys zur verschlüsselten Kommunikation ausgehändigt. Solche „Aufsichtsmaßnahmen“ zeugen von einem merkwürdigen Verständnis der Gewaltenteilung. Hat sich das „Hohe Haus“ den Wünschen (Anordnungen) der Kanzlerin zu fügen? Die USA sollen für den Fall, dass Deutschland Snowdon Asyl gewähren würde, mit der Beendigung der Zusammenarbeit der US-Geheimdienste mit deutschen Behörden in Sachen Terrorabwehr gedroht haben. Im Interesse der „Freundschaft“ zu den Vereinigten Staaten von Amerika und aus Angst vor terroristischen Anschlägen wurde die Arbeit des Bundestags-Untersuchungsausschusses durch die Bundesregierung massiv behindert.

2.6 Auf dem Weg in den Präventionsstaat?

War es zu früheren Zeiten die Armee, die einen „Staat im Staate“ bildete, so sind es heute eher die Geheimdienste, die sich häufig jeder parlamentarisch-demokratischen Kontrolle entziehen. Für CIA und NSA gilt das schon lange, für den BND war das bislang hingegen nicht so deutlich zu erkennen. Dieser liefert offenbar ungefiltert Daten – z. B. aus der Überwachungsstation Bad Aibling – an die US-amerikanischen Geheimdienste. Dass dies mit den Notwendigkeiten der Abwehr terroristischer Bedrohungen und/oder mit der Notwendigkeit „guter Beziehungen“ z. B. zu den

US-Geheimdiensten begründet wird, macht den Schaden für die Demokratie nicht erträglicher.

> „Die modernen *arcana imperii* sind ein auf Dauer gestellter Ausnahmezustand, eine permanente (Selbst-) Suspendierung der Rechtsordnung, in deren Raum die Möglichkeit einer ‚rechtsfreien' Gewalt eröffnet wird" (Horn 2007, S. 120).

Diesen „permanenten Ausnahmezustand" versteht Giorgio Agamben als Antwort auf den „weltweiten Bürgerkrieg" und bezeichnet ihn als „normale" Regierungspraxis (Agamben 2004, S. 7). Der Rechtsstaat scheint auf dem Wege zu einem Präventionsstaat zu sein (Brunhöber 2014). Nicht nur ausländische Terroristen, sondern auch die eigenen Bürger werden als Risiko angesehen, gegen die man vorbeugende Maßnahmen ergreifen muss. Dabei folgen die Geheimdienste einer Logik des Verdachts und des konstitutiven Misstrauens. „Staatsbürger werden – zumindest hypothetisch – zu Feinden" (Horn 2007, S. 129). Im Vorgriff auf mögliche Gefahren sind (insbesondere US-amerikanische) Geheimdienste inzwischen offenbar ermächtigt, weltweit abzuhören, zu inhaftieren, zu foltern und außerhalb der Rechtsordnung Menschen in Geheimgefängnisse einzusperren und Drohnen gegen (angebliche) Terroristen einzusetzen. Agambens Befürchtung, damit werde der Mensch zum „homo sacer", zu einer vogelfreien Person, erscheint nicht mehr als allzu weit hergeholt (Agamben 2002, S. 19ff.).

3 Zur „Kultur" des Geheimnisses

Jede menschliche Gemeinschaft beruht auf einem Spannungsverhältnis zwischen Offenbaren und Verheimlichen (Simmel 1968, S. 256ff.). Geheimnisse bedeuten einen gezielten Ausschluss anderer Menschen von der Kenntnisnahme und Kommunikation bestimmter Inhalte (Westerbarkey 2015, S. 62). Vor der Etablierung einer bürgerlichen Öffentlichkeit sind es die Logen bzw. Geheimgesellschaften, die aus dem Geist der Aufklärung über die Politik im Allgemeinen und die Entscheidungen des Fürsten im Besonderen räsonieren (Habermas 1990, S. 95f.).

Das Geheimnis ist ein Effekt der Vergangenheit, es „*ist* nicht, sondern *wird immer nur gewesen sein*" (Horn 2007, S. 108). Wenn man es kennt, gehört es bereits der Vergangenheit an. Für wichtige Dokumente, wie z. B. Geheimverträge oder geheime Zusatzabkommen zu öffentlich zugänglichen Verträgen, verhängt die Regierung daher regelmäßig eine Geheimhaltungsfrist, die u.U. zehn, aber auch dreißig Jahre betragen kann. Der Gedanke, der dahintersteckt, ist der, dass nach Ablauf dieser

Frist die bis dahin geheimen Dokumente ihre politische Bedeutung verloren haben. Eine nachträgliche Kontrolle bleibt in aller Regel folgenlos. Noch in der frühen Neuzeit war das Geheimnis ein positiv bewerteter Begriff. Die Aktualität von Geheimnissen gründet inhaltlich vor allem auf drei Aspekten: Macht, Veränderung und Lustgewinn (Westerbarkey 2015, S. 36). Das Staatsgeheimnis beruht auf einer Technik des Schweigens. Niklas Luhmann hat darauf hingewiesen, dass Schweigen als die Verknappung oder der Aufschub von Kommunikation verstanden werden kann. Auf diese Weise verschaffen sich die Herrschenden einen Vorsprung und damit Zeit für Entscheidungen (Luhmann 1997, S. 101ff.). Vor knapp hundert Jahren hat Georg Simmel das Geheimnis analysiert und als Kommunikationsbarriere erkannt (Simmel 1923). Aleida und Jan Assmann unterscheiden zwischen Grenzen des Wissbaren überhaupt, die sie „Schleier" nennen und Grenzen zwischen dem Wissen verschiedener Menschen, die sie als „Schwellen" bezeichnen (Assmann/Assmann 1997, S. 7f.). Nur um die letztere Form des Geheimnisses geht es beim Staatsgeheimnis.

> „Staatsgeheimnisse sind Tatsachen, Gegenstände oder Erkenntnisse, die nur einem begrenzten Personenkreis zugänglich sind und vor einer fremden Macht geheim gehalten werden müssen, um die Gefahr eines schweren Nachteils für die äußere Sicherheit der Bundesrepublik Deutschland abzuwenden" (§ 93 Abs. 1 StGB).

3.1 Wissen ist Macht

Da Wissen eine Grundlage von Macht ist, versuchen die Herrschenden dieses Wissen unter Kontrolle zu halten. Missliebige Informationen sollen versteckt werden und „passende" Nachrichten an ihre Stelle gesetzt werden. Es ist also wichtig, den Zugang zu brisanten Informationen zumindest zu kanalisieren und im Extremfall zu unterbinden. Nicht nur in Russland und China, sondern auch in der Türkei geht die Regierung – verstärkt nach dem gescheiterten Putschversuch vom Juli 2016 – massiv gegen unabhängige Medien und Journalisten vor, um ihren Machtanspruch durchzusetzen. Zeitungen und Fernsehsender werden geschlossen oder in die „Obhut" der eigenen Partei gestellt. Redakteure und Journalisten werden verhaftet und eingesperrt. Während Zensur im 19. Jahrhundert noch als selbstverständlich galt, erwartet man solche Maßnahmen heute allenfalls in autoritären bzw. autokratischen Systemen, nicht jedoch in demokratischen Staaten. Im Grundgesetz wird die Zensur durch Art. 5 Abs. 1 ausgeschlossen: „Zensur findet nicht statt". Die Meinungsfreiheit ist ein geschütztes Grundrecht, das bereits in der Erklärung der Menschen- und Bürgerrechte vom 26. August 1789 verankert war. Als „indirekte

Zensur" kann man jedoch die Behinderung journalistischer Recherchen bezeichnen, die vor allem in Krisen- und Konfliktsituationen zum Einsatz kommt.

3.2 Sprachregelung und Tabuisierung

Eine andere Form indirekter Zensur besteht darin, bestimmte Sprachregelungen vorzuschreiben bzw. bestimmte Sachverhalte zu tabuisieren. George Orwell hat in seinem Roman *1984* (1949) eine solche Sprachpolitik durch das Wort „Newspeak" (deutsch: Neusprech) charakterisiert (Orwell 2000). Durch eine künstlich veränderte Sprache sollen die Menschen so manipuliert werden, dass sie an Widerstand gegen die Herrschenden nicht einmal denken können, weil ihnen das Vokabular hierfür fehlt bzw. genommen wurde. Der Orwellsche Begriff „Gutdenker" (englisch: „goodthinker") kennzeichnet danach eine „rechtgläubige" Person, die keine unguten Gedanken hat. Anklänge hieran finden sich heute in der Bezeichnung „Gutmensch", die – zumeist abwertend – für Menschen gebraucht wird, denen ein übertriebener Wille zum „Gut-sein"-Wollen sowie eine dogmatische Vorstellung vom Guten unterstellt wird, die gelegentlich auch mit missionarischem Eifer gepaart ist. Seit den 1990er Jahren wird dieser Begriff häufig zusammen mit „Politischer Korrektheit" verwendet. Politische Korrektheit (englisch: „political correctness") führt dazu, dass bestimmte als diskriminierend empfundene Begriffe wie „Zigeuner" oder „Krüppel" durch andere neutralere Begriffe wie „Roma und Sinti" bzw. „Menschen mit Behinderung" ersetzt werden. Viele Menschen empfinden diese Art von Sprachpolitik jedoch als Zensur und Einschränkung ihrer Redefreiheit.

Auswüchse politischer Korrektheit zeigen sich allerdings vor allem in der bewussten Vertuschung von Tatsachen. Ein Beispiel hierfür ist der Umgang mit der Berichterstattung über kriminelle Handlungen, die bis zum „Schönen" der Kriminalitätsstatistik reicht. Straftaten von Migranten lassen sich z. B. dadurch vor den Blicken einer womöglich negativ gestimmten Öffentlichkeit verbergen, dass im Regelfall Nationalität, Aussehen und Auftreten solcher Täter in den Meldungen nicht erwähnt werden. Kriminalitätsstatistik und Presseberichterstattung folgen demselben Muster. So legt z. B. die Richtlinie 12.1 des Pressekodexes, mit dem die Berufsethik der Journalisten gewahrt werden soll, fest, wie bei der Berichterstattung über Straftaten zu verfahren ist, an denen Minderheiten beteiligt sind:

> „In der Berichterstattung über Straftaten wird die Zugehörigkeit der Verdächtigen oder Täter zu religiösen, ethnischen oder anderen Minderheiten nur dann erwähnt, wenn für das Verständnis des berichteten Vorgangs ein begründbarer Sachbezug besteht. Besonders ist zu beachten, dass die Erwähnung Vorurteile gegenüber Minderheiten schüren könnte".

3.3 Schutz der individuellen Freiheit

Ähnliches gilt für die Berichte der Polizei, die keine Auskunft über die religiösen oder ethnischen Hintergründe einer Tat und deren Täter geben sollen. Vorwürfe der Opposition im Düsseldorfer Landtag, Innenminister Ralf Jäger (SPD) sei für Vertuschungsversuche bei der Untersuchung der Straftaten in Köln in der Silvesternacht 2015/16 verantwortlich, als jugendliche Ausländer in großer Zahl Frauen sexuell belästigt, bestohlen und teilweise vergewaltigt hatten, wies dieser jedoch vehement zurück. Weder habe sein Ministerium Einfluss genommen, um aus einer Polizeimeldung den Begriff „Vergewaltigung" zu streichen, noch sei versucht worden, die Herkunft der Tatverdächtigen zu verschleiern.

Bestimmte Bereiche der Verwaltung sind durch das Amtsgeheimnis (§ 353 b StGB), durch Verschwiegenheitsverpflichtung und Aussageverbot staatlicher Funktionsträger abgeschottet. Umgekehrt wird den Journalisten ein Zeugnisverweigerungsrecht (§ 53 Abs. 1 Nr. 5 StPO) auch vor Gericht zugestanden, um ihre Informationsquellen schützen zu können. Für katholische Priester gilt das besonders geschützte Beichtgeheimnis, aber auch für Ärzte und Anwälte gilt die Schweigepflicht. Diese Geheimnisse sollen Individuen schützen. Das Bundesverfassungsgericht hat hierzu 1983 in seinem Volkszählungsurteil (BVerfGE 65, 41) ein eigenes Recht auf informationelle Selbstbestimmung als Bestandteil des allgemeinen Persönlichkeitsrechts kreiert. Durch die Digitalisierung aller verfügbaren Daten werden heute sämtliche Schutzmechanismen jedoch in Frage gestellt. Versierte „Hacker" können sich Zugang zu fast allen Datensystemen verschaffen. Es kommt hinzu, dass vor allem junge Menschen in sog. *Social Networks* wie z. B. Facebook Persönliches, z. T. sogar Intimes, ins Netz stellen, ohne sich der Gefahren bewusst zu sein, die damit verbunden sind.

4 Private Geheimnisse lüften

Der Geheimhaltungspolitik der Herrschenden steht ihr Misstrauen gegenüber den privaten Geheimnissen der Bürger gegenüber. Sie zu lüften erscheint ihnen als vordringliche Aufgabe. Begründet wird dieses Bestreben in aller Regel mit der potenziellen Gefahr für den Bestand des Staates. Tatsächlich geht es dabei auch in demokratischen Staaten für die Herrschenden mehr um die Sicherung der eigenen Macht, ohne dass sie dies allerdings zugeben würden. Jeder Staat hat daher neben einem oder mehreren Auslandsgeheimdiensten auch einen Inlandsgeheimdienst (Staatsschutz). In Deutschland nehmen diese Aufgabe die Bundes- und Länder-Verfassungsschutzämter wahr. Sie beobachten verfassungsfeindliche Bestrebungen als verdächtig eingestufter Organisationen und Personen und veröffentlichen jährliche Verfassungsschutzberichte. Dass sie dabei zugleich wertvolle Informationen über missliebige Konkurrenten und konkurrierende Parteien gewinnen, wird kaum thematisiert. Daneben spielen die Staatsschutzdienststellen der Kriminalpolizei bei der Überwachung im Inland eine wichtige Rolle, die Staatsschutzdelikte, wie Friedensverrat (§§ 80, 80a StGB), Hochverrat (§§ 81-83a StGB) und Gefährdung des demokratischen Rechtsstaates (§§ 84-91 StGB), aber auch andere Straftaten verfolgen.

4.1 Überwachung der Bürger

Zum Zweck der Überwachung wurden früher vor allem Telefongespräche abgehört und Briefe geöffnet. Über die Verletzung des Telefon- oder Briefgeheimnisses (Art. 10 Grundgesetz) durch die Exekutive wurde früher heftig debattiert. Seit der Einführung von Handys und später von Smartphones erscheint dieses Vorgehen jedoch als veraltet. Polizei und Geheimdienste sind dazu übergegangen, die Handys von Verdächtigen zu orten, um diese besser beobachten und ggf. ergreifen zu können. Mit sog. Wegwerftelefonen (Prepaid-Handys), die nur unzureichend registriert sind, können jedoch noch immer anonyme Telefonate geführt werden. Die Ortung des Geräts wird zumeist dadurch erschwert oder sogar unmöglich gemacht, dass das benutzte Gerät nach einmaligem Gebrauch weggeworfen wird. Es ist also kaum erstaunlich, dass die Politik mit allen Mitteln versucht, Wegwerfhandys generell zu verbieten. Heute sind darüber hinaus vor allem private Rechner (PC) interessant, denen ahnungslose Benutzer ihre Geheimnisse anvertrauen. Auf den PCs verdächtiger Personen werden daher nicht selten sog. Trojaner installiert, die als nützliche Anwendung getarnt, Dateien des Verdächtigen ausspähen können. In Betracht kommt auch das „Anzapfen" der privaten Webcams, die die meisten Nutzer an ihren PCs installiert haben. Was einem privaten Individuum bei Strafe untersagt ist, kann der Staat – ggf. aus Gründen des Staatsschutzes – in manchen Fällen straffrei tun.

Bislang galt London als die Metropole mit der dichtesten Videoüberwachung öffentlicher Straßen und Plätze in Europa. Allein die Londoner Verkehrsbetriebe haben (2010) etwa 83 000 Kameras in Bahnhöfen, U-Bahn-Stationen, Zügen und Bussen im Einsatz. In ganz Großbritannien sollen es ca. 4,5 Millionen Kameras sein, eine auf 13 Bürger. Deutschland hatte bisher eher weniger Videokameras, rüstet jetzt aber – mit Verweis auf die Terrorgefahr – nach. Die Angst vor Terroranschlägen „heiligt" beinahe jedes Mittel bzw. jeden Eingriff in die Privatsphäre der Bürger.

„Und genau diese Fähigkeit, Angst zu vermindern, indem man Angst verbreitet, stellt die Grundpraxis der Macht dar, wie der politische Realismus sowohl von Hobbes als auch von Machiavelli klar erkannt hat" (Zolo 1997, S. 79).

Im Jahre 2015 wurden in München allein durch die Betreiber des öffentlichen Personennahverkehrs ca. 8 800 Videokameras eingesetzt. Die staatliche Überwachung wird als legitim betrachtet, eine heimliche Videoüberwachung durch Private ist hingegen verboten. Ein ähnliches Missverhältnis zeigt sich bei grundgesetzlich gewährleisteten Demonstrationen (Art. 8 Grundgesetz). Für die demonstrierenden Bürger gilt ein Vermummungsverbot, dass die Polizisten – vor allem im Einsatz – häufig vermummt sind, gilt hingegen nicht nur als legal, sondern auch als legitim.

4.2 Begrenzung des Bargelds

Als eines der wichtigsten Geheimnisse erscheint den meisten Menschen ihr Umgang mit Geld. Sie wollen nicht, dass andere Menschen oder der Staat über ihre finanziellen Verhältnisse Bescheid wissen. Aus der Sicht der Überwachungsbehörden ist das allerdings ein Ärgernis, das es so bald wie möglich zu beseitigen gilt. Einer Überwachung verdächtiger privater Transaktionen – z.B. zur Finanzierung von Terroraktivitäten oder Aktionen der Organisierten Kriminalität – standen nämlich bislang „ärgerliche" Hindernisse entgegen, vor allem das Bankgeheimnis sowie die Zahlung mit Bargeld (cash), die kaum elektronische „Spuren" hinterlassen. Bis vor einigen Jahren war es problemlos möglich, nicht nur größere Beträge z.B. als Kaufpreis einem Vertragspartner in bar auszuhändigen. Vielmehr konnten Interessierte auch Bargeld z.B. auf ein Nummernkonto bei einer Schweizer Bank einzahlen und später anonym wieder abholen. Diese Möglichkeit wurde von Geschäftsleuten ebenso genutzt wie von Steuerbetrügern, korrupten Politikern, Verbrechern oder Terroristen.

Geld, insbesondere Bargeld, ist ein anonymes Zahlungsmittel, dessen Einsatz sich weitgehend im Verborgenen abspielt. Das nährt den grundsätzlichen Verdacht der Finanzminister, aber auch der Geheimdienste, dass es sich dabei um möglicherweise illegale Vorgänge handele. Ein dringendes Anliegenden der Herrschenden besteht daher darin, das Bargeld möglichst ganz abzuschaffen oder jedenfalls zumindest seinen Einsatz stark einzuschränken. Das Bezahlen mit Bargeld soll daher durch Kreditkarten, Überweisungen etc. ersetzt werden, die elektronische „Spuren" hinterlassen und daher leichter zu verfolgen sind. Die Europäische Kommission will mit einer Neufassung der Geldwäsche-Richtlinie Online-Zahlungsbewegungen erfassen, damit es künftig ein anonymes Online-Bezahlen nicht mehr geben kann.

Aus (vorgeblich) demselben Grund wird die Produktion von 500-Euro-Banknoten gegen Ende 2018 eingestellt. EZB-Präsident Mario Draghi hat das so begründet: „Der 500-Euro-Schein ist ein Instrument für illegale Aktivitäten" (Focus Money Online vom 5.5.2016). In diesem Zusammenhang wird auch das Bankgeheimnis gewissermaßen abgeschafft, wobei der Druck vor allem auf die Schweizer Banken durch die USA und die EU sehr stark war. Andere „Steueroasen" im Einflussbereich von EU-Mitgliedstaaten (z.B. Kanalinseln, Monaco, Andorra) wurden hingegen erheblich milder behandelt. Es wurden allerdings nicht nur auf legalem Wege die Steuerdaten potenzieller Steuerhinterzieher von den vor allem Schweizer Banken angefordert, sondern auch CDs mit gestohlenen Bankdaten vom Fiskus angekauft. Der Vorwurf der betroffenen Banken, damit mache sich der (deutsche) Staat der Hehlerei (§ 259 StGB) schuldig, ist nicht ganz von der Hand zu weisen. Wiederum ist das Argument der Befürworter, dass der Staat u.U. etwas darf, was bei Privatpersonen einen Straftatbestand erfüllen würde und daher verboten ist.

5 Geschichte der Geheimdienste

Mit der Geburt des Staates entwickelten sich auch die Geheimdienste, sie sind eine „wesentliche Dimension moderner Staaten" (Bourdieu 2014, S. 374). Bereits im Mittelalter gab es in Venedig eine Art Geheimdienst, der dafür sorgte, dass die Bürger bespitzelt und denunziert wurden. Er gehörte zum politischen Instrumentarium des venezianischen Rates der Zehn und seiner Staatsinquisitoren (Reinhard 1999, S. 385). Gleichzeitig entwickelte sich in England das Nachrichtenwesen bis hin zu den Anfängen der Presse. Die ersten Zeitungen erscheinen zunächst wöchentlich, um die Mitte des 17. Jahrhunderts schon täglich (Habermas 1990, S. 77, 122). In ihrer Regierungszeit veranlasste die englische Königin Elisabeth I. (1558-1603), dass Staatssekretär Francis Walsingham in England und Irland einen Nachrichtendienst organisierte. Sein weit verzweigtes europäisches Informantennetz bestand aus englischen Diplomaten, Nachrichtenhändlern und Spionen. Walsingtons größter Erfolg war die Aufdeckung der Verschwörung um Mary Stuart, der stärksten Rivalin Elisabeths, die in England im Kerker saß und 1578 hingerichtet wurde (Reinhard 1999, S. 386).

> „Intelligence in ihrer Frühform beruht nicht selten auf der Privatinitiative einzelner Höflinge, die durch die diskrete Entsendung von Agenten und Geheimdiplomaten und ingeniöse Entzifferungskünste die königliche Neugier befriedigen" (Horn 2007, S. 137).

5.1 Die schwarzen Kabinette

Solche Geheimdienste waren überall in Europa Ausdruck des Misstrauens der Regierung gegenüber „feindlichen Mächten", zu denen auch die eigenen Bürger gezählt wurden. Ähnliche Organisationen gab es dementsprechend auch in Frankreich, Österreich und in anderen Ländern. Vor allem das Öffnen und Dechiffrieren von Briefen wurde von spezialisierten Abteilungen der Geheimdienste („cabinet noir") aller Staaten planmäßig betrieben. Berühmt-berüchtigt war die *Decyphering Branch* des britischen Secret Service, die auf Grund eines Skandals 1844 geschlossen werden musste. Bis ins 17. Jahrhundert erwarteten die Politiker von ihrer Obrigkeit sogar, dass sie gefährliche innere und äußere Gegner ermorden lassen würde. Sie hätten den Herrschenden gefährlich werden können. Es ist daher nicht verwunderlich, dass auch Minister und Mitglieder des Königshauses bespitzelt wurden. Der Titel „Geheimrat" erinnert daran, dass Staatsangelegenheiten zumeist im Kreise von Eingeweihten entschieden wurden. Erst Repräsentanten der Aufklärung des 18. Jahrhunderts („Les Lumières") setzen sich unter Berufung auf die Vernunft als universeller Urteilsinstanz für das Prinzip der Öffentlichkeit ein. Voraussetzung für den öffentlichen Gebrauch der Vernunft ist allerdings Transparenz. Die Entscheidungen der Fürsten müssten öffentlich sein, die Zensur müsse abgeschafft werden. Unter Berufung auf Immanuel Kant lässt sich daraus das idealtypische Leitbild des „mündigen Bürgers" ableiten.

5.2 Spionage, Gegenspionage und Desinformation

Heute haben Geheim-, Abwehr- oder Nachrichtendienste vor allem die Aufgabe, Informationen über geheime politische und militärische Pläne und Strategien anderer Regierungen zu beschaffen und auszuwerten (Westerbarkey 2015, S. 158) bzw. ihre Weitergabe an fremde Mächte zu verhindern. Es geht um Spionage, Gegenspionage und Desinformation (Tarnen und Täuschen). Geheimdienste spähen aber nicht nur Geheimnisse aus, sondern sie produzieren selbst ein Wissen, das geheim ist (Horn 2007, S. 140). In der Bundesrepublik Deutschland nehmen die Aufgaben der Auslandsgeheimdienste der Bundesnachrichtendienst (BND) und der Militärische Abschirmdienst (MAD) – unterstützt durch das Amt für Sicherheit der Bundeswehr – wahr. Daneben ist Aufgabe des Inlandsgeheimdienstes die Beschaffung von Informationen über Organisationen, Gruppen und einzelne Privatpersonen, die durch ihre Aktivitäten gefährlich für die geltende politische Ordnung werden könnten. In Deutschland sind das Bundesamt für Verfassungsschutz – unterstützt vom Informations- und Kommunikationszentrum der Bundespolizei – und die

Landesämter für Verfassungsschutz sowie die Staatsschutzabteilungen in den Landeskriminalämtern zuständig. Überwacht werden die Geheimdienste durch eine nichtöffentliche parlamentarische Kommission, deren Mitglieder zu strenger Geheimhaltung verpflichtet sind.

Deutschland gilt als bevorzugte Basis für die geheimdienstliche Tätigkeit der US-amerikanischen *Central Intelligence Agency* (CIA). Die CIA verfügt – wie andere Geheimdienste – über eigene paramilitärische Abteilungen, mit denen sie Kommandounternehmen durchführen kann. Solche Aktionen wurden und werden von der CIA seit ihrer Gründung im Jahre 1947 regelmäßig durchgeführt. Dazu gehören etwa die (verdeckten) Drohnenangriffe in Pakistan. Ihr Ziel ist die Eliminierung von Terrorverdächtigen, also Mitgliedern von Al-Kaida und den Taliban, ohne Gerichtsverfahren. Laut der Studie „Living Under Drones" aus dem Jahre 2012 starben von 2004 bis 2012 ca. 3 000 Menschen durch Drohnenangriffe, darunter Zivilisten und Kinder. Diese Einsätze unterliegen strikter Geheimhaltung. Andere Länder haben die Durchführung solcher oder ähnlicher Aktionen anders organisiert. In Russland sind dem Innenministerium (MWD) Spezialeinheiten unterstellt, die im Jahre 2007 etwa 170.000 Mann umfasst haben sollen. Solche Truppen für innere Sicherheit werden meist von autoritären Staaten aufgestellt.

5.3 Kryptologie

Es gehört zu den ältesten Techniken der Geheimhaltung, jede Form von Nachrichten zu verschlüsseln. Seit ca. 1200 n.Chr. nutzten kirchliche und weltliche Regierungen systematisch Kryptogramme und chiffrierten Nachrichtenverkehr für ihre Arkanpolitik (Westerbarkey 2015, S. 25). Im 18. Jahrhundert erscheint die Verschlüsselung von Nachrichten nicht mehr als „gelehrte Spielerei", sondern als praktische Notwendigkeit (Stolleis 1980, S. 33). Später betrachtete die Presse das Geheimnis als Herausforderung, dem universalen Öffentlichkeitsanspruch zum Durchbruch zu verhelfen. Geheimnis und Öffentlichkeit erscheinen als Gegensatzpaar, Öffentlichkeit ist – systemtheoretisch gesprochen – kommuniziertes Wissen, Geheimnis ist die interaktive Verhinderung dieser Möglichkeit. Mit der Schaffung des Staates werden bestimmte Aufgabenbereiche zu „öffentlichen Angelegenheiten", und öffentlich wird zum Synonym für staatlich. Heute spielt die Verschlüsselung vor allem im digitalen Nachrichtenverkehr eine Rolle. Handys, Emails etc. sollen vor dem Zugriff Unbefugter geschützt werden. Gleichzeit arbeiten die Spezialisten der Geheimdienste daran, alle Verschlüsselungen sobald wie möglich zu knacken.

Die Dechiffrierung („Knacken") der deutschen Rotor-Schlüsselmaschine ENIGMA, die im Zweiten Weltkrieg zur Verschlüsselung des Nachrichtenverkehrs der

Wehrmacht verwendet wurde, wird von einigen Historikern als kriegsentscheidend angesehen. Denn auf diese Weise konnten die Alliierten die gesamte geheime Kommunikation der gegnerischen Seite mitlesen.

6 Die Lüge in der Politik

Eine Politik ohne Lügen und Fälschungen ist kaum denkbar. Gezielte Irreführung, Verdunkeln, Verschweigen und blanke Lügen als mehr oder weniger legitime Mittel zur Erreichung politischer Zwecke sind seit langem bekannt. Wer bewusst die Unwahrheit sagt, z. B. um einen Vorteil zu erlangen oder eine verbotene Handlung zu verdecken, der lügt. Es war Immanuel Kant, der die Wahrhaftigkeit als Rechtspflicht ansah (Geismann/Oberer 1986). Allerdings war auch ihm klar, dass der Mensch eine natürliche Neigung zur Lüge hat. Die Lüge ist eine aggressive Technik der Geheimhaltung, die – auch im Privatleben – oft zur Durchsetzung bzw. Verteidigung von Machtansprüchen dient (Westerbarkey 2015, S. 83 unter Bezugnahme auf Georg Simmel). Hannah Arendt ist den Zusammenhängen zwischen Lüge und Wahrheit nachgegangen und zu einem überraschenden Ergebnis gelangt:

> „Lügen erscheinen dem Verstand häufig viel einleuchtender und anziehender als die Wirklichkeit, weil der Lügner [...] seine Schilderung für die Aufnahme durch die Öffentlichkeit präpariert und sorgfältig darauf geachtet [hat], sie glaubwürdig zu machen" (Arendt 2000, S. 324f.).

6.1 Die Glaubwürdigkeitslücke

Werden Politiker, Parteien oder sogar die Regierung allerdings allzu häufig beim Lügen ertappt, ergibt sich schnell eine Glaubwürdigkeitslücke, die nur schwer zu schließen ist. Sehr viel gefährlicher ist es allerdings, wenn es z. B. einem totalitären Regime gelingt, die Unterscheidung von Wahrheit und Unwahrheit aus dem Bewusstsein der Menschen zu verdrängen, wenn es seine „Wahrheit" allgemeinverbindlich machen kann. Der Gipfelpunkt einer solchen „Wahrheitspolitik" ist erreicht, wenn die Geschichte – wie George Orwell das in seinem Roman *1984* eindringlich dargestellt hat – regelmäßig „umgeschrieben" wird. Orwell schildert eine Werkstatt, in der die Geschichtsbücher umgeschrieben werden. Hier werden die Bücher an die neueste Version der Geschichte angepasst. Alte Bücher mit einer nicht mehr passenden „Wahrheit" werden vernichtet. Das erinnert an die Praxis kommunistischer Systeme, durch das Retuschieren von Fotos (z. B. Mao Zedong an der Spitze des Langen Marsches) die Bedeutung aktueller Führer herauszustreichen und „in Ungnade gefallene" Personen von den Fotos zu entfernen.

6.2 Öffentlichkeitsarbeit

Eine scheinbar harmlosere Variante des Lügens stellt die Öffentlichkeitsarbeit (PR) der Public-Relations-Manager dar. Ihre Arbeit ist stets interessengesteuert. Diese Art von Außendarstellung beruht auf dem Prinzip der organisierten Nicht-Öffentlichkeit (Westerbarkey 2015, S. 165). In der Regierung, in Verwaltungsbehörden und sogar bei Gerichten hat PR einen hohen Stellenwert. Jede Einrichtung hat einen Pressesprecher. Die Bundesregierung verfügt zu diesem Zweck über ein Presse- und Informationsamt (Bundespresseamt) mit einem Staatssekretär an der Spitze (Regierungssprecher) und 440 Mitarbeitern in Berlin und Bonn. Pressesprecher versuchen – oft mit den Instrumenten kommerzieller Reklame – Themen und Meinungen zu beeinflussen und die Politik ihrer Auftraggeber schön zu reden. Den Menschen wird ein Bild der Regierungsarbeit vorgegaukelt, das mit der Wirklichkeit nur wenig Ähnlichkeit hat. Mit Hilfe sog. Sprachregelungen werden schwerwiegende negative Fakten vertuscht. Indem die PR-Spezialisten das Interesse der Medien auf ganz bestimmte Aspekte lenken („Ablenkung durch Hinlenkung"), bleiben die gravierenden Probleme im Verborgenen. Dabei hat sich als ablenkendes Ereignis die Inszenierung von Prominentenauftritten besonders bewährt. „Der Clou liegt dabei in der unbemerkten Transformation von Selbstdarstellungen in journalistische Fremddarstellungen" (Westerbarkey 2015, S. 170).

6.3 Informationskapital

Wissen („Informationskapital") ist Macht, und Statistik ist das Instrument des Staates, das es ermöglicht, Informationen zu totalisieren. Jean Bodin stufte Statistiken und damit das Wissen über die Größe der Bevölkerung, Reichtum etc. eines Staates als geheim ein. Michel Foucault sah darin die eigentlichen Geheimnisse der Macht (*arcana imperii*)(Foucault 2004, S. 398). Und Winston Churchill soll gesagt haben: Ich glaube nur der Statistik, die ich selbst gefälscht habe. Mit statistischen Daten lassen sich Voraussagen treffen, die gerade in krisenhaften Situationen wirksame Instrumente der Macht sein können. „Die Zukunft der anderen vorauszusehen heißt auch, sich selber Macht über diese anderen anzumaßen" (Bourdieu 2015, S. 26). Indem man über die Zukunft spricht, gelingt es den Herrschenden u.U., – im Sinne einer sich selbst erfüllenden Prophezeiung – aus der Zukunft das zu machen, was man von ihr sagt.

7 Schlacht um die „Wahrheit"

Was die „Wahrheit" ist, ist schwer zu erkennen, fast jeder Mensch hat seine eigene Wahrheit. Wir haben es hier mit einer Konstruktion von Wirklichkeit zu tun, an der die Medien entscheidenden Anteil haben. Dabei ergänzen sich die selektive Darstellung durch die Medien und die Wünsche der Menschen gegenseitig. Denn den Menschen geht es nicht um die Wahrheit im klassischen Sinne, sondern um

> „Gewissheit im Sinne sozial anerkannter Darstellungen und Deutungen, die zur Anpassung eigener Vorstellungen zwingen, will man dazu gehören, mitreden können und Nachteile vermeiden [...]. Um anerkannt zu werden, zeigt man also bevorzugt Verhaltensweisen und äußert Ansichten, die den vorherrschenden Erwartungen und Einstellungen entsprechen. Abweichungen davon hält man tunlichst geheim" (Westerbarkey 2015, S. 202f.).

7.1 Die Schweigespirale

Bei einer solchen Strategie des „Nach-dem-Munde-Redens" könnte man von einer „Schweigespirale" sprechen (Noelle-Neumann 1976). Widerspricht das vorherrschende „Meinungsklima" der eigenen Meinung, gibt es Hemmungen, diese zu äußern. Man passt sich lieber dem als siegreich empfundenen Meinungstrend an. Eine Selbstzensur, die man als „Schere im Kopf" (Broder 1976) bezeichnen könnte, hindert sowohl den einzelnen Bürger wie den Journalisten daran, bestimmte Dinge zu thematisieren, die als möglicherweise „anstößig" empfunden werden. Es liegt auf der Hand, dass unter diesen Umständen den Medien eine zentrale Bedeutung zukommt, indem sie eine – scheinbare oder tatsächliche – Mehrheitsmeinung verkünden. Nicht ins Bild passende Fakten werden verschwiegen oder „kleingeredet". Eine möglicherweise hinter den Kulissen stattfindende Schlacht um die Wahrheit ist dann für den Medienkonsumenten nicht mehr erkennbar.

7.2 Kampf um die Weltmeinung

Werbestrategien beruhen nicht nur in der Wirtschaft, sondern auch in der Politik auf der Manipulation der Adressaten. Propagandisten vermitteln ihre Botschaft mit Hilfe von symbolischen Appellen an unbewusste Wünsche oder durch Beschwichtigung geheimer Ängste (Westerbarkey 2015, S. 40).

> „Image-Pflege als Weltpolitik – nicht Welt*eroberung*, sondern Sieg in der Reklameschlacht um die Weltmeinung – ist allerdings etwas Neues in dem wahrlich nicht kleinen Arsenal menschlicher Torheiten, von denen die Geschichte berichtet" (Arendt 2000, S. 333).

Der erfolgreiche Kampf um die „Weltmeinung" kann u.U. wichtiger sein als das militärische Obsiegen in einem Krieg. In Konfliktsituationen, insbesondere im Krieg, werden die Medien zumeist vollständig in den Dienst der Regierung gestellt. Mit seinen mahnenden Worten „Das erste Opfer des Krieges ist die Wahrheit" hat der US-amerikanische Gouverneur und Senator Hiram Johnson 1914 darauf aufmerksam gemacht, dass Krieg und Wahrheit nicht kompatibel sind. Vielmehr kommt kein Krieg ohne Propaganda aus, oft tritt eine „Gehirnwäsche", also eine psychologische Manipulation der Betroffenen hinzu. Feindbilder wie auch Verunglimpfungen des Gegners dienen dazu, die Menschen dazu zu bringen, gegen das tatsächlich oder vermeintlich Böse in den Kampf zu ziehen.

8 Tarnen und Täuschen

Tarnen und Täuschen gehören zum Standardrepertoire der *Arcana imperii*. „Erfolgreiche Täuschung setzt eine doppelte, *reflexive* Geheimhaltung voraus, nämlich auch die Verheimlichung der Tatsache, dass man ein Geheimnis hütet" (Westerbarkey 2015, S. 206). Im Krieg ist jede Seite daran interessiert, möglichst viele Informationen über den Gegner zu erhalten. Zum anderen geht es darum, die andere Seite über die eigenen Absichten im Unklaren zu lassen. Dazu gehört es etwa, den Gegner über den Zeitpunkt und den Ort eines Angriffs zu täuschen. Oft dienen unterirdische Bunkeranlagen dazu, die eigenen Rüstungsprojekte vor dem Gegner zu verbergen.

> „Die aktive Irreführung des Feindes und die Unvorhersehbarkeit der eigenen Manöver sind dabei die eine Seite einer Doppelstrategie aus Täuschung und Aufklärung, Feind- und Selbsterkenntnis" (Horn 2007, S. 132f. unter Bezugnahme auf Sun Zu).

8.1 Die Operation Fortitude

Ein Beispiel für erfolgreiche Täuschung des Gegners ist die „Operation Fortitude", mit der während des Zweiten Weltkriegs in Südengland ab 1943 eine „Phantom-Armee" installiert und Truppenbewegungen simuliert wurden. Der Führung der deutschen Wehrmacht sollte suggeriert werden, dass eine Invasion in Norwegen (Fortitude

North) oder über die Straße von Dover (Fortitude South) stattfinden würde und keinesfalls in der Normandie. Mit Panzerattrappen, von Schauspielern dargestellten Politikern und simuliertem Funkverkehr wurde die deutsche Aufklärung erfolgreich getäuscht. Deutsche Agenten wurden enttarnt und zu Doppelagenten gemacht, die Falschinformationen des britischen Geheimdienstes an die deutsche Abwehr lieferten. Am 5. Juni 1944 wurde sogar eine Scheinlandung von Dover aus gestartet, um von der tatsächlichen Invasion abzulenken, die am 6. Juni 1944 in der Normandie (Operation Overlord) stattfand.

8.2 Das Manhatten-Projekt

Besonders große Rüstungsvorhaben unterliegen strengster Geheimhaltung. So gut wie möglich getarnt sollen sie dem Gegner so lange wie möglich verborgen bleiben. Dazu werden häufig große Anstrengungen unternommen. So wurden ab 1942 alle Bemühungen zur Entwicklung und zum Bau einer Atombombe in den Vereinigten Staaten unter der Tarnbezeichnung „Manhattan Engineer District" vorangetrieben. Mehr als 150.000 Menschen arbeiteten unter der wissenschaftlichen Leitung des Physikers J. Robert Oppenheimer an diesem Projekt, dessen Kosten auf ca. 2 Mrd. US-Dollar (Kaufkraft 2015: 26,62 Mrd. US-$) geschätzt wurden. In der Wüste von New Mexico wurde bei Los Alamos eine Forschungsanstalt mit riesigen Laboranlagen und Werkstätten errichtet. Am 26. Juli 1945 fand der erste Atombombentest statt, neun Tage später wurde die Bombe über Hiroshima und kurz darauf über Nagasaki abgeworfen. Etwa eine Viertelmillion Menschen starben während der Explosion, in späteren Jahren verstarb eine unbekannte Zahl von Menschen an den Folgen der Strahlenkrankheit.

9 Fazit

Auf den ersten Blick scheinen die *Arcana imperii* einer längst vergangenen Zeit anzugehören. Die Renaissance gilt als eine Epoche, in der die Fürsten ihre üblen Machenschaften zur Erhaltung der Macht – einschließlich der Ermordung von Gegnern – im Geheimen verübten. Im 18. Jahrhundert forderte die Aufklärung dann, dass im Zeichen des „mündigen Bürgers" Politik transparent werden und den Bürgern Rede und Antwort zu stehen habe. Die bürgerliche Öffentlichkeit verlangte gebieterisch nach Informationen über das politische Geschehen. Seitdem sich fast überall die Demokratie als Staatsform durchgesetzt hat, wird diese Forderung noch deutlicher artikuliert. Seither gilt der Grundsatz, dass die Arkanpolitik früherer Jahrhunderte mit den hehren Grundsätzen und Werten einer modernen Demokratie nicht vereinbar ist. Die geforderte Transparenz der Politik, die erst eine informierte und sachkundige Mitwirkung der Bürger ermöglichen würde, war aber schon immer eine – wenn auch sympathische – Illusion. Die totalitären Regime des 20. Jahrhunderts haben schlaglichtartig gezeigt, dass eine Geheimpolitik – einschließlich der Geheimpolizei und der Geheimprozesse eines Josef Stalin – durchaus erfolgreich zum Machterhalt dienen kann. Bei näherer Betrachtung zeigt sich überdies, dass – unabhängig von der Staatsform – die Herrschenden stets Arkanpolitik betrieben haben und weiterhin betreiben, und diese zur Sicherung ihrer Machtposition für erforderlich und überdies für rechtmäßig gehalten haben bzw. immer noch halten.

Der weltweite Terrorismus und der Abwehrkampf der Regierungen schaukeln sich in ihren freiheitsbeschränkenden Effekten jedoch gegenseitig hoch. Der sog. „Krieg gegen den Terror" schafft die mentalen Voraussetzungen dafür, dass die Logik des Krieges und der Feindschaft in den zivilen Raum eindringt (Horn 2007, S. 129). Die Angst der Menschen vor terroristischen Anschlägen in ihrer unmittelbaren Umgebung lässt sie unempfindlich werden gegen die oftmals überzogenen Abwehrstrategien. Sie entscheiden sich für das vermeintlich geringere Übel (Voigt 2012). In Reaktion auf tatsächlich erfolgte oder bloß vermutete Terrorakte werden aber immer neue Maßnahmenbündel zur Überwachung und Kontrolle geschnürt, deren Effektivität oft durchaus zweifelhaft ist. Ihre Rechtfertigung beziehen sie aus der Rhetorik der Prävention und der Defensive. Die Geheimdienste arbeiten daran, dass das Wissen vom *gegebenen* Feind zu einer Wissenschaft von den *potenziellen* Feinden transformiert wird: „Der Feind wird ‚beliebig', jeder kann zum Feind werden, in dem Moment, wo er Gegenstand eines geheimdienstlichen Interesses wird" (Horn 2007, S. 139). Dabei geht es um die heimlichen „Feinde der Gesellschaft". Wer aber einmal – und sei es auch irrtümlich – in das Visier der Geheimdienste geraten ist, wird immer verdächtig bleiben. Dabei gerät die individuelle Freiheit in ernste Gefahr, denn selten oder nie werden einmal durchgesetzte Freiheitsbeschränkungen wieder zurückgenommen.

Die technischen Kapazitäten für die Überwachung der Menschen, ihrer Telefonverbindungen, ihrer Kontobewegungen, ihres Bewegungsprofils, ja selbst ihrer Krankheiten und ihres Sexualverhaltens, sind ins Unermessliche gesteigert worden. Kein privater PC, keine Webcam, kein Mobiltelefon ist vor der Überwachung durch die dafür eingerichteten Institutionen sicher. Der „gläserne Bürger" ist kein Schreckensbild mehr, sondern nüchtern zu konstatierende Realität. Vor allem junge Menschen geben überdies durch das „Posten" in *Social Networks* Informationen preis, die leicht gegen sie zu verwenden sind. Gleichzeitig halten die Herrschenden ihre Bürger mit Fakten über das politische Geschehen äußerst knapp. Die Medien wirken daran mit, dass den Menschen das trügerische Bild vollständiger Informiertheit vor Augen geführt wird, indem sie diese mit zahllosen Informationen „bombardieren“, die sie kaum sinnvoll verarbeiten können. Angesichts der Komplexität politischer Prozesse und in dem falschen Glauben, die Politik sei in guten Händen („Wir schaffen das!“), so dass eine strengere Kontrolle nicht erforderlich sei, verlieren die Menschen das Interesse an der Politik und wenden sich anderen, meist privaten Dingen zu.

Literatur

Agamben, G. 2002. *Homos sacer. Die souveräne Macht und das nackte Leben*. Frankfurt am Main: Suhrkamp.

Agamben, G. 2004. *Ausnahmezustand*. Frankfurt am Main: Suhrkamp.

Arendt, H. 2000: Die Lüge in der Politik. Überlegungen zu den Pentagon-Papieren. In: Dies. *In der Gegenwart. Übungen zum politischen Denken*. München, S. 322-353.

Bobbio, N. 1988. *Die Zukunft der Demokratie*. Sechs Essays. Berlin.

Bourdieu, P. 2004. *Der Staatsadel* (franz. Original 1989). Konstanz: UKV.

Bourdieu, P. 2009. *Sozialer Sinn*. Kritik der theoretischen Vernunft (franz. Original 1980). Frankfurt am Main: Suhrkamp.

Bourdieu, P. 2014. *Über den Staat*. Vorlesungen am Collège de France 1989-1992. Berlin: Suhrkamp.

Bourdieu, P. 2015. *Die verborgenen Mechanismen der Macht* (Erstauflage 1992). Hamburg.

Brunhöber, B. (Hrsg.) 2014. *Strafrecht im Präventionsstaat*. Stuttgart: Franz Steiner.

Clapmarius, A. 2013. *De Arcanis Rerumpublicarum Libri Sex* (1550). Stuttgart-Bad Cannstatt: Fromann-Holzboog.

Crouch, C. 2008. *Postdemokratie*. Frankfurt am Main: Suhrkamp.

Disselkamp, M. 2002: *Barockheroismus*. Konzeptionen ‚politischer‘ Größe in Literatur und Traktatistik des 17. Jahrhunderts. Berlin: De Gruyter.

Foucault, M. 2004. *Geschichte der Gouvernementalität*. I. Sicherheit, Territorium, Bevölkerung. Vorlesung am Collège de France 1977-1978. Hrsg. v. M. Sennelart. Frankfurt am Main: Suhrkamp.

Geismann, G., Oberer, H. (Hrsg.) 1986. *Kant und das Recht der Lüge*. Würzburg: Königshausen & Neumann.

Habermas, J. 1990. *Strukturwandel der Öffentlichkeit*. Untersuchungen zu einer Kategorie der bürgerlichen Gesellschaft. Frankfurt am Main: Suhrkamp.

Hölscher, L. 1979. *Öffentlichkeit und Geheimnis*. Eine begriffsgeschichtliche Untersuchung zur Entstehung der Öffentlichkeit in der frühen Neuzeit. Stuttgart: Klett-Cotta.

Horn, E. 2007. *Der geheime Krieg*. Verrat, Spionage und modern Fiktion. Frankfurt am Main: Fischer.

Kantorowicz, E.H. 1955. Mysteries of State: An Absolutist Concept and Its Late Mediaeval Origins. In: *The Harvard Theological Review* 48:1, S. 65-91.

Kantorowicz, E.H. 1990. *Die zwei Körper des Königs*. Eine Studie zur politischen Theologie des Mittelalters (engl. Original 1957). München: DTV.

Lotter, K. 2014. Arcana Imperii – Geheimbereiche der Macht. Geschichtliche Ausformungen eines umstrittenen Begriffs der politischen Theorie. In: *Widerspruch. Münchner Zeitschrift für Philosophie* 59, S. 13-26.

Luhmann, N. 1997. Geheimnis, Zeit und Ewigkeit. In: Luhmann, N./Fuchs, P. (Hrsg.), *Reden und Schweigen*, Frankfurt am Main: Suhrkamp, S. 101-137.

Mährle, W. 2000. *Academia Norica*. Wissenschaft und Bildung an der Nürnberger Hohen Schule in Altdorf (1575-1623). Stuttgart: Franz Steiner.

Noelle-Neumann, E. 1976. *Öffentlichkeit als Bedrohung*. Beiträge zur empirischen Kommunikationsforschung. Freiburg/München: Alber.

Orwell, G. 2000. *1984*. Roman (1949). München: Ullstein.

Reinhard, W. 1999. *Geschichte der Staatsgewalt*. Eine vergleichende Verfassungsgeschichte Europas von den Anfängen bis zur Gegenwart. München: C.H. Beck.

Schmitt, C. 1921. *Die Diktatur*. Von den Anfängen des modernen Souveränitätsgedankens bis zum proletarischen Klassenkampf. Berlin: Duncker & Humblot.

Schmitt, C. 1928. *Verfassungslehre*. Berlin: Duncker & Humblot.

Simmel, G. 1923. Das Geheimnis und die geheime Gesellschaft (1908). In: Ders., *Soziologie. Untersuchungen über die Formen der Vergesellschaftung*. 3. Aufl. München und Leipzig: Duncker & Humblot.

Stolleis, M. 1980. *Arcana imperii und ratio status*. Bemerkungen zur politischen Theorie des frühen 17. Jahrhunderts. Göttingen: Vandenhoeck & Ruprecht.

Stolleis, M. 1980. *Staat und Staatsräson in der frühen Neuzeit*. Studien zur Geschichte des öffentlichen Rechts. Frankfurt a.M.

Voigt, R. (Hrsg.). 2012. *Staatsräson*. Steht die Macht über dem Recht? Baden-Baden: Nomos.

Voigt, R. 2012a.Alternativlose Politik? Zukunft des Staates – Zukunft der Demokratie. Stuttgart: Franz Steiner.

Voigt, R. (Hrsg.). 2013. *Sicherheit versus Freiheit*. Verteidigung der staatlichen Ordnung um jeden Preis? Wiesbaden: Springer VS.

Westerbarkey, J. 2015. *Geheimnisse*. Dunkelkammern der Öffentlichkeit. Berlin: LIT-Verlag.

Zolo, D. 1997. *Die demokratische Fürstenherrschaft*. Für eine realistische Theorie der Politik (engl. Original 1992). Göttingen: Steidl.

I
Geschichte der Arkanpolitik

Das Geheimnis in der Politik

Die Genese der Arkanpolitik bei Niccolò Machiavelli und Giovanni Botero

Konrad Göke

1 Einleitung[1]

Qui nescit dissimulare, nescit regnare – wer sich nicht zu verstellen weiß, vermag nicht zu regieren. Diese meist dem französischen König Ludwig XI. zugeschriebene Sentenz avancierte von einer Verurteilung seiner Politik zu einer zentralen politischen Weisheit der Frühen Neuzeit (Bakos 1997, S. 122-138). Der starke Bedeutungszuwachs der Geheimhaltung im Europa des 16. und 17. Jahrhunderts spiegelt sich in einer Umformulierung wider, die der neapolitanische Schriftsteller Torquato Accetto obigem Spruch in seinem Büchlein *Della dissimulazione onesta* (Über die ehrliche Verstellung) angedeihen ließ: „Qui nescit fingere nescit vivere" (wer nicht zu täuschen vermag, weiß nicht, zu leben) (Accetto 1930, IV, S. 150).

Die Dissimulation war fester Bestandteil des politischen Diskurses im 16. und 17. Jahrhundert (Cavaillé 2002). Eingebettet war die Frage von Verstellung und Täuschung in eine „culture of secrecy", die im Europa der Frühen Neuzeit eine zentrale Rolle spielte (Snyder 2009, S. xv). Dabei lässt sich das Motiv des Geheimnisses bis in die Antike zurückverfolgen. Mit dem Mittelalter als Startpunkt unterscheidet Eva Horn in Europa drei „cultures of secrecy" (2012), die sie epochal dem Mittelalter, der Neuzeit und der Moderne zuordnet. Parallel zur Herausbildung und Entwicklung des modernen Staatswesens verschob sich auch das Verhältnis, das zwischen staatlicher Organisation und Geheimhaltung herrschte. Galt das Geheimnis als Mysterium im mittelalterlichen Herrschaftsverband noch als unergründlich (Kantorowicz 1965; Jucker 2010), entwickelte sich im Rahmen der Arkanpolitik (*Arcana imperii*) der frühen Neuzeit geradezu ein Kult um die Geheimhaltung (Stolleis 1980; Kunisch

1 Die Übersetzungen der Zitate aus den italienischsprachigen Ausgaben der Autoren stammen sämtlich vom Autor. Zum besseren Verständnis sind die *Discorsi* und der *Principe* von Machiavelli mit ihrem Titel statt des Erscheinungsjahrs im Text zitiert.

1997; Hartmann 2002; Reichert 2002; Bodei 2011; Foucault 2004, S. 369–413), der eng in den politischen Diskurs der Staatsräson eingebettet war (Lutz 1961; Münkler 1987; Viroli 1992; Dreitzel 1995). In der Moderne begegnen uns die Phänomene des Staatsgeheimnisses und der Privatsphäre, welche sich in der Spannungszone zwischen Transparenzforderungen der Öffentlichkeit und Geheimhaltungstendenzen von Verwaltung und Politik im Namen des Staates befinden (Assmann und Assmann 1997-1999; Horn 2007, 2012; Jestaedt 2001; Quill 2014, S. 67–93).

Dieser Beitrag untersucht den Übergang zwischen Mittelalter und früher Neuzeit – genauer die italienische Epoche des Cinquecento (16. Jahrhundert) –, um die Entstehung der Arkanpolitik als Ensemble politischer Herrschaftstechniken näher zu beleuchten. Im Vordergrund stehen dabei der berühmt-berüchtigte politische Philosoph Niccolò Machiavelli (1469-1527) und Giovanni Botero (1544–1617), ein den Jesuiten nahestehender politischer Schriftsteller und fürstlicher Berater aus dem Piemont, neben Justus Lipsius einer der Väter des gegenreformatorischen Antimachiavellismus (Bireley 1990).

Botero billigte der Geheimhaltung einen prominenten Platz in seiner politischen Theorie zu. Er bediente sich der ursprünglichen Fassung des eingangs zitierten Satzes, um einerseits den Erfolg und das Genie der Franzosen in Staatssachen und andererseits ihre Geringschätzung von Kunst und Literatur zu unterstreichen. Demnach habe König Ludwig XI. Sorge dafür getragen, dass sein Sohn Karl im Laufe seiner Erziehung „keine anderen Worte kenne als jene wenigen: *qui nescit dissimulare, nescit regnare*“ (Botero 1997, S. 117). Botero widmete der Geheimhaltung (*secretezza*) eigens ein Kapitel, in dem er gleich zu Beginn feststellte, für eine gelungene Staatsführung sei nichts wichtiger (*non è parte più necessaria*) (Botero 1997, S. 56).

Als Pionier der *Arcana imperii* gilt der Literatur aber Machiavelli, obwohl dies von Beginn an eine Fremdzuschreibung war. Machiavelli selbst hat den Begriff ebensowenig benutzt wie jenen der Staatsräson (*Ragion di Stato*). Schon früh hat die Machiavellirezeption den Florentiner der Tradition der *Arcana imperii* zugerechnet. Justus Lipsius sah in ihm den ersten, „der die Geheimnisse des Staates [*arcana Rerumpublicarum*] neben den alten Sitten verbreitet hat“ (zit. n. Croce 1929, S. 75). Doch auch die neuere Literatur sieht in Machiavelli den Urheber des „Katalog[s] geheimer Praktiken, die die Erhaltung der Herrschaft über das unmündige Volk sichern sollen“(Habermas 1990, S. 117; Marcic 1969, S. 286; Donaldson 1988, S. xi).

Dieser Aufsatz möchte dagegen zeigen, wie Giovanni Botero die Geheimhaltung konsequent in das Instrumentarium des frühmodernen Staates überführt hat und somit wenn nicht als Vater, so doch als entscheidender Weichensteller der absolutistischen *Arcana imperii* gesehen werden kann. Machiavelli dagegen stellte nicht nur seine Geheimhaltungsstrategien ebenso in den Dienst von Verschwörern wie der Obrigkeit, sondern schwankte in seiner Bewertung von Täuschung, Betrug und Verstellung zwischen zynischer Massenkritik und nüchterner Politikberatung. Im ersten Schritt wird ausgeführt, aus welchem Anlass Botero seine Schrift explizit gegen Machiavelli gerichtet hat. Im weiteren Verlauf werden die erstaunlichen Übereinstimmungen der beiden Denker im Urteil über den prinzipiellen Wert und die Einsatzmöglichkeiten von Geheimhaltung, Überwachung und Informationspolitik in Politik und Verwaltung aufgezeigt, was die Vermutung nahelegt, dass Botero machiavellistiche Grundsätze übernommen und legitimiert hat, indem er sie auf das Fundament christlicher Politik stellte.

1 Machiavelli und Botero – Der Gegensatz als Ausgangspunkt

Ein zentraler Angriffspunkt des Antimachiavellismus überhaupt war die vermeintliche Amoralität Machiavellis. Allerdings war ihm statt einer Diskreditierung der christlichen Ethik vielmehr daran gelegen, aus der Realität Prinzipien und Handlungsempfehlungen abzuleiten, die den Staat auf sichere Beine stellten. Er suchte den Schlüssel für Stabilität und Ordnung – zwei Kennzeichen, die das krisengeschüttelte Italien seiner Gegenwart so bitter entbehrte (Münkler 1995, S. 29 f.). Da der Erhalt eines Staates für Machiavelli praktisch mit dem Machterhalt seiner Regierung zusammenfiel, fasste er beide politische Ziele unter dem Credo zusammen, es gehe darum, die „Herrschaft zu behaupten [*mantener lo stato*]" (Principe XVIII, S. 139).

Da der klassischen politischen Theorie hierzu die Erfolgsrezepte fehlten, stellte Machiavelli seine Überlegungen auf eine neue Grundlage: die Realität. Statt über Staaten zu schreiben, „die nie jemand gesehen oder tatsächlich gekannt hat", schickte er sich an, „der Wirklichkeit der Dinge nachzugehen als den bloßen Vorstellungen über sie", um etwas „Nützliches für den zu schreiben, der es versteht" (Principe XV, S. 119).

Machiavellis Bewertung politischer Maßnahmen bemaß sich vor allem an ihrer Zweckmäßigkeit. An Castruccio Castracani lobte er: „[W]enn er nicht durch Betrug gewinnen konnte, versuchte er es mit Gewalt; denn er sagte, es sei nicht das Zustandekommen des Sieges [*el modo della vittoria*], das dir Ruhm einbringe." (Machiavelli 1971, S. 626) Dasselbe Prinzip galt auch für die Gründung eines Gemeinwesens. Selbst wenn der Staatsgründer diese auf zweifelhafte Weise betrieben habe, „so muß der Erfolg ihn entschuldigen, und ist dieser gut, […], so wird er ihn immer entschuldigen" (Discorsi I/9, S. 30).

Da nicht Ethik, sondern Erfolg und Endzweck die Wahl der Mittel befahlen, war „ein Fürst, der seine Herrschaft behaupten will, häufig gezwungen, nicht gut zu handeln“ (Principe XIX, S. 153). Darüber sei er oft genötigt, „gegen die Treue, die Barmherzigkeit, die Menschlichkeit und die Religion zu verstoßen [... und] vom Guten so lange nicht abzulassen, wie es möglich ist, aber sich zum Bösen zu wenden, sobald es nötig ist“ (Principe XVIII, S. 139).

Machiavelli empfahl somit nicht – wie ihm häufig vorgehalten wurde – die Anwendung böser und grausamer Maßnahmen. Auf diese musste nur zurückgegriffen werden, wenn Güte und Milde die Herrschaft kosteten und das Land in Unruhe stürzten, was für den Florentiner ein weitaus schlimmeres Szenario war als ein unmoralischer Herrscher. Für den Fürsten ging es – notfalls unter Rückgriff auf Grausamkeiten – zuerst darum, „sich zu sichern“, bei seiner auf Dauer gestellten Herrschaft dann aber auf das Wohlergehen der Untertanen abzuzielen (Principe VIII, S. 73). Macht war kein Selbstzweck.

Überdies darf Machiavellis Einschränkung nicht übersehen werden, hier werde „vom Schlechten etwas Gutes“ gesagt. Eine Umwertung von Gut und Böse fand nicht statt. Machiavelli erinnerte daher auch an die Bürde des Herrschers. Wer nicht bereit war, „grausame Mittel“ anzuwenden und „zum Verderben so vieler Menschen die Krone zu tragen“, solle „lieber im Bürgerstand bleiben“ (Discorsi I/26, S. 66). Politik war ein Geschäft für robuste Naturen, schmutzig, aber von höchster Bedeutung.

Die Erhaltung der Herrschaft rechtfertigte selbst Attentate. In Zeiten der Not war es mitunter unabdingbar, dass „Nebenbuhler eines natürlichen oder gewaltsamen Todes sterben.“ (Discorsi III/30, S. 308) Gerade für den neuen, noch ungefestigten politischen Führer war die Ausschaltung der Konkurrenz essentiell: „Wer sich zum Alleinherrscher aufwirft und den Brutus nicht tötet, oder wer einen Freistaat gründet und die Söhne des Brutus nicht hinrichtet, wird sich nicht lange halten“ (Discorsi III/3, S. 236). Es waren Empfehlungen wie diese, die Giovanni Botero gegen Machiavelli aufbrachten. Seine Schrift *Ragion di Stato* (Staatsräson) war aber nicht nur gegen Machiavelli, sondern auch gegen Tacitus gerichtet.

Die Figur des Kaisers Tiberius berührt nicht nur das Thema der Amoralität, sondern führt mitten hinein in unser Thema. Tacitus schildert, wie Livia ihren im Sterben liegenden Gatten Kaiser Augustus unter strikter Geheimhaltung von der Außenwelt abschirmt, während sie die Machtübernahme ihres Sohnes Tiberius in die Wege leitet (Tacitus 2010, I, 5, 4). Der letzte Rivale um die Macht, Augustus‘ Enkel Posthumus Agrippa, wird im Exil von einem Militärtribun ermordet. Sallustius Crispus ist der Mann, der dem Auftragsmörder die Instruktionen hat zukommen lassen. Er fürchtet, aufzufliegen und gelangt zur Überzeugung, dass bereits eine öffentliche Debatte über den Tod des kaiserlichen Verwandten gefährlich ist. Er warnt Livia daher davor, „Geheimnisse des Herrscherhauses (*arcana domus*), Ratschläge von Vertrauten (*consilia amicorum*) und Dienstleistungen von Soldaten (*ministeria militum*) in die Öffentlichkeit tragen zu lassen" (Tacitus 2010, I, 6, 3). Die *Arcana* der römischen Herrscher haben Jahrhunderte später Arnold Clapmarius dazu inspiriert, Tacitus' Begriff der *Arcana* zum Schlagwort staatlicher Geheimpolitik zu machen:

> Ich definiere die verborgenen Regeln der Staatsführung *[arcana rerumpublicarum]* so: geheime und verborgene Überlegungen derer, die im Staat die höchste Stellung innehaben, sowohl wegen ihrer eigenen Ruhe als auch, um die gegenwärtige Verfassung zu erhalten, und das aus Gründen des öffentlichen Wohls (Clapmarius 2014, I/5, S. 19).

Wenn die Schilderungen des Tacitus im Cinquecento aufgegriffen wurden, bezog man sich implizit und inhaltlich häufig auf Themen, die Machiavelli in den politischen Diskurs seiner Zeit eingeführt hatte. Der Geschichtsschreiber der Antike war oft nur ein Behelf, um die päpstliche Zensur zu umgehen, die Machiavellis Werke 1552 auf den Index der verbotenen Bücher gesetzt hatte (Etter 1966, S. 1).

Botero hatte das durchschaut. Auf seinen Reisen stellte er fest, dass bei Hof vermehrt von Tacitus, Machiavelli und der Staatsräson die Rede war. Der Piemontese geißelte daraufhin Machiavelli und vor allem die Verbrechen, die Tacitus von Tiberius überliefert hatte, als er im Vorwort zu seiner Schrift sein Entsetzen darüber kundtat, „dass ein so gottloser Autor und derart verbrecherische Machenschaften eine so hohe Wertschätzung genießen". Besonders aber erzürnte ihn, dass man sich unter Berufung auf „eine so barbarische Herrschaftslehre […] unverfroren Gottes Gesetz widersetzte" (Botero 1997, S. 3 f.). Botero erkannte hier die pure Gottlosigkeit:

> [W]er sein Gewissen ausschließt von seinem allgemeinen Urteilsvermögen über alles Zwischenmenschliche, sei es öffentlich oder privat, zeigt, dass er weder eine Seele hat, noch einen Gott (Ebd.).

Über die Bedeutung der Religion für ein Staatswesen waren sich Machiavelli und Botero allerdings einig. Machiavelli deutete die Vernachlässigung der religiösen Bräuche als Fanal „für den Verfall eines Landes" und knüpfte daran die Empfehlung, die Regierenden hätten „ihren Staat in Gottesfurcht und somit gut und einträchtig zu erhalten" (Discorsi I/12, S. 38). „Gottesfurcht" war dem Florentiner die „Ursache für die Größe der Staaten". Auch für den Krieg erwies sich die Religion durch Hebung der Kampfmoral als nützlich (Discorsi I/11, S. 37). Auch Botero sah in der Religion „das Fundament jedes Fürstentums", da die Macht unmittelbar von Gott verliehen sei und die Gunst Gottes ohnehin nicht anders erworben werden könne, als durch die Religion. Botero sprach hier wohlgemerkt nur vom Fürsten.

War dieser besonders fromm, profitierte auch das Volk: „Die Güte eines Fürsten ist oft die Ursache des Wohlstands der Völker" (Botero 1997, S. 75). Damit widersprach Botero Machiavellis Forderung, die Obrigkeit habe eine nützliche Religion zu fördern, auch wenn sie diese selbst nicht für wahr halte (Discorsi I/12, S. 39).

Auseinander gingen die Meinungen der beiden außerdem, wenn es um die spezifische Religion der Wahl ging. Machiavelli zog die heidnische Religion der Römer dem Christentum vor, wenn es galt, ein Staatswesen groß zu machen. Die Gründe verortete er in der Wertschätzung der „weltliche[n] Ehre". Während das Christentum diese gering schätzte, strebten die Römer ihr nach und waren daher „kühner in ihren Taten". Wohl mit Blick auf das dahinsiechende Italien bedauerte der Florentiner, die Christen sähen nicht, „daß die Religion den Kampf für die Größe und Verteidigung des Vaterlandes zuläßt" (Discorsi II/2, S. 144). Zudem machte Machiavelli besonders die machtpolitisch so ehrgeizige katholische Kirche für die Misere Italiens verantwortlich. Die Ausschweifungen des päpstlichen Hofes hätten nicht nur die Frömmigkeit beschädigt, darüber hinaus habe der Kirchenstaat mit seinen Ländereien „unser Land in Zersplitterung erhalten". Italien war nicht geeint, und für Machiavelli war „einzig die Kirche daran schuld" (Discorsi I/12, S. 40).

Dem musste der katholische Parteigänger Botero widersprechen. Zunächst machte er sich an eine Ehrenrettung des Christentums, wobei er sogar Machiavellis Nützlichkeitsparadigma annahm. Das Christentum erwies sich als besonders vorteilhaft, weil es dem Fürsten nicht nur Gewalt über die Körper seiner Untertanen verschaffte, sondern ebenso über deren „Gemüter und Gewissen", ja sogar über ihre „Gefühle und Gedanken". Zudem befehle es, „nicht nur gemäßigten, sondern ebenso schurkischen Fürsten zu gehorchen und alles zu ertragen, um den Frieden nicht zu stören" (Botero 1997, S. 76). Obzwar Luther in seiner Zwei-Reiche-Lehre nichts anderes gefordert hatte (vgl. WA 11, S. 246-280), hob Botero diesen unbedingten Gehorsam gegenüber der Obrigkeit als „Anzeichen für die Wahrheit des katholischen Glaubens" hervor. Er mache die Untertanen zu „Feinden von Aufruhr und Skandalen" (Botero 1997, S. 76). Botero bewarb den Katholizismus für Fürsten mit dem Versprechen besonders zahmer Schafe.

2 Die Masse und der Schein

Der Grund für die Strahlkraft dieses Versprechens lag in der immensen Bedeutung, die sowohl Machiavelli als auch Botero dem Volk zuerkannten. Für den Florentiner war der Rückhalt des Fürsten in der Bevölkerung die „beste Festung, die es gibt" (Principe XX, S. 171). In einer der umstrittensten Passagen des *Principe* schickte sich Machiavelli an, abzuwägen, ob ein Fürst besser geliebt oder gefürchtet werde. Am besten sei beides, allerdings war diese Kombination praktisch unmöglich. Im Zweifel empfahl der Florentiner die Furcht: Sie verfing nachhaltiger als die Liebe, weil die Menschen „undankbar, wankelmütig, unaufrichtig, heuchlerisch, furchtsam und habgierig“ waren (Principe XVII, S. 129). Bei diesem Bild fällt es nicht schwer, den Löwendompteur zu antizipieren, den der Fürst in der politischen Theorie des Absolutismus spielen sollte. Botero schlug in dieselbe Kerbe. Ohne Liebe war Ansehen möglich, ohne Furcht dagegen nicht (Botero 1948b, S. 421). Allerdings muss berücksichtigt werden, dass unter Furcht (*paura/timore*) hier eher Ehrfurcht gemeint war, nicht Angst im heutigen Sinne (Bireley 1990, S. 223–224).

Unbedingt musste es der Fürst vermeiden, die Furcht in Hass umschlagen zu lassen. Ein verhasster Regent konnte sich seiner Herrschaft niemals sicher sein. Machiavelli kleidete das in die merkwürdige Formulierung, „bei der Menge nicht verhasst zu sein“, sei eines der wichtigsten Mittel gegen Verschwörungen (Principe XIX, S. 143). Doch auch positiv gewendet war Beliebtheit für beide Denker von nicht zu überschätzendem Wert. Für Botero waren Liebe und Ansehen (*amare e riputare*) die „Fundamente jedes Staates“ (Botero 1997, S. 83). Alle seine politischen Ratschläge dienten letztlich dazu, diese beiden Säulen aufzurichten und zu stärken. Auch Machiavelli betonte, es gebe „kein besseres Mittel“ zum Erhalt der Herrschaft, „als sich das Volk zum Freunde zu machen“ (Discorsi I/16, S. 49).

Aufgrund dieser Überlegungen richteten Machiavelli und Botero das Augenmerk des Fürsten auf die Bedürfnisse des Volkes. „Denn wenn die Menschen gut regiert werden,“ so der Florentiner, „suchen und verlangen sie keine andere Freiheit“ (Discorsi III/5, S. 239). Im Interesse seines eigenen Machterhalts musste der Fürst mithin danach trachten, das „Volk zufriedenzustellen“ (Principe XIX, S. 147). Die ganz überwiegende Mehrheit der Menschen, schätzte Machiavelli, strebte ohnehin nicht nach Macht, sondern gab sich mit einem Leben in Sicherheit zufrieden. Der Principe musste nichts weiter tun, als „Einrichtungen und Gesetze“ zu schaffen, „die mit seiner eignen Macht die öffentliche Sicherheit erhalten“ (Discorsi I/16, S. 50). Botero erweiterte diesen Katalog um niedrige Lebensmittelpreise und sekundierte, unter diesen Voraussetzungen könne ein Volk nicht anders als zufrieden zu sein (Botero 1997, S. 83). Wohl zum ersten Mal in der politischen Theorie rückte „Good Governance“ in den Fokus politischer Zielsetzungen.

Bedeutender für unseren Zusammenhang ist jedoch der strategische Einsatz politischer Geheimhaltung und Symbolik, um das Volk gefügig zu halten. Dass Machiavelli die ganze zynische Bandbreite der Möglichkeiten aufzeigte, wie der Pöbel an der Nase herum geführt werden konnte, war seinem pessimistischen Menschenbild geschuldet. Da die Menschen mehr mit ihren Augen, als mit ihren Händen urteilten, könnten „[a]lle sehen, was du scheinst, aber nur wenige erfassen, was du bist“. Der Principe musste demnach „ein großer Lügner und Heuchler sein“, um das Volk auf seine Seite zu ziehen (Principe XVIII, S. 139/137). Besonders nützlich war es, wenn der Herrscher im Ruf stand, besonders tugendhaft zu sein. Allein der Anschein genügte. Der Fürst musste darauf achten

> „daß er, wenn man ihn sieht und hört, ganz von Milde, Treue, Aufrichtigkeit, Menschlichkeit und Frömmigkeit erfüllt scheint. Und es gibt keine Eigenschaft, deren Besitz vorzutäuschen, notwendiger ist, als die letztgenannte“ (Principe XVIII, S. 139).

Der tatsächliche Besitz vermeintlich löblicher Tugenden konnte gar den Untergang des Fürsten herbeiführen, während angebliche Laster ihm „zu Sicherheit und Wohlbefinden“ verhalfen (Principe XV, S. 121).

Der Hinweis, vor allem Religiosität müsse vorgetäuscht werden, musste provozieren – erwartungsgemäß empörte sich Botero. Er bestritt vehement, Frömmigkeit könne über einen längeren Zeitraum geheuchelt werden. Gott ließe das nicht zu. Vielmehr müsse der Fürst sich „mit ganzem Herzen vor der Göttlichen Majestät erniedrigen“, von der er seine Herrschaft erhalten habe. Gar nichts dürfe er tun, von dem er nicht sicher sei, ob es mit dem göttlichen Gesetz im Einklang stehe (Botero 1997, S. 73). Überhaupt hatte die Falschheit unter den Herrschertugenden keinen Platz, denn „der Ruf [*riputazione*] hängt vom Sein ab, nicht vom Schein“ (Botero 1997, S. 67).

Botero unterschied drei Arten der *riputazione*: die natürliche (*naturale*), die künstliche (*artifiziale*) und die zufällige (*avventizia*). Während das natürliche Ansehen auf die tatsächliche *virtù* des Fürsten zurückzuführen war, gründeten die anderen zwei Arten des Ansehens auf dem Schein. Während das künstliche Ansehen durch fürstliche Propaganda zustande kam, entstand die zufällige Reputation ohne Zutun des Fürsten durch Irrtümer im Volk. Nachhaltig war für Botero ausschließlich das natürliche, wahre Ansehen. Die zwei Scheinarten der Reputation hatten kurze Beine (Botero 1948b, S. 422–423).

Und doch genügte es nicht, tugendhaft allein zu sein. Für ein gutes Ansehen des Fürsten musste sein Volk eine gute Meinung (*openione*) von ihm haben, also um seine Tugenden wissen (Botero 1948b, S. 423). Um diese Meinung entsprechend zu prägen, empfahl Botero eine proaktive, aber angemessene Imagepflege: „Zum Ansehen trägt die Zurschaustellung der eigenen Stärken [*forze*] bei, jedoch ohne Prahlerei [*senza ostentazione*]“ (Botero 1997, S. 63). Die Herrschertugenden waren für Botero kein Selbstzweck. Rechten Gebrauch machte der Herrscher erst von ihnen, wenn er sie entsprechend herauskehrte. Zum Lohn winkte das zentral erstrebenswerte Ziel jedes Fürsten: gehorsame Untertanen. Diese ordneten sich bereitwillig demjenigen unter, in dem sie einen Überlegenen (*superiore*) erkannten (Botero 1997, S. 20).

Ein Fürst hatte aber wie jeder Mensch auch Züge an sich, die ihm weniger zum Vorteil gereichten. Diese Schwächen galt es „geschickt zu verschleiern [*coprire accortamente*]“. Auf diese Weise könne selbst ein schwacher Fürst sich an der Macht halten, wenn er nur seine Unfähigkeit (*impotenza*) gut genug verberge (Botero 1997, 62 f.).

Allein diese Gedanken beweisen, wie genau Botero zwischen Täuschen und Verstellen, zwischen Lügen und Verschweigen unterschied. Begrifflich fixierte er das in der Differenzierung von Dissimulation und Simulation: „Dissimulation bedeutet, Unwissenheit vorzugeben über etwas, was du weißt, und Gleichgültigkeit über etwas, was dir wichtig ist, während Simulation ein Vortäuschen und Tun einer Sache anstatt einer anderen ist“ (Botero 1997, S. 57). Unterlassung empfand Botero demnach nicht als anrüchig. Für ihn konnten nur Taten be- und verurteilt werden.

So träge die Masse bisweilen war, durch geschickte Täuschung konnte sie in Bewegung versetzt werden. Machiavelli schimpfte, der „Pöbel läßt sich immer von dem Schein und dem Erfolg mitreißen“ (Principe XVIII, S. 141). Das war ein gefundenes Fressen für Rattenfänger, denen die verführbare Masse gerade in der Republik bereitwillig in „tollkühne Unternehmungen“ folgte (Discorsi I/53, S. 117). Schuld daran sei die

> Natur der Menschen, denn sie sind ungeduldig, können die Befriedigung ihrer Leidenschaften nicht lange hinausschieben und täuschen sich auch in ihren Angelegenheiten, besonders in den Dingen, die sie sehnlichst herbeiwünschen. So würden sie sich also aus Ungeduld oder Selbstbetrug auf unzeitgemäße Unternehmungen einlassen und ein schlimmes Ende nehmen (Discorsi III/8, S. 263).

Um diese Dynamik in seinem Fürstenstaat zu bannen, erlaubte Botero eine Reihe von Maßnahmen, die das Volk disziplinieren sollten. Auch wenn Veranstaltungen wie Feste und Ritterturniere sittlich nicht einwandfrei waren, so eigneten sie sich doch dazu, das Volk zu beschäftigen, „entweder mit Vergnügen oder Nützlichem, Zuhause oder im Freien, um sie einzubinden und abzulenken von Frechheiten und schlechten Gedanken“ (Botero 1948a, S. 153). Selbst den Krieg sah Botero als geeignet, um den Pöbel zu vereinnahmen, indem er seinen Hass und seine Furcht ganz auf den Feind lenkte. Den inneren Frieden Spaniens führte Botero somit zumindest „teilweise“ auf seine zahlreichen auswärtigen Kriege zurück, während Frankreich durch seine militärische Untätigkeit in ständige Bürgerkriege verwickelt sei (Botero 1997, 87 f.).

Schließlich war die Tatsache, dass der Fürst seine Ratschlüsse so intransparent wie möglich kommunizierte, ein Erweis seiner unbestrittenen Autorität als Statthalter Gottes auf Erden. Der christliche Gott ist ein ursprünglich verborgener, nicht umsonst spielt die Offenbarung eine zentrale Rolle im Christentum. Nikolaus von

Cues hatte daher in seinem *Dialogus de Deo abscondito* (Dialog über den verborgenen Gott) erklärt: „Quia ignoro, adoro" (Wegener 2006, S. 54). Den Zusammenhang von Unwissenheit und Verehrung machte Botero in der deutlichsten Form für den Fürsten nutzbar:

> Die Geheimhaltung ist von großer Bedeutung, weil sie den Fürsten nicht nur gottähnlich [*simile a Dio*] macht, sondern die Menschen in gespannte Erwartung seiner Pläne versetzt, weil sie seine Gedanken nicht kennen (Botero 1997, S. 65).

Um diese Wirkung beizubehalten, durfte der Fürst mit niemandem Dinge besprechen, die staatstragend waren oder seine Majestät betrafen (Botero 1997, S. 66 f.). Auch Machiavelli erkannte, dass die Ehrfurcht vor der „Majestät der Herrschaft" den Fürsten davor bewahren konnte, Opfer einer Verschwörung zu werden (Principe XIX, S. 145).

3 Geheimrat und Kabinett

Machiavelli und Botero waren beide Sekretäre. Während Machiavelli alle politischen Erfahrungen seinem Wirken als Sekretär der Zweiten Kanzlei in Florenz verdankte (Reinhardt 2012, S. 51 ff.), lernte Botero die Politik als Privatsekretär an der Seite des Kardinals und Erzbischofs Carlo Borromeo, dessen Cousins Federico Borromeo sowie Carlo Emanuele I., des Herzogs vom Piemont, kennen (Descendre 2009, S. 8). Schon von Berufs wegen waren sie mit Dienstgeheimnissen vertraut.

Auf welche persönlichen Qualitäten es dabei ankam, hat Francesco Sansovino anschaulich beschrieben. Der Sekretär sei das „Hauptstück (*principal membro*) des Fürstenrats, außerhalb des Rats muss er Ohren und Verstand, nicht aber eine Zunge haben" (Sansovino 1580, S. 1). Während der fürstliche Ratgeber mithin über alles Bescheid wissen musste, was außerhalb des Regierungspalastes vor sich ging, durfte nichts von dem, was im Kabinett besprochen wurde, nach außen dringen. Welche persönlichen Belastungen damit verbunden waren, offenbart ein Brief Machiavellis an seinen Freund Francesco Guicciardini, in dem er klagte:

> Seit langem sage ich niemals mehr, was ich glaube, noch glaube ich das, was ich sage. Und wenn ich aus Versehen die Wahrheit sage, so verberge ich sie unter so vielen Lügen, dass sie schwer zu finden ist (zit. n. Reinhardt 2012, S. 17).

Für die Minister und Sekretäre des werdenden modernen Staates war Vertraulichkeit demnach das oberste Gebot. Nicht zufällig ist bei bedeutenden Ämtern bis heute ein Eid abzuleisten, der unter anderem zur Verschwiegenheit verpflichtet (Kunisch 1997, S. 39). Das musste allerdings nicht bedeuten, überhaupt nichts mehr zu kommunizieren. Ammirato wusste: „die Aufgabe des klugen Mannes ist es, das auszusprechen und verschweigen zu können, was auszusprechen und zu verschweigen ist“ (Ammirato 1599, S. 15).

Einmal gelüftet, war ein Geheimnis völlig wertlos. Umso mehr war darauf zu achten, welche Information mit wem geteilt wurde. Das unterstrich nochmals den Wert vertrauenswürdiger Berater. Um Geheimnisse zu bewahren, kam es sowohl bei den fürstlichen Ratgebern als auch dem Fürsten darauf an, einer persönlichen Konfrontation mit Widersachern standhalten zu können. Das erforderte eine bewusste und absolute Beherrschung der Leidenschaften. Bei der Wahl zwischen Reden und Schweigen, zwischen Lüge und Wahrheit galt es immer, Wort und Körpersprache durch vollendete Affektkontrolle in Einklang zu bringen. In seiner skandalösen Eloge auf den skrupellosen Cesare Borgia, der auf seinem Weg zur Macht im wahrsten Sinne des Wortes über Leichen gegangen war, lobte Machiavelli unter anderem dessen Fähigkeit, seine „Gesinnung [...] zu verbergen“, um seine arglosen Feinde in Fallen zu locken (Principe VII, S. 55). Doch auch der christliche Fürst Boteros musste in der Kunst bewandert sein, seine Leidenschaften zu unterdrücken:

> Weil es nichts gibt, was der Verstellung abträglicher ist als der Wutausbruch [*l'impeto dell'ira*], ist es nötig, dass der Fürst vor allem diese Emotion derart zügele, dass sie nicht in Worten, Gefühlsbewegungen oder Affekten durchbricht (Botero 1997, S. 57).

Emotionen waren verräterisch. Daher warnten sowohl Machiavelli als auch Botero dringend davor, in der Hitze eines Streits die Beherrschung zu verlieren. Das „nimmt nimmt dem Feind nichts von seiner Kraft,“ schrieb Machiavelli, „aber Drohungen machen ihn vorsichtiger, und Beleidigungen steigern seinen Haß und spornen ihn an, auf dein Verderben zu sinnen“ (Discorsi II/26, S. 211).

Die Nutzabwägung allein sprach mithin gegen unbedachte feindselige Äußerungen. Damit war nichts gewonnen – außer einem Feind, vor dem man fortan auf der Hut sein musste. Entsprechend war bei künftigen Interaktionen Vorsicht geboten, denn „das Verlangen nach Rache ist zu heftig und erwacht bei jeder Gelegenheit“ (Botero 1997, S. 55). Darüber hinaus aber richtete der Fürst durch Drohungen noch einen weiteren Schaden an: er ließ sich in die Karten schauen. Jede Äußerung, ob bedacht oder unbedacht, sendete eine Nachricht. Der Empfänger konnte einerseits mit ihrer Hilfe wunde Punkte beim Sender ausmachen. Andererseits hatte er nun das Heft in der Hand: er konnte die Drohung zu verzeihen oder mit nunmehr guten Gründen Genugtuung zu fordern. Botero warnte daher eindringlich: „Drohungen sind die Waffen des Bedrohten [*armi del minacciato*]“ (Botero 1997, S. 57).

Geheime Räte haben eine lange Geschichte. Schon seit dem 15. Jahrhundert lässt sich die Amtsbezeichnung „Heimlicher“ oder „Geheimer Rat“ in Deutschland nachweisen, die lateinische Entsprechung war der „secretarius“ (Hölscher 1979, S. 130–131).

Da in der Mitteilung von Geheimnissen ursprünglich eine Gefahr lag, haben sowohl Machiavelli als auch Botero zunächst Vorteile festgestellt, wenn der Fürst seine wichtigsten Vorhaben für sich behielt und „niemandem mitteilt, was sicherlich jener Fürst vermag, der über viel Erfahrung und Urteilsvermögen verfügt, sodass er Entschlüsse alleine fassen kann“ (Botero 1997, S. 56 f.).

In seiner Schilderung des römischen Diktators, der auf Zeit zur „Abwendung“ einer „dringenden Gefahr“ bestellt war, war es für Machiavelli gerade dessen „Machtvollkommenheit“, mittels derer er seine Entschlüsse „ohne Beratung anwenden“ konnte, welche die Diktatur so effizient machte (Discorsi I, 34, S. 80).

Dennoch stand außer Frage, dass ein Fürst in der Regel nicht auf Minister, Berater und eine immer größere Administration verzichten konnte. Das galt zumal für Botero, der wohl als erster die sich ändernden Rahmenbedingungen des Barockzeitalters registriert hat, welche den Aufbau des modernen bürokratischen Staates erforderten: eine immer höhere Komplexität politischer Steuerung, starkes Bevölkerungswachstum in den Städten und eine stetig zunehmende wirtschaftliche Verflechtung (Bireley 1990, S. 49–50).

Doch schon Machiavelli erkannte, dass der Fürst der Bildung seines Kabinetts besondere Aufmerksamkeit widmen musste. Das diente zunächst seinem eigenen Ruf, denn durch eine gelungene Besetzung hatte er sein Vermögen unter Beweis gestellt, „die Fähigen zu ermitteln und sich deren Treue zu erhalten“ (Principe XXII, S. 181). Weiterhin diente das aber auch der Effizienz des Beratungsorgans. Die konnte der Fürst durch die Auswahl kluger Ratgeber erreichen, die allein berechtigt waren, frank und frei zu ihm zu sprechen. Die Themen setzte allerdings der Fürst. Fragen stellte nur er, und darüber hinaus wurde „nichts anderes“ erörtert. Natürlich musste der Fürst das letzte Wort haben. Nach außen hin musste es so scheinen, als sei jeder Entschluss allein im Fürsten gereift. Im Volk musste jedem Eindruck von Unsicherheit oder Planlosigkeit der Regierung entgegengewirkt werden. Im Inneren des Kabinetts aber forderte Machiavelli brutale Ehrlichkeit und Offenheit (Principe XXIII, S. 185): Eigenschaften, über die er selbst zu verfügen glaubte. Hier scheint Machiavellis Verletzung über seine politische Kaltstellung durch, die er unter anderem auf seine schonungslose Offenheit zurückführte (Reinhardt 2012, S. 221).

Auch Giovanni Botero sah sich in einem fürstlichen Rat am besten aufgehoben. Da er den Beweis angetreten hatte, dass das Christentum eine erfolgreiche Herrschaft versprach, musste der Fürst daran interessiert sein, in seinen politischen Geschäften Rücksprache mit denjenigen zu halten, die sich sowohl im Christentum wie auch in

Gewissensfragen auskannten. Denn das Gewissen war neben der Beliebtheit beim Volk die einzige Schranke für Boteros Fürsten. Dazu platzierte er „herausragende Doktoren der Theologie und des kanonischen Rechts“ in einen Geheimrat, der das Gewissen des Fürsten rein halten sollte, indem er jede fürstliche Handlung auf ihre Vereinbarkeit mit der Sittlichkeit überprüfte (Botero 1997, S. 73). Durch die Schranke des Gewissens allerdings nahm Botero dem Fürsten letztlich die Souveränität und überschrieb sie den Beichtvätern, die im Halbdunkel selbst die Keime jedweden Vorhabens zu prüfen und abzunicken hatten. Dieses Bild ist unverhofft modern: was Botero die Jesuiten waren, sind heute die Geheimdienste:

> Gesetzt, Souverän ist derjenige, der über die *arcana imperii* entscheidet, so haben die Geheimdienste die Souveränität im Staate übernommen. Sie sind zu einem selbstreferentiellen System geworden (Lotter 2014, S. 24).

4 Verschwörungen und Überwachung

Seine Neugierde, gepaart mit seiner unbestechlichen Objektivität, gebot es Machiavelli, das schattenhafte Agieren im Kampf und die Herrschaft auch auf der Gegenseite durchzuspielen. Sein Kapitel über die Verschwörungen in den *Discorsi* (III/6) regte Norberto Nobbio zu der Einlassung an, man könne „[n]eben der Geschichte der ‚Herrschaftsgeheimnisse‘, der *arcana dominationis*, […] auch die Geschichte der ‚Aufstandsgeheimnisse‘, der *arcana seditionis*, schreiben“ (Bobbio 1988, S. 99).

Die überragende Bedeutung der politischen Verschwörung zeigte sich Machiavelli zufolge darin, dass diese mehr Fürsten „Leben und Herrschaft“ gekostet habe als offener Krieg (Discorsi III/6, S. 240). Dass Machiavelli diesen umfangreichsten seiner *Discorsi* mit einer für Fürsten irritierenden Offenheit schrieb, ist in der Literatur ausführlich besprochen worden (Saracino 2012). Das Kapitel gleicht einer detaillierten Anleitung zum Gelingen von Verschwörungen. Von den drei Phasen, in die Machiavelli die Verschwörung aufteilt, interessiert uns nur die Planungsphase.

Hier spielte die Geheimhaltung eine überragende Rolle. Die Verschwörung musste so lange wie möglich unentdeckt bleiben. Wurde sie aufgedeckt, war das in der Regel darauf zurückzuführen, dass ein Mitverschwörer aus „Treulosigkeit oder Unvorsichtigkeit“ ausgepackt hatte, wobei die Unvorsichtigkeit auch beim Hauptverschwörer selbst vorliegen konnte. Sobald es mehr als drei Mitwisser gab, stand das Unternehmen auf tönernen Füßen, denn wurden auch nur zwei davon gefasst, würden sich Ungereimtheiten in ihren Aussagen nicht vermeiden lassen. Machiavelli empfahl deshalb, den vollständigen Plan erst kurz vor der Durchführung mitzuteilen. Wie überall war das Geheimwissen auch hier am besten bei einer einzigen übergeordneten Person aufgehoben. Wenn überhaupt, durfte man sich nur einer anderen Person anvertrauen, welche man „lange geprüft hat", oder die ähnliche Motive hegte. Im besten Fall hielt der Partner dicht, im schlimmsten Fall stand Aussage gegen Aussage. Am besten aber blieb, „niemand etwas zu sagen", und sich auf sich selbst zu verlassen (Discorsi III/6, S. 245-249).

Wie bereits erwähnt, lag der Schlüssel zur Aufstandsbekämpfung für Machiavelli darin, sich der Unterstützung des Volkes zu vergewissern. Giovanni Botero ging einen anderen Weg. Er konzipierte ein frühes System staatlicher Überwachungs- und Unterdrückungsmaßnahmen, die sich allerdings nicht gegen Verschwörergruppen richtete. Die große Zeit der Verschwörungen war frühestens mit Machiavelli, spätestens aber mit dem Ordnen der italienischen Machtverhältnisse im Frieden von Cateau-Cambrésis zu Ende gegangen (Lutz 1961, S. 39-40). Seit der Verschärfung der konfessionellen Gegensätze ging es Botero mit Blick auf die spanischen Niederlande und Frankreich vielmehr darum, „unzähmbare" Häretiker (gemeint waren die Calvinisten) zur Räson zu bringen.

Obwohl er die friedliche Missionierung vorzog, fuhr Botero im Falle des Scheiterns große Geschütze auf. Neben diversen physischen Unterdrückungs- und Zersprengungsmaßnahmen regte Botero auch psychologische Kriegführung an. Zwietracht und Misstrauen sollten unter den Häretikern gesät werden, wozu sich vorzüglich „vertrauenswürdige und geheime Spione" eigneten, die calvinistische Zusammenschlüsse unterwanderten. Zudem pries er das Beispiel Karls des Großen, der im Kampf gegen die Westphalen (gemeint waren wohl die Sachsen) Geheimgerichte einsetzte, die ohne Haftbefehl und ordentlichen Prozess im Verborgenen Aufrührer verschwinden ließen, so dass sich letztlich niemand mehr einem anderen zu offenbaren wagte (Botero 1997, S. 120–121).

Wissen ist Macht, das wusste nicht nur Francis Bacon. Um über auswärtige Mächte gut informiert zu sein, sollte Boteros Fürst ein Informationsnetz aus Botschaftern, Spionen, Händlern, Soldaten und ähnlichen Personengruppen aufbauen, die viel reisten und den Herrscher so über „unendlich viele notwendige Dinge" informieren konnten (Botero 1997, S. 46).

Aber auch die eigene Administration verschonte Botero nicht mit seiner Neugier. Er bewirkte maßgeblich die Transformation des Staates zu einem Apparat mit, der immer mehr Informationen über die eigene Bevölkerung sammelte. Das wurde unter anderem deshalb notwendig, weil der Piemontese die Ausgestaltung der Staatseinrichtungen gemäß seiner Klimatheorie an den Eigentümlichkeiten seiner Bewohner und Geographie ausrichten wollte (Botero 1997, S. 47–48). Foucault hat gerade die beginnende Statistik- und Informationssammelwut des frühneuzeitlichen

Absolutismus als *arcana imperii*, also „Geheimnisse der Macht" charakterisiert (Foucault 2004, S. 398).

Die Kontrolle der eigenen Verwaltung diente auch ihrer Optimierung. Auf diese Weise konnten Beamte, für Botero immer anfällig für Korruption, überwacht werden. Dazu wollte er Spione in die Verwaltung einschleusen. Das war einerseits preiswert, andererseits konnten die Spione den Fürsten nicht hintergehen, weil sie sich gegenseitig nicht kannten. Sie konnten sich nie sicher sein, ob sie es mit einem anderen Agenten zu tun hatten oder nicht (Botero 1997, S. 34).

5 Schwarze Operationen

Der Großteil der politischen Lehre Machiavellis bezog sich auf innere Angelegenheiten. Auch Botero konzentrierte seine Theorie auf die Innenpolitik. Hier hatte der Fürst den größten Handlungsspielraum. Hier lauerten gleichzeitig die größten Gefahren für seine Herrschaft und die Ordnung im Staat. Dennoch fanden beide Philosophen auch in der Außenpolitik Anwendung für die Geheimpolitik.

Den Vorrang genoss allerdings die Macht im klassischen, materiellen Sinn: also dem, was Botero *forze* nannte und letztlich auf die Nenner „Männer und Geld" (*la gente e 'l denaro*) brachte (Botero 1997, S. 140). Machiavelli sah das ähnlich, gab der Manpower aber klar den Vorzug. Gegen das Sprichwort, Geld sei der „Nerv des Krieges" (*pecunia nervus rerum*), setzte er gut trainierte, loyale Milizsoldaten, „denn Geld reicht nicht hin, gute Soldaten zu schaffen, wohl aber reichen gute Soldaten hin, Geld zu schaffen" (Discorsi II/10, S. 161–163). Mit Verweis auf Tacitus schloss der Florentiner daher, „daß ohne eigenes Heer keine Fürstenherrschaft sicher ist" (Principe XIII, S. 111).

Für Botero waren beide Machtquellen gleichrangig, denn er setzte seinen Begriff von *gente* breiter an: gemeint war damit die gesamte Bevölkerung, die durch ökonomische Wertschöpfung in der Lage war, mehr Geld zu generieren als die plündernde Soldateska (Bireley 1990, S. 227). Machiavelli hatte das eigene Militär mit Blick auf die Unabhängigkeit von Anderen hervorgehoben, und auch Botero betrachtete es als „[d]as schlimmste von allen Übeln, die einem Staat widerfahren können […], von der Macht eines anderen abzuhängen" (Botero 1997, S. 179).

Im Falle kriegerischer Zuspitzungen riet Botero bei eigenem Übergewicht daher explizit zum Präventivkrieg (Botero 1997, S. 131–132). Erlaubte jedoch die eigene Schwäche dieses Vorgehen nicht, musste in die Trickkiste gegriffen werden. Mit mächtigeren Staaten hieß es einstweilen, sich gut zu stellen. Botero empfahl, ihnen selbst Provokationen oder Verbrechen durchgehen zu lassen und gute Miene zum bösen Spiel zu machen, denn „ein unüberwindliches Gewitter übersteht man am besten durch das Streichen der Segel [*calar le vele*]“ (Botero 1997, S. 251).

Nützlich war es, wenn sich andere Staaten als Blitzableiter anboten. Feindliche Mächte musste der Fürst geschickt gegeneinander ausspielen, damit sie sich gegenseitig aus dem Spiel nahmen (Botero 1997, S. 131–132). Auch die Unruhestiftung im Feindesland war für Botero ein denkbares Mittel, um mächtige Gegner ins Straucheln zu bringen. Durch die heimliche Unterstützung Aufständischer im Feindesland wurden die Truppen und die Aufmerksamkeit des feindlichen Fürsten gebunden, vielleicht erhielt man durch die Verbündeten gar Einblicke in die Pläne des Feindes. Botero riet bei diesen Maßnahmen zur Eskalation: Je mehr man das Feindesland in Unruhe versetzte, desto mehr Ruhe erkaufte man sich (Botero 1997, S. 133).

Botero legitimierte somit verdeckte Operationen im Ausland, sei es Sabotage oder die heimliche Unterstützung subversiver Gruppen im Feindesstaat. In jedem Fall war es ratsam, Zwietracht unentdeckt zu säen.

Gelang das nicht, und es kam es aller klandestinen Schwächungsmaßnahmen zum Trotz zum Krieg, öffneten Machiavelli und Botero der List Tür und Tor. Machiavelli offenbart hier jedoch auch eine Ambivalenz, was den Betrug angeht. Im *Principe* (XVIII) noch als unverzichtbare politische Machttechnik gezeichnet, bezeichnete Machiavelli den Betrug in den *Discorsi* als „überall schändlich“. Er werde selbst im Erfolgsfall „nie Ruhm bringen“. Im Krieg jedoch „ist er löblich und ruhmvoll“. Machiavelli stellte die Kriegslist gar auf eine Stufe mit dem militärisch errungenen Sieg. Der Kriegsgegner erwartete ohnehin, mit allen verfügbaren Mitteln und Manövern bekämpft zu werden, somit stand auch kein guter Ruf auf dem Spiel (Discorsi III/40, S. 331). Im Zweifel aber galt, dass der Erfolg immer dem Ruhm vorzuziehen war. Ob etwas als lobenswert galt oder nicht, spielte im Erfolgsfall überhaupt keine Rolle und sagte nichts darüber aus, ob es erlaubt und unerlaubt war.

Selbst Botero, der seinen christlichen Herrscher prinzipiell zu Ehrlichkeit und Vertragstreue verpflichtete, befand: „Kriegslisten [*stragagemi bellici*] sind nicht nur erlaubt, sondern bringen den Kriegsherren größtes Lob ein.“ Zum Beleg berief er sich auf den Spartanerkönig Lisander und dessen Allegorie von Fuchs und Löwe, wie Machiavelli das implizit bei seiner Legitimation des Betrugs getan hatte. Im Gegensatz zum Florentiner beschränkte Botero die Zulässigkeit der Täuschung aber streng auf den Kriegsfall. Gerade Lisander habe große Schuld auf sich geladen, weil er im Umgang mit Verträgen ebenso treulos verfuhr (Botero 1997, S. 212–213).

6 Schluss

Wie wir gesehen haben, leisteten sowohl Machiavelli, als auch Botero ihren originären Beitrag zur Etablierung der Geheimhaltung in die moderne Politik. Während Machiavelli die Vorzüge von Täuschung, Verstellung, Geheimhaltung, Verschwiegenheit und Blenderei auf die ihm eigene Art wild durcheinanderwirbelte und überall aufzuspüren schien, ordnete Botero die Arkanpolitik streng dem Machtkalkül des Alleinherrschers unter. Er durchdrang die immense Bedeutung und den Nutzen, den das Geheimnis für den Fürsten hatte. Umso mehr gliederte er es in seine politische Theorie der christlichen Monarchie ein, die so den Weg bahnte für die frühneuzeitlichen *Arcana imperii.*

Literatur

Accetto, T. 1930. Della dissimulazione onesta. In: Croce, B. und Caramela, S. (Hrsg.): Politici e moralisti del Seicento. Strada - Zuccolo - Settala - Accetto - Brignole Sale Malvezzi. Bari: Gius. Laterza & Figli, S. 143–173.

Ammirato, S. 1599. Della Segretezza. Venedig. Online verfügbar unter https://books.google.de/books?id=xaFSAAAAcAAJ, zuletzt geprüft am 23.12.2015.

Assmann, A.; Assmann, J. (Hrsg.). 1997-1999. *Schleier und Schwelle.* 3 Bände. München: Fink.

Bakos, A.E. 1997. *Images of Kingship in Early Modern France*: Louis XI in Political Thought, 1560-1789. London, New York: Routledge.

Bireley, R. 1990. *The Counter-Reformation Prince.* Anti-Machiavellianism or Catholic Statecraft in Early Modern Europe. Chapel Hill, London: University of North Carolina Press.

Bobbio, N. 1988. Die Demokratie und die unsichtbare Macht. In: Bobbio, N.: Die Zukunft der Demokratie. Aus dem Italienischen von Alf, S.G.; Hausmann, F.; Huber, G. und Kallscheuer, O. Berlin: Rotbuch, S. 86–112.

Bodei, R. 2011. From secrecy to transparency. Reason of state and democracy. In: *Philosophy & Social Criticism* 37 (8), S. 889–898.

Botero, G. 1948. *Della ragion di stato.* Delle cause della grandezza delle città. due Aggiunte e un Discorso sulla popolazione di Roma. Hrsg. v. Luigi Firpo. Turin: Unione Tipografico.

Botero, G. 1948b. Della riputazione. In: Giovanni Botero: *Della ragion di stato.* Delle cause della grandezza delle città. due Aggiunte e un Discorso sulla popolazione di Roma. Hrsg. v. Luigi Firpo. Turin: Unione Tipografico, S. 411–443.

Botero, G. 1997. *Della ragion di Stato.* Hrsg. v. Chiara Continisio. Roma: Donzelli.

Cavaillé, J.-P. 2002. *Dis/Simulations.* Jules César Vanini, François La Mothe Le Vayer, Gabriel Naudé, Louis Machon et Torquato Accetto. Religion, morale et politique au XVIIe siècle. Paris: Honoré Champion.

Clapmarius, A. 2014. De *arcanis rerumpublicarum libri sex.* 2 Teilbde. Hrsg. v. U. Wehner. Stuttgart Bad-Cannstatt: Frommann-Holzboog.

Croce, B. 1929. *Storia della età barocca in Italia*. Pensiero, poesia e letteratura, vita morale. Bari: Gius. Laterza & Figli.

Descendre, R. 2009. *L'état* du monde. Giovanni Botero entre raison d'état et géopolitique. Genf: Droz.

Donaldson, P.S. 1988. *Machiavelli and Mystery of State*. Cambridge: Cambridge University Press.

Dreitzel, H. 1995. Die „Staatsräson" und die Krise des politischen Aristotelismus: zur Entwicklung der politischen Philosophie in Deutschland 17. Jahrhundert. In: Baldini, A.E. (Hrsg.): *Aristotelismo politico e ragion di Stato*. Atti del convegno internazionale di Torino, 11-13 febbraio 1993. Florenz: Verlag? L.S. Olschki, S. 129–156.

Etter, E.-L. 1966. *Tacitus in der Geistesgeschichte des 16. und 17. Jahrhunderts*. Basel, Stuttgart: Helbing & Lichtenhahn.

Foucault, M. 2004. *Geschichte der Gouvernementalität*. I. Sicherheit, Territorium, Bevölkerung. Vorlesung am Collège de France 1977-1978. Hrsg. v. M. Sennelart. Frankfurt am Main: Suhrkamp.

Habermas, J. 1990. Strukturwandel der Öffentlichkeit. Untersuchungen zu einer Kategorie der bürgerlichen Gesellschaft. Mit einem Vorwort zur Neuauflage 1990. Frankfurt am Main: Suhrkamp.

Hartmann, A.V. 2002. Arcana Imperii und Theatrum Mundi. Überlegungen zur Bedeutung des Geheimnisses in der Frühen Neuzeit. In: *Geschichte in Wissenschaft und Unterricht* 53 (7/8), S. 434–443.

Hölscher, L. 1979. Öffentlichkeit und Geheimnis. Eine begriffsgeschichtliche Untersuchung zur Entstehung der Öffentlichkeit in der frühen Neuzeit. Stuttgart: Klett-Cotta.

Horn, E. 2007. Der geheime Krieg. Verrat, Spionage und moderne Fiktion. Originalausg. Frankfurt am Main: Fischer.

Horn, E. 2012. Logics of Political Secrecy. In: *Theory, Culture & Society* 28 (7-8), S. 103–122.

Jestaedt, M. 2001. Zwischen Öffentlichkeit und Vertraulichkeit – Der Staat der offenen Gesellschaft: Was darf er verbergen? In: Depenheuer, O. (Hrsg.): Öffentlichkeit und Vertraulichkeit. Theorie und Praxis der politischen Kommunikation. Wiesbaden: Westdeutscher Verlag, S. 67–110.

Jucker, M. 2010. Geheimnis und Geheimpolitik. Methodische und kommunikative Aspekte zur Diplomatie des Spätmittelalters. In: Jörg, Chr. (Hrsg.): *Spezialisierung und Professionalisierung*. Träger und Foren städtischer Aussenpolitik während des späten Mittelalters und der frühen Neuzeit. Wiesbaden: Reichert?, S. 65–94.

Kantorowicz, E.H. 1965. Mysteries of State. An Absolutist Concept and its Late Mediaeval Origins. In: Ders.: *Selected studies*. Hrsg. v. M.T. Cherniavsky und R.E. Giesey. New York: J. J. Augustin, S. 381–398.

Kunisch, J. 1997. Absolutismus und Öffentlichkeit. In: Jäger, H.-W. (Hrsg.): „Öffentlichkeit» *im 18. Jahrhundert*. Göttingen: Wallstein, S. 33–49.

Lotter, K. 2014. Arcana Imperii – Geheimbereiche der Macht. Geschichtliche Ausformungen eines umstrittenen Begriffs der politischen Theorie. In: *Widerspruch* 33 (59), S. 13–26.

Lutz, H. 1961. Ragione di stato und christliche Staatsethik im 16. Jahrhundert. Münster: Aschendorff.

Machiavelli, N. 1965. *Politische Betrachtungen über die alte und die italienische Geschichte* [Discorsi sopra la prima Deca di Tito Livio]. übers. u. eingel. v. F. v. Oppeln-Bronikowski. 2. Aufl. Wiesbaden: VS Verlag.

Machiavelli, N. 1971. La vita di Castruccio Castracani da Lucca. In: Ders.: Tutte le opere. Hrsg. v. M. Martelli. Florenz: Sansoni, S. 613–628.
Machiavelli, N. 2007. *Il principe* / Der Fürst. Italienisch / Deutsch. 2. Aufl. Hrsg. u. üb. v. Ph. Rippel. Stuttgart: Reclam.
Marcic, R. 1969. Öffentlichkeit als Prinzip der Demokratie. In: Ehmke, H., Schmid, C. und Scharoun, H. (Hrsg.): *Festschrift für Adolf Arndt*. Zum 65. Geburtstag. Frankfurt am Main: Europäische Verlagsanstalt, S. 267–291.
Münkler, H. 1987. *Im Namen des Staates*. Die Begründung der Staatsraison in der Frühen Neuzeit. Frankfurt am Main: Fischer.
Münkler, H. 1995. *Machiavelli*. Die Begründung des politischen Denkens der Neuzeit aus der Krise der Republik Florenz. Frankfurt am Main: Fischer.
Quill, L. 2014. *Secrets and Democracy*. From Arcana Imperii to WikiLeaks. Basingstoke: Palgrave Macmillan.
Reichert, K. 2002. Neue Formen des Geheimen am Beginn der Moderne. In: Engel, G., Reichert, K. und Wunder, H. (Hrsg.): *Das Geheimnis am Beginn der europäischen Moderne*. Unter Mitarbeit von J.M. Elukin. Frankfurt am Main: Vittorio Klostermann, S. 12–20.
Reinhardt, V. 2012. Machiavelli oder die Kunst der Macht. München: Beck.
Sansovino, F. 1580. *Del secretario di m. Francesco Sansovino libri VII*. [...] Venedig: appresso gli heredi di Vincenzo Valgrisi. Online verfügbar unter https://books.google.de/books?id=ELr1qMPJvp8C, zuletzt geprüft am 25.03.2016.
Saracino, St. 2012. Machiavellis Überlegungen zur politischen Verschwörung. In: Voigt, R. (Hrsg.): *Sicherheit versus Freiheit*. Verteidigung der staatlichen Ordnung um jeden Preis? Wiesbaden: VS Verlag, S. 189–222.
Snyder, J.R. 2009. Dissimulation and the Culture of Secrecy in Early Modern Europe. Berkeley, Los Angeles, London: University of California Press.
Stolleis, M. 1980. *Arcana imperii und Ratio status*. Bemerkungen zur politischen Theorie des frühen 17. Jahrhunderts. Göttingen: Vandenhoeck & Ruprecht.
Tacitus, C. 2010. *Annalen*. Lateinisch-deutsch. mit einer Einf. v. Manfred Fuhrmann. 6. Aufl. hrsg. v. E. Heller. Mannheim: Artemis & Winkler.
Viroli, M. 1992. *From Politics to Reason of State*. The Acquisition and Transformation of the Language of Politics 1250-1600. Cambridge, New York, Oakleigh: Cambridge University Press.
Wegener, B.W. 2006. Der geheime Staat. Arkantradition und Informationsfreiheitsrecht. Göttingen: Morango.

Legitimität der *arcana imperii* und des Diskurses

Über die *arcana imperii* bei Gabriel Naudé

Norbert Campagna

1 Einleitung

Blaise Pascals berühmte Aussage modifizierend, ließe sich ein Teil der Politik des 17. Jahrhunderts unter das Motto fassen: „Le Prince a ses raisons, que ses sujets ne connaissent point".[1] Diese spezifischen Handlungsgründe des Fürsten, die seinen Untertanen, aber auch anderen Fürsten unbekannt waren und womöglich auch – zumindest solange, wie die Handlung nicht ausgeführt und mit Erfolg gekrönt war – unbekannt bleiben sollten,[2] gehörten einer ebenso spezifischen Vernunft an, die man, zunächst in der italienischen Sprache, als *ragion di stato* bezeichnete,

---

1 Übersetzt: „Der Fürst hat seine Gründe, die den Untertanen unbekannt sind". Bei Pascal heißt es: „Le coeur a ses raisons, que la raison ne connaît point" (Pascal 1962, S. XXX – übersetzt: „Das Herz hat seine Gründe, die der Vernunft unbekannt sind"). Laut Pascal gibt es bestimmte Wahrheiten, die nur dem Herzen, nicht aber der Vernunft zugänglich sind. Dazu gehört etwa die Existenz Gottes. Mit dieser Aussage widersetzt sich Pascal dem Cartesischen Rationalismus – „Descartes inutile et incertain" lautet sein Urteil (Pascal 1962, S. 99 – übersetzt: „Descartes unnötig und ungewiss") – und dessen Anspruch, den Skeptizismus mit Hilfe der Vernunft zu besiegen.

2 Das Problem der Geheimhaltung stellt sich in akuter Weise gegenüber den eigenen Untertanen. Dass ein Fürst nicht dazu verpflichtet ist, fremde Fürsten über seine Absichten oder seine Gründe ins Bild zu sehen bzw. dass er ihnen gegenüber vieles geheim halten darf, ist weit weniger problematisch als die Geheimhaltung vor den eigenen Untertanen, für deren Gemeinwohl der Fürst sorgen muss, und die in diesem Sinne zumindest einen *prima facie* Anspruch darauf erheben können, dass der Fürst nichts vor ihnen verbirgt. Die politische Theorie der *arcana imperii* setzt voraus, dass dieser Anspruch, auch wenn er existiert – was nicht unbedingt alle Theoretiker akzeptieren – nur ein *prima facie* und kein absoluter Anspruch ist, und dass es demnach durchaus Bedingungen geben kann, unter denen der Fürst dem Anspruch auf eine ganz legitime Weise nicht gerecht zu werden braucht.

bevor dieser Begriff dann gegen Ende des 16. und anfangs des 17. Jahrhunderts seinen Einzug in andere europäische Sprachen hielt – wo man dann von *raison d'État, razón de Estado, reason of state* oder in deutschsprachigen Gebieten von *Staatsräson* spricht.[3]

Mit dem Begriff *ragion di stato* sollte zweierlei klargemacht werden. Erstens sollte damit gesagt werden, dass der Fürst nicht einfach nach seiner Lust und Laune bzw. durch seine rein persönlichen Begierden und Leidenschaften geleitet Entscheidungen traf, die für das Schicksal des von ihm geleiteten Gemeinwesen wichtig waren, sondern dass er dies gemäß bestimmten Gründen und damit auch gemäß einer sich nach Gründen orientierenden Vernunft tat. Die Theoretiker der *ragion di stato* raten dem Fürsten keineswegs, sich zum Sklaven seiner Begierden und Leidenschaften zu machen, sondern sie fordern vielmehr von ihm, diese blinden Begierden und Leidenschaften der Vernunft, also einer Regel oder zumindest Kontrollinstanz, zu unterwerfen.[4] Zweitens sollte damit gesagt werden, dass diese Vernunft nicht, oder zumindest nicht ganz, mit der gemeinen Vernunft zusammenfiel, und vor allem nicht mit der gemeinen moralischen Vernunft. Während Letztere als ihren Endzweck entweder mit Cicero die Bewahrung der persönlichen *dignitas* des Handelnden hatte, oder im Rahmen der christlichen Tradition die Sündlosigkeit als Bedingung der Möglichkeit des Erlangens des ewigen Seelenheils, ging es der Staatsräson in erster Linie darum, den Staat als konkreten Ordnungsfaktor in einer stets vor dem Risiko des Chaos stehenden Gesellschaft zu bewahren. Auch wenn ganz oft der Eindruck entstehen konnte, es ginge letzten Endes nur darum, dass der Fürst, rein egoistisch, seine persönliche Macht bewahren konnte, so besteht der eigentliche Geist der Staatsräson doch letztlich darin, dass alle jene Mittel eingesetzt werden, die die Gesellschaft vor der Anarchie und vor dem Chaos retten konnten. Der Fürst, als Spitze, und damit auch als wesentlicher Teil des Staates, war nur eines dieser Mittel, und damit auch nur der Diener eines ihm übergeordneten Zwecks bzw. Ganzen. Mochte er auch durch die Aufrechterhaltung der staatlichen Ordnung seinen eigenen Interessen dienen, so war die Durchsetzung dieser eigenen Interessen nur solange zulässig, wie sie der Aufrechterhaltung der staatlichen Ordnung nicht widersprachen.

Bei einigen der für die Erreichung des Zwecks notwendigen Mitteln war es so, dass man bei ihrem Einsatz nur dann mit Erfolg rechnen konnte, wenn er geheim gehalten wurde. Die Staatsgegner oder -feinde sollten überrascht werden, so dass es ihnen nicht gelingen konnte, sich präventiv gegen den Angriff zu schützen. Während

3 Die lateinische Form ist *ratio status*. Sie hierzu Post 1964, dort besonders S. 241-309.

4 Insofern passt die Theorie der *ragion di stato* durchaus in die durch den Neostoizismus und den Rationalismus gekennzeichnete Epoche des 16. und 17. Jahrhunderts.

der Gegner sich in Sicherheit wähnte, wurden Pläne gegen ihn geschmiedet und damit sein Untergang vorbereitet. Diese Pläne waren nur einer kleinen Gruppe von Personen – bestehend aus dem Fürsten und seinen engsten Beratern – bekannt, und mussten es auch bis zu ihrer Verwirklichung bleiben. War der geeignete Augenblick gekommen, wurde der Feind überrascht, wie von einem Blitzschlag aus heiterem Himmel.

Dass man in der Politik mit solchen Mitteln arbeitete, war schon seit Jahrhunderten bekannt, und der römische Historiker Tacitus – der im 16. Jahrhundert eine Renaissance erlebte[5] – hatte sie anhand von zahlreichen Beispielen beschrieben. Insofern Tacitus an vielen Stellen seiner Schriften seine Nostalgie für die Zeit der römischen Republik anklingen ließ, war er für manche Autoren salonfähiger als Machiavelli, der oft als Theoretiker der Tyrannei gelesen wurde.

Der Franzose Gabriel Naudé[6] hat in diesem Kontext den Begriff des *coup d'État* zu einem Zentralbegriff der politischen Theorie erhoben.[7] In seinen *Considérations politiques sur les coups d'Estat* liefert er eine Theorie jener außergewöhnlichen Mittel, auf die ein Fürst zurückgreifen kann, um das öffentliche Wohl zu schützen oder zu fördern. Dabei macht Naudé einen Unterschied zwischen der *ragion di Stato* und

5 Zur Tacitusrezeption in Spanien, siehe Anton Martinez 1991.

6 Gabriel Naudé wurde 1600 geboren. Relativ früh interessierte er sich für Bücher und Bibliotheken. Schon mit 20 Jahren verfasst er seinen *Discours contre les libelles* (auch noch unter dem Titel *Marfore* bekannt). Er tritt dann als Bibliothekar in den Dienst bekannter Persönlichkeiten, darunter Kardinäle, aber auch, am Ende seines Lebens, die Königin Christina von Schweden. Naudé stirbt 1653, wobei auch er, wie sein Landsmann Descartes, das raue schwedische Klima nicht gut vertragen hat. Auch wenn Naudé durch seine *Considérations sur les coups d'État* bekannt wurde, hat er noch mehrere anderen Bücher verfasst, u. a. die *Bibliographia politica* und ein Buch über das Zusammenstellen einer Bibliothek. Als Bibliothekar Mazarins, hatte Naudé eine 40 000 Bücher umfassende Bibliothek auf die Beine gestellt, wobei er ganz Europa bereiste, um Bücher für diese Bibliothek zu kaufen.

7 Der Ausdruck *coup d'État* ist gängig zur Zeit Naudés (Thuau 2000, S. 394). In der heutigen französischen Sprache bezeichnet der Ausdruck *coup d'État* eine „gesetzwidrige Übernahme der staatlichen Macht durch eine Person oder eine Gruppe die Funktionen innerhalb des staatlichen Apparats ausübt" (*Petit Larousse Illustré* 1989). Der Übergang von der alten zur neuen Bedeutung geschah zur Zeit der Französischen Revolution (Boyer 2007; Harouel 2007). Im Deutschen wurde der Begriff mit „Staatsstreich" übersetzt. In seiner heutigen Bedeutung bezieht sich der Begriff in erster Linie auf ein Mittel zum Macht*gewinn*, während es sich bei Naudé primär um die Macht*erhaltung* handelt. Bei Naudé ist der Begriff auch, wie wir noch sehen werden, von seiner Definition her auf ein normatives Ziel hin orientiert, was bei der soeben gegebenen Definition nicht der Fall ist. Desweiteren ist zu bemerken, dass der Begriff im 17. Jahrhundert nicht unbedingt, und vielleicht sogar nicht primär, negativ konnotiert ist.

dem *coup d'État*. Der wesentliche Unterschied zwischen einer Politik der *ragion di stato* und einer Politik des *coup d'État* besteht darin, dass letztere sich im Geheimen abspielt, so dass Naudé den *coup d'État* mit den *arcana imperiorum* – oder *arcana imperii* – gleichsetzen kann[8] – wobei er sich aber, wie wir im ersten Teil unseres Beitrags zeigen werden, von Clapmarius distanziert. Es gibt bestimmte Dinge, die der Fürst zur Bewahrung oder Förderung des öffentlichen Wohls tun muss, die er aber gleichzeitig geheim halten muss, ja deren Geheimhaltung gerade deshalb wichtig und notwendig ist, weil sie im Interesse des öffentlichen Wohls stehen. Man könnte also in diesem Kontext behaupten, dass der Fürst nicht bloß ein *Recht* hat, bestimmte Entscheidungen oder Handlungen geheim zu halten, sondern dass es geradezu seine *Pflicht* ist, und zwar eine aus seiner Pflicht zur Bewahrung oder Förderung des öffentlichen Wohls abgeleitete Pflicht.[9] Und wenn dem so ist, dann haben die Untertanen eigentlich kein Recht vom Fürsten zu verlangen, dass er das von ihm geheim Gehaltene öffentlich macht, denn dadurch würden sie vom Fürsten verlangen, dass er das ihm anvertraute Gemeinwohl verrät, dass er also gegen seine Pflicht handelt.

Akzeptiert man Naudés Unterscheidung, so weist die Politik der *arcana imperii* über die Politik der *ragion di stato* hinaus, und sie stellt die politische Theorie nicht nur vor das Problem, politische Handlungen zu rechtfertigen, die die Grenzen des moralisch Erlaubten verletzen, sondern auch vor das sich dazu gesellende Problem der Rechtfertigung der Geheimhaltung dieser Handlungen bzw. der ihnen vorhergehenden Entscheidungen. Wie schon angedeutet, ist diese Geheimhaltung nur dann gerechtfertigt, wenn sie im Dienste des Gemeinwohls steht. Wie schon im Falle der *ragion di stato* wird man also auch bei den *arcana imperii* zwischen einem guten und einem bösen bzw. zwischen einem legitimen und einem illegitimen Gebrauch unterscheiden können, so dass auch hier die Aufhebung bestimmter normativer Vorgaben keineswegs mit der Aufhebung sämtlicher normativer Vorgaben gleichgesetzt werden kann. Genauso wenig wie die rein empirische Individualität des Fürsten der letzte Bezugspunkt der *ragion di stato* ist, ist sie der letzte Bezugspunkt der *arcana imperii*. Der Fürst darf nicht deshalb geheim halten, weil die Geheimhaltung ihm persönlich nützt,[10] sondern weil sie dem Gemeinwohl nützt.

---

8 In einer lateinischen Übersetzung lautet die Überschrift des Werkes schlicht: *Arcana Status*.

9 Jean Sirmond sieht es als einen „peché d'Estat" (Sirmond 1637, S. 18), also als eine Staatssünde an, eine Schwächung der staatlichen Macht hinzunehmen bzw. nichts zu unternehmen, um einer solchen Schwächung entgegenzuwirken.

10 Man wird natürlich unterscheiden müssen, *was* geheim gehalten wird. In Frankreich kam in den 90er Jahren des vorigen Jahrhunderts die Frage auf, ob der Präsident eine schwere Krankheit geheim halten sollte – in den letzten Jahren seines zweiten Mandats

Die zugleich politische wie auch moralische Herausforderung der Theoretiker der Staatsräson wie der Theoretiker der *arcana imperii* bestand darin, die aus der politischen Theorie des Mittelalters geerbte Unterscheidung zwischen dem Tyrannen und dem Fürsten aufrecht zu erhalten, wobei gewissermaßen eine dritte Dimension neben die zwei Dimension des Ursprungs und der Ausübung hinzutrat, nämlich diejenige des Zwecks.

Dabei wurde vorausgesetzt, dass die Geheimhaltung zumindest manchmal für den Nutzen des Gemeinwohls notwendig ist. Wäre sie nie dazu notwendig, dann gäbe es keine gute oder legitime Politik der *arcana imperii*. Die *arcana imperii* wurden nicht als etwas an sich Gutes angesehen, sondern als ein notwendiges Übel, auf das man leider manchmal zurückgreifen musste.[11] Daraus flossen zwei Aufgaben für die Theoretiker der *arcana imperii*. Einerseits mussten sie den von Natur aus guten Fürsten klarmachen, dass es sich bei den *arcana imperii* um ein *notwendiges* Übel handelte, dass man also nicht davon ausgehen konnte, dass man dem Gemeinwohl in allen Fällen dadurch dienen konnte, dass man nie etwas geheim hielt und alle seine Vorhaben und Absichten offenbarte und genau erklärte, was man vorhatte und warum man es tun wollte. Als solches setzt politisches Handeln im Interesse des Gemeinwohls die Bereitschaft voraus, bestimmte Dinge geheim zu halten. Andererseits mussten sie den von Natur aus guten, aber auch allen anderen Fürsten klarmachen, dass die *arcana imperii* ein notwendiges Übel waren, und dass man dem bösen Gegenstand nicht auch noch einen bösen Gebrauch hinzugesellen durfte. Insofern es gut bzw. legitim sein will, setzt politisches Handeln im Interesse des Gemeinwohls die Bereitschaft voraus, nur diejenigen Dinge geheim zu halten, die geheim gehalten werden müssen. Den guten Fürsten sollte gezeigt werden, dass sie ohne okkasionellen Rückgriff auf *arcana imperii* das Risiko laufen, ihren Staat zu Grunde gehen zu lassen, und den bösen Fürsten sollte gezeigt werden, dass sie durch einen zu häufigen und wahllosen Gebrauch der *arcana imperii* ihre Machtposition gefährden konnten. Der gute Fürst hatte allgemeinwohlorientierte Gründe, manchmal auf *arcana imperii* zurückzugreifen, und der böse Fürst hatte egoistische Gründe, nicht zu oft auf *arcana imperii* zurückzugreifen. Wir haben also eine partielle Entfesselung der Macht von der Norm auf der einen Seite, aber auf der anderen Seite haben wir einen Appell an einen moderaten Umgang mit einer über den Normen stehenden Macht.

---

litt François Mitterand an Krebs. Geheim gehalten wurde auch, dass Mitterand eine uneheliche Tochter hatte.

11 Es ist auch wahrscheinlich, dass ihre Faszinationskraft letztendlich davon abhing, dass sie etwas Diabolisches an sich hatten.

Wo sie mehr sein wollte als eine bloße Beschreibung dessen, was die Fürsten tatsächlich tun, musste eine politische Theorie der *arcana imperii* sich als eine Anweisung zum legitimen, und das heißt dem Gemeinwohl förderlichen Gebrauch der Geheimhaltung gestalten. In diesem Beitrag möchte ich Naudés Standardwerk unter diesem Blickwinkel lesen. Wie genau konzipiert Naudé die Legitimitätsbedingungen der *coups d'État* und wie lässt sich sicherstellen, dass ein Fürst sich auch tatsächlich an diese Legitimitätsbedingungen halten wird?

Aber diesseits dieser vielen Fragen stellt sich eine andere, die nicht den Fürsten betrifft, sondern denjenigen, der über die Handlungen des Fürsten schreiben will. Ist es angebracht, über die Dinge zu schreiben, die eigentlich geheim bleiben sollten? Naudés einflussreiches Werk ist nicht nur wichtig, weil es den Rückgriff auf außergewöhnliche Maßnahmen unter bestimmten Bedingungen rechtfertigt, sondern auch, weil der französische Denker mit einer Reflexion über das beginnt, was er gerade tut, nämlich Geheimnisse zu offenbaren. Wem kann eine solche Offenbarung nutzen? Und wem kann sie schaden? Und wem darf man solche Geheimnisse überhaupt offenbaren?

Im Folgenden soll zuerst Naudés Gebrauch des Ausdrucks *coup d'État* geklärt und seine Kritik an Clapmarius dargestellt werden. In einem zweiten Schritt wird zu sehen sein, wie Naudé sein Vorhaben rechtfertigt, über das, was eigentlich geheim gehalten werden soll, zu schreiben. Und in einem dritten Teil sollen schließlich Naudés Kriterien für einen legitimen Gebrauch der *coups d'État*, und somit des Geheimen in der Politik, in ihren Grundlinien vorgestellt werden.

2 Staatsräson und *coups d'État*

Als Naudé sein bekanntestes Werk verfasst, sind sowohl der Begriff der *raison d'État* bzw. seine Äquivalente in anderen Sprachen, als auch der Begriff der *arcana imperii* bzw. *imperiorum* zu Standardbegriffen des politischen Denkens in Europa geworden. Den ersten Begriff hat Giovanni Botero mit seinem zuerst 1589 erschienenen Werk *Della ragion di Stato* popularisiert, während der zweite Begriff vor allem durch Arnold Clapmarius' Hauptwerk *De arcanis rerumpublicarum* Eingang ins politische Vokabular des 17. Jahrhunderts fand.

Die beiden letztgenannten Werke, die zu ihrer Zeit mehrmals aufgelegt wurden, sind wichtige Beiträge zu einer Debatte, die im ausgehenden 16. und dann vor allem im 17. Jahrhundert stattfand, und in der es darum ging, sich der zuerst von Machiavelli aufgeworfenen Frage zu stellen, ob der Fürst es sich erlauben konnte, gut zu sein, wenn alle, oder doch zumindest viele, um ihn herum böse waren. Es ging darum zu wissen, ob der Fürst sich an genau dieselben Normen halten sollte wie alle seine Untertanen dies als gute Christen – die religiöse Moral des Christentums und die eng mit ihr zusammenhängende naturrechtlich begründete Moral bildeten den damaligen Referenzrahmen – tun mussten, oder ob er sich von diesen Normen entfernen durfte, und wenn ja, bis zu welchem Grad. War die Moral des guten Fürsten identisch mit der Moral des guten Untertanen?[12]

Machiavellis Antwort fiel negativ aus, wobei der Florentiner nicht nur leichte Abweichungen von der christlichen Moral duldete, sondern vom Fürsten im Besonderen und von den Regierenden im Allgemeinen verlangte, bereit zu sein, alle für die Privatperson gültigen moralischen Werte und Normen zu opfern, wenn die Bewahrung des politischen Zustandes – Machiavelli gebraucht oft die Wendung *mantenere lo stato* – es verlangte. Besonders sein postum erschienener *Principe* wurde zum Stein des Anstoßes, und dies obwohl der Florentiner in mehr republikanisch gesinnten Schriften ähnliche Thesen vertritt wie im *Principe*. Aber in einem Europa, das wesentlich aus Fürstentümern bestand, war es wichtiger, das Bild eines bösen Fürsten als das einer bösen republikanischen Regierung zu bekämpfen.

Auch wenn Machiavelli den Begriff der *ragion di Stato* nicht selbst gebraucht, sind die Mittel, die er beschreibt, solche, die man später unter dem Begriff der *ragion di Stato* zusammenfassen wird. Botero ist der Erste, der eine Definition des Begriffs gibt: „Ragione di Stato si è notizia de‘ mezzi atti a fondare, conservare e ampliare un dominio“ (Botero 1977, S. 7). Diese knappe Definition formuliert ein dreifaches Ziel – bestimmte Autoren schließen allerdings die Vergrößerung aus – und bestimmt die Staatsräson im Hinblick auf dieses Ziel: die Staatsräson gibt die zur Erreichung des Ziels tauglichen Mittel an. Als Ziel gilt die politische Herrschaft, wobei der Staat der Rahmen ist, innerhalb dessen die politische Herrschaft ausgeübt wird, während der Fürst das Instrument dieser Herrschaft ist. Insofern der Mensch dabei als ein Wesen gedacht wird, das nur unter der Bedingung politischer Herrschaft friedlich mit seinesgleichen zusammenleben kann, steht die Staatsräson mehr als nur im Dienst der Machtgier des Fürsten. Auch wenn Machiavelli oft vorgeworfen wurde, nur die Erhaltung der Macht als solcher im Blick gehabt zu

12 Die Frage ist nicht neu und stellt sich schon im Rahmen der mittelalterlichen Fürstenspiegelliteratur. Allerdings findet eine erhebliche Verschiebung der Fragestellung statt. Während nämlich die Fürstenspiegelliteratur eine striktere Observanz der moralischen Normen durch den Fürsten als durch die Untertanen forderte, geht es der *ragion di stato*-Literatur darum, den Fürsten von der strikten Observanz bestimmter moralischer Normen zu befreien. Rachel Stone hat diese striktere Observanzforderung hinsichtlich der karolingischen Fürstenspiegel herausgearbeitet und stellt dabei folgende These auf: „Kingship was imagined as carrying a heavier moral burden than that imposed on other laymen“ (Stone 2011, S. 76).

haben, gilt sein Hauptaugenmerk doch in letzter Instanz dem öffentlichen Wohl, so dass man Besold zustimmen kann, wenn er schreibt: „Von den Italienern wird es *Ragion di Stato* genannt, gewissermaßen das Recht zugunsten des öffentlichen Wohls" (Besold S. 55).

Die Frage ist demnach, ob der Fürst zugunsten des öffentlichen Wohls Dinge tun darf, die er niemals zugunsten seines privaten Wohls tun dürfte, bzw. ob es Handlungsgründe gibt, denen man im ersten Handlungskontext folgen darf, während sie im zweiten Kontext ausgeschlossen werden müssen. Wenn der Fürst sich stets an die allgemeingültigen moralischen Normen halten würde, dann wäre sein Handeln ziemlich genau berechenbar. Das würde dann aber bedeuten, dass man ihn ziemlich leicht ausmanövrieren und damit seine Herrschaft stürzen kann. In einer Welt von Füchsen muss der Fürst auch manchmal als Fuchs handeln, und das bedeutet u.a., dass er Handlungsgründe haben muss, die nicht jedem zugänglich sind, ja die im Extremfall nur er selbst kennt. Das bedeutet aber auch, dass diese Handlungsgründe nicht diejenigen der allgemeingültigen Moral sein dürfen. Mag die äußere Handlung des Fürsten auch derjenigen Handlung entsprechen, die die allgemeingültige Moral vom Einzelnen verlangt – etwa einem Feind vergeben –, so kann der Fürst durchaus einen von der allgemeingültigen Moral abweichenden Grund haben. Während der gute Christ seinen Feinden *immer* vergibt, weil Gott es nämlich von ihm verlangt, vergibt der – im außermoralischen Sinn – gute Fürst seinen Feinden vor allem deshalb, weil er aus diesem Vergeben, wie wir heute sagen würden, politisches Kapital ziehen kann. Das christliche Vergeben beruht auf einem Prinzip, das politische auf einer Einschätzung der Lage sowie auf bestimmten weitergehenden Absichten. Das christliche Vergeben ist frei von jeglichem Nutzenkalkül, das politische Vergeben beruht auf einem Nutzenkalkül. Wer das politische Vergeben verstehen will, muss den Zweck des Fürsten kennen und auch seine Einschätzung der vorliegenden Situation. Aber wie der Fürst die Lage einschätzt und welche weitergehenden Absichten er hat, weiß letzten Endes immer nur er selbst, zumindest solange er dies nicht auch Anderen mitteilt. Der Schuldige kann im Voraus wissen, dass ein guter Christ ihm vergeben wird, er kann aber nicht im Voraus wissen, ob der Fürst ihm vergeben wird. Die Menschen können im Voraus wissen, wie ein guter Christ handeln wird, sie können aber nicht im Voraus wissen, wie ein – im außermoralischen Sinn – guter Fürst handeln wird.

Damit ist eine Dimension des Unbekannten, des Geheimnisvollen in die Politik getreten, so dass nicht nur die Wege des jenseitigen Herrn unerforschlich sind, sondern auch die Wege des irdischen Herrschers, des Fürsten. Genau diese Dimension kommt in den *arcana imperii* zum Ausdruck. Clapmarius gibt folgende Definition: „Arcana Rerumpublicarum [...] esse intimas & occultas rationes, sive consilia eorum, qui in Repub. Principatum obtinent, tum ipsorum tranquillitatis, tum etiam praesentis Reipub. status conservandi, idque boni publici causa" (Clapmarius, S. 11). Auch wenn Clapmarius hier die Ruhe der Regierenden an die erste Stelle setzt, vergisst er doch nicht, das Allgemeinwohl am Schluss seiner Definition zu erwähnen. Durch den Gebrauch der *arcana* sollen die Regierenden sich selbst an der Macht erhalten, die bestehende Form des Gemeinwesens bewahren und das öffentliche Wohl schützen und fördern. Die privaten Interessen der Regierenden und das öffentliche Interesse werden somit zusammengedacht.

Wichtig für unsere Zwecke ist der erste Teil der Definition, in dem Clapmarius das Wesen der *arcana* zum Ausdruck bringt: es sind ganz persönliche und versteckte Handlungsgründe. Es sind also Gründe, die nicht offenliegen, die demnach nicht von jedem Einzelnen unmittelbar eingesehen werden können. Und weil sie nicht offenliegen, können die Menschen sich auch nicht auf die aus ihnen hervorgehenden Handlungen vorbereiten bzw. sich auf die Handlungen vorbereiten, die auf die ausgeführte Handlung folgen werden. Denn auf eine Handlung, die aus einem Grund G1 ausgeführt wurde, folgen nicht unbedingt dieselben Handlungen wie auf ein und dieselbe Handlung,[13] die aus einem Grund G2 ausgeführt wurde. Wer einem Menschen im Augenblick T1 das Leben rettet, weil er diesen Menschen noch braucht, wird ihm nicht unbedingt auch das Leben im Augenblick T2 retten und kann ihn gegebenenfalls sogar im Augenblick T2 umbringen, falls er meint, das Leben dieses Menschen könne ihm für die Verwirklichung seiner eigenen Pläne hinderlich sein. Der Gerettete kann somit nie wissen, ob sein Leben auch in Zukunft gesichert ist.

Die Notwendigkeit der Geheimhaltung hatte schon Botero hervorgehoben, und ein Kapitel seines Hauptwerkes ist auch ‚Della secretezza' überschrieben. Hier heißt es u. a., dass die Geheimhaltung das allerwichtigste Element für diejenigen sei, die über Krieg und Frieden verhandeln (Botero 1997, S. 56). Solange man nicht weiß, was die eigentlichen Handlungsgründe der Regierenden sind, kann man sich nicht auf sie einstellen und ihre Pläne durchschauen und gegebenenfalls durchkreuzen. Insofern ist die Geheimhaltung ein wichtiger Schlüssel zum Erfolg politischer Unternehmen. Botero zitiert in diesem Zusammenhang den mazedonischen König Metellus, der auf die Frage einer seiner Leute, was er vorhabe, antwortete: „Begnüge Dich damit [...], es nicht zu wissen, denn wenn ich dächte, dass das Hemd das ich jetzt trage, wüsste, was ich in meinem Geist herumtrage, dann würde ich es sofort ins Feuer werfen" (Botero 1997, S. 56). Die Geheimnisse des Herrschers zu kennen, kann demnach u.U. für seine eigenen Leute ebenso gefährlich sein wie für seine Feinde das Nicht-Kennen dieser Geheimnisse.

---

13 *Oberflächlich* oder aus rein physikalischer oder anatomischer Sicht betrachtet ein und dieselbe Handlung.

Naudé, der die Literatur zur *ragion di stato* und zu den *arcana* kennt,[14] ist vor allem mit zweierlei Aspekten bei Clapmarius unzufrieden. Erstens wirft er Clapmarius vor, den Begriff der *arcana* derart allgemein zu verwenden bzw. zu verwässern, dass so gut wie alle Mittel zur Bewahrung eines Staates unter diesen Begriff fallen (Naudé 1679, S. 64).[15] Naudé lebt zu einer Zeit, in welcher es für den Fürsten schon fast üblich geworden war, auf Mittel zurückzugreifen, die die Grenzen des moralisch Zulässigen nicht immer ganz strikt einhielten. Der Gebrauch solcher Mittel konnte dementsprechend schon so gut wie erwartet werden, so dass es hier eigentlich nichts Geheimes mehr gab bzw. es nichts mehr gab, das geheim gehalten werden sollte. Damit wird der Begriff der *arcana imperii* sozusagen verharmlost, und er erfüllt nicht mehr die Funktion, die er haben sollte, nämlich Mittel zu bezeichnen, die *nicht* zum alltäglichen Arsenal des Fürsten gehören, sondern denen er sich nur in ganz besonderen und außergewöhnlichen Situationen bedient, und die eben deshalb eine Geheimhaltung erfordern, da der Gegner sich sonst darauf einstellen könnte.

Diese Verharmlosung geht aber, so Naudé weiter – und das ist dann auch sein zweiter großer Einwand gegen Clapmarius – mit einer Verteufelung der eigentlichen *arcana* einher. Denn das, was Naudé als *arcana* bezeichnet, wird bei Clapmarius als *flagitia imperiorum* bezeichnet, d.h. als Schandtaten (Naudé 1679, S. 74), so dass diesen Mitteln von vornherein jede Legitimität abgesprochen wird. Für Naudé ist es wichtig, die Begriffe korrekt zu gebrauchen, und mit seinem Begriff des *coup d'État* will er Phänomene bezeichnen, die allein als *arcana imperii* bezeichnet wer-

14 Er erwähnt die wichtigsten Autoren in seiner *Bibliographie politique*.

15 In Band 3/1 seiner mehrbändigen *Geschichte des politischen Denkens* schreibt Henning Ottmann: „Am Beginn des 17. Jh.s. wird der Begriff *arcanum* gleichbedeutend mit *ratio status*" (Ottmann 2006, S. 240). Dazu ist zu bemerken, dass die Definition der *arcana* bei Clapmarius der Definition der *ragion di stato* bei Botero ein Element hinzufügt. Während Botero nämlich nur von „mezzi" im Allgemeinen spricht, ohne also eine Besonderheit dieser Mittel zu erwähnen, spricht Clapmarius von „intimas & occultas rationes". Spätestens 1627 bei Lodovico Settala, der die *ragion di stato* als „occulti modi, & accortezze" (Settala, S. 140), ist die Identität von *ragion di stato* und *arcana imperii* sozusagen definitorisch gegeben.
Eine weitere Bemerkung bezieht sich dann aufs Ottmanns Werk. Ohne hier im Geringsten die Qualität des Werkes in Frage zu stellen, sei trotzdem bedauert, dass sein Autor es nicht für nötig empfunden hat, ein Kapitel oder auch nur ein Teilkapitel einzufügen, das von Naudé handelt. In Band 3/1, der mit Machiavelli anfängt und mit Rousseau aufhört, und in dem man dementsprechend ein Kapitel über Naudé erwartet hätte, taucht der Name des französischen Autors nur zweimal auf. Auf Seite 391 wird gesagt, Conring habe Naudés *Bibliotheca politica* herausgegeben, und auf Seite 412 wird auf Naudés *Apologie* hingewiesen, ein Werk in dem der Franzose den damals verbreiteten Hexenwahn verurteilt. Naudés Versuch, die Staatsräsonlehre von der Arkanalehre zu trennen, wird nicht erwähnt.

den sollten. Es sind dies Phänomene, die ganz klar im Widerspruch zur gegebenen Moral stehen und die sie nicht nur am Rande verletzen.

Dabei ist anzumerken, dass Naudé den Begriff des *coup d'État* nicht nur auf den Bereich des Politischen beschränkt, sondern dass er ihn auf die rein private Sphäre – Naudé spricht von der „Monastique"[16] –, und dann auch auf den Haushalt – die ökonomische Sphäre[17] – ausweitet. Bezüglich dieser letzten gibt er z. B. das Beispiel der karibischen Inseln, auf denen man sich dadurch davor bewahrt, dass die Frauen ihre Männer vergiften, dass man ein Gesetz erlassen hat, das befiehlt, dass die Frau mit ihrem Ehemann sterben soll (Naudé 1679, S. 93). In der *Bibliographie politique* erwähnt Naudé im Kontext des „ökonomischen" Autoren Cardanus, der in seinem Werk *De utilitate capienda ex adversis* „die geheimsten Mittel lehrt, derer die habgierigsten Menschen sich gewöhnlich bedienen, um Reichtum anzusammeln" (Naudé 1642, S. 28). Insofern Naudé hier schreibt, dass diese Menschen sich „gewöhnlich" dieser Mittel bedienen (im Original: „Accoustumé"), kann man sie allerdings nicht mehr als *arcana* bezeichnen.

Wir werden uns im Folgenden auf den dritten Bereich beschränken, den des Politischen, in dem es um die Gesellschaft geht. Dabei unterscheidet Naudé drei Dimensionen des Politischen, was ihm auch erlaubt, einen Unterschied zwischen der *ragion di stato* und den *coups d'États* zu machen. Das Politische umfasst zunächst bestimmte Regeln, die überall als gültig betrachtet werden und deren Einhaltung die Bewahrung der Staaten ermöglicht (Naudé 1679, S. 98). Es sind dies gewissermaßen die alltäglichen Regeln der Politik, die den ewigen Normen der natürlichen Gerechtigkeit nicht widersprechen. Diese Regeln gelten für den Normalfall, und solange dieser Normalfall gegeben ist, kann man sich strikt an die Regeln halten. Hier kann man der *prudence ordinaire* folgen, die sich an die Gesetze und an die bestehenden Bräuche, usw. hält. Hier kann der Fürst also im Rahmen des normativ Vorgegebenen bleiben, und seine Handlungen sind demnach vorauszusehen. Er führt die vom Gesetz vorgeschriebene Handlung aus, *weil* das Gesetz diese Handlung von ihm verlangt, und nicht, weil er in *diesem* Fall einen anderen, aber geheimen Grund hätte, die Handlung auszuführen. Auf dieser ersten Ebene stimmen Zweck und Mittel überein. In der *Bibliographie politique* heißt es, das Ziel der politischen Verwaltung – und gemeint ist die gewöhnliche Verwaltung – der Fürstentümer und

16 Vom Griechischen „*monastikos*", einsam.

17 Erinnern wir hier daran, dass das Wort „Ökonomie" vom griechischen Wort „*oikos*" abstammt, und das dieses Wort den Haushalt bezeichnet. Die Ökonomie ist somit ursprünglich die Lehre des Haushaltens, und auch wenn damit zunächst die Einnahmen und Ausgaben des Haushalts gemeint sind, so umfasst sie aber auch die Beziehungen zwischen den Personen, die den Haushalt ausmachen: Mann, Frau, Kinder, Bedienstete – und, zumindest im antiken Griechenland, Sklaven.

Staaten seien die Billigkeit und die Gerechtigkeit (Naudé 1642, S. 53-4). Diese Ziele sind auch gleichzeitig Mittel, d.h. der Fürst wird nur gerechte und billige Mittel anwenden, um der Gerechtigkeit und Billigkeit zum Sieg zu verhelfen.

Geht man über diese erste Dimension des Politischen hinaus, dann findet man die „maximes d'État", die den Inhalt der *ragion di stato* bilden (Naudé 1679, S. 99). Diese Staatsmaximen „können weder durch das Völkerrecht, noch durch das bürgerliche oder natürliche Recht gerechtfertigt werden; sondern nur durch die Betrachtung des Wohls & des allgemeinen Nutzens, der sich ziemlich oft über denjenigen[18] der Privatperson hinwegsetzt" (Naudé 1679, S. 101). Während das Politische in seiner ersten Dimension eine deontologische Ausrichtung hat – man hält sich strikt an bestimmte Gesetze –, nimmt es in seiner zweiten Dimension eine teleologische Dimension an. Und während das Völkerrecht, das bürgerliche und das natürliche Recht – so scheint Naudé zumindest vorauszusetzen – auch den strikten Respekt der Rechte oder des Nutzens der einzelnen Individuen verlangen, erlaubt die *ragion di stato*, dass der Herrscher diese individuellen Rechte verletzt bzw. dem – an sich vielleicht ganz schuldlosen – Individuum schadet.

Naudé zufolge sind es diese Staatsmaximen, über die Clapmarius in seinem Hauptwerk schreibt. Insofern Naudé andeutet, dass es ziemlich oft dazu kommt, dass das allgemeine Interesse sich über das bloß individuelle hinwegsetzt, gibt er zu verstehen, dass der Gebrauch der Staatsmaximen, wenn vielleicht auch noch nicht zur Regel geworden ist, so doch nichts wirklich Außergewöhnliches mehr darstellt. Greifen wir aus den vielen von Naudé gegebenen Beispielen nur eines heraus (Naudé 1679, S. 101). Der römische Kaiser Claudius hätte, laut dem bestehenden Gesetz, seine Nichte Julia Agrippina nicht heiraten dürfen. Hätte er sie nicht geheiratet, dann hätte sie einen Anderen geheiratet, und das Blut der Cäsaren wäre aus der einen Familie der Julio-Claudianer geflossen und hätte sich mit der Zeit in vielen Familien verbreitet, was auf die Dauer zu einer Inflation der Thronansprüche geführt hätte, und damit auch zu Thronfolgekriegen mit all ihrem Elend und den sich daraus ergebenden Gefahren für das Römische Reich. Um Rom dieses Schicksal zu ersparen, setzte Claudius sich über das gemeine Gesetz hinweg und heiratete seine Nichte gemäß den „loix d'Estat" (Naudé 1679, S. 101). Was für einen „normalen" römischen Bürger verboten war, erlaubte sich der Kaiser. Auch wenn Naudé es nicht zitiert, so dürfte doch wohl hier das sicherlich bekannteste Staatsgesetz der Römer als Rechtfertigungsgrund im Hintergrund stehen: *Salus populi suprema lex esto* – das Heil des Volkes sei das höchste Gesetz. Während bürgerliche Gesetze einen ziemlich klaren normativen Inhalt haben, also ziemlich

18 In meiner Naudé-Ausgabe steht die plurale Form „celles". Dies scheint offensichtlich ein Druckfehler zu sein.

klar sagen, was genau erlaubt und was genau verboten ist, besitzen „Staatsgesetze" eine relativ große inhaltliche Offenheit und legen nur ein Ziel fest. Dem Fürsten obliegt es dann zu entscheiden, wie er dieses Ziel am besten erreichen kann, wobei es ihm erlaubt ist, sich über die „normalen" Gesetze hinwegzusetzen.

In Naudés Augen sind diese Staatsmaximen aber noch nicht der höchste oder intensivste Grad des Politischen – und vor allem des politisch Legitimen. Für Naudé war es Clapmarius' Fehler, die Grenze zwischen dem Legitimen und dem Illegitimen schon bei den Staatsmaximen gezogen zu haben, und alles darüber Hinausgehende als Schandtaten bezeichnet zu haben. Legitime politische Handlungen findet man auch noch jenseits der Grenze, und diese Handlungen bezeichnet Naudé mit dem Begriff des *coup d'État*. Es sind dies „gewagte & außergewöhnliche Handlungen, die die Fürsten ausführen müssen, wenn sie vor schwierigen & so gut wie hoffnungslosen Angelegenheiten stehen, und die gegen das gemeine Recht verstoßen, und ohne dass sie die geringste Ordnung oder Justizförmigkeit bewahren, dabei das Interesse des Einzelnen zugunsten des öffentlichen aufs Spiel setzend" (Naudé 1679, S. 110).

Abgesehen davon, dass die Beschreibung der *coups d'État* den außerordentlichen – im Sinne von „außerhalb der gesetzlichen Ordnung stehend" – Charakter dieser Handlungen dramatisiert, weist Naudé darauf hin, dass die *coups d'État* sich vor allem durch die Geheimhaltung von den Staatsmaximen unterscheiden: „Gut an ihnen [scil. an den *coups d'État*] ist aber dieses, dass sie dieselbe Gerechtigkeit und Billigkeit haben, die wir bei den Staatsmaximen und Staatsgründen [Maximes & Raisons d'Estat] gefunden haben; aber in jenen [sic!] ist es erlaubt, sie vor der Ausführung bekannt zu machen, und die Hauptregel bei diesen [sic!] ist es, sie bis zum Schluss geheim zu halten" (Naudé 1679, S. 112).[19] Während man also den Erfolg einer aufgrund einer Staatsmaxime durchgeführten Handlung nicht dadurch vereitelt, dass man die Maxime oder die Handlung publik macht, ist die Geheimhaltung die notwendige Bedingung des Erfolgs eines *coup d'État*. Insofern verdienen es nur die *coups d'État*, als *arcana imperii* bezeichnet zu werden (Naudé 1679, S. 63). Und auch wenn sie hinsichtlich der in ihnen enthaltenen Gerechtigkeit und Billigkeit nicht von den Staatsmaximen abweichen, so wird man doch seltener auf einen *coup d'État* als auf ein Handeln nach der bloßen *ragion di Stato* zurückgreifen.

Auch wenn es Naudé gelingt, die im strengen Sinne gewöhnliche Politik von der außergewöhnlichen zu unterscheiden, so bleibt doch seine Unterscheidung zwischen *coups d'État* und Staatsmaximen etwas unklar. Beide, *coups d'État* und Staatsmaximen, fallen unter eine rein teleologische Logik, die sich von allen deontologisch

---

19 Naudé hat hier offensichtlich Probleme mit den Demonstrativa. „Diese" bezieht sich sinngemäß auf die Staatsmaximen und Staatsgründe, während „jene" sich sinngemäß auf die *coups d'État* bezieht.

bestimmten normativen Vorgaben freimacht. Dass man sich im politischen Handeln ziemlich oft einer teleologisch statt einer bloß deontologischen Logik unterwirft, ist für Naudé fast schon unumgänglich geworden. Insofern kann er behaupten, dass die von Clapmarius als *arcana* bezeichneten Mittel schon zum ordentlichen Arsenal der Politik gehören. Im angehenden 17. Jahrhundert braucht der Fürst nicht mehr zu verheimlichen, dass er die vorgefundenen normativen Vorgaben manchmal verletzt, um im Sinne des Gemeinwohls zu handeln. Niemand ist mehr so naiv, dass er die Fürsten des 17. Jahrhunderts mit den Fürsten der Fürstenspiegelliteratur vergleicht. In der *Bibliographie politique* weist er in diesem Kontext darauf hin, dass die von den – mit Max Weber gesprochen – gesinnungsethisch orientierten Autoren[20] gegebenen Ratschläge für die Verwaltung eines Gemeinwesens „angemessener und passender sind für Platons Republik als für die Art und Weise, wie wir in diesem Jahrhundert leben", und dass es demnach nützlicher ist, sich bei den italienischen Autoren umzusehen (Naudé 1642, S. 56). Die *ragion di stato* ist somit zu einem integralen Bestandteil des politischen Handelns geworden, und die von Clapmarius angeführten *arcana* gehen nicht über die Staatsmaximen der bekanntesten und anerkanntesten *ragion di stato* Autoren hinaus.

Diese anerkannten Autoren legen aber großen Wert darauf, sich von Machiavelli abzugrenzen und tun dies, indem sie eine gute von einer bösen bzw. eine richtige von einer falschen Staatsräson unterscheiden (dazu etwa Campagna 2012). Will man diese falsche Staatsräson anders bestimmen als durch den Hinweis, dass sie nur dem Fürsten und nicht dem Gemeinwesen dient, so wird man dies anscheinend nur über den Weg der von ihr gebrauchten Mittel tun können. Die falsche Staatsräson greift auf Mittel zurück, die sich nicht nur über den Rahmen eines maximalistischen Ethos des Fürsten hinwegsetzen und somit den Idealfürsten der Fürstenspiegelliteratur in die Rumpelkammer der Politik verbannen, sondern sie rät auch den Gebrauch von Mitteln an, die gegen ein minimalistisch verstandenes Fürstenethos verstoßen.

Wenn die *coups d'État* sich wirklich von den Staatsmaximen unterscheiden sollen, dann kann dies nicht nur aufgrund der bloßen Tatsache sein, dass die ersten geheim gehalten werden und die zweiten nicht. Diese Tatsache ist selbst wiederum erklärungsbedürftig, und die Erklärung kann nur darin bestehen, dass die *coups d'État* die Sphäre des im Bereich des Politischen Erwartbaren derart übersteigen, dass sie nur erfolgreich sein können, wenn man sie geheim hält. Somit unterscheiden

---

20 Naudé schreibt: „[I]ls ont tous traicté de ceste matiere avec tant de bonne foy & tant d'integrité". Diese Autoren, so könnte man sagen, haben ihre eigene moralische Integrität dadurch bewahrt, dass sie den Fürsten keine Mittel angeraten haben, die deren moralische Integrität aufs Spiel setzen könnten.

sich *coups d'État* und Staatsmaximen nicht allein hinsichtlich der Geheimhaltung, sondern auch hinsichtlich der angewandten Mittel, wobei die absolute Außergewöhnlichkeit dieser Mittel sich ihrerseits aus einer absoluten Außergewöhnlichkeit der Situation erklären lässt.[21] Fassò schreibt in diesem Zusammenhang, man finde bei Naudé „eine moralische Rechtfertigung der schlimmsten (*peggiori*) Handlungen im Bereich des Politischen" (Fassò 2001, S. 123). Wer die schlimmsten Handlungen im Bereich des Politischen *moralisch* rechtfertigen will, kann dies nur, indem er eine spezifisch politische Dimension des Moralischen voraussetzt. Und diese spezifisch politische Dimension emanzipiert sich vollends von allen anderen Dimensionen des Moralischen. Dabei muss aber betont werden, dass sich der *coup d'État* nicht *a priori* rechtfertigen lässt, sondern immer nur *a posteriori*, d.h. dass nicht gezeigt werden kann, dass die Handlung richtig ist, weil sie sich aus der Anwendung einer allgemeinen Regel auf eine bestimmte Situation ergibt, sondern die Handlung wird erst dann als richtig erkannt, wenn sie zum Erfolg geführt hat.

Auf den italienischen Autor Federico Bonaventura Bezug nehmend, definiert Naudé das außergewöhnliche Mittel des Politischen als „einen guten Rat betreffend Dinge, die sich auf den größten Nutzen der Republik beziehen, ohne Berücksichtigung irgendeines anderen Grundes" (Naudé 1642, S. 61). Insofern er keinen anderen Grund berücksichtigt, ist der Handelnde zu allem bereit, und insofern er zu allem bereit ist, kann man Alles von ihm erwarten. Und insofern man Alles von ihm erwarten kann, kann man sich auf nichts einstellen. Wie Boucheron feststellt, wird bei Machiavelli nicht nur jede *moralische* Norm in Frage gestellt, sondern jede Norm oder Regel überhaupt (Boucheron 2005, S. 27). Wer sich vor einem absoluten Ausnahmefall befindet, kann auf keine Regel zurückgreifen, die er auf diesen Fall anwenden könnte.

3 Das Geheime bekannt machen

Soll ein einfacher Untertan sich mit jenen Themen befassen, die geheim bleiben sollten? Und besitzt er überhaupt die Kompetenz dazu, obgleich er doch die Gipfel der Macht nur aus weiter Entfernung sieht? Kann, wer nicht in die Geheimnisse

21 Zarka sieht denn auch die Originalität Naudés darin, dass er nicht nur ein Theoretiker des Außergewöhnlichen ist, sondern der absoluten Notwendigkeit die sich aus der absoluten Ausnahme ergibt (Zarka 1994, S. 154). Zarka weist aber zugleich darauf hin, dass Naudé dazu tendiert, die Ausnahme zur Regel zu erheben, also den permanenten Ausnahmezustand zu theoretisieren (Zarka 1994, S. 165).

der Macht eingeweiht ist, sich mit diesen Geheimnissen auseinandersetzen? Es stellt sich hier sowohl eine Kompetenz-, als auch eine Rechtsfrage, wobei aber der Kompetenzfrage der Vorrang gegeben werden sollte, denn demjenigen, der keine Ahnung von einem Thema hat, wird man leichter das Recht absprechen können, sich zu dem betreffenden Thema zu äußern als demjenigen, der das Thema gut kennt.[22] Die Kompetenz kann somit als eine notwendige Bedingung für das Recht betrachtet werden, aber sie ist noch keine hinreichende Bedingung, d. h. aus der Tatsache, dass jemand kompetent ist, folgt noch nicht, dass er auch das Recht hat, sich zu dem Thema zu äußern, für das er kompetent ist.

In seinem *Principe* war Machiavelli davon ausgegangen, dass ein Mann aus dem Volk besser in der Lage sei, die Natur des Fürsten zu erkennen, als der Fürst selbst, dass also die Angemessenheit der Erkenntnis nicht, wie man das eventuell zunächst hätte meinen können, Nähe voraussetzt, sondern Ferne (Machiavelli 1992, S. 257). Allerdings vergisst Machiavelli hier zu erwähnen, dass er während seiner Zeit im Dienste der florentinischen Republik mehrfach die Gelegenheit hatte, mit den größten Fürsten seiner Zeit in Kontakt zu treten und sie ganz aus der Nähe zu beobachten. Wenn man ihm also vielleicht insofern zustimmen kann, dass jemand, der nicht Fürst ist, die Natur der Fürsten besser erkennen kann als die Fürsten selbst, kann seine These doch nicht bedeuten, dass jemand, der das Handeln der Fürsten nicht aus allernächster Nähe beobachtet hat, besser in der Lage ist, die fürstliche Natur zu erkennen als jemand, der sich in ihrer Nähe aufgehalten und mit ihnen verhandelt hat.

In seiner *Politica* wirft auch Justus Lipsius, zumindest implizit, die Frage auf, ob es ihm als Gelehrtem überhaupt zusteht, dem Fürsten politische Ratschläge zu erteilen. Er löst das Problem, indem er nicht sich selbst als kompetente Autorität in den Mittelpunkt stellt, sondern antike Autoren, deren Maximen er in seinem Hauptwerk zusammenstellt. Der Fürst soll also aus der Geschichte lernen und aus dem, was weise Männer der Vergangenheit aufgrund ihrer Erfahrung und Beobachtung gesagt haben (Lipsius 2004, S. 233). Auf diese Weise kann der Gelehrte, der selbst keine politische Erfahrung hat, den Fürsten führen und dadurch seiner Pflicht der Gesellschaft gegenüber am besten gerecht werden (Lipsius 2004, S. 229).

In seinem Werk *Le Prince*, betont Guez de Balzac, dass er sich damit zufriedengeben will, den natürlichen Lauf der Dinge zu kennen, und dass er somit nicht nach einer Erkenntnis der Geheimnisse strebt, also dessen, was den natürlichen Lauf

---

22 Um einem möglichen Missverständnis aus dem Wege zu gehen, müsste ich eigentlich schreiben: „um sich *als Experte* zu einem Thema äußern zu dürfen". Ich will auf keinen Fall so verstanden werden, dass ich hier das Recht auf freie Meinungsäußerung insgesamt an den Besitz der Kompetenz festmachen will.

der Dinge durchbricht, und somit einem besonderen Grund zu verdanken ist, den man aber nicht leicht erkennen kann (Guez de Balzac 1632, S. 7). An einer Stelle seines Buches erwähnt er aber die *prudence*, die sich auf das Allgemeinwohl bezieht und die auch das Geheime umfasst (Guez de Balzac 1632, S. 107). Diese *prudence* zwingt den Fürsten manchmal dazu, „Mittel zu gebrauchen, die die Gesetze nicht vorschreiben, die aber die Notwendigkeit rechtfertigt, und die nicht vollkommen gut sein würden, wenn sie nicht in den Dienst eines guten Zwecks gestellt würden" (Guez de Balzac 1632, S. 108).[23] Mit diesen Mitteln durchbricht der Fürst den natürlichen Lauf der Dinge – der in einem Staat durch die Gesetze definiert wird –, aber wie der Autor selbst behauptet, geschieht dies nur, um den Gesetzen die Möglichkeit zu geben, wirksam zu sein. Der „gute Zweck" ist das Allgemeinwohl, und dieses Allgemeinwohl kann unter normalen Umständen durch die Einhaltung der Gesetze garantiert werden. Balzac verurteilt eine Gerechtigkeit, „die verlangt, dass man, um die Worte eines Gesetzes zu achten, alle Gesetze zugrunde gehen lässt" (Guez de Balzac 1632, S. 107).

In seinen *Discours politiques des rois* hält Monsieur de Scudéry zunächst fest, dass es gefährlich ist, die Geheimnisse der Fürsten aufdecken zu wollen, um dann aber gleich hinzuzufügen, dass eine natürliche Neugierde die Menschen dennoch dazu treibt (Scudéry 1647, S. 4). Scudérys Werk ist ein Produkt dieser Neugierde, besteht das Projekt doch darin, ausgehend von den beobachtbaren Handlungen der Fürsten, auf ihre versteckten oder geheimen Gründe zu schließen. Mag auch der Geist der Fürsten dem Beobachter auf ewig verschlossen bleiben, so kann man doch zumindest Hypothesen bezüglich der wirksamen Gründe aufstellen.

In seinem Buch weist Scudéry auch darauf hin, dass die Geheimnisse des Fürsten in Analogie zu den Geheimnissen Gottes gedacht werden müssen (Scudéry 1647, S. 2).[24] Genauso wie die Wege des ewigen Herrn zum Teil unerforschlich sind, sind es auch diejenigen des irdischen Herrn. In *L'art de vivre heureux* weist Ameline darauf hin, dass die Menschen sich damit begnügen sollten, die geheimnisvollen Wirkungen der göttlichen Allmacht zu bewundern: „Gott kann alles tun, was wir

23 Für bestimmte Autoren ist ein Rückgriff auf solche Mittel verboten, und Vauré ist etwa der Überzeugung, dass ein guter Fürst „mehr Heilmittel durch das Gebet [findet], als durch die Praxis der Staatsmaximen" von Machiavelli oder Bodin (Vauré 1626, S. 177). Sieht man genau hin, so hat man auch bei Vauré eine Dimension des Geheimnisses, denn das, was Gott dem betenden Fürsten offenbaren wird, wird nur diesem bekannt sein. Und wenn er dem Fürsten nichts offenbaren sollte, sondern selbst aktiv in den Lauf der Dinge eingreift, werden sich die Feinde des Fürsten auch nicht einstellen können.

24 Sowohl Lucien Bély (Bély 2013) als auch Arlette Jouanna (Jouanna 2013) und Laurie Catteeuw (Catteeuw 2013) haben in ihren rezenten Werken auf die Übertragung des Arkanadiskurses vom religiösen auf den politischen Bereich hingewiesen.

verstehen können, aber das Urteil steht uns nicht zu, ob er das tun kann, was wir nicht verstehen können" (Ameline 1692, S. 163-4).[25] Der Mensch sollte also nicht nach einem Verständnis dessen streben, was Gott aufgrund seiner *potentia absoluta* vollbringt, was also den normalen Lauf der Dinge durchbricht[26]. Auch wenn Ameline hier von Gott spricht, werden viele seiner Zeitgenossen seine Aussagen auch auf die Handlungen des Königs bezogen haben.[27]

Daniel de Priezac erwähnt auch die unergründbaren Dekrete Gottes (Priezac 1664, S. 176). Es gibt Fürstentümer, so Priezac, die eigentlich zusammenbrechen müssten, die aber trotzdem noch weiterbestehen. Gemeint ist damit: ginge es nach dem natürlichen oder geregelten Lauf der Dinge, dann müssten diese Fürstentümer zusammenbrechen. Wenn sie nicht zusammenbrechen, dann nur, weil Gott sie sozusagen über diesen natürlichen oder geregelten Lauf der Dinge erhoben hat, wobei wir aber niemals wissen können, wieso er dies gemacht hat, d.h. wieso er ein marodes Fürstentum dennoch beibehalten will. Eine rein empirische politische Wissenschaft stößt hier auf ein für sie unüberwindliches Problem, da dessen Lösung die Annahme einer übernatürlichen, und das heißt die Grenzen der reinen Empirie sprengende Prämisse voraussetzt.

Priezac schreibt an einer anderen Stelle seines Buches, dass der Magistrat zwar stets versuchen soll, den Fürsten auf den Weg der Gerechtigkeit zu bringen, wenn er meint, er würde sich von diesem Weg entfernen. Wenn ihm dies aber nicht gelingt, und wenn der Fürst nicht offensichtlich göttliches oder natürliches Recht verletzt, dann sollte der Magistrat davon ausgehen, dass der Fürst weiß, was er tut (Priezac 1664, S. 50). Der Fürst wird also seine Gründe haben, und es obliegt nicht einem untergeordneten Magistraten, diese Gründe in Erfahrung zu bringen und über sie zu urteilen. Mag auch der Magistrat nicht einsehen, wieso der Fürst sich nicht in einem bestimmten Fall an die strikte Gerechtigkeit halten will, so soll er stets voraussetzen, dass der Fürst seine Gründe hat, und wenn der Fürst ihm

---

25 Ich übersetze das „s'il peut faire" mit „ob er […] tun kann". Im Französischen hat das Verb „pouvoir" sowohl eine rein faktische Bedeutung – im Sinne von „ich bin in der Lage" – als auch eine normative Bedeutung – im Sinne von „dürfen". Ich muss zugeben, dass nicht ganz klar ist, ob Ameline hier das Wort nur in seiner faktischen Bedeutung gebraucht, oder ob er auch die normative Dimension mit aufnimmt. Fest steht auf jeden Fall, dass er ein voluntaristisches Gottesbild vertritt: Gott will nicht das Gute, weil es gut ist, sondern weil Gott etwas will, ist es gut (Ameline 1692, S. 176).

26 Die Unterscheidung zwischen einer *potentia ordinata* und einer *potentia absoluta* Gottes geht auf die spätmittelalterliche Theologie zurück und fand von dort aus Einzug in den politischen Diskurs des späten Mittelalters und der frühen Neuzeit.

27 Naudé verurteilt übrigens diejenigen Bücher, in denen versucht wird, die Wunder auf eine natürliche Weise zu erklären (Naudeana, S. 33).

diese Gründe nicht mitteilen will, so sollte er sie auch nicht selbst zu ergründen versuchen. Der Fürst hat seine Gründe, die seine untergeordneten Beamten nicht unbedingt verstehen.

Auch Du Ferrier meint, jeder – und er zielt dabei in erster Linie auf die Theologen – solle sich um seine Geschäfte kümmern und dem König die Entscheidung über Krieg und Frieden lassen: „Es stünde sehr schlecht um die Reiche, wenn ihre Geheimnisse, die die Triebfedern ihrer Bewegungen sind, den Völkern vorgelegt würden, damit diese sie untersuchen […]" (Du Ferrier 1627, S. 14). Die Politik kommt nicht ohne Geheimnisse aus, und wollten die Völker die Handlungsgründe der Fürsten *a priori* untersuchen, dann wäre eine für erfolgreiches politisches Handeln notwendige Bedingung abgeschafft, und was auf den ersten Blick als eine Maßnahme zu Gunsten der Völker angesehen werden könnte, erweist sich aus einer Mittel- und Langzeitperspektive als schädlich für sie. Wenn das Wohl des Volkes an das Wohl des Reiches gekoppelt ist, und wenn das Wohl des Reiches an die Geheimhaltung gekoppelt ist, dann ist auch das Wohl des Volkes an Letztere gekoppelt.

In einer kurzen einführenden Notiz zu seinem Hauptwerk weist Naudé darauf hin, dass nur zwölf Exemplare der Schrift gedruckt worden sind und dass es nicht sein Ziel gewesen sei, so viele Leser zu finden wie Guez de Balzac oder Silhon. Ursprünglich sei die Schrift nur für den Kardinal Di Bagni verfasst worden, und dieser habe dann veranlasst, dass man einige Exemplare druckt, anstatt sie in Manuskriptform zu vervielfältigen. Naudé wollte also nicht, dass seine Schrift einem größeren Publikum bekannt gemacht werde. Und in seiner *Bibliographie politique* tadelt er in diesem Zusammenhang Jean Bodin, der „besser daran getan hätte, die Geheimnisse zu ehren und zu bewundern, als sie zu veröffentlichen und sie wie alle anderen Dinge der Kritik (*censure*) zu unterwerfen" (Naudé 1642, S. 41). Trotz seines Wissens hätte Bodin sich also wie ein Mann des Volkes verhalten sollen, denn, so Naudé, „die Völker müssen die glücklichen Wirkungen dieser Meisterschläge (*Coups de Maistre*) bewundern, ohne aber etwas über ihre Ursachen und unterschiedlichen Triebfedern zu kennen (Naudé 1679, S. 69).

Gleich zu Beginn seiner Schrift wirft Naudé zwei Probleme auf, das Kompetenz- und das Gefahrenproblem, wobei Letzteres in dreifacher Form auftaucht, und zwar erstens als Gefahr für die körperliche Integrität des Autors, zweitens als Gefahr für die seelische Integrität des Autors, und drittens als Gefahr für das Gemeinwesen.

Hinsichtlich des Kompetenzproblems stellt Naudé folgende – rein rhetorische – Frage: „Werde ich es wirklich wagen, mich mit jenen Opfern zu befassen, die versteckter sind als diejenigen der Göttin Eleusyne, ohne dass ich darin eingeweiht bin?" (Naudé 1679, S. 13). Um dieses Problem zu lösen, macht Naudé zunächst einen Unterschied zwischen einer direkten und einer indirekten Einweihung in die Staatsgeheimnisse. Auch wenn er keinen direkten Zugang zu den Handlungen der

Fürsten gehabt hat,[28] so hatte Naudé doch einen indirekten Zugang, und zwar über den Weg der Literatur: er weiß um die *arcana imperii*, weil er bei vielen Autoren über diese Staatsgeheimnisse gelesen hat (Naudé 1679, S. 41). Wie viele andere seiner Zeitgenossen sieht auch Naudé in der Geschichte eine Lehrmeisterin. Dabei wird stillschweigend vorausgesetzt, dass die Autoren, auf die man sich bezieht, einen direkten Zugang zu den Handlungen der Fürsten hatten. Doch sind diese Autoren nicht die einzige Quelle, denn, so Naudé, es gibt zahllose Dokumente jeder Art, die es erlauben, einen Einblick in die Geheimnisse der Monarchien zu gewinnen (Naudé 1679, S. 47). Naudé denkt hier in erster Linie an Archive oder auch an die Berichte, die Gesandte an ihren Ursprungshof schickten. Alle diese Dokumente erlauben es, sich ein angemessenes Bild der Handlungen der Fürsten zu machen. Naudé geht sogar noch einen Schritt weiter und macht aus der Notwendigkeit, sich mit einem indirekten Zugang zu benügen, eine Tugend. Der indirekte Zugang erlaubt nämlich eine bessere Erkenntnis als der direkte Zugang (Naudé 1679, S. 47). Der direkte Zugang präsentiert uns nämlich nur die Handlungen der Fürsten, und es ist dabei schwer, sich ein Bild von ihren Handlungsgründen zu machen. Die Dokumente hingegen konfrontieren uns mit möglichen Hypothesen über die Handlungsgründe und werfen somit ein Licht auf das, was eigentlich geheim bleiben müsste, das aber jeder, der direkt mit dem Fürsten zu tun hat, zu ergründen versucht. Außerdem enthalten diese Dokumente, wenn sie vom Fürsten selbst stammen – man denke hier etwa an Briefe –, wichtige Angaben über die eigentlichen Handlungsgründe. Kurz gesagt, wer sich ein Bild von den geheimen Handlungsgründen der Fürsten machen will, tut besser daran, sich mit dem Geschriebenen zu befassen als am Hofe zu leben, so dass also der nicht am Hofe Eingeweihte besser über die Staatsgeheimnisse Bescheid weiß als derjenige, der sich am Hofe aufhält.

Naudés Antwort auf das Kompetenzproblem hat aber noch einen zweiten Teil. Dieser besteht in dem Hinweis, dass es ihm lediglich darum geht, eine Handvoll allgemeiner Prinzipien aufzustellen, um dann aus diesen mögliche Schlussfolgerungen zu ziehen (Naudé 1679, S. 45). Zu diesen allgemeinen Prinzipien gelangt Naudé durch das Studium der soeben erwähnten Literatur. Und was dann die Deduktion möglicher Schlussfolgerungen betrifft, so geht Naudé davon aus, dass diese Aufgabe von jedem halbwegs gebildeten Menschen gelöst werden kann. Das Wichtigste ist also, über die Prinzipien zu verfügen, der Rest ergibt sich dann, wenn nicht von selbst, so doch ohne allzu großen Schwierigkeiten.

Wenden wir uns dann dem Gefahrenproblem zu, das, wie oben gesagt, in einer dreifachen Form auftaucht. Erstens kann eine unmittelbare Gefahr für die physische

28 Es sei aber darauf hingewiesen, dass er, als Bibliothekar Mazarins, einen relativ engen Kontakt mit einem der mächtigsten Männern seiner Zeit hatte.

Integrität des Autors bestehen (Naudé 1679, S. 8). Im ersten Teil dieses Beitrags hatten wir gesehen, dass der mazedonische König Metellus denjenigen mit dem Tod bedrohte, dem seine Geheimnisse bekannt wären, möge dieser ihm auch so nahe sein wie die Kleider, die seinen Körper bedecken. Wie wir aus der jüngsten Vergangenheit wissen – ich denke an Julian Assange und Edward Snowden –, muss stets damit gerechnet werden, dass der Fürst oder die Regierung Maßnahmen gegen den ergreifen wird, der es wagt, Staatsgeheimnisse zu veröffentlichen.

Naudé entgeht dieser Gefahr, indem er Fälle aus der Vergangenheit als Beispiele anführt. Man erfährt bei ihm nicht, was sich am französischen Hof seiner Zeit abspielt, so dass er also keine Staatsgeheimnisse aufdeckt, von deren Geheimhaltung der Erfolg der französischen Politik abhängt. Insofern stellt er keine Gefahr für die französische Monarchie dar. Zwischen der Andeutung, dass man auch in Frankreich auf *coups d'État* zurückgreift und der Aufdeckung solcher *coups d'État* im Frankreich des 17. Jahrhunderts, liegt eine Kluft, die zu überbrücken gefährlich sein kann. Insofern Naudé sich mit der allgemeinen Andeutung begnügt, verrät er keine Staatsgeheimnisse, und dass der französische Hof Staatsgeheimnisse hat, ist zu Naudés Zeit schon kein Staatsgeheimnis mehr. Außerdem war Naudés Schrift zunächst nur für eine eng begrenzte Anzahl von Lesern bestimmt, und zwar von solchen Lesern, die wussten, wie der Staat funktionierte.[29]

Die zweite Gefahr betrifft die moralische Integrität (Naudé 1679, S. 17). Wer sich mit zum Teil unmoralischen Dingen befasst, so das Argument, wird am Ende selbst unmoralisch. Insofern die *coups d'État* die für die Privatperson verbindlichen moralischen Normen zwischen Klammern setzen, besteht das Risiko, dass eine Privatperson, die sich mit den *coups d'État* befasst, die Übertretung der für sie

29 In der *Apologie* erwähnt Naudé eine Passage von Plutarch, in welcher dieser von den griechischen Naturphilosophen spricht, die den natürlichen Mechanismus der Sonnenfinsternisse kannten. Das Volk kannte diesen Mechanismus nicht, so dass man es leicht glauben lassen konnte, diese Phänomene seien einer mysteriösen Macht zu verdanken. Und wenn dann ein Herrscher sich den Augenblick der nächsten Sonnenfinsternis vorrechnen ließ und diese Rechnung ergab, dass es demnächst zu einer Finsternis kommen würde, konnte er das Volk dazu bringen zu glauben, dass er diese Finsternis ausgelöst hatte. Die griechischen Naturphilosophen, so Naudé im Anschluss an Plutarch, verbreiteten ihr Wissen nur im kleinen Kreis, und „wagten es nicht, es dem Volk kundzutun, das von jeher davon überzeugt war, dass nur tollkühne und pietätslose Menschen sich der Suche des Grundes dieser außerordentlichen, unmittelbar aus dem Willen der Götter fließenden Wirkungen hingeben konnten, Götter deren Freiheit nicht denkbar war, wenn man den geordneten Gang der Ursachen voraussetzte, von dem die Philosophen zu beweisen versuchten, dass er die Natur kennzeichnete" (Naudé 1669, S. 45-46). Diese Philosophen wurden denn auch aufgrund ihres Frevels aus der politischen Gemeinschaft verbannt oder sie wurden eingekerkert.

verbindlichen moralischen Normen als normal ansieht und dementsprechend keine Skrupel mehr hat, die moralischen Normen in ihrem Alltagsleben zu übertreten. Was die Politiker sich erlauben, so die Überlegung, darf auch ich mir erlauben. In der Fürstenspiegelliteratur des Mittelalters und der Frühen Neuzeit findet man oft den Gedanken, dass der Fürst ein Vorbild für seine Untertanen sein sollte, da diese nämlich ihr Verhalten nach demjenigen des Fürsten ausrichten. Solange man glaubt, dass der Fürst sich moralisch verhält, wird man sich moralisch verhalten. Wenn man aber aufgrund eines Studiums des wirklichen Verhaltens der Fürsten zu der Schlussfolgerung gekommen ist, dass hinter der Allen zugänglichen moralischen Fassade eine versteckte unmoralische Wirklichkeit zu finden ist, wird man sich auch vielleicht diese Seite als Vorbild nehmen.

Naudé verwirft dieses Argument mit dem Hinweis, dass Theologen nicht dadurch in den Irrglauben verfallen, dass sie sich mit dem Irrglauben befassen, genauso wenig wie Ärzte zu Giftmördern werden, weil sie sich in Giftsachen auskennen. Man sollte also zwischen der intellektuellen Erkenntnis einerseits und dem durch den Willen gesteuerten Handeln andererseits unterscheiden. Naudé scheint hier zu übersehen, dass es im Falle der *coups d'État* darum geht zu wissen, ob unmoralisches Verhalten zum Erfolg führt. Es soll hier nicht behauptet werden, dass jeder, der sieht, dass unmoralisches Handeln zum Erfolg führen kann, sich in seinem Privatleben für unmoralisches Handeln entscheiden wird bzw. unmoralisches Handeln als mögliche Option für sein Privathandeln vorsieht. Aber es kann nicht geleugnet werden, dass eine große Versuchung bestehen wird. Doch auch wenn sie besteht, scheint Naudé dies nicht als Argument gelten zu lassen, sich nicht mit den *coups d'État* zu befassen und sie zu studieren.

Bleibt dann noch die dritte vorhin angesprochene Gefahr, nämlich die Gefahr für das Gemeinwesen. Wenn ein Fürst Naudés Buch liest, so das Argument, dann wird er lernen, wie er mit unmoralischen Mitteln zum Erfolg kommen kann. Allerdings gilt dies nicht nur, und hier liegt die Pointe des Arguments, für Fürsten, die das Allgemeinwohl im Auge haben, die also nur dann auf *coups d'État* zurückgreifen, wenn das Allgemeinwohl es verlangt, sondern auch für Fürsten, die nur ihr eigenes Wohl im Auge haben, und denen es lediglich darum geht, ihre persönliche Macht zu stärken. Ist diese Gefahr eines Missbrauchs der *coups d'État* kein hinreichendes Argument, nicht über sie zu sprechen? Erhöht der öffentliche Diskurs über sie nicht die Gefahr, dass mehr Fürsten auf sie zurückgreifen, als wenn nicht über sie gesprochen worden wäre? Und wenn mehr Fürsten auf sie zurückgreifen, erhöht man dadurch nicht auch die Zahl der Missbräuche?

Naudé antwortet hierauf mit mehreren Gegenargumenten, wobei er zunächst leugnet, dass die Missbrauchsgefahr ein hinreichendes Argument ist. Wäre sie es nämlich, dann müsste man so gut wie Alles verbieten bzw. und über so gut wie

Alles schweigen (Naudé 1679, S. 22). Woher stammen die Argumente der Häretiker? Aus der Bibel. Müsste man dann nicht die Bibel verbieten, weil Häretiker sie missbrauchen können? Naudé führt hier das Argument aus der Missbrauchsgefahr *ad absurdum*, in dem er eine absurde Konsequenz aus ihr ableitet.

Des Weiteren führt er an, dass man, wenn man über Politik spricht, nicht daran vorbeikommt, auch die *coups d'État* zu erwähnen (Naudé 1679, S. 22). Mögen die *coups d'État* auch zu den außerordentlichen Mitteln gehören, deren sich die Politik bedient, so kommt eine vollständige Beschreibung der Politik doch nicht daran vorbei, auch sie zu erwähnen. Wer ein Buch über Heilpflanzen verfasst, so könnte man Naudés Argument verdeutlichen, kommt nicht daran vorbei, auch giftige Heilpflanzen zu erwähnen. In diesem Zusammenhang weist Naudé darauf hin, dass sogar Thomas von Aquin in seinem Kommentar zu Aristoteles' *Politik* die Mittel angeführt hat, mit denen ein Tyrann seine Macht aufrechterhalten kann (Naudé 1679, S. 23).

Die bisher angeführten Argumente zeigen, dass es keinen hinreichenden Grund gibt, *nicht* über die *arcana imperii* zu schreiben. Mag es auch gefährlich sein, darüber zu schreiben und dadurch geheimes Wissen öffentlich zu machen, so dass angehende Tyrannen sich dieses Wissen aneignen und es für ihre Zwecke missbrauchen können, so verlangt doch eine komplette Darstellung des Politischen, dass man auch über die *coups d'État* spricht. Das theoretische Interesse, dem es um eine angemessene Darstellung des politischen Phänomens geht, muss sich gegenüber praktischeren Interessen – etwa, dass das Veröffentlichte dem Gemeinwesen nicht schadet – durchsetzen.

Naudé hat aber auch drei gewichtige Argumente, die zeigen sollen, dass die Aufdeckung des Geheimen dem Gemeinwesen von Nutzen sein kann. Das erste dieser drei Argumente lautet, dass die Fürsten ein Recht darauf haben zu wissen, was dem Gemeinwesen nützlich sein kann (Naudé 1679, S. 19). Die Pflicht des Fürsten ist es, das Wohl des Gemeinwesens zu bewahren. Diese Bewahrung setzt unter normalen Bedingungen normale Mittel voraus, unter außerordentlichen Bedingungen außerordentliche Mittel. Niemand würde bestreiten, dass man den Fürsten über die normalen Mittel aufklärt – und mit den Fürstenspiegeln des Mittelalters und der Frühen Neuzeit angefangen, besteht eine umfangreiche Literatur, die den Fürsten unterrichten soll. Wären die Bedingungen immer normal, würde diese Unterrichtung ausreichen, und der Fürst bräuchte nichts Anderes zu wissen, um seine Pflicht angemessen zu erfüllen. Die Bedingungen sind aber nicht immer normal, und der Fürst muss manchmal andere Mittel als die normalen anwenden, falls er seine Pflicht erfüllen soll. Wenn nun aber jemand eine Pflicht hat, dann wird man voraussetzen müssen, dass man ihm kein Wissen darüber vorenthalten soll, das es ihm erlaubt, diese Pflicht zu erfüllen. Das Wissen über die *arcana imperii* erlaubt es ihm, seine Pflicht zu erfüllen. Also täte man den Fürsten Unrecht, wenn man sie nicht in diesen Sachen unterweisen würde. Dass sie diese Unterweisung missbrauchen können, kann zwar nicht geleugnet werden, aber insofern sie auch für einen guten Zweck genutzt werden kann, sollte man sich ganz gut überlegen, ob man nicht lieber die Missbrauchsgefahr eingeht, als auf die Möglichkeit eines guten Gebrauchs zu verzichten. Manchmal muss man ein gefährliches Übel dulden, um ein wirksames Heilmittel zur Verfügung zu haben.[30]

Das zweite Argument, das den Nutzen einer Beschreibung der *coups d'État* betonen soll, ist ein Argument, mit dem Denker wie Gentili,[31] Spinoza oder noch Rousseau Machiavellis *Principe* vor der allgemeinen Verdammung schützen wollten. Während die meisten Menschen den *Principe* als ein Handbuch für angehende Tyrannen lasen und ihn somit als ein für die Gemeinwesen gefährliches Buch auffassten, dessen Lektüre unter keinen Umständen geduldet werden durfte, betonen die Verteidiger des Florentiners, er habe sein Buch nicht geschrieben, um den angehenden Tyrannen zu zeigen, wie sie eine tyrannische Macht errichten können, sondern um den Untertanen zu zeigen, wie ein angehender Tyrann vorgehen würde, falls er sie ihrer Freiheit berauben wollte. Dank diesen Informationen können die Untertanen sich dann gegen den angehenden Tyrannen schützen. Wer die geheime Vorgehensweise des angehenden Tyrannen kennt, ist ihr nicht mehr hilflos ausgeliefert. Der Einblick in die Giftküche lehrt zwar einerseits, wie man vergiftete Produkte herstellen kann, aber er lehrt andererseits auch, die vergifteten Produkte zu identifizieren.

Naudé führt dasselbe Argument in der Verteidigung seines Vorhabens an (Naudé 1679, S. 27). Genauso wie Seeleute sich vor einem kommenden Sturm in Schutz bringen können, wenn sie darüber informiert sind, dass ein Sturm kommt und von

30 Ich übernehme die Formel von Tocqueville, der im zweiten Band seiner *Démocratie* schreibt, dass die politischen Vereinigungen zwar ein gefährliches Übel darstellen, da sie das Instrument blutiger Revolutionen sein können, dass diese Vereinigungen aber ein wirksames Heilmittel sind, um gegen die endemischen Krankheiten der Demokratie, allen voran der Rückzug in die Privatsphäre, vorzugehen (Tocqueville 1981, S. 151).

31 Nachdem er gesagt hat, es ginge ihm nicht darum, Machiavellis angebliche Impietät zu verteidigen, schreibt Gentili über den Florentiner: „[S]ui propositi non est tyrannum instruere, sed arcanis eius palam factis ipsum miseris populis nudum ¬ conspiccum exhibere" (Gentili 1924, S. 172). Machiavelli wollte also nicht den Tyrannen erziehen, sondern dem unterjochten Volk die tyrannischen Methoden offen legen. Sirmond geht sogar noch einen Schritt weiter und berichtet von einer Aussage, die Machiavelli gemacht haben soll, und der zufolge es ihm darum gegangen sei, den kleinen Tyrannen Italiens Ratschläge zu geben, die sie zu ihrem Ruin führen würde (Sirmond 1631, S. 37). Mit anderen Worten: Machiavelli wollte die italienischen Fürsten täuschen, indem er die von ihm erteilten Ratschläge als machtstützend präsentierte.

wo er kommt, können auch die Untertanen sich vor einem angehenden Tyrannen schützen, wenn sie die ersten Anzeichen der Tyrannei kennen bzw. wenn sie lernen, hinter den Handlungen eines Fürsten die geheimen Gründe zu erkennen. Wenn es also stimmen mag, dass Fürsten die Informationen über die *coups d'État* missbrauchen können, so muss man doch gleichzeitig zugeben, dass diese Informationen, wenn sie nicht nur den Fürsten, sondern auch den Untertanen zugänglich gemacht werden, einem solchen Missbrauch vorbeugen können.

Das dritte Argument Naudés ist ein Argument des geringeren Übels. Vorausgesetzt, ein Fürst will sich als Tyrann etablieren. Ist es dann besser, dass er dies blindlings und unmethodisch tut, oder ist ein methodisches und wohl kalkuliertes Vorgehen nicht wünschenswerter (Naudé 1679, S. 28)? Oder noch anders formuliert: Ist ein profihaft vorgehender Tyrann nicht einem Tyrannen vorzuziehen, der amateurhaft ans Werk geht? Naudé geht es hier nicht nur oder nicht in erster Linie um die Erfolgschancen des angehenden Tyrannen. Er denkt vielmehr auch an die Untertanen. Während nämlich ein amateurhaft vorgehender Tyrann weitaus mehr Schaden anrichten wird, als wirklich notwendig, wird ein profihaft vorgehender Tyrann den Schaden auf das Notwendige beschränken, d. h. er wird die von ihm angewandten Mittel ganz genau auf den von ihm verfolgten Zweck kalibrieren, um somit keine seinem Vorhaben potentiell schädigende Mittel anzuwenden. Anstatt also die Begierden und Leidenschaften des angehenden Tyrannen sich selbst zu überlassen, sollte man an seinen Verstand appellieren und diesen aufklären. Ein aufgeklärter angehender Tyrann wird zwar auch Schaden anrichten, aber weitaus weniger als ein nur seinen Leidenschaften folgender Tyrann. Insofern lässt sich die Unterrichtung der angehenden Tyrannen in die Regeln der *coups d'État* durchaus auch als im Interesse des Gemeinwesens stehend rechtfertigen – wenn nicht unbedingt als ein positives Gut, so doch als das geringere Übel. Wie er selbst schreibt, will Naudé die Menschen hinsichtlich der Ausführung der *coups d'État* belehren und sie geeigneter machen, solche Handlungen auszuführen (Naudé 1679, S. 139).

Bevor er im zweiten Kapitel seines Werkes auf die *coups d'État* eingeht, bringt Naudé noch ein letztes Argument, um sein Vorhaben zu rechtfertigen (Naudé 1679, S. 54). Dieses Argument geht von der Tatsache aus, dass die Politik seiner Zeit sehr weit davon entfernt ist, dem Ideal einer moralischen Politik zu entsprechen. Mit dieser Tatsache konfrontiert, stellt Naudé sich die Frage, ob die Veröffentlichung seines Buches dazu beitragen kann, die politischen Zustände noch mehr zu verschlechtern, oder ob man sie nicht vielmehr als Chance betrachten sollte, das Ganze zumindest teilweise zu verbessern. Lassen wir Naudé zu Wort kommen: „Und wenn ich wüsste, dass das Wenige, das ich darüber [scil. die *coups d'État*] sagen werde, irgendeinen Missbrauch oder eine Unordnung stiften würde, die noch größer wären als die, die man heute unter Fürsten feststellen kann, dann würde ich auf der

Stelle die Feder und das Papier ins Feuer werfen, und ich würde ewiges Schweigen schwören, um mir ja nicht das Lob zu ernten, ein feiner und schlauer Mensch in politischen Spekulationen zu sein, dabei den Ruf eines guten Menschen verlierend, auf den ich aufbauen will und mit dem ich mich den Rest meines Lebens brüsten will" (Naudé 1679, S. 54-55).

Naudé geht hier von der Impactfrage aus. Die Veröffentlichung – und natürlich auch die Lektüre seines Buches – kann drei mögliche Wirkungen auf die politische Welt haben. Sie kann erstens die Missbräuche dort vergrößern, oder sie aber, zweitens, verringern, oder sie drittens und schließlich so lassen, wie sie sind. Wenn man davon ausgeht, dass die Welt des Politischen schon derart dem Missbrauch der politischen Macht verfallen ist, dann kann man sich kaum größere Missbräuche vorstellen, dann fällt die erste Möglichkeit weg, und damit auch indirekt der Verdacht, dass der Autor des Werks ein böser Mensch ist. Ein böser Mensch würde sich nämlich noch mehr Missbräuche wünschen. Wenn es aber nicht mehr Missbräuche geben kann, dann wird ein böser Mensch davon absehen, ein Buch über *coups d'État* zu veröffentlichen, da dies verlorene Mühe wäre.

Somit ist der Autor des Buches also zumindest kein böser Mensch. Aber ist er deshalb ein guter Mensch? Ein guter Mensch würde wahrscheinlich kein Buch über die *coups d'État* verfassen und veröffentlichen, wenn er wüsste, dass ein solches Buch Alles so lassen würde, wie es ist. Es wäre für ihn verlorene Mühe. Er würde aber ein solches Buch verfassen und veröffentlichen, wenn er sich dadurch erhoffte, die Situation zu verbessern. Als guter Mensch müsste er dann sogar ein solches Buch verfassen und veröffentlichen. Wenn Naudé demnach ein Buch über die *coups d'État* verfasst und veröffentlicht hat, muss er als guter Mensch angesehen werden.

Damit sind sowohl die Legitimität des Buches als auch die Ehrwürdigkeit des Autors etabliert. Und damit kein Zweifel über letztere aufkommt, betont Naudé, dass er Regeln aufstellen will, die einen gerechten und ehrenvollen Umgang mit den *coups d'État* erlauben. Genauso wie es eine Theorie des gerechten Krieges gibt, soll es auch eine Theorie des gerechten *coup d'État* geben.

4 Anweisungen zum legitimen *coup d'État*

Die *coups d'État*, so Naudé, sind immer mit Ungerechtigkeit behaftet (Naudé 1679, S. 75). Diese Behauptung ist nicht als empirische Behauptung zu lesen bzw. als ein sich aus einer genauen Analyse vieler *coups d'État* ergebendes Resultat. Insofern Naudé den *coup d'État* als eine Handlung definiert, die den Rahmen der gegebenen normativen Ordnung sprengt und dabei gegebenenfalls die legitimen Interessen bestimmter Individuen verletzt, ist das Element der Ungerechtigkeit schon in der Definition des *coup d'État* erhalten, und die Behauptung, dass alle *coups d'État* von einer gewissen Ungerechtigkeit begleitet sind, erweist sich somit als eine analytische Behauptung.

Die Frage, die sich dann für Naudé stellt, ist, ob man einen Fürsten immer tadeln muss, wenn er einen *coup d'État* ausführt und damit die Gerechtigkeit verletzt. Zunächst bemerkt der Autor, dass, insofern es keinen *coup d'État* ohne Ungerechtigkeit gibt, der ihn ausführende Fürst sich dem Tadel aussetzt bzw. für den Tadel anfällig wird (Naudé 1679, S. 75). Auf den ersten Blick scheint nicht ganz klar zu sein, ob Naudé hier lediglich sagen will, dass die Ungerechtigkeit bloß eine notwendige Bedingung für den Tadel ist, oder ob es sich bei ihr auch zugleich um eine hinreichende Bedingung handelt. Dass die Anfälligkeit für den Tadel bloß als notwendige Bedingung anzusehen ist, geht aus folgender Stelle hervor: „Dem füge ich hinzu, dass der Fürst, wenn er bei diesen Praktiken zurückhaltend ist, nicht so leicht getadelt werden kann, und auch nicht bei dieser Gelegenheit als tyrannisch, perfid oder barbarisch gelten wird [...]" (Naudé 1679, S. 131).

Kann man einen Fürsten tadeln, der das Gemeinwohl fördert? Wenn nicht, dann sollte man auch keinen Fürsten tadeln, der die für die Förderung des Gemeinwohls notwendigen Mittel einsetzt. Hier stellt sich allerdings die Frage, welche Mittel wirklich notwendig, und damit alternativlos sind. Naudé geht nicht davon aus, dass die Staatenwelt schon einen derartigen Zustand erreicht hat, dass die normalen Mittel nicht mehr reichen, um das Allgemeinwohl zu sichern oder zu fördern, so dass man sehr oft auf die *coups d'État* zurückgreifen muss. Die *coups d'État* sollen die Ausnahme bleiben: „So muss man diese großen Heilmittel für die gefährlichen Krankheiten vorbehalten, und sich ihrer so bedienen, wie Horaz es hinsichtlich des Gebrauchs der Götter sagt, die man in den Tragödien einführt, um jenes zu vollbringen und zu beenden, was die Menschen nicht meistern können" (Naudé 1679, S. 220-221). Und schon vorher hatte Naudé geschrieben, dass ein zu häufiger Gebrauch der *coups d'État* barbarisch und ungerecht sei (Naudé 1679, S. 204). Aber mehr noch als er barbarisch und ungerecht ist, kann der zu häufige Gebrauch von *coups d'État* gefährlich sein, da er auf die Unfähigkeit der Regierung hinweist, die Ordnung mit legalen Mitteln aufrecht zu erhalten. Mag auch der *coup d'État* auf der einen Seite die absolute Macht des Fürsten zum Ausdruck bringen, so offenbart er doch auch auf der anderen Seite seine Ohnmacht.

Aber er offenbart auch noch etwas Anderes, wie es Patrick Boucheron festhält: „Er offenbart auf eine indezente Weise, was man lieber nicht sagen möchte: die Rolle der rechtsbegründenden Gewalt" (Boucheron 2005, S. 40). Der *coup d'État* lässt wieder jene Gewalt auf den Plan treten, die vor dem Staat war und durch die sich der Staat konstituiert hat, die dieser Staat aber gleichzeitig abschaffen sollte. Der Staat sollte durch seine Gewalt der Gewalt im sogenannten Naturzustand ein Ende setzen, um diesen ungeordneten Naturzustand in einen geordneten Gesellschaftszustand zu verwandeln. Er sollte die Herrschaft der Gewalt durch die Herrschaft des Rechts ersetzen. Aber dies konnte er nur durch Gewalt. Der *coup d'État* lässt somit den engen Zusammenhang zwischen Recht und Gewalt aufleuchten, einen Zusammenhang, den man am liebsten vergessen würde,[32] genauso wie man mit der Rede von der „Herrschaft des Gesetzes" den Gedanken zu verdrängen versucht, dass das Gesetz immer Menschen braucht, die es interpretieren und anwenden.[33]

Der *coup d'État* ist der *deus ex machina* des Politischen, die *ultima ratio*, auf die man nur dann zurückgreifen sollte, wenn man mit allen anderen Mittel gescheitert ist, und wenn man vor dem Abgrund oder dem Untergang steht, und noch nur ein einziges Mittel zur Verfügung hat. Hier stellt sich dann die Frage, ob man, im Sinne einer strikt deontologischen Konzeption, den Untergang in Kauf nehmen soll, um nicht die Gerechtigkeit zu verletzen – *Fiat iustitia, pereat mundus* –, oder ob man, eine konsequenzialistische Haltung einnehmend, die Gerechtigkeit, und damit die natürliche Ordnung, in diesem einen Fall verletzt, um die Bedingung überhaupt wiederherzustellen, unter der allein die natürliche Ordnung eine Chance hat, zu walten. Denn wenn die Welt zugrunde geht, dann geht der Rahmen zugrunde, innerhalb dessen es die Gerechtigkeit überhaupt geben kann. Die eben zitierte lateinische Formel gibt nur einen Teil der Wahrheit wieder. Sie sollte durch folgende Formel ergänzt werden: *Peritus mundus, perita iustitia.* Der Preis *meines* jetzigen gerechten Handelns ist die Unmöglichkeit weiteren gerechten Handelns.

Jean Silhon, ein Zeitgenosse Naudés, schreibt in diesem Kontext: „Es ist gewiss, dass man Gott um keinen Preis verletzen darf, nicht einmal, um das öffentliche Wohl zu fördern; nicht einmal, um den Untergang des Vaterlandes abzuwenden; nicht einmal, um die gesamte Menschheit vor Schiffbruch zu bewahren; nicht einmal, um die ganze Natur vor der Vernichtung zu retten" (Silhon 1661, S. 219). Wenn man Gott und die Gerechtigkeit gleichsetzt, dann folgt, dass man auch nicht die Gerechtigkeit verletzen darf, um das öffentliche Wohl zu fördern, ja sogar nicht, um die ganze Natur, und mit ihr die Menschheit, vor dem Untergang zu retten. Eine solche Position entspricht einer strikten Gesinnungsethik. Man sollte sich aber bewusstwerden, dass viele, die sie vertreten, das irdische Leben nicht als das einzige

32 Erinnern wir in diesem Kontext auch an Blaise Pascal, für den es notwendig ist, das Volk an die Legitimität der politischen Macht glauben zu lassen, obwohl diese Macht auf der Gewalt fundiert ist. Dabei sagt Pascal ausdrücklich, dass dieser Glaube dem Wohl des Volkes dient (Pascal 1962, S. 120).

33 Vor allem höchstrichterliche Entscheidungen erinnern uns immer wieder daran, dass Gesetze immer nur das bedeuten, was Menschen in sie hineininterpretieren. Siehe hierzu Clapié 2007 sowie Lebreton 2007.

Leben betrachten, sondern an ein anderes Leben nach dem Tod glauben. Und es dürfte sicherlich einfacher sein, die Vernichtung des irdischen Lebens hinzunehmen, wenn man weiß, dass die Menschen noch ein anderes, viel wertvolleres Leben genießen können. Wollte man Silhons Standfestigkeit prüfen, so müsste man ihn vor folgende Frage stellen: darf man Gott verletzen, wenn allein durch eine solche Verletzung garantiert werden kann, dass die Menschen weiterhin an Gott glauben? Die spannenden Fälle sind nicht solche, in denen die Verletzung eines Werts mit der Zerstörung eines anderen, ihm heterogenen Wert auf die Waagschale gelegt wird, sondern spannend sind die Fälle, in denen der zu verletzende und der von der Zerstörung bedrohte Wert derselbe sind.

Bei den *coups d'État*, so hatten wir gesehen, wird die Gerechtigkeit verletzt. Nun schreibt Naudé aber, er wolle Regeln aufstellen, um sich der *coups d'État* „mit Ehre, Gerechtigkeit, Nutzen und Anstand (bien-seance)" zu bedienen (Naudé 1679, S. 127). Wenn aber das, was Naudé als *coups d'État* bezeichnet, schändliche *flagitia* sind, wie Clapmarius es zu denken scheint, dann verstoßen solche Handlungen gegen die Ehre und den Anstand. Und wenn bei diesen Handlungen legitime individuelle Interessen verletzt werden und *extra*, wenn sogar *contra legem* gehandelt wird, dann verstoßen sie auch gegen die Gerechtigkeit. Und wenn man schließlich davon ausgeht, wie viele christliche Autoren aus der Zeit es taten, dass Gott nur denjenigen beistehen und zum Erfolg führen wird, die sich anständiger Mittel bedient, dann sind *coups d'État* nicht nur nutzlos, sondern gegebenenfalls sogar kontraproduktiv. Letzterer Punkt ist natürlich der gravierendste, da es der Nutzen ist, der den Verstoß gegen die anderen drei genannten Werte rechtfertigt. *Coups d'État* sind kein zu förderndes Gut, sondern ein notwendiges Übel. Ihre einzige Rechtfertigung besteht in ihrem Nutzen für die Beförderung des Allgemeinwohls. Wenn demnach bewiesen werden kann, dass man dieses Ziel *nicht* mit ihnen erreichen kann, dann verlieren sie mit ihrem Nutzen zugleich auch ihre Legitimität.

Für Naudé lehrt die Geschichte, dass *coups d'État* durchaus nützlich sein können. Aber sie sind es nur, wenn man sich ihrer richtig bedient. Und zu diesem richtigen Umgang gehört, wie wir schon vorhin festgestellt hatten, ein spärlicher Gebrauch. Das setzt voraus, dass der Fürst sich ganz genau überlegt, wann er auf einen *coup d'État* zurückgreifen wird, und dass er nicht einfach seinen Leidenschaften folgt, die ihn zu leicht dazu neigen lassen, von seiner absoluten, ungeregelten Macht Gebrauch zu machen. Genauso wie Gott nur ganz selten durch Wunder in die Ordnung der Natur eingreift, sollte auch der Fürst nur ganz selten durch *coups d'État* in die Ordnung der Gesellschaft eingreifen.

Wann darf man sich eines *coup d'État* bedienen? Naudé zählt insgesamt sieben Fälle[34] auf, die eine *iusta causa* für einen *coup d'État* liefern.[35] Ein solcher Fall ist die Errichtung eines Fürstentums (Naudé 1679, S. 140), sowie dessen Zerstörung (Naudé 1679, S. 149). Die Geschichte, so Naudé, lehrt, dass sich kein Fürstentum und keine Monarchie ohne *arcana* etabliert haben, wobei diese *arcana* immer einen Zusammenhang mit der Religion hatten (Naudé 1679, S. 141). Später in seinem Buch verweist Naudé darauf, dass viele Fürsten sich hinter dem Namen Gottes versteckt haben, um Ungerechtigkeiten zu verüben (Naudé 1679, S. 284). Und einige Seiten später fügt er dem hinzu: „Wiewohl auch die Natur der Mehrzahl der Fürsten sie dazu verleitet, als Scharlatane von der Religion Gebrauch zu machen und sie als Droge zu benutzen, um die Glaubwürdigkeit und den Ruf ihres Theaters aufrecht zu erhalten, sollte man nicht, so glaube ich, einen *Politique* tadeln, wenn er, um eine wichtige Sache zu beendigen, sich genauso anlegt, auch wenn es anständiger (Naudé gebraucht das Wort „honneste") wäre, das Gegenteil zu behaupten [...]" (Naudé 1679, S. 289).

Auf der einen Seite haben wir unverantwortliche Fürsten, die sich bei jeder Gelegenheit eines *coup d'État* bedienen, und die demnach nicht einsehen, dass man sich dieser Mittel nur in ganz seltenen Fällen bedienen darf. Auf der anderen Seite haben wir den *Politique*,[36] der dies einsieht, und dem es nicht darum geht, um die Theatermetapher zu gebrauchen (zur Theatralität in diesem Kontext, siehe Marin 1992), die sich um eine kleine Angelegenheit drehende Komödie mit einem *deus*

34 Aus Platzgründen gehe ich hier nicht einzeln auf diese Gründe ein und begnüge mich mit einer bloßen Aufzählung: (1) Errichtung eines Staates, (2) Bewahrung oder Wiederherstellung eines Staates, (3) Schwächung oder Abschaffung bestimmter Privilegien, usw., (4) Herstellung des Respekts gegenüber einem wichtigen Gesetz, (5) Vernichtung einer Macht, die einem zu groß erscheint, (6) Erhöhung der Glaubwürdigkeit einer Person und (7) Zerstörung der Macht desjenigen, der dem Staat schaden will. Will man alle diese Gründe zusammenfassen, so ließe sich sagen, dass ein *coup d'État* immer im Dienste der staatlichen Macht stehen muss.

35 Ich übernehme hier den Begriff der *iusta causa* aus der Theorie des gerechten Krieges. Dabei ist zu betonen, dass das Vorliegen einer *iusta causa* immer nur eine notwendige Bedingung für einen gerechten Krieg darstellt. Allein aus der Tatsache, dass ein Fürst einen legitimen Grund hat, seinem Nachbarn den Krieg zu erklären, folgt noch nicht, dass dies ihm auch erlaubt ist.

36 Mit „*Politique*" bezeichnete man im 16. und 17. Jahrhunderts jene Staatsdenker und politischen Akteure, für die die Erhaltung des Staates und der durch ihn garantierten Ordnung das höchste Ziel war. Für die *Politiques* musste der Fürst bereit sein, seine Religionsangehörigkeit zu wechseln, wenn dies das einzige Mittel war, der Unordnung zu entgehen. Henri IV soll bei seiner Konversion zum Katholizismus gesagt haben: „Paris ist eine Messe wert" (*Paris vaut bien une messe*).

ex machina abzuschließen, sondern eine Tragödie, die anders nicht abgeschlossen werden kann.[37] Der *Politique* ist sich bewusst, dass man außergewöhnliche Mittel nur in außergewöhnlichen Fällen benutzen sollte. Er steht sozusagen zwischen einerseits dem Extrem des verantwortungslosen Fürsten, der den *coup d'État* als gewöhnliches Mittel der Politik gebraucht, und andererseits dem Extrem des streng gesinnungsethischen Fürsten, der selbst in außergewöhnlichen, ja sogar in absoluten Notfällen die Anwendung außergewöhnlicher Mittel ablehnt.

Der *Politique* lehnt den Gebrauch eines *coup d'État* nicht ab, aber er gebraucht ihn nur, wenn die Umstände es rechtfertigen. Damit erscheint der *coup d'État* nicht als ein rein willkürlicher Akt des Fürsten, sondern als eine sich aus einer objektiven Notwendigkeit ergebende Maßnahme. Der reinen Willkür des Fürsten steht somit nicht nur das Gesetz als Regel entgegen, sondern auch die Notwendigkeit. Ein Fürst, der sich nicht an das Gesetz hält, muss sich dementsprechend nicht unbedingt willkürlich verhalten, sondern er kann seinen Willen auch nach einer objektiven Notwendigkeit richten. Diese hat zwar nicht Gesetzescharakter, d. h. sie ist nicht allgemein, aber sie hat trotzdem eine objektive Dimension und kann den Willen genauso verpflichten wie ein Gesetz. Glaubt man Cardin Le Bret, so hat sie „jenes Privileg, solche Handlungen gerecht und legitim zu machen, die ansonsten ungerecht wären" (Cardin Le Bret 1632, S. 251).

Naudé ist der Überzeugung, dass der Fürst jemanden auf eine geheime Weise eliminieren darf, „allerdings nur unter der Bedingung, dass er schuldig ist und dass er eine öffentliche Hinrichtung verdient hätte, wenn es möglich gewesen wäre, ihn auf diese Weise zu bestrafen" (Naudé 1679, S. 202).[38] Aus der Legitimität, jemanden mit dem Tod zu bestrafen und aus der Unmöglichkeit, ihn öffentlich mit dem Tod zu bestrafen, folgt die Legitimität, ihn auf eine versteckte Weise, und d.h. ohne Prozess und sonstige Formalitäten, los zu werden. An einen Prozess, so deutet Naudé an, kann man immer noch danach denken. Wichtig ist nur, dass man so schnell wie möglich die Gefahr für den Staat eliminiert. Selbst die erzkatholischen Spanier, schreibt Naudé 1679, benutzen Geheimgerichte, die ebenso geheime Urteile fällen, die dann ohne Vorwarnung am Verurteilten vollstreckt werden (Naudé 204).

Es geht also nicht darum, eine andere Welt entstehen zu lassen als die, die entstanden wäre, wenn man den Weg der natürlichen Gerechtigkeit gegangen wäre. Naudé will uns hier sagen, dass der Weg der außergewöhnlichen und der

37 Naudé gebraucht dieses Bild auch (Naudé 1679, S. 38).

38 Diesen Punkt findet man auch bei Settala, für den sogar ein Tyrann nur dann auf den „processo ordinario" verzichten sollte, wenn das gegen die Herrschaft gerichtete Verbrechen offenkundig und allgemein bekannt ist, und nicht schon bei einem bloßen Verdacht" (Settala 1627, S. 192).

gewöhnlichen Gerechtigkeit zum selben Resultat führen, und dass das Begehen des ersten Weges nur dann legitim ist, wenn er zum selben Resultat führt. Der *coup d'État* ist ohne Zweifel etwas Anderes als normale Politik, aber es ist nur ein anderes Mittel. Es ist, so könnte man sagen, die Fortsetzung der normalen Politik mit anderen Mitteln. Der Regierende, der einen legitimen *coup d'État* ausführen will, darf sich kein anderes Ziel setzen als der Regierende, der alles auf legaler Basis tun will. Beiden soll es darum gehen, das Allgemeinwohl zu garantieren. Aber was der eine öffentlich und auf gesetzmäßiger Basis tut, tut der andere geheim und auf eine extralegale Weise. Dabei stellt Naudé nicht die Frage, wie man sicherstellen kann, dass auch beide tatsächlich dasselbe Ziel verfolgen werden bzw. wie man sicherstellen kann, dass beide dasselbe Ziel verfolgen werden.

Die *coup d'État* verstoßen nicht absolut gegen die Gerechtigkeit bzw. sie verstoßen nicht gegen die Gerechtigkeit schlechthin. Um zu dieser These zu kommen, unterscheidet Naudé, im Anschluss an Pierre Charron,[39] zwischen zwei Formen der Gerechtigkeit, der natürlichen und der künstlichen. So schreibt er: „Aber insofern die natürliche, allgemeine, edle und philosophische Gerechtigkeit sich manchmal in der Welt, so wie sie ist, nicht anwenden lässt oder hinderlich ist […], [M]uss man ziemlich oft sich der künstlichen, besonderen, politischen bedienen, die sich auf die Bedürfnisse und Notwendigkeit der Politik und der Staaten bezieht und für sie gemacht wurde […]" (Naudé 1679, S. 339-340). Mag auch die natürliche Gerechtigkeit das Ideal sein und sollte sie dem Fürsten auch in der Regel als Leitstern dienen, so erlaubt ihm die Wirklichkeit nicht immer, gemäß dieser natürlichen Gerechtigkeit zu handeln. Es geht hier allerdings nicht darum, ein den Leidenschaften und Begierden des Fürsten entspringendes ungerechtes Handeln zu rechtfertigen. Naudé will keineswegs sagen, dass der Fürst manchmal zu schwach ist, um seinen Leidenschaften und Begierden Einhalt zu gebieten, wenn diese ihn zu Handlungen verleiten, die die natürliche Gerechtigkeit verletzen. Die Notwendigkeit, die natürliche Gerechtigkeit zu verletzen, entspringt den objektiv gegebenen Bedingungen, und unter diesen gegebenen Bedingungen finden wir das politische Gemeinwesen mit seinen spezifischen Bedürfnissen und Interessen. Und ebenso wie die natürliche Gerechtigkeit auf den Schutz der legitimen Bedürfnisse und In-

39 Charron 1986, S. 626. Die natürliche Gerechtigkeit ist, so Charron, fest und bestimmt, wohingegen die künstliche oder politische Gerechtigkeit variabel ist. Betrachtet er auch die erste der beiden Formen als die edelste, so muss er doch feststellen, dass sie für die existierende Welt ungeeignet ist. Innerhalb der künstlichen Gerechtigkeit unterscheidet Charron zwischen der legalen und der billigen (équitable) Gerechtigkeit. Die erste folgt dem strengen Wortlaut des Gesetzes und muss von den untergeordneten Richtern beachtet werden. Die zweite emanzipiert sich vom strengen Wortlaut des Gesetzes und ihre Anwendung steht nur dem Souverän zu.

teressen der menschlichen Individuen abzielt, zielt die künstliche Gerechtigkeit auf den Schutz der legitimen Bedürfnisse und Interessen der Staaten ab. Künstlich ist diese Gerechtigkeit deshalb, weil die Staaten auch künstliche Gebilde sind. Solange es keine Staaten gibt, gibt es auch keine künstliche Gerechtigkeit. Sobald man aber einen Staat gegründet hat, tritt auch, zumindest in einer unvollkommenen Welt, eine von der natürlichen möglicherweise abweichende künstliche Gerechtigkeit auf.[40] Und diese darf dann nicht vernachlässigt werden: „[B]evor ein Staat geformt und errichtet worden ist, besteht keine Notwendigkeit, ihn zu errichten; weit davon entfernt, denn es ist oft das Produkt des Zufalls, oder aber die Wirkung der Macht und des Ehrgeizes eines Einzelnen; aber wenn er einmal errichtet und organisiert ist, dann ist man dazu verpflichtet, ihn aufrecht zu erhalten" (Naudé 1679, S. 156). Die Existenz einer staatlichen Ordnung berechtigt somit nicht nur den Fürsten, auf einen *coup d'État* zurückzugreifen, sondern sie verpflichtet ihn auch dazu. In solchen Fällen muss er seine natürliche Tugend der Gerechtigkeit der Privatperson aufgeben, um gemäß der künstlichen Tugend der Gerechtigkeit des Fürsten zu handeln. Aber er darf es nur tun, um wieder einen Zustand zu schaffen, in welchem er gemäß der natürlichen Tugend der Gerechtigkeit handeln darf.

5 Schluss

Auch wenn Gabriel Naudé sicherlich nicht zu den politischen Denkern ersten Ranges zählt, so lässt sich doch kaum ein Werk über die Staatsgeheimnisse denken, in dem die *Considérations politiques sur les coups d'Estat* keine Erwähnung finden bzw. nur am Rande genannt werden. Domenico Taranto sieht in Naudés Werk sogar eine Art „Summe" der Literatur zum Thema der Staatsräson, genauer noch der von den religiös geprägten Autoren als schlechte oder böse bezeichneten Staatsräson, also jener Staatsräson, die man mit Machiavelli in Verbindung brachte (Taranto 2007, S. 323).

Ich habe in diesem Beitrag versucht zu zeigen, dass Naudés Überlegungen zum Thema Staatsgeheimnisse, auch wenn sie vom Autor selbst als „politische"

40 Sgualdi macht in diesem Zusammenhang den Unterschied zwischen dem Urteil des Philosophen und demjenigen des Politikers. Während der Philosoph die natürliche Gerechtigkeit im Auge hat und diese das Individuum betrifft, hat der Politiker das öffentliche Wohl im Auge, so dass, „viele Handlungen, betrachtet man sie im Hinblick auf die Individuen, als äußerst ungerecht erscheinen, und als der Billigkeit widerstreitend, betrachtet man sie dann aber auf das öffentliche Wohl und den öffentlichen Nutzen bezogen, so erscheinen sie als äußerst gerecht und notwendig" (Sgualdi 1640, S. 104).

bezeichnet werden, nicht bar jeglicher Normativität sind. Naudé macht den Unterschied zwischen gerechten und ungerechten *coups d'État*. Insofern sie lediglich dem persönlichen Nutzen des Fürsten dienen, sind die *coups d'État* tyrannisch und ungerecht. Wenn sie aber dem Allgemeinwohl dienen, sind sie königlich und gerecht. Naudé bedient sich hier des in seiner Zeit üblichen Begriffspaars „königlich" und „tyrannisch", und er will damit zeigen, dass man dieses Begriffspaar auch innerhalb dessen anwenden kann, was seine Gegner als schlechte oder böse Staatsräson bezeichnen. Während seine Gegner davon ausgehen, dass eine Fürstenherrschaft es nur dann verdient, als königlich bezeichnet zu werden, wenn sie sich an die natürliche Gerechtigkeit hält, geht Naudé davon aus, dass man die Unterscheidung zwischen königlichen und tyrannischen Herrschaftsformen auch, wenn nicht sogar nur, innerhalb der sich nicht an die natürliche Gerechtigkeit haltenden Fürstenherrschaften anwenden sollte. Wenn der Grund für die Verletzung der natürlichen Gerechtigkeit der Schutz des Allgemeinwohls ist, dann hat der Fürst nicht tyrannisch gehandelt.

Problematisch ist diese Unterscheidung allerdings insofern, als Naudé den Bezug zum Allgemeinwohl in seine Definition der Staatsmaximen und der *coups d'État* einbaut. Indem er dies tut, macht er es sozusagen begrifflich unmöglich, einen *coup d'État* auszuüben, der lediglich den eigenen Interessen dient. Was Naudé als einen tyrannischen *coup d'État* bezeichnet, ist unter diesen Umständen kein *coup d'État* mehr.

Man spürt hier bei Naudé den Willen, die Politik nicht bloß als eine Kunst der Mittel zu betrachten, ihr also eine bloß technische Dimension zu verleihen, sondern den Gebrauch der Mittel auf einen sie allein legitimierenden Zweck zu beziehen. In der Politik wird gelogen, getäuscht, ohne öffentlichen Prozess hingerichtet usw., d. h. es werden Handlungen ausgeführt, die im Privatleben strikt verboten sind. Für die Politik gelten demnach Regeln, die radikal von den Regeln für das Privatleben abweichen bzw. sind in der Politik Handlungen erlaubt, die es nicht im Privatleben sind.

Aus der Sicht der Privatperson müssen diese Handlungen immer als an sich schlecht betrachtet werden, als *mala in se*, so dass die Privatperson nicht einmal auf den Gedanken kommt, sie auszuüben. Was an sich schlecht ist, kann unter keinen Umständen gut werden, auch nicht einmal als geringeres Übel. Laut einer strikten religiösen Moral darf man kein geringeres Übel ausüben, um ein größeres zu vermeiden. Eine strikte religiöse Moral kennt nur die qualitative Dimension und geht nicht auf mögliche quantitative Unterschiede ein.

Für den politisch Verantwortlichen stellt sich allerdings die Frage, ob er auf *mala in se* zurückgreifen darf. Allerdings sollte sich für ihn diese Frage nur dann stellen, wenn ein solcher Rückgriff sich als notwendig in der Verfolgung eines hochgestellten

Gutes erweist. Und das Allgemeinwohl ist ein solches Gut, wenn nicht sogar das eminenteste Gut, das ein Fürst verfolgen kann. Wenn ein Fürst die Verfolgung dieses Gutes aufgibt, dann verliert er seine Legitimität und wird zum Tyrannen.

Traditionellerweise wurde das Allgemeinwohl oft mit der Gerechtigkeit identifiziert, und zwar im Sinne der natürlichen Gerechtigkeit. Naudé stellt diese Identifizierung in Frage und stellt einen Zusammenhang her zwischen Allgemeinwohl und künstlicher Gerechtigkeit. Tyrann ist dann nicht mehr schon, wer die natürliche Gerechtigkeit verletzt. Als Tyrann sollte erst derjenige gelten, der neben der natürlichen auch die künstliche Gerechtigkeit missachtet. Als Tyrann gilt nicht schon, wer bestimmte Mittel benutzt, sondern als Tyrann gilt erst, wer diese Mittel zu einem bestimmten Zweck gebraucht (Privatwohl) bzw. sie unabhängig von der Verfolgung eines bestimmten Zwecks gebraucht (Allgemeinwohl).

Dass der Regierende dem Allgemeinwohl verpflichtet ist, soll nicht geheim gehalten, sondern soll vielmehr jedem bekannt gemacht werden. Geheim gehalten werden sollten nur die Mittel, derer sich der Regierende bedient, um dem Allgemeinwohl zu dienen. Die Offenbarung dieser Mittel kann nämlich nicht nur den Feinden des Allgemeinwohls erlauben, sich auf ihren Einsatz vorzubereiten und ihm demnach vorzubeugen, sondern sie kann auch den Eindruck entstehen lassen, als ob es dem Regierenden nicht um das Allgemeinwohl geht. Er verwendet nämlich Mittel, die man gewöhnlich und typischerweise mit dem Tyrannen assoziiert, dem es eigentlich nur um sein eigenes Wohl geht und der bereit ist, dieses Allgemeinwohl um jeden Preis zu fördern. Im Voraus würde jedes Gemeinwesen es ablehnen, dass solche Mittel angewendet werden. Aber wurden sie erfolgreich angewendet, und stellt sich heraus, dass sie nur zu Gunsten des Allgemeinwohls angewendet wurden, dann wird das Gemeinwesen sie besser akzeptieren. Die *coups d'État* müssen demnach solange geheim gehalten werden, bis ihr Erfolg und ihre Vereinbarkeit mit dem Allgemeinwohl sich bestätigt haben.

Und hier liegt sicherlich eines der zentralen Probleme: während man bei einer *a priori* Kontrolle den *coup d'État* noch verhindern kann, falls er nicht das Allgemeinwohl zum Zweck hat, so lässt eine *a posteriori* Kontrolle dies nicht mehr zu. Dieses Problem stellt sich allerdings nur für denjenigen, der von der Voraussetzung ausgeht, dass ein *coup d'État* dem Allgemeinwohl förderlich sein kann bzw. dass er manchmal das einzige Mittel ist, durch das man das Allgemeinwohl bewahren kann, oder, um es noch anders zu formulieren, dass der Staat als Garant der Gerechtigkeit manchmal nur dann überleben kann, wenn er diese Gerechtigkeit verletzt.

Genau diese Voraussetzung stellt etwa Benjamin Constant in Frage,[41] der den Verteidigern der *coups d'État* vorwirft, die langfristigen Konsequenzen jener extralegalen Mittel[42] zu ignorieren. Ihm zufolge findet man in der ganzen Geschichte kein einziges Beispiel eines *coup d'État*, der auf Dauer dem Gemeinwohl förderlich gewesen wäre. Es mag zwar der Fall sein, dass der *coup d'État* kurzfristig das Allgemeinwohl rettet, aber eine legitime Regierung, die auf Mittel zurückgreift, auf die auch unehrliche Menschen zurückgreifen, verliert mit der Zeit das Vertrauen der Bevölkerung und nährt den Hass seiner Gegner. Und was einen Schriftsteller betrifft, der die *coups d'État* befürwortet, so bezeichnet Constant ihn als „pauvre imbécile", denn: „Er spricht zu Menschen, die nichts dringlicher wünschen als ihm zuzuhören, und ihn eines Tages zum ersten Opfer seiner Theorie machen werden!" (Constant 1997, S. 101-102).

Literatur

Ameline. 1692. *L'art de vivre heureux formé sur les idées les plus claires de la raison, & du bon sens ; et sur de très belles maximes de Monsieur Descartes*. Paris.
Anton Martinez, B. 1991. *El tacitismo en el siglo XVII en España. El proceso de receptio*. Valladolid.
Bély, L. 2013. *Les secrets de Louis XIV. Mystères d'État et pouvoir absolu*. Paris.
Besold, Ch, 2000 [1623]. *Synopse der Politik*, übersetzt von Cajetan Cosmann. Frankfurt am Main.
Botero, G. 1997 [1589]. *La ragion di Stato*. Roma.
Boucheron, P. 2005. Théories et pratiques du coup d'État dans l'Italie princière du Quattrocento'. In: Foronda, F.; Genet, J.-Ph.; Nieto Soria, M. (Hrsg.): *Coups d'États à la fin du Moyen Âge ? aux fondements du pouvoir politique en Europe occidentale*. Madrid.
Boyer, P.X. 2007. ‚Coup d'État et Révolution'. In: Boutin, Ch.; Rouvillois, F. (Hrsg.): *Le coup d'État. recours à la force ou dernier mot du politique ?*. Paris.
Campagna, N. 2012. ‚Wahre und falsche *ragione di stato*'. In: Voigt, R. (Hrsg.): *Staatsräson. Steht die Macht über dem Recht?*. Baden Baden.
Cardin Le Bret. 1632. *De la souveraineté du roi*. Paris.
Catteeuw, L. 2013. *Censures et raisons d'État*. Paris.
Charron, P. 1986 [1601]. *De la sagesse*. Paris.

41 Die beiden ersten Kapitel des sechsten Buches seiner *Principes de politique* sind den *coups d'État* gewidmet.

42 Constant erwähnt die außergerichtliche Schnelligkeit (*rapidité extrajudiciaire*) als eines dieser Mittel (Constant 1997, S. 97).

Clapié, M. 2007. ‚Les coups d'État du droit : les cours suprêmes'. In: Boutin, Ch.; Rouvillois, F. (Hrsg.): *Le coup d'État. recours à la force ou dernier mot du politique ?*. Paris.
Clapmarius, A. 1644. *De arcanis rerum publicarum*, Lugduni Batavorum.
Constant, B. 1997, [entstanden 1806-1810]. *Principes de politique applicables à tous les gouvernements*. Paris.
Du Ferrier. [3. Auflage]. 1627: *Le Catholique d'Estat ou Discours politique des Alliances du Roy tres-Chrestien, contre les calomnies de son Estat*. Paris.
Fassò, G. 2001. *Storia della filosofia del diritto. II. L'età moderna*. Roma-Bari.
Gentili, A. 1924 [1594]. *De legationibus Libri tres*. Washington.
Guez de Balzac, J.-L. 1632. *Le Prince*. Paris.
Harouel, J.-L. 2007. ‚Des coups d'État sous l'Ancien Régime ?'. In: Boutin, Ch.; Rouvillois, F. (Hrsg.): *Le coup d'État. Recours à la force ou dernier mot du politique ?*. Paris.
Jouanna, A. 2013. *Le pouvoir absolu*. Paris.
Lebreton, G. 2007. ‚Du coup d'État de droit à un coup d'État républicain ?'. In: Boutin, Ch.; Rouvillois, F. (Hrsg.): *Le coup d'État. recours à la force ou dernier mot du politique ?*. Paris.
Lipsius, J. 2004 [1589]. *Politica*. Assen.
Machiavelli, N. 1992 [1532]. *Il Principe*. In: Ders., *Tutte le opere*. Firenze.
Marin, L. 1992. ‚Théâtralité et pouvoir, magie, machination, machine: *Médée* de Corneille'. In: Lazzeri, Ch.; Reynié, D. (Hrsg.): *Le pouvoir de la raison d'État*. Paris.
Naudé, G. (1642 [1633]): *La bibliographie politique du Sr. Naudé contenant les livres & la methode necessaires à estudier la Politique avec une Lettre de Monsieur Grotius, & une autre du sieur Hamel sur le mesme sujet* (aus dem Lateinischen ins Französische übersetzt). Paris.
Naudé, G. 1679 [Erstdruck 1639]. *Considérations politiques sur les coups d'Estat*, s.l. Nachdruck: Caen 1989.
Naudé, G. 1669. *Apologie pour tous les grands hommes qui ont esté accusez de Magie*. Paris.
Naudaeana et Patiniana ou Singularitez remarquables prises des conversations de Mess. Naudé & Patin. Hrsg. von Lancelot, A. Amsterdam 1703, 2. Auflage.
Pascal, B. 1962. *Pensées*. Paris.
Post, G. 1964. *Studies in medieval legal thought, public law and State*. Princeton.
Priezac, D. d. 1664. *Discours politiques*. Paris.
Scudéry, Monsieur de.1647. *Discours politiques des rois*. Paris.
Settala, L. 1627. *Della ragion di stato. Libri sette*. Milano.
Sgualdi, V. 1640. *Republica di Lesbo, ovvero della Ragione di Stato in un dominio aristocratico*. Bologna.
Sirmond, J. 1637. *Le coup d'estat de Louis XIII*. Paris.
Stone, R. 2011. 'Kings are different: Carolingian mirrors for princes and lay morality' : In: Lachaud, F.; Scordia, L. (Hrsg.), *Le Prince au miroir de la littérature politique de l'Antiquité aux Lumières*. Mont-Saint-Aignan.
Taranto, D. 2007. 'Le discours de la raison d'État'. In: Caillé, A.; Lazzeri, Ch.; Senellart, M. (Hrsg.), *Histoire raisonnée de la philosophie morale et politique. Tome 1. De l'Antiquité aux Lumières*. Paris.
Silhon, J.d. 1661. *De la certitude des connaissances humaines où sont particulierement expliquez les Principes & les fondements de la Morale & de la Politique*. Paris.
Thuau, E. 2000 [1966]. *Raison d'État et pensée politique à l'époque de Richelieu*. Paris.
Tocqueville, A.d. 1981 [1840]. *De la démocratie en Amérique 2*. Paris.

Vauré, C. 1626). *L'Estat chrestien ou, Maximes politiques tirées de l'escriture* : Contre les fausses raisons d'*Estat, des libertins politiques de ce siècle*. Paris.
Zarka, Y.Ch. 1994. ‚Raison d'État, maximes d'État et coups d'État chez Gabriel Naudé'. In: Ders. (Hrsg.): *Raison et déraison d'État. Théoriciens et théories de la raison d'État aux XVIe et XVIIe siècles*. Paris.

Arcana, secreta, mysterii
Geheimkonstellationen in imperialen Ordnungen

Eva Marlene Hausteiner

Wie imperial sind die *arcana imperii*? Der kanonischen Bezeichnung für geheimes Herrschaftswissen, wie sie in den *Annalen* des Tacitus erstmals formuliert wird, ist der Bezug auf Imperialität scheinbar bereits lexikalisch eingeschrieben. Doch das in den *Annalen* beschriebene Wissen ist zwar unter anderem Tiberius, dem imperialen Herrscher Roms, zu eigen, aber darum noch nicht im Kern imperial: Das bei Tacitus erwähnte „imperium" bezeichnet nämlich nicht das Weltreich, sondern, viel konkreter, die hierarchische Befehlsgewalt im politischen und insbesondere militärischen Zusammenhang. Das *arcanum imperii* ist kein zwingend imperiales Geheimwissen. Vielmehr steht, so die gängige Forschungsmeinung, das politische Geheimnis gerade in der Moderne in engstem Zusammenhang mit Staatsraison und territorialer Herrschaftstechnik, insbesondere aber auch mit demokratischer Staatlichkeit: Die „Kultur des Geheimnisses" floriert in frühneuzeitlichen und modernen staatlichen Kontexten und ist insbesondere aus dem Zusammenhang des Staatsraisondenkens im 17. Jahrhundert hervorgegangen.[1]

Ist das *arcanum imperii* also, irreführend tituliert, lediglich ein *Staats*geheimnis? Wie im Folgenden gezeigt werden soll, wäre diese Deutung lückenhaft: Die Intensitätssteigerung politischer Geheimnisaktivität und -reflexion im Kontext moderner westlicher Staatlichkeit darf nicht über die Virulenz von Konstellationen imperialer Geheimhaltung hinwegtäuschen. Die Affinität zwischen Geheimwissen

1 „Souveränität, Arcana imperii und Staatsräson sind die Formeln, die die Entstehung des modernen Staates begleitet haben" (Stolleis 1980, S. 34). Vgl. die begriffshistorische Darstellung von Lucian Hölscher (1979, S. 130ff.) und insbesondere die Definition von Arnoldus Clapmarius zu Beginn des 17. Jahrhunderts: „Staatsgeheimnisse sind meiner Definition nach innerste und geheime Mittel und Ratschläge derer, die im Staat die Herrschaft innehaben, und dienen teils der Erhaltung der Ruhe in demselben, teils aber auch der bestehenden Staatsverfassung bzw. dem öffentlichen Wohl" (zit. in Hölscher 1979, S. 133).

und Imperialität ist nicht nur historisch bedeutsam, sondern sie ist – als Analogon zum Staatsgeheimnis – ein wiederkehrendes und aktuelles Phänomen. Daher sollen hier grundlegende Konstellationen imperialer Geheimhaltung systematisiert und exemplifiziert werden – mit dem Ziel, die Vermutung einer kategorialen Spezifik des Imperiumsgeheimnisses zu prüfen.

In der synchronen wie in der diachronen Betrachtung seit der römischen Antike hat sich das politische Geheimnis als überaus variantenreich erwiesen. So hat die Germanistin Eva Horn, ausgehend vom historisch prägenden Begriffsrepertoire des Lateinischen, eine dreigliedrige Morphologie des Geheimen skizziert: Ideen des Geheimen als *arcanum* – als politisch notwendige, stabilisierende und außerhalb moralischer Debatten stehende Praxis, also als „Geheimnis der Herrschaftsausübung" (Stolleis 1980, S. 5) und Sicherung der Staatsform, nicht nur der Position des Herrschenden (Stolleis 1980, S. 18) – stehen im Kontrast zu Konzeptionen des *secretum*, also des zu Unrecht dem Blick der Öffentlichkeit entzogenen Wissens und Tuns, aus dem eine dialektische Bewegung von Entzug und Transparenz erwächst.[2] Das *mysterium* als Denkfigur theologischen Ursprungs, deren politische Karriere Ernst Kantorowicz bis in das 17. Jahrhundert verfolgt hat (Kantorowicz 1955; Horn 2011), sieht Horn schließlich im Kontrast zum *arcanum* der Staatsraisonlehre und zum eher demokratietypischen *secretum* nicht bis in die politische Gegenwart fortwirken. Horn unterstellt dabei eine historische Bewegung vom *arcanum* und *mysterium* hin zum staatlich und öffentlichkeitsdynamisch bedingten *secretum*: In der Pendelbewegung zwischen Verbergen und Enthüllen manifestiert sich, so Horn, eine zentrale Dynamik moderner und insbesondere demokratischer Staatlichkeit, aus der es strukturell keinen Ausweg gibt (Horn 2011, S. 104, 109; vgl. Birchall 2011, Münkler 1995, S. 227).

Imperiales Umgehen mit dem Geheimen sollte aber seinerseits nicht mit einer historisch eng umrissenen und somit unwiederbringlich vergangenen Phase der Geheimhaltung verwechselt werden – also etwa mit römisch-imperialen Herrschaftstechniken oder hochimperialistischen Vertuschungen. Vielmehr soll im Folgenden geprüft werden,[3] inwiefern jene imperiale Handlungslogik, die in der jüngsten imperientheoretischen Forschung systematisiert wurde, sich auch in

2 Horn 2011, S. 106ff. Zum Öffentlichkeitsbegriff in Spannung zum Gegenbegriff des Geheimnisses seit dem 19. Jahrhundert vgl. Hölscher 1979, bspw. S. 128.

3 Dies soll unter der Annahme eines transhistorischen Spektrums des Imperialen geschehen, auf der sich eine Morphologie des imperialen Geheimnisses aufspannen lässt. Die Beispiele im Folgenden entstammen unterschiedlichen Phasen der vornehmlich britischen, aber auch der US-amerikanischen, französischen und russischen Imperialgeschichte und deuten die angenommene Diversität des Imperialen an.

spezifischer Weise in der Kreation und dem Umgang mit geheimem politischen Wissen manifestiert. Existieren also *mysteria, arcana* oder *secreta imperii*?

1 Gewalt und Bewältigung

Imperien sind heterogene Gebilde, deren Integration auf Machthierarchie beruht. Immer wieder haben sie darum ihre Herrschaft auf Zwang gestützt und im Zuge dessen Räume der Gewalt eröffnet. Zwar bezogen viele stabile imperiale Ordnungen ihre Legitimation durchaus aus Verweisen auf innere Friedensherstellung – eine *pax Romana, Britannica* oder *Americana* (Parchami 2009) –, doch realiter war diese Befriedung als imperialer Friede bereits in antiken Konstellationen alles andere als gewaltfrei. Imperialität beruht im Kern auf einer hierarchischen und zentrifugalen Machtstruktur, die sich wiederum auf die Androhung und die Praxis von Gewalt stützt. Selbst wenn deren Ausübung aus verschiedenen Gründen minimiert wird, ist die Androhung ihrer Möglichkeit strukturell für imperiale Herrschaft: Wie in anderen autoritären Ordnungen wird Entscheidungsfindung verschleiert, Ordnungsherstellung dagegen häufig drohend demonstriert und visualisiert.[4]

Trotz ihrer systemischen Funktion ist Gewalt in imperialen Konstellationen nicht immer sichtbar. Praktiken der Gewalt – die Niederschlagung von Aufständen in Zentrum und vor allem in der Peripherie, die Umsiedelung, Umgestaltung und Teilung von Bevölkerungen, die militärische Kontrollgewinnung und -aufrechterhaltung in umstrittenen Gebieten – werden häufig im Verborgenen und nicht vor den Augen einer prüfenden Öffentlichkeit vollzogen: Ebenso wenig wie autoritäre staatliche Akteure tragen imperiale Deutungs- und Entscheidungseliten Gewaltsamkeit und Ausbeutung stets offen zur Schau. Der Hinweis auf das Fehlen einer imperialen Öffentlichkeit, die Öffentlichkeiten in demokratischen Nationen ähnele, bietet hier keine plausible Erklärung: Zwar verfügen Imperien nicht über horizontal integrierte Gesellschaften (Osterhammel 2009, S. 610, 614), doch auch in imperialen Gefügen existierten immer Foren der Prüfung und der Kritik politischer Entscheidungen und Handlungen. Auch hier scheint zunächst zu gelten: Geheim gehalten werden solche Praktiken, die gegen herrschende Normen verstoßen und deren Veröffentlichung mit hohen Kosten für die Ausübenden dieser Praktiken verbunden wäre.

4 Münkler 1995, S. 215; vgl. als Beispiel der Einsetzung von Macht als „Drohmittel" die Ikonographie der römischen Trajanssäule oder des Septimius-Severus-Bogens.

Wann Gewalt – physisch und strukturell – als Teil imperialer Geheimpraxis und nicht als offene Methode gehandhabt wird, hängt entscheidend von zwei Faktoren ab, von denen der erste nicht zwingend, der zweite aber durchaus spezifisch für Imperien ist. Auf der einen Seite sind externe normative Rahmenbedingungen ausschlaggebend dafür, was geheim gehalten und verheimlicht wird; während etwa im römischen Imperium die gewaltsame Niederschlagung von Aufständen als öffentlich vertretbar, ja sie publik zu machen als opportun galt,[5] ist der normative Aktionsradius moderner Imperien ein anderer, auf den ersten Blick engerer. Auf der anderen Seite, und damit in Zusammenhang stehend, ist dieser Aktionsradius von der imperialen Deutungs- und Entscheidungselite selbst mitgeprägt, indem die deklarierte imperiale Mission mitbestimmt, welche Handlungen publik und welche geheim gehalten werden. Widerspricht eine Praktik der selbst auferlegten Mission, so ist die Geheimhaltung dieser Praktik gegenüber Teilen der Öffentlichkeit möglicherweise opportun.

Die Abhängigkeit vom externen normativen Kontext ist – im Gegensatz zur Abhängigkeit von der eigenen imperialen Mission – eine Folge langfristiger und letztlich weltpolitischer Rahmenbedingungen. Die Unterscheidung zwischen normverletzenden und normativ akzeptablen politischen Praktiken ist für imperiale Eliten insbesondere dann bedeutsam, wenn das betreffende Imperium nicht selbst diese Regeln setzt, sondern, wie dies spätestens seit dem frühen 20. Jahrhundert der Fall ist,[6] lediglich großräumig herrscht und seinerseits in internationale Regelwerke wie das Völkerrecht eingebunden ist. Selbst wenn die Verletzung externer Normen, etwa Gewalthandlungen an den imperialen Rändern, nämlich keine prohibitiven Sanktionen für den imperialen Normverletzer nach sich zieht, so steigen die Kosten für das Imperium potentiell – in Form reduzierter internationaler Akzeptanz und Kooperationsbereitschaft. Die Geheimhaltung von normverletzenden Handlungen gegenüber einer globalen Öffentlichkeit stellt somit eine Option kostengünstiger Normverletzung dar. Dieser Effekt ist freilich nur dann relevant, wenn das Imperium – trotz des möglichen Strebens nach globaler Dominanz – nicht völlig unangefochten herrscht.

Anders verhält es sich im Fall der Imperialmission: Häufig werden Handlungen verborgen, wenn imperiale Akteure sie zwar beispielsweise im Rahmen der imperialen Raison – etwa zur Herrschaftsstabilisierung – für notwendig halten, aber eben nicht gegenüber der erklärten imperialen Mission rechtfertigen können. Da es für

5 Ein Beispiel hierfür ist die Darstellung des Triumphzuges nach der Belagerung und Zerstörung Jerusalems am Titusbogen 70 n. Chr.

6 Koskenniemi datiert den Umschwung vom imperialen zum internationalistischen Zivilisierungsmodell auf das Ende des Ersten Weltkrieges (Koskenniemi 2004, S. 5).

die Loyalitätsbindung der imperialen Elite essentiell ist, ein kohärentes Selbstverständnis und Sendungsbewusstsein aufrechtzuerhalten (Münkler 2005, S. 132ff.), wird die Plausibilität der Imperialmission auch um den Preis der Geheimhaltung von nichtkonformen Handlungen aufrechterhalten. Imperiale Eliten betreiben somit eine Art andauernder Autosuggestion: Sie beteuern die Glaubwürdigkeit der Mission und ihrer eigenen Rolle darin, indem sie sich die politische Realität neu erzählen und widersprüchliche Elemente ausblenden. Dabei sind spezifische Annahmen und Normen leitend: Stabilisiert werden in der Imperialmission weniger demokratische oder rechtsstaatliche Werte als Vorstellungen von der zivilisatorischen und moralischen Überlegenheit und Unangreifbarkeit des imperialen Zentrums. Es bleiben also andere Handlungen geheim gehalten als im Zusammenhang externer normativer Ansprüche: Maskiert werden etwa besonders brutale Gewalthandlungen, die die moralische Überlegenheit infrage stellen, oder Herrschaftsmethoden, die innerhalb der Imperialmission eigentlich als „barbarisch" gelten. In solchen Fällen steigt der Anreiz zur Geheimhaltung, um den imperialen Zivilisierungsauftrag weiter rechtfertigen zu können.

Das Verbergen normverletzender Praktiken – ob gegenüber externen Ansprüchen oder internen Selbstverständnissen – kann dabei hochgradig asymmetrisch verlaufen, wenn etwa einzelne Kolonialadministratoren ihre Handlungen gegenüber den übrigen Mitgliedern der Entscheidungselite geheim halten. Was auf den ersten Blick als ein in vielen politischen Konstellationen beobachtbares Phänomen erscheint, ist für imperiale Ordnungen und ihre Herrschaftsstruktur in besonderer Weise bezeichnend: Der Kreis „imperialer Akteure", dem politische Handlungen zugeschrieben werden können, umfasst nicht nur Mitglieder der Entscheidungselite in der Metropole sowie Deuter und Intellektuelle, sondern auch „imperiale Intermediäre", also Vermittler zwischen Zentrum und Peripherie, die durchaus letzterer entstammen konnten und durch unterschiedliche Anreize kooptiert wurden (Burbank/Cooper 2010, S. 13f.). Da Macht und Herrschaft in Imperien vieldimensional strukturiert sind (Münkler 2005, S. 79f.), existiert keine zentrale Autorität, die über ein Gewaltmonopol und über die Geheimhaltung oder Veröffentlichung politischer Handlungen verfügt.

Ein *locus classicus* der Enthüllung kolonialer Verbrechen ist die Verfolgung des indischen Generalgouverneurs Warren Hastings durch Edmund Burke in den Jahren 1788 bis 1795: Burke klagte Hastings umfassender Kolonialverbrechen an, von der Misshandlung von Inderinnen und Indern bis hin zur korrupten Selbstbereicherung und imperialen Pflichtvergessenheit, und löste so einen der größten Kolonialskandale der Imperiumsgeschichte aus, obgleich die rechtlichen Folgen für Hastings gering blieben (Bourke 2015, S. 627ff.; vgl. Hampsher-Monk 2009; Dirks 2006). Dass Burke sich explizit in der Rolle Ciceros sah, der gegen den korrupten

Statthalter Verres prozessierte (vgl. Hausteiner 2015, S. 77f.), ist indikativ dafür, dass ein Movens des Konservativen die Aufrechterhaltung und Plausibilisierung der britischen Imperialmission war: Weder Cicero noch Burke waren flammende Anhänger der imperialen Zivilisierungsmission, doch beide betonten die Notwendigkeit, die Plausibilität dieser Mission aufrecht zu erhalten. Eine konkrete Gefahr für diese Mission erblickte Burke, neben anderen Beobachtern, in eigenmächtig und eigennützig handelnden Administratoren – den berüchtigten „Prokonsuln" oder, in der britisch-indischen Variante, den korrupten *nabobs* (Hausteiner 2015, S. 95; vgl. Lawson/Philipps 1984). Den Prozess verloren hat Burke trotz der erdrückenden Beweislast gegen Hastings: Eine überwältigende Mehrheit der mit dem Urteil betrauten Lords erklärte Hastings für unschuldig und negierte so die Verletzung der Mission – oder die Notwendigkeit ihrer Aufrechterhaltung.

Ein zweites Beispiel, das die vielfältigen Verschleierungen und Interpretationen von Gewalthandlungen veranschaulicht, ist die Politik der nordamerikanischen britischen Kolonien sowie der jungen Vereinigten Staaten von Amerika gegenüber den indigenen Bevölkerungen: Was retrospektiv in der geschichtswissenschaftlichen Forschung als genozidale Politik analysiert wurde, ist zeitgenössisch seit dem 17. Jahrhundert variantenreich entweder in staatlichen Narrativen von Krieg („American Indian Wars") und symmetrischem Vertragsschluss oder in imperialen Narrativen der „westward expansion" und des „manifest destiny" präsentiert worden – also der Verschiebung der *frontier* gen Westen durch eine im Wesentlichen unbesiedelte Leere hindurch (Osterhammel 1998; Huhnholz 2014, S. 255-275).

Schließlich wird die Praxis imperialer Verschleierung im rhetorischen Umgang mit Pufferstaaten und anderen beherrschten Gebieten sichtbar, wenn diese Gebiete als eindeutig selbständig dargestellt und eine Fassade der nationalen Souveränität aufrecht erhalten wird. Das Verbergen der Instrumentalisierung eines Gebietes als geopolitischer Puffer ist ein Beispiel der Maskierung normverletzender Politik im normativen Umfeld. Nur selten wurde nämlich so offen über diese Praxis gesprochen wie von Lord Curzon in seinen Ausführungen über imperiale Grenzpolitik im Jahr 1907, in denen er das Einrichten von Protektoraten und Pufferstaaten als offensichtliche und immer wieder praktizierte Machttechnik offenlegte.[7] Häufiger war die Präsentation von besetzten und indirekt beherrschten Staaten als bereits oder in Kürze selbständig – ein Narrativ, das erstaunlicherweise gerade in der Phase

7 „Much more is to be said for the buffer State as commonly understood, i.e. the country possessing a national existence of its own, which is fortified by the territorial and political guarantee, either of the two Powers between whose dominions it lies and by whom it would otherwise inevitably be crushed, or of a number of great Powers interested in the preservation of the status quo", so Curzon (1907).

des „Wilsonian Moment" und im Rahmen der Legitimationen des Mandatssystems im Völkerbund seine Blütezeit erlebte (Pedersen 2015).

Das imperiale Geheimnis als Verbergen normverletzender Praktiken ist also nicht immer gleichbedeutend mit deren vollständiger Ausblendung und Vertuschung. Häufig greifen insbesondere die imperialen Deutungseliten vielmehr zu Umerzählungen und Ablenkungsmanövern. Die Ideenhistorikerin Jeanne Morefiled hat solche Manöver als *deflection* bezeichnet: Imperiumspolitische Handlungen werden, so Morefield, von Deutungseliten häufig beiseitegeschoben mit Verweisen auf die eigene Intention und Identität; derartige Narrative finden sich unter anderem in britischen wie amerikanischen Imperiumsdiskursen – in Konstellationen also, in denen der Widerspruch zwischen dem liberal-missionarischen Selbstverständnis und den politischen Realpraktiken eklatant zutage zu treten droht. Diese kognitive Dissonanz wird aufgelöst oder zumindest maskiert, indem Einwände gegen die normverletzende Handlungsdimension („what we do") durch Verweise auf eine normativ unangetastete Identität („who we are") deflektiert werden (Morefield 2014, S. 28). Imperiale Geheimhaltung kann so auch in der rhetorischen Vertuschung normverletzender Handlungen bestehen.

Das dergestalt umrissene Repertoire von Gewaltandrohung, -verhüllung und -umerzählung wird in imperialen Konstellationen strategisch gebraucht: Die Entscheidungselite versucht mit der Hilfe der Deutungselite zu regulieren, was an das Licht der jeweiligen Öffentlichkeit tritt. Dies gelingt nicht immer: Die *longue durée* der Imperiengeschichte folgt einem Rhythmus einschneidender Skandale – innerimperial und international (Bösch 1988; Dirks 2005) –, wobei deren Intervalle mit der Verbreitung der Massenmedien und insbesondere der globalen Ausbreitung von Normen des Demokratischen und der Bürger- und Menschenrechte geschrumpft sind. In dieser Hinsicht entspricht das Geheimhalten, das Verbergen und Enthüllen imperialer Gewalt am ehesten dem spannungsreichen Muster des *secretum*, wie es auch in modernen staatlichen Ordnungen identifiziert wurde – auch wenn der Rhythmus der Skandale aufgrund der spezifisch imperialen Machtkonzentration und Normsetzungsbestrebung eben nur sporadisch die Phasen strategischer Geheimhaltung durchbricht.

Die Enthüllung ist vorwiegend post-imperialen Akteuren vorbehalten und damit eine retroaktive Handlung: Statt der andauernden Spannung zwischen Geheimhaltung und Transparenz (Birchall 2011), die etwa in der parlamentarischen Kontrolle der Geheimdienste institutionalisiert ist, dominiert eine langanhaltende Praxis des Verbergens, die nur gelegentlich von Skandalen unterbrochen ist, wobei die gravierendsten Geheimtaten typischerweise erst ex post aufgearbeitet werden. In der imperialen Peripherie ist Gewalt zwar auch während der imperialen Herrschaft oft hochgradig sichtbar, ihre lokale Visibilität bleibt aber oft ohne Konsequenz. In der postimperialen Phase, in der diese räumliche Hierarchie aufgelöst ist, wird der retrospektive „Einspruch" der Peripherie dagegen geschichts- und erinnerungspolitisch wirkmächtig. Das späte 20. und frühe 21. Jahrhundert hat eine Reihe dieser Aufarbeitungswellen erlebt – von den Enthüllungen der brutalen Niederschlagung der Mau-Mau-Rebellion (Elkins 2015) bis hin zur Debatte um die Bezeichnung des Völkermordes für die Massakrierung von Armeniern im Osmanischen Reich und den Herero in der Kolonie Deutsch- Südwestafrika. Auch hierin unterscheiden sich die *secreta imperii* von jenen des Nationalstaates, wo die Aufarbeitung häufig im Zuge von Regimewechseln geschieht – und nicht nach der Auflösung der politischen Ordnung insgesamt.

2 Epistemische Exklusion und Subversion

In Imperien beschränkt sich die Geheimhaltung nicht allein auf normverletzende Praktiken. Sie hat auch eine ausgeprägte epistemische Dimension: Wie vornehmlich in den postkolonialen Studien herausgearbeitet wurde, konstituieren sich imperiale Herrschaftshierarchie und koloniales Machtgefälle maßgeblich über die Kontrolle und den Ausschluss von Wissen.[8]

Auch im Zentrum demokratisch verfasste Imperien – etwa die USA oder das spätere britische Reich – sind nicht etwa horizontal integriert, sondern hierarchisch strukturiert durch eine vertikale Integration zwischen den Eliten in Zentrum und jenen in den beherrschten Gebieten. Diese Hierarchie ist durch verschiedene Exklusionstechniken mittels unterschiedlicher Machtmechanismen organisiert: Ökonomische Ausbeutung, politische Entrechtung und militärische Unterjochung greifen in unterschiedlichen Abstufungen ineinander und strukturieren so den imperialen Raum in Zentrum und Peripherie(n). Was Michael Mann als ideologische Quelle der Macht bezeichnet hat, betrifft schließlich im Kern den Mechanismus des Wissensausschlusses (Mann 1986, S. 12ff.): Das ideologische Ausstrahlen des Zentrums, das die Peripherie an sich bindet, ist auch strategischer Natur und beinhaltet die Diffusion mancher epistemischer Ressourcen – und den Entzug, ja die Geheimhaltung anderer Wissensbestände. Die Spitze der imperialen Herrschaftsstruktur, die imperiale Elite, ist darum nicht zuletzt dadurch gekenn-

8 Ob dieses epistemische Gefälle ebenfalls eine Form von Gewalt darstellt – also „epistemic violence" (Spivak 1996, S. 219) –, ist für den vorliegenden Zusammenhang nicht entscheidend; maßgeblich ist vielmehr die strukturell imperiale Praktik des Entzuges und der Maskierung unterschiedlicher Arten von Wissen.

zeichnet, dass sie über die Verteilung des imperialen Herrschaftswissens verfügt. Die Außengrenze des Imperiums, so verschwommen sie sein mag, ist dagegen dadurch bestimmt, dass jenseits von ihr die angeblichen Barbaren wohnen (Osterhammel 1995, S. 109f.): Barbaren, die definitiv von jeweils entscheidenden Wissens- und Zivilisationsbeständen ausgeschlossen sind und nicht einmal das grundlegende Wissen beherrschen, um im Zentrum bestehen zu können, nämlich dessen Sprache. Hiermit sind bereits zwei zentrale Elemente imperialer epistemischer Exklusion angedeutet: Einerseits die Geheimhaltung von Herrschaftswissen und andererseits die Vorenthaltung von Sprachwissen.

Was als Herrschaftswissen gilt, hängt von der jeweiligen imperialen Konstellation ab. Ein Beispiel stellt der Status von Armee und Beamtenschaft dar: Wurde etwa im römischen Reich über lange Zeit die Partizipation am Heeres- und Offiziersdienst und in noch restriktiverer Weise am Magistrat als zu konservierende Domäne des Zentrums erachtet, stand auch im britischen Imperium in Indien der Ausschluss von Herrschaftswissen durch den Ausschluss von der Beamtenschaft – und dies wiederum mittels strategischer Wissenspolitik – im Vordergrund: Die Teilnahme am 1858 etablierten Indian Civil Service, der phasenweise mit einer Besetzung von weniger als 1500 Beamten über rund 350 Millionen Inderinnen und Inder herrschte, war seit der Einführung zentralisierter Examina maßgeblich über die Abprüfung kanonischen Wissens reglementiert. Wer nicht über dieses Wissen verfügte, war von der Aufnahme in diese koloniale Machtelite exkludiert. Der Wissenszugang war aber strikt durch das koloniale Bildungssystem reglementiert: Die Eintrittsprüfung für den ICS setzte vertiefte Kenntnisse in Philosophie, aber auch den klassischen Sprachen voraus. Während diese Kenntnisse teilweise in indischen Bildungsinstitutionen erwerbbar waren, verhinderte die Senkung des Eintrittshöchstalters im Jahr 1876 von 21 auf 19[9] realiter den Eintritt indischer Anwärter, die Rückstände gegenüber Absolventen von Cambridge und Oxford aufholen und zudem zum Ablegen der Prüfung nach England reisen mussten:[10] Die ihnen im Vorfeld vermittelte Allgemeinbildung wurde auf bürokratischem Wege nutzlos gemacht. Nicht

9 Zuvor war das Eintrittsalter temporär erhöht worden – von 16 auf 22. Dies geschah auf die Initiative von Benjamin Jowett hin, der Thomas B. Macaulays Reformkommittee zum indischen Bildungssystem angehörte und als Fürsprecher klassischer Bildung in Oxford das Bildungsniveau der britischen Bewerber erhöht sehen wollte (Stray 1998, S. 53).

10 „In order to be able to compete for the ICS, Indians had to first graduate from college in India, then proceed to England, where they would have to spend at least a year preparing for the exam – not least because the syllabus for the exam was so heavily weighted in favor of those who already had an English public school education" (Burra 2007, S. 92). Vgl. Vasunia 2013, S. 193ff; Hausteiner 2015, S. 45f.

nur entfiel dadurch ein Anreiz zum Erlernen der *classics* – einer Eintrittskarte in die Imperialelite insgesamt und nicht nur den ICS; gravierender ist der Ausschluss aus einer der zentralen Bildungseinrichtungen für die kolonialadministrative Elite und damit die Exklusion von herrschaftsrelevantem Wissen.

Diese Rekrutierungspraxis in die imperiale Deutungs- und Entscheidungselite, mindestens aber in die Riege der imperialen Intermediäre, ist kein isolierter Einzelfall, sondern symptomatisch für die anhaltende Debatte über die Wissensfähigkeit und -würdigkeit Indigener. Das Zivilisierungsdenken, das die Teilhabe der beherrschten Bevölkerungen am universal gültigen Wissen Großbritanniens verficht, damit diese schneller die „Leiter der Zivilisation" erklimmen könnten (Osterhammel 2005), gerät nach dem Aufstand im Jahr 1857 sukzessive unter Druck und wird teilweise sogar revidiert, indem die Überzeugung von der Erziehbarkeit – bzw. deren Wünschbarkeit – umschlägt in die Sorge um den britischen Herrschaftserhalt. Die britische Imperialmission wird so von einer Reihe zentraler Akteure reformuliert: An die Stelle der langfristig in Aussicht gestellten Inklusion tritt die dauerhafte Exklusion von imperialen Wissensbeständen. Insbesondere um die Jahrhundertwende häufen sich im britischen Kontext Argumente, die der indischen Bevölkerung die Fähigkeit zu vollendeter Zivilisiertheit absprechen. Auf dieser Grundlage erübrige sich eine aufwändige Unterweisung im Wissen der Metropole: „Grossly ignorant, steeped in idolatrous superstition, unenergetic, fatalistic, indifferent" sei die lokale Bevölkerung laut dem Juristen und Mitglied des Colonial Council in India James F. Stephen – dieser Mangel an Zivilisation sei essentiell und nicht behebbar, sondern nur durch eine Orientierung an Sicherheit und Effizienz einzuhegen (Stephen 1883, S. 554; vgl. Hausteiner 2015, S. 301ff.). Bildungsanstrengungen erübrigen sich so weitestgehend. Ähnlich empfiehlt der Earl of Cromer, langjähriger Generalkonsul Ägyptens, die Hoffnung auf eine gelingende Assimilation und Bildung kolonisierter und abhängiger Völker – ob Ägypter, Inder oder Chinesen (Cromer 1913a, S. 26f.; ders. 1913b, S. 150) – fahren zu lassen: Er führt religiöse, aber auch rassische Dispositionen der Indigenen an, um die Exklusion von metropolitanem Wissen zu verfechten. Macaulays Ideal der Heranziehung einer gebildeten, kulturell anglisierten Klasse von Indern (Macaulay 2003, S. 237), die an historischem, politischem und Herrschaftswissen in dem gleichen Maße teilhaben wie die britische Imperialelite, wird hier für obsolet, wenn nicht riskant erklärt.

Die zweite zentrale Frage kolonialer Wissensexklusion betrifft indes weniger die machtrelevanten Bildungsinhalte als das Medium der Sprache selbst. Häufig wird koloniale Sprachpolitik als Politik der Ausbreitung und des Aufzwingens der

Sprache des Zentrums auf koloniale Bevölkerungen verstanden:[11] Die Russifizierung Zentralasiens oder die frühe Anglisierung Irlands sind kanonische Beispiele für die Aufoktroyierung der Sprache gegenüber indigenen EinwohnerInnen im imperialen Herrschaftszusammenhang. Andere Versuche der Unterwerfung und der Stabilisierung des Imperiums wurden dagegen gerade durch die Exklusion von Sprachwissen unternommen: Anstatt einen homogenen Sprachraum zu forcieren, haben sich imperiale Eliten immer wieder auch sprachpolitisch einer Strategie des Teilens und Beherrschens bedient. Demgemäß sollte eine Sprachausbildung nur jenen Gruppen zukommen, die als kooperierende Intermediäre geeignet sind – die Bildung der übrigen Bevölkerungsteile wurde dagegen unterlassen, um Ressourcen zu sparen, aber auch, um die Partizipationsfähigkeit größer Bevölkerungsteile an der Herrschaftsausübung und der überwachenden Öffentlichkeit zu minimieren.

Die bereits skizzierte britische Debatte um die Bildung und Zivilisation der indischen Bevölkerung und deren Teilhabe am metropolitanen Wissen umfasst beide Dimensionen – einerseits kulturell und sprachlich assimilierenden Imperialismus und andererseits eine Politik der Sprachteilung. Gerade die sprachliche Anglisierung wurde im Laufe des 19. Jahrhunderts immer wieder als integraler Teil der britischen Zivilisierungsmission präsentiert, die es den Indigenen ermöglichen sollte, am universal gültigen Wissen Großbritanniens zu partizipieren und so schneller die „Leiter der Zivilisation" zu erklimmen (Osterhammel 2005). Macaulays berühmte *Minute on Education* aus dem Jahr 1835 verficht diese Haltung insbesondere in Bezug auf die sprachliche Bildung als Katalysator der Zivilsierung: „English is better worth knowing than Sanscrit or Arabic; [...] the natives are desirous to be taught English, and are not desirous to be taught Sanscrit or Arabic; [...] neither as the languages of law, nor as the languages of religion, have the Sanscrit and Arabic any peculiar claim to our engagement; [...] it is possible to make natives of this country thoroughly good English scholars, and [...] to this end our efforts ought to be directed" (Macaulay 2003, S. 237. Vgl. Pennycook 1998, S. 67-94; Sirkin/Sirkin 1971). Interessanterweise erstreckte sich dieses Sprachwissen nicht allein auf das Englische: Auch die „klassischen" Sprachen Latein und Griechisch galten als Sprachschätze, deren Vermittlung möglicherweise zur Zivilisierung Indiens beitragen

11 Vgl. die Einschätzung Fanons: „L'entreprise d'obscurcissement du langage est un masque derrière lequel se profile une plus vaste entreprise de dépouillement" (Fanon 2002, S. 180). Bereits in *Peau noire, masques blancs* beschreibt Fanon die Doppelseitigkeit der Sprachpolitik des französischen Kolonialismus: Einerseits würden Anreize zur sprachlichen Assimilation geschaffen („Le Noir qui connaît la métropole est un demi-dieu" [Fanon 1952, S. 15]), andererseits würden selbst assimilierte und des Französischen mächtige Indigene durch die Anrede im Jargon des „petit-nègre" herabgewürdigt und exkludiert (ibid., S. 25ff.).

könne. Doch es gibt laute Gegenstimmen, die von der sprachlichen Inklusion der Indigenen abraten: Warnt der Earl of Cromer vor der überambitionierten Erziehung und Assimilation der Indigenen – ob in Indien oder Ägypten –, so meint er damit konkret insbesondere deren sprachliche Ermächtigung. Diese sei nicht nur schwierig und wenig aussichtsreich (Cromer 1910, S. 100f.), sondern für die imperiale Stabilität hochriskant, wie sich im Falle Indiens zeige: „Here, of a truth, we have – to use a metaphor which Byron borrowed from a Greek source – been sedulously nursing the pinion which is impelling the steel into our own breasts. For more than half a century we have, perhaps unavoidably, been teaching English through the medium of English literature, and that literature, in so far as it is historical, may easily be perverted from a disquisition on the advantages of steady progress achieved by a law-abiding nation into one which eulogizes disrespect for authority, and urges on the governed the sacred duty of throwing off the yoke of unpalatable Governors" (Cromer 1910, S. 106). Die Verbreitung des Englischen in den Kolonien sei – anders als in der römischen Antike – aufgrund von „national sentiments" (Cromer 1910, S. 102) eine Quelle von Unruhe und Aufstand und daher zu minimieren. Durch diese Vorenthaltung der englischen Sprache – in früheren Modellen der Zivilisierungsmission noch „a key which will open to them a world of new ideas" (so Charles Grant, zit. in Pennycook 1998, S. 78) – sollte die imperiale Welt, oder immerhin deren metropolitane Sphäre den Indigenen verschlossen bleiben.

Folgt man der semantischen Trias aus *secretum*, *arcanum* und *mysterium*, so ist die strukturell-epistemische Geheimhaltung in Imperien am plausibelsten als Arkantechnik zu verstehen: Wissensinhalte sollen dem inneren Kreis der Macht vorbehalten und breiten Teilen der imperialen Bevölkerung vorenthalten bleiben. Die Geheimhaltung ist dabei selbst nicht geheim gehalten – sie stellt also kein Geheimnis zweiter Ordnung dar (Riese 2015, S. 53). Obwohl diese arkane Technik der Geheimhaltung von Wissen – von Sprachen und Techniken – also nicht dem Rhythmus des *secretum* von Maskierung und Enthüllung folgt, hat sie eine koloniale Kehrseite: Imperiale Widerstandskämpfer und -strategen haben, nicht zuletzt seit den kolonialnationalistischen Bewegungen des 19. Jahrhundert, immer wieder den Versuch der Umwertung angeblich herrschaftsbestimmender Wissensdomänen unternommen – auch durch die demonstrative Exklusion der Kolonisatoren vom indigenen Wissen. Die indigene Volkssprache wurde so nicht nur zum Medium kultureller Selbstbehauptung, sondern geradezu zum Gegen-Arkanum der Widerständigen (Said 1994, S.273f.) – sei es im Falle des Gälischen in Irland oder seitens der das Kreolische kultivierenden Bewegung der *antillanité* in der Karibik.

3 Imperiumskritik und Konspiratologie

Die Spezifik imperialer Herrschaft ist der Interaktion unterschiedlicher Macht- und Herrschaftsdynamiken geschuldet – und ihrer komplexen Aufspannung im geographischen Raum. Wenn imperiale Grenzen verschwimmen, überlappen, expandieren oder kontrahieren (Maier 2006, S. 78-111; Hausteiner 2014), so multipliziert sich diese Komplexität weiter, wenn auch *soft power*-Einflüsse als mögliche Werkzeuge eines folglich „informellen" Imperiums erachtet werden. Diese ursprünglich in den 1950er Jahren aufgestellte These des „informal empire" (Gallagher/Robinson 1953) hat die Debatte um die Morphologie des Imperialen nachhaltig transformiert. Aus ihr hervorgegangen sind zwei Theoriestränge, die die strukturelle und latente Qualität von Imperialität betonen. Geheim ist hier das Imperium selbst.

Auf der einen Seite hat die Imperiums- und Imperialismuskritik die Weigerung von Großmächten wie den Vereinigten Staaten oder der Sowjetunion (Raffass 2012), sich als Imperium zu bezeichnen, immer wieder als Lüge (oder zumindest Selbsttäuschung) zu entlarven versucht. Die *empires in denial* streben demzufolge nicht allein danach, Gewalttaten – sich selbst oder der Weltöffentlichkeit gegenüber – zu vertuschen oder Wissen vorzuenthalten, sondern sie verhüllen ihre Imperialität als solche. Informelle, insbesondere ökonomische Herrschaftstechniken im Sinne des von Gallagher und Robinson diagnostizierten „free trade imperialism" der Briten (Gallagher/Robinson 1953) erleichtern die Maskierung imperialer Ordnungen als bescheidene Nationalstaaten, wenn die Fassade der Souveränität des okkupierten Staates unangetastet und die ökonomischen Machtverhältnisse verborgen bleiben. Die Verfeinerung der Analysewerkzeuge für Imperialität bei einer gleichzeitigen Ausdehnung der Imperiumsdefinition hat also den Verdacht verstärkt, dass vorgeblich un- oder antiimperiale Staaten in Wahrheit Imperien seien oder sein wollten – dass etwa die USA weiterhin durch eine globale Präsenz des CIA die Geschicke von Staaten in Umbruchsituationen prägen, wie dies in der russischen und teilweise türkischen Propaganda unterstellt wird, dass der deutschen Außen- und EU-Austeritätspolitik verborgene imperiale Bestrebungen zugrunde liegen, oder dass gar das britische Empire fortbestünde.[12]

Auf der anderen Seite wurde theoriegeschichtlich durch die Ausweitung des Imperiumsbegriffs eine Form von Imperialität denkbar, die völlig jenseits solcher konkreter Akteurszuschreibungen operiert: Das Imperium als weltumspannende, politisch und ökonomisch tiefgreifende, totale Ordnung wurde am einflussreichsten von Antonio Negri und Michael Hardt formuliert und mit einer Analyse und Kritik des globalen Kapitalismus und seiner politischen Auswirkungen verknüpft: Das

12 So etwa eine zentrale These der Organisation um Lyndon LaRouche.

globale Imperium sei nicht als imperialistisches Projekt eines einzelnen Staates misszuverstehen, sondern es stelle eine „structural logic" dar, „at times imperceptible but always and increasingly effective, that sweeps all actors within the order of the whole" (Negri/Hardt 2000, S. 14). Die kapitalistisch-hierarchische Herrschaftsordnung, die gleichermaßen omnipräsent und latent ist, harrt der Entlarvung als imperiale Totalität durch den wissenschaftlichen Beobachter.

Im Gegensatz zur Maskierung von Gewalttaten und dem Entzug von Wissen ist der imperiale Verdacht – ob gegen ein konkretes Imperium oder gegen eine imperiale Totalordnung – nicht ohne Weiteres verifzierbar oder falsifizierbar. Darin ähnelt er strukturell konspiratologischen Verdächtigungen: Verschwörungstheorien suggerieren eine einfache und zwingend plausible Deutbarkeit der empirischen Realität durch die Behauptung omnipräsenter Machtstrukturen (Hepfer 2015, S. 23ff.), berufen sich dabei aber zentral auf die hartnäckige Verborgenheit und Geheimhaltung ebendieser Strukturen: Ein Letztbeweis der Verschwörung ist aufgrund ihres Geheimnischarakters nicht möglich, der Versuch der Enthüllung darum aber umso essentieller.

Manche Imperialitätsdiagnosen scheinen genau diese Strategie der Komplexitätsreduktion und stets unvollständigen Geheimnisenthüllung zu verfolgen. Negri und Hardt etwa verwehren sich zwar explizit gegen eine „conspiracy theory of globalization" (Negri/Hardt 2000, S. 3), die hinter der Entwicklung der globalen Ordnung den bewussten Plan eines konkreten Akteurs vermute. Doch auch ihre Theoriebildung und -anwendung ruht nicht allein auf der Plausibilisierung eines umfassenden Erklärungsmodells für empirische Muster; vielmehr ist auch ihr Gestus jener der wissenden Entlarvung eines sich selbst verbergenden Geheimplanes – „imperceptible", dabei aber omnipräsent und übermächtig.

Verschwörungstheoretische Deutungen bedürfen eines anfänglichen Glaubens in ihre Plausibilität – eines Willens zur Mustererkennung inmitten potentiell kontingenter Fakten und Ereignisse, die als allseitig verbunden präsentiert werden –, sie setzen auf einen metaphysischen Überschuss, der Lücken in der Empirie und Erfahrungsgrundlage komplettiert und gleichzeitig eine klare normative Unterscheidung zwischen imperialer Übermacht und antiimperialem Widerstand anbietet. Es liegt im Kern des Legitimitätsanspruches von Verschwörungstheorien, dass sie über keine hinreichenden Belege verfügen – aufgrund der Geheimnatur der Verschwörung bleibt stets das Residuum des Ungewissen, das aber wiederum als Beweis für die Konspirativität des „Bösen" gedeutet wird.[13] Ähnlich funktioniert der undifferenzierte Verdacht einer Omnipräsenz des Imperialen: Nicht nur sind – ganz im Gegensatz zu den zahlreichen detailgenauen Fallanalysen der postkolonialen

---

13 Vgl. zur „Asymmetrie" der Beweisführung Hepfer 2015, S. 31ff.

Studien – die empirischen Beschreibungen Negris und Hardts lückenhaft; auch die nicht allein normative, sondern metaphysische Aufladung, ja Mystifizierung des Imperiums wie auch des anti-imperialen Widerstandes fällt auf: eine „multitude" kann die Welt von der „new Roman order awaiting its early Christians" – so der Untertitel des Buches – befreien; diese „multitude" müsse – so der Epilog von „Empire" – in die Fußstapfen des Heiligen Franziskus von Assisi treten (Negri/Hardt 2000, S. 413). Geheimnisse des Imperiums behandelt der imperiale Verdacht als *mysterium*: Es reicht nicht allein, *secreta* zu entlarven und *arcana* zu beanspruchen, sondern es gilt, die gesamte imperiale Ordnung als unheil- und bedeutungsvolles Geheimnis, als *mysterium*, zu demaskieren – dieses *mysterium* aber offenbart sich nur dem, der an seine Existenz glaubt.

Folgt man dieser Typologie imperialer Konstellationen des Geheimen, so lässt sich festhalten, dass *das* imperiale Geheimnis nicht existiert; stattdessen wechselt sich eine Reihe imperialer Geheimpraktiken ab, die in unterschiedlichem Maße spezifisch für imperiale Ordnungen zu sein scheinen. Erstens ist auch in Imperien – obgleich diese selbst nach autoritativer Normsetzung streben – das Verbergen normverletzender Handlungen opportun, wobei die Frage, was eine Normverletzung ist, massiv von der imperialen Konstellation abhängt. Zweitens bedient sich imperiale Ordnung als Herrschaftshierarchie häufig epistemischer Exklusionen und des Entzuges von Wissen, um ebendiesen imperialen Charakter aufrecht zu erhalten. Und drittens wird imperialer Herrschaft aufgrund ihres potentiell informellen Charakters jüngst zunehmend ein Element mysteriöser Omnipräsenz zugeschrieben. Diese Morphologie imperialer Geheimkonstellationen hat darüber hinaus eine diachrone Dimension: Mit der Wandlung der Kommunikationsräume und Öffentlichkeitsstrukturen, der verfügbaren Machtrepertoires, der formellen Verfassungen herrschender und beherrschter Gebiete, aber auch der normativen Anforderungen von Demokratie, Rechtstaatlichkeit und Transparenz ändern sich auch die Wahrnehmungen und damit die Konfigurationen von Imperialität und Geheimnis – und gemäß diesen Konfigurationen changieren die imperialen Geheimpraktiken: Imperiale Elite lügen, verbergen, verschweigen, exkludieren, erzählen um und lenken ab – jeweils in Abhängigkeit vom konkreten Kontext und der aktuellen Herausforderungslage.

Das Repertoire der Geheimpolitik ist damit in imperialen Kontexten besonders breit – und diese Varianz ist auch der Diversität imperialer Ordnungen und imperialer Machtmittel geschuldet, die die Vielfalt staatlicher Machttechniken teilweise miteinschließt, aber übersteigt. Die Fokussierung der Analyse auf staatliche *secreta* wäre daher irreführend: Imperiale Machttechniken sind rekurrierende Phänomene, die überdies in post-imperialen Konstellationen weiter nachwirken. Phänomene wie die Maskierung (und Enthüllung) internationaler Überwachungsnetzwerke etwa indizieren zwar nicht zwingend eine reale global-imperiale Vorherrschaft, möglicherweise aber imperiale Aspirationen einzelner Akteure, die mit staatlicher Politikanalyse nicht zu erklären sind. Es empfiehlt sich also dringend, die spezifisch imperialen Ausformungen von Geheimtechniken zu beachten – denn es gibt keinen Grund zu der Annahme, dass sich politisches Geheimwissen und Geheimpraktiken in Zukunft auf staatliche Konstellationen beschränken.

Literatur

Bösch, F. 2008. 'Are we a cruel nation?' Colonial Practices, Perceptions and Scandals. In: Geppert, D./ Gerwarth, R. (Hrsg.), *Wilhelmine Germany and Edwardian Britain*. Essays on Cultural Affinity. London: Oxford University Press, S. 115–140.

Burbank, J./Cooper, F. 2010. *Empires in world history*. Power and the politics of difference. Princeton: Princeton University Press.

Burra, A. 2007. *The Indian Civil Service and the Raj: 1919-1950*, Social Science Research Network, http://papers.ssrn.com/sol3/papers.cfm?abstract_id=2052658, letzter Zugriff am 1. Juli 2016.

Cromer, E.B. Earl of. 2013a. The Government of Subject Races. In: Ders., *Political and Literary Essays 1908-1913*. London: Macmillan and Co., S. 3–53.

Cromer, E.B. Earl of. 2013a. China. In: Ders., *Political and Literary Essays 1908-1913*. London: Macmillan and Co., S. 141-155.

Cromer, E.B. Earl of. 1910. *Ancient and Modern Imperialism*. London: John Murray.

Curzon, G.N. Lord of. 1907. *Romanes Lecture on the subject of Frontiers*. [o. O., o. V.].

Dirks, N.B. 2006. *The Scandal of Empire*. India and the Creation of Imperial Britain. Cambridge: Belkamp Press.

Elkins, C. 2015. Looking beyond Mau Mau: Archiving Violence in the Era of Decolonization. In: *American Historical Review*, June 2015, S. 852-868.

Fanon, F. 2002. *Les Damnés de la Terre* [1961], Paris: La Découverte/Poche.

Fanon, F. 1952. *Peau noire, masques blancs*, o. O.: Éditions de Seuil.

Gallagher, J./Robinson, R. 1953. The Imperialism of Free Trade. In: *The Economic History Review*, VI:1, S. 1–15.

Hampsher-Monk, I. 2009. Edmund Burke and Empire. In: Kelly, D. (Hrsg.), *Lineages of Empire*. The Historical Roots of British Imperial Thought. Oxford: Oxford University Press, S. 117–136.

Hardt, M./Negri, A. 2000. *Empire*. Cambridge: Harvard University Press.

Hausteiner, E.M. 2015. *Greater than Rome*. Neubestimmungen britischer Imperialität 1870-1914. Frankfurt am Main/New York: Campus.

Hausteiner, E.M. 2014. Rasse, Raum und Rom: Grenzkonstruktionen im British Empire. In: Heinze, A./Möckel, S. & Röcke, W. (Hrsg.): *Grenzen der Antike*. Berlin: De Gruyter, S. 241-258.

Hepfer, K. 2015. *Verschwörungstheorien. Eine philosophische Kritik der Unvernunft*. Bielefeld: transcript.

Hölscher, L. 1979. *Öffentlichkeit und Geheimnis: eine begriffsgeschichtliche Untersuchung zur Entstehung der Öffentlichkeit in der frühen Neuzeit*. Stuttgart: Klett-Cotta.

Horn, E. 2011. Logics of Political Secrecy. In: Theory, *Culture & Society* 28: 7-8, S. 103-122.

Huhnholz, S. 2014. *Krisenimperialität: Romreferenz im US-amerikanischen Empire-Diskurs*. Frankfurt am Main/New York: Campus.

Kantorowicz, E.H. 1955. Mysteries of State: An Absolutist Concept and Its Late Mediaeval Origins. In: *The Harvard Theological Review* 48:1, S. 65-91.

Koskenniemi, M. 2001. *The Gentle Civilizer of Nations*. The Rise and Fall of International Law 1870–1960.- Cambridge: Cambridge University Press.

Lawson, Ph./Philips, J. 1984. ›Our Execrable Banditti‹: Perceptions of Nabobs in Mid-Eighteenth Century Britain. In: *The North American Conference on British Studies*, 16: 3, S. 225–241.

Macaulay, Th.B. 2003. Minute on Education [1835]. In: Halow, B./Carter. M. (Hrsg.), Archives of Empire. Volume I: *From The East India Company to the Suez Canal*. Durham; London: Duke University Press, S. 227–239.

Maier, Ch.S. 2006. *Among Empires. American Ascendancy and its Predecessors*. Cambridge: Harvard University Press.

Mann, M. 1986. *Sources of Social Power*, Volume I: A history of power from the beginning to A.D. 1760. New York: Cambridge University Press.

Morefield, J. 2014. *Empires without imperialism: Anglo-American decline and the politics of deflection*. Oxford/New York: Oxford University Press.

Münkler, H. 2005. *Imperien. Die Logik der Weltherrschaft – Vom Alten Rom bis zu den Vereinigten Staaten*. Berlin: Rowohlt.

Münkler, H. 1995. Die Visibilität der Macht und die Strategien der Machtvisualisierung. In: Göhler, G. (Hrsg.): *Macht der Öffentlichkeit – Öffentlichkeit der Macht*. Baden-Baden: Nomos, S. 213-230.

Osterhammel, J. 2009. *Die Verwandlung der Welt*. Eine Geschichte des 19. Jahrhunderts. München: C. H. Beck.

Osterhammel, J. 2005. The Great Work of Uplifting Mankind': Zivilisierungsmission und Moderne. In: Barth, B./Osterhammel, J. (Hrsg.), *Zivilisierungsmissionen*. Imperiale Weltverbesserung seit dem 18. Jahrhundert. Konstanz: UVK Verlagsgesellschaft, S. 363–425.

Osterhammel, J. 1995. Kulturelle Grenzen in der Expansion Europas. In: *Saeculum*, 46 (1995), S. 101–138.

Parchami, A. 2009. *Hegemonic Peace and Empire*. The Pax Romana, Britannica, and Americana. Abingdon: Routledge.

Pedersen, S. 2015. *The Guardians*. The League of Nations and the Crisis of Empire. Oxford: Oxford.

Pennycook, A. 1998. *English and the Discourses of Colonialism*. London/New York: Routledge.

Raffass, T. 2012. *The Soviet Union – Federation or Empire?*. London/New York: Routledge.

Riese, D. 2015. Das Geheimnis in Krisenzeiten. Geheimhaltungssphären bei der Umsetzung Europäischen Stabilitätsmechanismus. In: Preunkert, J./Vobruba, G. (Hrsg.): *Krise und Integration*. Gesellschaftsbildung in der Eurokrise. Wiesbaden: Springer VS, S. 47-69.

Said, E.W. 1994. *Culture and Imperialism*. London: Vintage.

Sirkin, N./Sirkin, G. 1971. The Battle of Indian Education: Macaulay's Opening Salvo Newly Discovered. In: *Victorian Studies*, 14:4, S. 407–428.

Spivak, G. 1996. Subaltern Studies: Deconstructing Historiography [1985]. In: Dies., *Selected Works*, hrsg. von Donna Landry/Gerald MacLean, London/New York: Routledge.
Stephen, J.F. 1883. Foundations of the Government in India. In: *The Nineteenth Century* 14:80, S. 541–568.
Stolleis, M. 1980. *Arcana imperii und Ratio status: Bemerkungen zur politischen Theorie des frühen 17. Jahrhunderts.* Göttingen: Vandenhoeck & Ruprecht.
Stray, Chr. 1998. *Classics Transformed.* Schools, Universities, and Society in England, 1830-1960. Oxford: Clarendon Press.
Vasunia, Ph. 2013. *The classics and colonial India.* Classical Presences. Oxford: Oxford University Press.

II
Arkanpolitik im Zeichen des Terrorismus

Das monarchische *arcana imperii* Prinzip versus das demokratische Transparenzprinzip

Zum Verhältnis von Staat und bürgerlicher Freiheit nach Snowden[1]

Bettina Koch

In seinem zuerst 1937 publizierten Buch *Power: A New Social Analysis* beschreibt Bertrand Russel „power behind the scenes" als die Ausübung politischer Gewalt im Geheimen, die in seinen Augen dem Gemeinwohl abträglich ist,

> [h]ow great is the power of the permanent officials in the British Foreign Office at the present day, it is impossible for us to know; the necessary documents may become known to our children. The qualities required for power behind the scenes are very different from those required for all other kinds, and as a rule, though not always, they are undesirable qualities. A system which accords much power to the courtier of the wire-puller is, therefore, in general not a system likely to promote the general welfare (2004, S. 34).

Norberto Bobbio unterscheidet in *Democracy and Dictatorship* zwischen dem republikanischen und dem monarchischen Prinzip:

> the republic, characterized by public control of power and, in the modern age, the free formation of public opinion; and the monarchy, whose method of government includes recourse to the *arcana imperii*, that is to state secrecy, which in the modern constitutional state is allowed only as an exceptional remedy (1989, S. 18).

Gleichzeitig stellt Bobbio weitsichtig fest, dass der Staat durch den Einsatz elektronischer Datenverarbeitungssysteme mehr über seine Bürger weiß, als es für einen absoluten Herrscher je denkbar war: „The new prince can get to know far more about his subjects than most absolute monarchs of the past" (Bobbio 1989, S. 21).

Am 2. März berichtete die *Süddeutsche Zeitung*, dass das EuGH am 24. März 2015 prüfen wird, ob sich aus dem Schutz personenbezogener Daten, der in Art.

1 Ich danke Rainer Schmalz-Bruns für die kritischen Kommentare und Anregungen.

8 der EU-Grundrechtecharta geregelt ist, „Schutzpflichten" für Institutionen und die EU-Mitgliedsstaaten ableiten (*Süddeutsche Zeitung*, 02.03.2015).[2] Auf der gleichen Seite der Printausgabe der *Süddeutschen Zeitung* erfährt der Leser von einem Brief Paddy McGuinness', dem stellvertretenden Nationalen Sicherheitsberater Großbritanniens, an das Bundeskanzleramt. In dem Brief droht McGuinness, die Zusammenarbeit mit dem BND einzustellen, falls als geheim eingestufte Dokumente, die über die Zusammenarbeit zwischen dem BND und dem GCHQ (Government Communications Headquarters) Auskunft geben, dem NSA-Untersuchungsausschuss des Bundestages zugänglich gemacht werden (*Süddeutsche Zeitung*, 02.03.2015). Wenige Tage später berichtet der *Spiegel* von einem Vorhaben Thomas de Maizières und Heiko Maas' gemeinsam an einem Gesetzentwurf für die Wiedereinführung der Vorratsdatenspeicherung zu arbeiten (*Spiegel Online*, 07.03.2015).[3]

Die drei Meldungen implizieren zwei aufeinander bezogene Konflikte: 1) Konflikt zwischen dem Recht auf den Schutz personenbezogener Daten und dem Anspruch des Staates, möglichst alles über seine Bürger wissen zu wollen, wie es in der anlasslosen Vorratsdatenspeicherung zum Ausdruck kommt. 2) Konflikt zwischen dem Prinzip der Geheimhaltung und dem Transparenzgebot des demokratischen Rechtsstaats.

Die genannten Konflikte zwischen dem Freiheitsanspruch des Bürgers und dem Machtanspruch des Staates, der u. a. durch Geheimhaltung aufrechterhalten wird, sind nicht neu. Man kann ihn wenigstens, wenn auch nicht im engeren Sinne im Kontext des liberalen Rechtsstaats, auf Aristoteles' *sophismata* (Kunstgriffe) zurückführen, die dazu dienen, „die Menge zu täuschen", um sie möglichst von der politischen Teilhabe auszuschließen (Aristoteles, *Politik*, 1297a35; 1308a2). Im Folgenden soll Bertrand Russels These, dass „power behind the scenes" dem Gemeinwohl abträglich ist, mit der von Norberto Bobbio ausgeführten Spannung zwischen dem monarchischen und dem republikanischen Prinzip in Beziehung gesetzt werden. Dafür ist es sinnvoll, Maurizio Virolis Dichotomie zwischen Politik (Vernunft der Republik) und Staatsräson (Vernunft des Staates), die den Gegensatz zwischen den beiden Prinzipien ideengeschichtlich schärfer fasst, einzuführen. Ideengeschichtlich verortet Viroli die Dichotomie im 16. Jahrhundert; sie endet im 17. Jahrhundert mit einer vorläufigen Dominanz des Prinzips der Staatsräson (Viroli

2 Artikel 7 der EU-Grundrechtecharta regelt das „Recht auf Achtung [des] Privat- und Familienlebens, [der] Wohnung sowie [der] Kommunikation."

3 Am 16. Oktober 2015 hat der Bundestag für die Wiedereinführung der Vorratsdatenspeicherung mit 404 Ja-Stimmen, 148 Nein-Stimmen und sieben Enthaltungen gestimmt (*Spiegel Online*, 16.10.2015). Das bisherige Gesetz zur Vorratsdatenspeicherung wurde 2010 vom Bundesverfassungsgericht als verfassungswidrig verworfen.

1992). Es soll argumentiert werden, dass sich das von Bobbio und Viroli ausgeführte Spannungsverhältnis auch im demokratischen Rechtsstaat widerspiegelt. Auch wenn dieses Spannungsverhältnis immer bestanden hat, hat es doch mit den Anschlägen vom 11. September 2001 auf das World Trade Center und das Pentagon eine neue Dimension angenommen. Dem Bürger sind die Ausmaße der Rückgewinnung der Staatsräson zumindest teilweise durch Edward Snowden bewusst geworden. Damit ist die Stoßrichtung vorgegeben, die es notwendig macht, Sicherheits- und Terrorismusdiskurse in die Diskussion der *arcana*-Politik mit einzubeziehen. Im Anschluss an Russels These, dass *power behind the scenes* dem Gemeinwohl nicht zuträglich ist, muss der Frage nachgegangen werden, inwieweit die *arcana*-Politik in Fragen der Sicherheit und des Terrorismus tatsächlich mehr Sicherheit schafft, wie von Advokaten der Geheimhaltungsdoktrin immer wieder beschworen wird, und wie sich eine *arcana*-Politik auf den demokratischen Rechtsstaat auswirkt.

1 Republikkunst versus Staatskunst

Um die beiden Prinzipien Republikkunst und Staatskunst näher zu erläutern, muss auf ihre Entstehung eingegangen werden. Spätestens im 17. Jahrhundert ist *ragion di stato*, Staatsräson, auf das Engste mit dem Konzept der *arcana imperii* verknüpft. Insbesondere in Frankreich spiegelt sich dies in einer Fusion der Mysterien und des Sakralcharakters der Königsherrschaft mit der Staatsräson und der ihr zugeordneten *arcana imperii* wider (Donaldson 1988, S. 111-112). Staatsräson meint, neben dem Anspruch auf Effektivität, die Unterordnung des Wohls des Einzelnen unter dem Wohl des Staates, wobei es dem König selbst gestattet ist, unmoralische Methoden für den Erhalt seines Ansehens und seiner Macht einzusetzen. Um diese zu rechtfertigen, führt der Historiker Scipione Ammirato (1531-1602) einen Gegenbegriff zu Aristoteles' *sophismata* (Kunstgriffe) ein: die *flagitia*, die er als Taktiken verstanden wissen will, die gegen das göttliche Recht verstoßen. Im Gegensatz zu den *flagitia* assoziiert Ammirato *arcana imperii* mit guter Staatsräson (Ibid., S. 130). Wenn der Staat keine *res publica* mehr ist, besteht auch kein Bedarf, mit dem Volk das Wissen zu teilen, wie es regiert wird. Im Gegenteil: Teilt man die Geheimnisse des Regierens mit dem Volk, provoziert man die nicht willkommene Forderung nach Partizipation. Mehr noch, da es im Interesse der Eliten und Machthaber liegt, durch Geheimhaltung die eigenen Interessen zu sichern, ist folglich nicht nur eine fremde Macht als eine Gefahr anzusehen, sondern das eigene Volk muss, wenn nicht unbedingt im engeren Sinne als Feind, so doch zumindest als Gegenspieler angesehen werden (Quill 2014, S. 30).

Diese begriffliche Umdeutung markiert auch das Ende der Politik und der Wissenschaft von ihr als der nobelsten Humanwissenschaft. Politik ist nicht länger das mächtige Instrument, um Korruption zu bekämpfen, sondern wird zur Kunst, ihr zu entsprechen und sie aufrechtzuerhalten (Viroli 1992, S. 1). Sie löst ein Verständnis von Politik als Republikkunst ab, die sich aus den traditionellen politischen Tugenden, dem Aristotelismus und dem römischen Recht speiste. Wesentlich ist ein der Republikkunst zugrundeliegender Vernunftbegriff, der sich elementar von der instrumentalisierten Vernunft der Staatsräson unterscheidet. In der Republikkunst der *res publica* gründet sich der Vernunftbegriff auf Ciceros *recta ratio*, die richtige Vernunft. Sie ist „die erste Gemeinsamkeit des Menschen mit Gott" und ist Gesetz. In diesem Sinne ist die *res publica* eine Gemeinschaft des Gesetzes und des Rechts (Cicero, *De Legibus,* 1.17.23). Im Anschluss an Cicero beschreibt Lucas de Penna (ca. 1325-ca. 1390) die bürgerlichen Freiheiten als unschätzbares Gut; ein Herrscher hat nur das Recht, diese einzuschränken, wenn die Einschränkung einer gerechten Sache, im Sinne der *recta ratio*, dient (Viroli 1992, S. 67).

Im Idealfall kommt das Prinzip der Republikkunst im modernen liberalen Verfassungsstaat, der auf den Prinzipien der Teilhabe und der Transparenz aufbaut, wieder zu seinem Recht, das in der Phase absolutistischer Herrschaftsausübung verloren gegangen war. Gleichwohl bezieht sich Russel in seiner Diskussion um *power behind the scenes* explizit auf den Kontext des demokratischen Rechtsstaats. Darin deutet sich an, dass auch unter den Bedingungen des liberalen Verfassungsstaates die Prinzipien der Republikkunst mit denen der Staatskunst in einem antagonistischen Verhältnis zueinander stehen. Dieser Antagonismus spiegelt sich in aktuellen Diskursen gerade auch in der Diskussion um das Verhältnis von Sicherheit und Freiheit im Kontext einer wie auch immer gearteten terroristischen Bedrohung wider.

2 Terrorismus und Sicherheit

Seit dem 11. September 2001 kann eine Verschiebung im Diskurs um die öffentliche und nationale Sicherheit beobachtet werden, der auf eine hohe terroristische Bedrohung fokussiert ist und zur *Master Narrative* zumindest der ersten eineinhalb Dekaden des 21. Jahrhunderts geworden ist. Dem stellen faktenbasierte *Counter Narratives* eine realistischere Erzählung der Bedrohung gegenüber. John Mueller und Mark G. Stewart (2012, S. 95-6), die von einer *terrorism delusion* sprechen, beziffern die Wahrscheinlichkeit eines US-Amerikaners, Opfer eines terroristischen Anschlags zu werden, als 1/3 500 000, eine Wahrscheinlichkeit, die von Risikoanalysten gewöhnlich als akzeptables Risiko eingeschätzt wird. Als wesentlichen

Teil des Problems sehen sie die immer wieder weit überschätzte Kompetenz von sogenannten Terroristen. Basierend auf der Auswertung von Fallstudien lässt sich die Kapazität des Durchschnittsterroristen, von wenigen Ausnahmen abgesehen, mit den Adjektiven „incompetent, ineffective, unintelligent, idiotic, ignorant, inadequate, unorganized, misguided, muddled, amateurish, dopey, unrealistic, moronic, irrational, and foolish" beschreiben (Müller & Stewart 2012, S. 88). Geht man von einer geringen Wahrscheinlichkeit aus, Opfer eines Terroranschlages zu werden, sind die Fragen, die Howard Kunreuther (2002, S. 662) stellt, zielführend: Wie viel sind wir bereit, für die Reduktion eines Risikos mit einer extrem geringen Wahrscheinlichkeit zu zahlen, um vielleicht eine weitere insignifikante Verringerung des Risikos zu erzielen und wie viel sind wir bereit, für symbolisches Handeln zu zahlen, das der Beruhigung dient, aber an dem Risiko wenig ändert? Fragen wie diese spielen im öffentlichen und im politischen Diskurs keine oder nur eine sehr untergeordnete Rolle.

Howard Kunreuthers Frage, was und wie viel wir bereit sind zu zahlen, schließt an Jeremy Waldrons Fragen an: Was meinen wir, wenn wir von Sicherheit sprechen, und welche Sicherheit wollen wir als Bürger, als Gesellschaft?

Auch wenn die Frage nach dem Wesen der Sicherheit auf den ersten Blick für das hier diskutierte Thema nicht wesentlich ist, so soll im Folgenden doch gezeigt werden, dass der Sinngehalt von Sicherheit wesentlich für das dahinterstehende Staatsverständnis ist. Die Stoßrichtung von Waldrons Frage zielt auf den Bürger (Welche Sicherheit möchte ich als Bürger?) und steht in der Tradition der *res publica* oder der Republikkunst; der dominante Diskurs um die nationale oder öffentliche Sicherheit lässt sich eher in der Tradition der Staatsräson verorten.

Waldron stellt – nicht ohne Frustration – fest, dass wir als Politiktheoretiker uns zwar intensiv mit der Frage auseinandersetzen, was wir meinen, wenn wir von Freiheit (*liberty*) und bürgerlichen Freiheiten (*civil liberties*) sprechen, dass wir uns aber selten darüber vergewissern, was wir mit Sicherheit (*security*) meinen, obwohl wir als Bürger immer wieder aufgefordert werden, auf Freiheiten zugunsten von Sicherheit (*security*) zu verzichten (Waldron 2010, S. 111). Waldron versucht sich dem Konzept *security* anzunähern, indem er zuerst nach einschlägigen Diskursen in der politischen Theorie sowie der Ideengeschichte sucht, um festzustellen, dass *security* außer bei Hobbes und Bentham kaum ernsthaft thematisiert wird.[4]

Waldron sucht nach Antworten, was Sicherheit meinen könnte und sollte. Die Frage, die er nicht stellt, ist die eigentlich interessantere Frage, warum Sicherheit oder *security* so wenig in der Geschichte der politischen Ideen reflektiert und

---

4 Für eine ideengeschichtliche Aufarbeitung siehe die ausgezeichnete Studie von Angela Marciniak (2015).

diskutiert wird. Über die Gründe für die Nichtexistenz von Diskursen kann man natürlich nur spekulieren und keine schlüssigen Aussagen treffen. Gleichwohl gibt die Vernachlässigung der Sicherheit in unserem politiktheoretischen Grundbestand Anlass zu der Überlegung, ob die Sicherheit vielleicht doch nicht ganz so wichtig ist, wie derzeitige Diskurse nahelegen. Andererseits zählt Henry Shue *physical security* in seinem Klassiker *Basic Rights* zu den elementaren Grundrechten (Shue 1996, S. 22), die sich in der einen oder anderen Form auch in vormodernen Diskursen, auch außerhalb des Westens wiederfinden lassen (Koch 2015).

Waldron nähert sich dem Begriff Sicherheit, indem er zwischen *safety* und *security* zu differenzieren versucht. Ins Deutsche übertragen ergibt sich aus Waldrons Differenzierung zwischen *safety* und *security* ein Problem, denn man müsste sprachlich zwischen *Sicherheit* (*safety*) und *Sicherheit* (*security*) unterscheiden. Das ist natürlich nicht nur ein Problem der deutschen Sprache, eine *noticia de seguridad* ist eine *safety notice*, keine *security notice*. Man kann das Problem umgehen, indem man sich der Terminologie etymologisch annähert. *Safety* geht auf das Lateinische *salvus* zurück; *security* leitet sich von *securitas* ab. Auch wenn Hobbes, was leicht zur Verwirrung führen kann, die Bedeutung von *safety* und *security* verdreht bzw. umgekehrt gebraucht, sind wir so relativ nahe an den aktuellen englischen Bedeutungen: *salvus* meint „wohlbehalten", „unverletzt", „unbeschädigt", „(noch) am Leben". Es verweist auf die körperliche Unversehrtheit und das nackte (Über) Leben. *Securitas* meint in der klassischen Bedeutung „Sorglosigkeit" und „Furchtlosigkeit"; in nachklassischer Bedeutung gesellen sich „Sicherheit" und „Gefahrlosigkeit" hinzu. Interessanterweise schwingt bei Sorglosigkeit, Furchtlosigkeit und Gefahrlosigkeit zumindest ein negativer Freiheitsbegriff mit. Wenn *securitas* erfüllt ist, dann bin ich *frei* von Sorge, *frei* von Furcht und *frei* von Gefahr. Das heißt, ich brauche Sicherheit für etwas. Es ist Vorbedingung für den Genuss von (demokratischen) Freiheitsrechten und nicht etwas, was ich gegen andere Rechte eintauschen kann. Die Bedeutungsunterscheidung, die hier *salvus* und *securitas* zugewiesen wird, spiegelt sich auch in Waldrons Unterscheidung zwischen *safety* und *security* wider.

Die Antwort auf die Frage, was in einer Gesellschaft zu einem bestimmten Zeitpunkt mit ‚Sicherheit' gemeint ist, hat weitreichende Implikationen dafür, was den Bürgern im Namen der Sicherheit zugemutet werden kann. Mehr noch, der Unschärfe des Begriffs ist die Gefahr der Dissonanz des gedachten Meinens zwischen Sender und Empfänger inhärent[5] und kann zu *dog-whistle politics* mutieren.

---

5 Hier sei exemplarisch auf Wolf Schneiders (1976, S. 136-144) Diskussion des Begriffs „Gleichheit" verwiesen, der, ähnlich wie ein unscharfer Sicherheitsbegriff in seiner Ambiguität, Raum für Manipulation und Propaganda lässt.

Dog-whistle politics unterläuft die demokratische *Accountability*, indem sie auf dem Prinzip beruht, dass bei einigen Empfängern unwissentlich eine andere Botschaft ankommt als vom Sender gemeint, wobei das Missverständnis intendiert ist. Im Zweifelsfall stimmt der Bürger als Wähler einer Sache zu, der er bei eindeutiger Kommunikation seine Zustimmung verweigert hätte (Goodin 2008, S. 232).

Mehr noch, zielt die Sicherheit auf *salvus* im Sinne der körperlichen Unversehrtheit, dann werden demokratische Freiheitsrechte bestenfalls zu einer Nebensache. Ist es Aufgabe des Staates für die *salvus*-Sicherheit des Bürgers zu sorgen, kann diese auch unter der Maxime der Staatsräson geschehen – solange staatliche Organe nicht selbst die körperliche Unversehrtheit der Bürger oder Untertanen gefährden. Hier bewegt man sich in der Logik von Hobbes' *Leviathan*, der seine Untertanen erst dann aus der Gehorsamspflicht entlässt, wenn das Leben und die körperliche Unversehrtheit in Gefahr geraten (Koch 2005, S. 89). Alles staatliche Handeln, ob offen oder im Geheimen, ist legitimiert, solange der Bürger am Leben und körperlich unversehrt bleibt. Im Zweifelsfall dürfte der Staat selbst zu terroristischen Taktiken, deren wesentlicher Bestandteil die Erzeugung von Angst ist (Neumann & Smith 2008, S. 8), gegenüber seinen Bürgern greifen.

Sieht man Sicherheit im Sinne der *securitas* zuerst als Gefahr- und Furchtlosigkeit an, dann ist man nicht nur auf einen negativen Freiheitsbegriff im Sinne der Freiheit von Furcht und Gefahr verwiesen, sondern auch auf eine Sicherheit, die elementar für ein deliberatives Demokratieverständnis ist. Zieht man Ronald A. Dahls (2000, S. 37-8) fünf notwendige Kriterien (*effective participation, voting equality, enlightened understanding, control of the agenda, inclusion of adults*) für einen demokratischen Prozess zu Rate, so verhindert oder erschwert zumindest ein Leben in Angst mindestens drei der Kriterien (*effective participation, enlightened understanding, control of the agenda*). Eine Gesellschaft, die terrorisiert wird und in Angst lebt, ist ihrer Möglichkeit beraubt, rationale Entscheidungen aufgrund von offenen Diskursen und Kritik zu treffen (Waldron 2010, S. 63-4). Sicherheit als *securitas* braucht die *res publica*.

Eine scharfe Trennung zwischen *securitas* und *salvus*, wie man sie in der Theorie vornehmen kann, existiert in der Praxis in ihrer Reinform nicht. Auch jemand, der frei von Angst ist, möchte nicht das Opfer eines Terroranschlags werden, also am Leben und körperlich unversehrt bleiben. Zudem geht es bei der Freiheit von Furcht nicht um eine absolute Freiheit. Hier ist es sinnvoll, Robert Goddins und Frank Jacksons Differenzierung zwischen „possibilistic-freedom from fear" und „probabilistic-freedom from fear" einzuführen: „Probabilistic-freedom takes note of the possibility of *B* [terror attack], but also takes note of its probability" (Goodin & Jackson 2007, S. 252). Worum es ihnen geht, ist nicht die Freiheit von Furcht schlechthin, sondern die Freiheit von irrationaler Furcht (Angst) (ibid., S. 249), um unsere Angst auf eine rationale und realistische Basis zu stellen:

> We ought to free ourselves from the quest for certainties that bad things can never happen. We ought to try instead to decide, in a more nuanced probabilistic-freedom way, how likely those things are to happen and how much it is actually worth in terms of other goals forgone in order to avert that (ibid., 264).

Um zu einer „probabilistic-freedom from fear“ zu gelangen, müssen wir rationale Entscheidungen treffen, die auf dem Wissen aufbauen, wie wahrscheinlich eine Gefahr tatsächlich ist. Für die meisten Alltagsgefahren haben die meisten Menschen den Abwägungs- und Kalkulationsprozess internalisiert. Neue Gefahren stellen demgegenüber neue Ansprüche an die Abwägung, die nur auf der Basis von verlässlichen Informationen vollzogen werden kann, die aus Angst (nicht objektbezogen) Furcht (objektbezogen) werden lässt. Im Idealfall steht der Schluss, dass auch zur Furcht kein rationaler Anlass besteht. Dann ist die *securitas* als Freiheit von Furcht erfüllt. Da für eine rationale Abwägung Informationen notwendig sind, müssen die notwendigen Informationen auch zugänglich sein. Eine Politik, die auf Geheimhaltung basiert und dem Bürger Informationen zur Gefahreneinschätzung vorenthält, steht in diesem Sinne der *securitas* entgegen. Die *Cura* als Sorge ist damit nicht aus der Welt, sie kann aber, ähnlich wie Machiavellis *Fortuna*, durch Vor-Sorge in Schach gehalten werden.

3 Terror, Sicherheit, Überwachung und *Arcana-Politik*

In ihrem Klassiker *Democracy and Disagreement* führen Amy Gutmann und Dennis Thompson (1996, S. 95) aus, dass die Gründe von Amtspersonen, mit denen sie ihre Handlungen rechtfertigen, ebenso öffentlich sein müssen wie die Informationen, die benötigt werden, die Gründe nachvollziehen zu können. Sie führen weiter aus, dass das Prinzip der Öffentlichkeit existenziell für deliberative oder partizipatorische Demokratien ist. Ideengeschichtlich leiten die Autoren die moralische Pflicht zur Öffentlichkeit von Kant ab.

Michael P. Colaresi rechnet vor, dass die drei größten Datenleaks der US-Regierung ungefähr die Anzahl an klassifizierten Dokumenten enthalten, die im Fiskaljahr 2012 in weniger als 2 ½ Tagen produziert wurden. Die Gesamtzahl der klassifizierten Dokumente für 2012 gibt Colaresi mit 95 000 000 an (2014, S. 4). Mitte der 1990er Jahre belief sich die Zahl auf etwas über 3 500 000 klassifizierte Dokumente jährlich (Thompson 1999, S. 181). Auch wenn die Zahlen selbst beeindruckend sind, sagen sie an sich wenig aus, da auch alle Dokumente mit personenbezogenen Daten einer Klassifizierung unterliegen. Die Steigerungsrate um mehr als das 27fache deutet allerdings auf eine zunehmende Praxis der Klassifizierung und damit der Geheinhaltung von Regierungstätigkeiten hin.

Da für die Bundesrepublik Deutschland keine Vergleichszahlen vorliegen,[6] sei hier zumindest exemplarisch eine ähnliche Problemlage verdeutlicht: Nach Bekanntwerden des sogenannten „Projekt 6" (dabei handelte es sich um die Zusammenarbeit zwischen dem Bundesamt für Verfassungsschutz, dem BND und dem CIA zur gemeinsamen Nutzung einer neuen Software, um Beziehungsgeflechte von Dschihadisten zu eruieren) stellte der Bundestagsabgeordnete Konstantin von Notz zusammen mit der Grünenfraktion eine Kleine Anfrage an die Bundesregierung. Der Fragenkatalog umfasste 47 Fragen. 41 Fragen wurden mit Verweis auf eine mögliche Gefährdung des „Staatswohls" nicht beantwortet, nachdem die Bundesregierung „nach sorgfältiger Abwägung zu der Auffassung gelangt [ist], dass die erbetenen Auskünfte einzeln und insbesondere in ihrer Zusammenschau geheimhaltungsbedürftig sind." Unter die Geheimhaltung fielen auch Fragen nach den rechtlichen Grundlagen sowie nach dem Nutzen bzw. der Effizienz des Programms (Präsident des Deutschen Bundestages, 30.09.2013).

Die Fragen, die aus Geheimhaltungsgründen nicht beantwortet wurden, sowie die Begründung selbst, sind in mehrfacher Hinsicht relevant. Was Staatswohl ausmacht, wird eindeutig in der alleinigen Kompetenz der Bundesregierung gesehen. Im Sinne des *arcana*-Prinzips, welches der Ideologie der Staatsräson zugrunde liegt, definiert sich Staat auch über den Zugang zu Geheimnissen. In der Staatsauffassung, die sich hier manifestiert, gehören die gewählten Volksvertreter des Parlaments nicht zum Staat, denn dem Parlament bleibt der Zugang zu Geheimnissen (die dann natürlich keine Geheimnisse mehr wären) des Staates verwehrt. Damit ist dem Parlament als Kontrollinstanz auch verwehrt, die Kontrollfunktion hinsichtlich der Frage auszuüben, ob die Geheimnisse des Staates, um mit Ammirato zu sprechen, *flagitia*, schlechte Staatsräson, oder *arcana imperii*, gute Staatsräson, sind. Zudem ist bemerkenswert, dass sowohl die Rechtsgrundlage als auch die Effizienz des Programms geheim bleiben muss. Beide Elemente sind wesentlich für die Ideologie der Staatsräson, die hier so weit ausgedehnt wird, dass selbst das

---

6 Vergleichszahlen für die Bundesrepublik Deutschland liegen nicht vor. Eine Anfrage beim Bundesarchiv mit der Bitte um Auskunft über die Anzahl der klassifizierten Dokumente, die dem Bundesarchiv in den Jahren 2012, 2013 oder 2014 von Bundesbehörden angeboten wurden, inklusive der Anzahl der Dokumente, die das Bundesarchiv tatsächlich archiviert hat, um zumindest ansatzweise Vergleichszahlen zu bekommen, wurde unbefriedigend beantwortet (Email vom 4. September 2015, Geschäftszeichen B 1 a-2015/A-2949 Koch, Bettina).

Parlament von der politischen Partizipation, zumindest in den Politikbereichen, die in der *arcana*-Politik als geheimhaltungswürdig zur Verteidigung des Staatswohls angesehen werden, ausgeschlossen bleibt.

Was darf das Volk und damit auch das Parlament nun in der Logik der Staatsräson über den sensiblen Politikbereich der Terrorismusbekämpfung erfahren? Was das Volk wissen darf, geht aus offiziellen Verlautbarungen hervor und steht im Zweifelsfall in der Zeitung. Darum ist es sinnvoll, dies an einer Zeitungsmeldung zu illustrieren. Im Kontext des umstrittenen Anti-Terror-Einsatzes in Bremen, den das Bremer Landgericht Ende Juli als rechtswidrig erklärt hat (*Spiegel Online*, 08.07.2015.), kurz nachdem der Braunschweiger Karnevalsumzug aufgrund einer Terrorwarnung abgesagt wurde, konnte man Variationen einer dpa-Meldung in fast allen deutschen Zeitungen lesen. In *Die Welt Online* (01.03.2015) war am 1. März zu lesen:

> Bundesinnenminister Thomas de Maizière (CDU) hat am Freitagabend bei einer Diskussion in Braunschweig wieder betont, dass ein Anschlag in Deutschland ‚nicht total auszuschließen' sei. Die Terrorgefahr gilt als unverändert hoch. Deutschland stehe ‚nach wie vor im Fokus des dschihadistischen Terrors', erklärte ein Sprecher des Innenministeriums an Sonntag. ‚Hieraus resultiert eine hohe Gefährdung für die innere Sicherheit, die jederzeit in Form von Anschlägen unterschiedlicher Dimensionen und Intensität real werden kann.'

Bei einer sorgfältigen Lektüre der Tagespresse der letzten Jahre oder auch nur Monate wird man feststellen, dass sich solche und ähnliche Meldungen wiederholen. Für den Leser verwirrend sind sie gleichwohl. Eine Gefahr, die nicht absolut auszuschließen ist, ist „unverändert hoch" und begründet „eine hohe Gefährdung für die innere Sicherheit". Die Interpretation einer nicht auszuschließenden Gefährdung als unverändert hoch ergibt nur Sinn, wenn man, um mit Goodin und Jackson zu sprechen, von dem Ziel einer „possibilistic-freedom from fear" ausgeht, die auf den absoluten Ausschluss einer Gefahr zielt. Für eine „probabilistic-freedom from fear" Analyse ist der „Informationsgehalt" der Pressemeldung unbrauchbar und schürt, ob bewusst oder unbewusst, Ängste. Hier ist zudem mit Joseph Isensee (1983, S. 41) anzumerken, dass „[t]otale Sicherheit [...] allenfalls im totalen Staat angestrebt [wird], aber noch nicht einmal er kann sie erreichen." Totale Sicherheit „ist auch um der Freiheit willen unzumutbar."

Mehr noch, geht es darum, die Möglichkeit einer Gefahr absolut auszuschließen, dann werden auch die von Kunreuther aufgeworfenen Fragen der Risikoanalyse und Risikoabschätzung hinfällig. Gleichwohl, ersetzt man die „Terrorgefahr" durch eine normale und akzeptierte Gefahr des Alltags, dann klingt die Aussage absurd. Natürlich ist Terrorismus in den meisten Regionen keine normale Alltagsgefahr, sondern impliziert, um auf Jeremy Bentham zu verweisen, eine „Schockerfahrung". Wie Peter Niesen ausführt, liegt für Bentham der Sinn von Sicherheit darin, „Schockerfahrungen zu vermeiden, was Bentham auf eine anthropologische Grundlage zurückführt. Das Bedürfnis nach Sicherheit liegt in der Zukunftsorientierung des menschlichen Lebens begründet: um stabile Erwartungsmuster aufzubauen, müssen grundsätzliche Enttäuschungen verhindert werden" (Niesen 2009, S. 247).

Dem Terrorismus kommt insofern eine Sonderstellung zu, als die Strategie des Terrors mehr Angst als andere Gefahren erzeugt, denn die Erzeugung von Angst ist gerade ihr Ziel. Dies spiegelt sich auch in der jüngsten der jährlichen Studien der R+V Versicherung *Die Ängste der Deutschen* (2015) wider. Die Studie führt die Angst vor Terrorismus mit 52 % als zweitgrößte Angst der Deutschen nach der Angst vor Naturkatastrophen (53 %) auf. Die Angst, Opfer einer Straftat zu werden, liegt auf dem vorletzten Platz. Schockerfahrungen sind allerdings nicht nur auf Terror und Naturkatastrophen begrenzt. Hierunter fallen ebenso Amokläufe an Schulen oder Universitäten, wie die Amokläufe von Winnenden 2009 oder von Newtown 2012. Nach Ängsten vor solchen Schockerfahrungen fragt die Studie nicht. Dies ist im deutschen Kontext nachvollziehbar, weil solche Gefahren nicht im allgemeinen Bewusstsein verhaftet sind. Zudem muss auch kritisch hinterfragt werden, inwieweit die öffentliche Rhetorik, die auf dem Ziel der „possibilistic-freedom from fear" aufbaut, nicht selbst zur Erzeugung der Angst vor Terrorismus beiträgt, denn sie wiederholt lediglich die Existenz einer Gefahr, ohne diese auf Evidenz zu stützen, die es den Bürgern ermöglichen würde, zu „probabilistic-freedom from fear" zu gelangen.

Die von Kunreuther aufgeworfenen Fragen nach dem, was wir als Bürger oder als Gesellschaft insgesamt bereit sind zu zahlen, hat eine weitere Dimension, die sich nicht monetär ausdrücken lässt. Den Kosten für vermehrte Sicherheitsmaßnahmen im Geheimen stehen die nicht-monetären Kosten, die dem Bürger abverlangt werden, gegenüber. Diese drücken sich in reduzierten bürgerlichen Rechten und Überwachung aus. Im letzten Fall besteht die Währung, in der der Bürger für seine Sicherheit bezahlt, in persönlichen Daten, insbesondere Kommunikationsdaten, die sich bereits in Bobbios (1989, S. 21) Befürchtung ausdrückt, dass der neue Fürst aufgrund verbesserter Datenverarbeitungssysteme wesentlich mehr über seine Untertanen weiß als jeder absolute Herrscher in der Vergangenheit. Das Problem ist allerdings kein Sicherheit-Freiheit-Dilemma, sondern ein *Accountability*-Dilemma, das sich, um im bisherigen Erzählstrang zu bleiben, in den gegensätzlichen Ideologien der Staats- und der Republikkunst ausdrückt. In ihrem jüngst erschienenen Aufsatz „Surveillance, Secrecy, and the Search for Meaningful Accountability" beschreibt Sudha Setty (2015, S. 98) das Problem der politischen *Accountability* wie folgt,

> ever increasing technological capabilities of the intelligence community; sustained pressure to use that technology to prevent terrorist plots from developing; broad, conflicting, and sometimes unclear legal authorities to conduct massive surveillance and data collection; the intelligence community leveraging lack of transparency to maximize its surveillance; and the question of whether existing accountability measures […] are sufficient to maintain the rule of law and protect individual rights.

Für Setty liegt der Konflikt aus verfassungsrechtlicher Perspektive zwischen dem Schutz bürgerlicher Rechte einerseits und andererseits der zunehmenden Überwachung der Bürger im Geheimen und anderer geheimer Regierungsaktivitäten, um terroristische Anschläge zu verhindern. Um die Waage zur Legitimierung der Überwachung und staatlicher Aktivitäten im Geheimen und der damit verbundenen Einschränkung demokratischer Freiheitsrechte ausschlagen zu lassen, wird die Terrorgefahr zum Rundumlegitimierungsgrund schlechthin. Aufgrund einer Zusammenschau von Politikerreflexen auf vermutete, geplante und tatsächliche Gewaltakte spricht *Netzpolitik.org* (26.02.2015) von „Beißreflexen", die immer mehr Überwachung (Vorratsdatenspeicherung) fordern, obwohl es keine Evidenz gibt, dass mehr Überwachung und mehr Datenspeicherung auch nur einen Anschlag verhindert hätten, zumal die Täter in den meisten Fällen bekannt waren und auch mit „normalen" Polizeimaßnahmen unter Beobachtung standen. Ironischerweise wurden die Enthüllungen Edward Snowdens in der europäischen Presse zwar kritisch begleitet, sie haben aber keinesfalls zu einer Reduzierung staatlicher Überwachungsprogramme geführt. Nils Muiznieks, Kommissar des Europarats für Menschenrechte, führt in einen Op-Ed Beitrag in der *New York Times* (27.10.2015) die seit den Snowden-Enthüllungen in EU-Staaten eingeführten Überwachungsprogramme auf. Anstatt einer Rückführung der Überwachung wurde sie nur verstärkt, als hätte man nur auf Anregungen gewartet, wie man noch besser an Informationen über die eigenen Bürger herankommen kann.

Da im Counter-Terrorismus die Bürger selbst unter Verdacht geraten, richtet sich die Überwachung vermehrt gegen die eigene Bevölkerung. Das meint nicht, dass Staaten zuvor kein oder nur geringes Interesse an ihren Bürgern oder Untertanen hatten, sondern dass mit der Begründung der Terrorgefahr alle legalen und technischen Mittel ausgeschöpft werden (Quill 2014, S. 7). Dadurch verschiebt sich auch das traditionelle Verhältnis von Geheimhaltung und Transparenz. Robert Goodin beschreibt diesen klassischen Konflikt zwischen Geheimhaltung und Transparenz als „the public's interest in knowing and discussing the matters against the public's interest that is being protected by preventing certain facts from becoming public and hence available to one's enemies" (Goodin 2008, S. 77). Im Grunde dürfte der Bürger etwas wissen, da mit ihm aber auch der Feind das gleiche Wissen erlangen würde, ‚verzichtet' der Bürger auf dieses Wissen, um das öffentliche Interesse nicht zu gefährden. Da die Bürger bzw. nichtstaatliche Akteure vermehrt zu den „Feinden" gezählt werden, die im Zweifelsfall auch in der eigenen Bevölkerung zu finden sind, ist der traditionelle Konsens zuungunsten der Transparenz gestört, das heißt, der Bürger muss auf Transparenz verzichten, so die digitale Staatsräson-Logik, weil sein Wissen staatsgefährdend sein kann. Die digitale Staatsräson provoziert hier einen Konflikt mit dem Verfassungsrecht: während es Aufgabe des Staates ist, die Rechte seiner Bürger zu schützen, greift der Staat immer tiefer in einzelne demokratische Grundrechte ein. Einer der wesentlichen Konfliktpunkte besteht in der Frage, was der Staat über seine Bürger wissen darf und was der Bürger über seinen Staat wissen darf. Hier geht es im Grunde um einen Konflikt zwischen den Theorien Lockes' und Hobbes': Gehören die demokratischen Grundrechte dem Bürger qua Naturrecht (Locke), oder sind die Rechte nur vom Staat geliehen und können dem Bürger, sobald dies notwendig erscheint, wieder genommen werden (Hobbes)?

4 *Arcana* versus verfassungsrechtliche Rechtsstaatsprinzipien

Kommen wir auf die Begründung der Bundesregierung in der Antwort auf die Kleine Anfrage des Bundestagsabgeordneten Konstantin von Notz zurück. Die Geheimhaltung wurde hier unter anderem mit einer möglichen Gefährdung des Staatswohls begründet, nachdem die Bundesregierung „nach sorgfältiger Abwägung zu der Auffassung gelangt [ist], dass die erbetenen Auskünfte einzeln und insbesondere in ihrer Zusammenschau geheimhaltungsbedürftig sind." (Präsident des Deutschen Bundestages, 30.09.2013).

Was das Staatswohl ausmacht, wird als faktisch angenommen. Da die Bundesregierung hier vorgibt, „nach sorgfältiger Abwägung" entschieden zu haben, wird angenommen, dass das, was das Staatswohl ausmacht, allein in der Aufgabenkompetenz der Bundesregierung und damit der Kanzlerin oder des Kanzlers ruht. Dieser Interpretation widerspricht schon 1965 der Verfassungsrechtler Günter Stratenwerth in seiner Studie *Publizistischer Landesverrat*, die im Kontext der Spiegelaffäre entstanden ist. Stratenwerths Gedankenführung ist im aktuellen Kontext wieder hochaktuell. Die folgenden Ausführungen stützen sich deshalb überwiegend auf Stratenwerths Argumentation.

Für Stratenwerth liegt die Definitionshoheit des Staatswohls weder bei der Bundeskanzlerin oder dem Bundeskanzler noch bei der Bundesregierung, denn aus der Richtlinienkompetenz des Kanzlers oder der Kanzlerin leitet sich nicht ab, dass „die Bundesregierung oder gar der einzelne Minister souverän über das

Gemeinwohl verfügen könne, etwa auch entgegen dem erklärten Willen des Parlaments, dem die Regierung verantwortlich ist" (Stratenwerth 1965, S. 33). Für ihn steht fest, dass das, was das Wohl der Bundesrepublik ausmacht, „unter *normativen* Gesichtspunkten entschieden werden" muss (Ibid., S. 36). Stratenwerths weitere Ausführungen sind für den aktuellen Kontext ebenso erhellend. Er widerspricht explizit einem implizierten Konflikt zwischen Geheimhaltungsinteresse und dem Grundrecht der Meinungsfreiheit, die Bobbio wesentlich der Republik zuschreibt. Meinungsfreiheit beinhaltet hier gerade auch das notwendige Wissen, um sich eine fundierte (politische) Meinung bilden zu können. Dieser implizierte Konflikt

> verkennt, daß jene Konzeption nur dann als im ‚Interesse' der Gesamtheit liegend gelten kann, wenn sie der öffentlichen Kritik ausgesetzt wird und sich in ihr behauptet: in einem Prozeß der Willensbildung, zu dem das ‚richtig aufgefaßte' Grundrecht der Meinungsfreiheit gehört (Ibid., S. 43).

Stratenwerth kommt zu dem Schluss:

> Soweit die maßgebende politische Entscheidung, um verbindlich zu sein, der öffentlichen Kritik ausgesetzt werden muß, kann sie selbst und können die Tatsachen, deren Kenntnis es zu einer begründeten Stellungnahme bedarf, kein Staatsgeheimnis bilden (Ibid., S. 48).

Legt man das von dem früheren Bundesinnenminister Friedrich postulierte „Supergrundrecht" Sicherheit als Maßstab an und versteht damit alle Handlungen politischer Amtsträger in diesem Politikfeld als zentral, wenn nicht sogar als elementar, dann liegt das Wissen um die Handlungen im Interesse der Gesamtheit und bedarf deshalb gerader der Öffentlichkeit und der öffentlichen Kritik und *nicht* der Geheimhaltung. Folgt man also der Logik Stratenwerths, dann basiert die politische Legitimität dieser Handlungen und Entscheidungen auf der Kenntnis der Tatsachen, die zu einer öffentlichen Kritik notwendig sind. Legitimität entsteht durch einen „demokratisch-rechtsstaatlichen Prozeß der Willensbildung" (Ibid., S. 41).

Stratenwerth führt hier also noch explizit ein anderes Problem ein, das Problem der Legitimität und der Legitimation staatlichen Handelns. Hier ist es sinnvoll, auf einen anderen deutschen Klassiker, eigentlich sind es zwei, zurückzukommen. Wilhelm Hennis zitiert in seinem Aufsatz „Legitimität: Zu einer Kategorie der bürgerlichen Gesellschaft" seinen Doktorvater Rudolf Smend mit drei Legitimitätsfaktoren, „persönliche, sachliche und funktionelle". Während der erste Faktor auf Autorität durch „personale Ansehensmacht", also auf Autorität fußt, sind die anderen beiden Faktoren „finale Legitimierung (Legitimität kraft Aufgabe)" und

„Legitimierung durch Struktur (legitimierende und konsenssichernde und -anregende Strukturen)." Fehlt letzteres, „wird Herrschaft *despotisch*" (Hennis 2000, S. 279).

Der dritte Punkt, Legitimierung durch Struktur, ist hier der bedeutendste. Hier ist auch der Hinweis Stratenwerths, die Möglichkeit der öffentlichen Kritik sei wesentlich für die Legitimität staatlichen Handelns, von elementarer Bedeutung. Geheimhaltung meint auch, dass der Bürger gar nicht oder höchstens rudimentär weiß, für was er oder sie überhaupt ein politisches Mandat erteilt. Gerade dadurch, dass die Gefahr von terroristischen Anschlägen als Hauptbegründung für zunehmende Einschränkungen bürgerlicher Freiheiten und zunehmender Geheimhaltung angeführt wird, kann die öffentliche Kritik nicht mehr stattfinden oder ist auf Whistleblowers angewiesen. Nur kann sich eine Gesellschaft kaum darauf verlassen, dass es immer und zur richtigen Zeit Whistleblowers gibt. Als demokratische Kontrollinstanz kommen sie also nicht in Frage (Setty 2015, S. 100).

Ein weiterer Aspekt in der Begründung der Bundesregierung zur Geheimhaltung ist relevant, nämlich dass die verweigerten Informationen „insbesondere in ihrer Zusammenschau geheimhaltungsbedürftig sind." Obwohl sich die Begründung der Bundesregierung dahin absichert, dass auch die einzelnen Informationen für sich geheimhaltungsbedürftig sind, so impliziert „insbesondere in ihrer Zusammenschau", dass es eher die Zusammenfügung der einzelnen Teile ist, mit denen sich die Geheimhaltung rechtfertigen lässt. Hier argumentiert Stratenwerth, wenn auch in Bezug auf öffentlich zugängliche Informationen, dass das „Mosaik" nicht der Geheimhaltung unterliegen kann, wenn die einzelnen Details nicht der Geheinhaltung unterliegen (Stratenwerth 1965, S. 26-7). Die Wortwahl legt nahe, dass die Details an sich vielleicht doch nicht so geheimhaltungswürdig sind. In der Logik Stratenwerths kann dies dann auch nicht für die Zusammenschau gelten.

Stratenwerths Ausführungen sind nicht nur für den hier diskutierten Gegenstand aktuell und relevant. Was Stratenwerth am *vermeintlichen* Konflikt zwischen Geheimhaltung und Meinungsfreiheit festmacht, fand jüngst seinen Niederschlag im die Kontroverse um die Ermittlungen gegen *Netzpolitik.org* auf Landesverrat. Zur Erinnerung, im Mittelpunkt des Vorwurfs des Landesverrats stand das Bekanntwerden eines Programms des Bundesverfassungsschutzes, welches auf die vermehrte Überwachung sozialer Netzwerke zielte, also gerade den Orten, an und in denen sich heute ein Großteil der öffentlichen Kritik und Meinungsbildung abspielt.

Der *vermeintliche* Konflikt zwischen Geheimhaltung und Meinungsfreiheit wird derzeit eher als ein *tatsächlicher* Konflikt zwischen Sicherheit und Freiheit postuliert. Nimmt man Stratenwerths Kritik ernst, dann gehört zur legitimen demokratischen Kritik das Wissen um die notwendigen Tatsachen im Sinne der Republikkunst.

Gleichwohl soll hier nicht argumentiert werden, dass alle Details tatsächlich transparent und öffentlich sein müssen. Vielmehr ist Dennis Thompson (1999, S.

192-3) zuzustimmen, wenn er argumentiert, dass demokratische *Accountability* keine bedingungslose Publizität braucht. Selbst in einer Demokratie sind einige Geheimnisse notwendig und können gerechtfertigt werden. Allerdings müssen die Bedingungen, unter denen etwas geheim gehalten wird, öffentlich sein. Dies bedeutet, dass die Gründe, die zu einer Geheimhaltung führen, nicht selbst geheim bleiben dürfen. Im Weiteren insistiert Thompson darauf, dass eine Policy selbst nicht geheim bleiben soll, ihre tatsächliche Umsetzung im Zweifelsfall aber geheim bleiben kann. Wenn beispielsweise bestimmte Polizeikräfte ein Extramandat zur Drogen- oder Terrorismusbekämpfung erhalten haben, dann muss das Mandat öffentlich sein, der genaue Einsatzort und der Zeitpunkt des Einsatzes dürfen aber geheim bleiben, um den Erfolg des Einsatzes nicht zu gefährden.

5 *Arcana* versus Republikkunst im Zeichen des Terrors

Ist die zunehmende *arcana*-Politik nicht nur aus demokratietheoretischer und verfassungsrechtlicher Perspektive bedenklich, so muss abschließend der Frage nachgegangen werden, ob die *arcana*-Politik der Staatsräson, wie von ihren Verfechtern behauptet, überhaupt ihrem Ziel gerecht werden kann und tatsächlich für *mehr* Sicherheit vor Terroranschlägen sorgt. Auch wenn ein Tausch von Freiheit gegen Sicherheit aus einem *securitas* Sicherheitsverständnis fragwürdig ist, setzt die *securitas* doch gerade eine zumindest negative Freiheit voraus, so ist hier zumindest die Frage zu stellen, ob eine *arcana*-Politik besser dazu geeignet ist, Terroranschläge zu verhindern als eine Republikkunst, die auf Partizipation und Transparenz fußt.

In ihrem Aufsatz, „Is this Paper Dangerous? Balancing Secrecy and Openness in Counterterrorism", greifen Jacob N. Shapiro und David A. Siegel diese Frage auf empirischer Basis auf. Sie argumentieren, dass die hinter der *arcana*-Politik stehende Logik in den meisten Fällen vermutlich falsch ist. In ihrer empirischen Analyse kommen sie zu dem Schluss,

> Under a wide range of conditions, open sharing of government's private information can enhance efforts to protect citizens. This is true even when the information deals directly with specific targets. When the positive externalities of information sharing are taken into account, the set of conditions under which open information sharing benefits society becomes wider still. Our analysis puts to rest the overly simple conception that revealing vulnerabilities to the other side is strictly a poor idea (2010, S. 96).

Stimmen die Ergebnisse von Shapiro und Siegel, dann ist auch Russels These zuzustimmen, dass *power behind the scenes* dem Gemeinwohl im Zweifelsfall entgegenwirkt. Seine These muss sogar noch dahin erweitert werden, dass *power behind the scenes* nicht nur dem Gemeinwohl zuwiderläuft, sondern auch der Sicherheit, soweit es sich dabei um eine terroristische Bedrohung oder um andere Gefahren handelt, bei der die Partizipation der Bürger helfen kann, potentielle Gefahrenquellen zu erkennen, um sie sichern oder beseitigen zu können. Schon allein aus einer Sicherheitsperspektive muss darum für eine Wiedergewinnung der Republikkunst, die auf Transparenz, Partizipation und *recta ratio* basiert, plädiert werden. Dem stehen andere Interessen gegenüber, die von der Ideologie der Staatsräson profitieren oder zumindest meinen, von ihr zu profitieren. Die Inhalte einer *arcana*-Politik entziehen sich der öffentlichen Kritik. Eine possibilistische Gefahrenanalyse kann dazu genutzt werden, um explizit Ängste in der Bevölkerung zu schüren. Ein verängstigtes Volk widerspricht nicht und ist eher bereit, Rechte aufzugeben. Hier ist aber noch ein weiterer Faktor relevant. In *What's Wrong with Terrorism?* führt Robert E. Goodin (2006) einen erweiterten Terrorismusbegriff ein, der auch Warnungen vor Anschlägen unter bestimmten Bedingungen dem Terrorismus als Taktik zuordnet. Hier geht es besonders darum, unspezifische Warnungen vor Anschlägen für den politischen Vorteil zu nutzen (Zustimmung zu einer bestimmten Politik, Wiederwahl). Das ist problematisch, aber nicht das eigentliche Problem:

> The larger political sin of terrorism, then, lies not in the wrong of one political actor is thereby securing some 'unfair advantage' over her political opponents or in the wrong of frightening people. Instead, it lies in the way in which terrorism undermines rational discourse across the political community as a whole. In that way, terrorism deprives us collectively of the capacity to be genuinely self-governing, reasoning together (Goodin 2006, S. 159).

Letztlich stärkt diese Taktik die Durchsetzbarkeit der *arcana*-Politik der Staatsräson, denn es heißt auch, dass eine Gesellschaft gar nicht in der Lage ist, einen kritischen Diskurs darüber führen zu können, welche Sicherheit sie überhaupt haben möchten und welche politischen Maßnahmen zur Terrorismusbekämpfung akzeptabel sind. Wenn es stimmt, dass über 50 % der Deutschen Angst vor terroristischen Anschlägen haben, dann ist es sinnvoll, diese Angst auf eine rationale Basis zu stellen. Dies geht nicht, wenn „possibilistic-freedom from fear" das Ziel ist. „Probabilistic-freedom from fear" kann aber nicht auf Geheimhaltung der tatsächlichen Gefahrenlage basieren, sondern muss auf der kritischen Kenntnis von Tatsachen beruhen. Nur dann ist ein öffentlicher Diskurs, welche Sicherheit eine Gesellschaft überhaupt will, sinnvoll und zielführend und einer demokratischen Gesellschaft würdig.

Mehr noch, ohne die Möglichkeit der öffentlichen Kritik ist der Bürger gar nicht in der Lage zu beurteilen, ob die Maßnahmen, die im Namen der Sicherheit begründet werden, diesem Ziel überhaupt gerecht werden. Da die Effizienz bestimmter Programme selbst der Geheimhaltung unterliegt, ist grundsätzlich anzuzweifeln, ob diese Programme tatsächlich effektiv sind. Wären sie effektiv, würden sie im Sinne der „Aufgabe Legitimität" gerade diese erzeugen und es gäbe keinen Grund, sie zu verschweigen. Die Aufrechterhaltung der Angst vor Terrorismus führt im Gegenzug dazu, die Ideologie der Staatsräson gegenüber der Republikkunst zu stärken und zu verfestigen. Es ist vermutlich nicht abwegig, die Ausweitung von Überwachungsprogrammen in Europa gerade nach den Snowden-Enthüllungen als einen Reflex zu deuten, der auf die Enthüllung von Staatsgeheimnissen mit der Schaffung neuer Geheimnisse als Machterhaltungsinstrument reagiert, obwohl die *arcana*-Politik der Staatsräson dem erklärten Ziel, Sicherheit zu gewährleisten, eher abträglich ist. Dagegen ist die Rückeroberung der Republikkunst nicht nur im Sinne des demokratisch gesinnten Bürgers, sondern sie liegt auch im Interesse des Politikwissenschaftlers, Politik wieder als Republikkunst zu etablieren.

Eine weitere Frage, die sich hier anschließt, bezieht sich auf die Effektivität und Effizienz der bestehenden demokratischen Kontrollinstanzen. Ist sie ausreichend, um die Ausweitung der derzeit dominanten Ideologie der Staatsräson zu unterbinden? Sind die Kontrollinstanzen zumindest in der Lage, eindeutig beurteilen zu können, ob, um mit Ammirato zu sprechen, die Regierungstätigkeiten und die Tätigkeiten der Geheimdienste noch als *arcana* gelten können oder schon *flagitia* sind. Hier verdichtet sich der Eindruck, dass die Kontrollfunktion derzeit nur mit Hilfe von Whistleblowers, die, wie Setty ausführt, als Kontrollinstanz nicht in Frage kommen, ausgeübt werden kann. Darum ist es im Sinne der Republikkunst naheliegend, zumindest die Kontrollkompetenzen des Parlaments zu stärken und die *arcana* wieder zunehmend durch demokratische Transparenz zu ersetzen.

Literatur

Die Ängste der Deutschen, 2015 (https://www.ruv.de/de/presse/download/pdf/aengste-der-deutschen-2015/grafiken-bundesweit.pdf).

Anti-Terror-Einsatz: Razzia in Bremer Moschee war rechtswidrig (http://www.spiegel.de/panorama/justiz/bremen-razzia-in-ikz-moschee-war-rechtswidrig-a-1042715.html) 08.07.2015.

Aristoteles. 1973. *Politik*. Hrsg. von O. Gigon, München: Deutscher Taschenbuch Verlag.

Beißreflex Vorratsdatenspeicherung (https://netzpolitik.org/2015/beissreflex-vorratsdatenspeicherung/) 26.02.2015.

Bobbio, N. 1989. *Democracy and Dictatorship: The Nature and Limits of State Power.* Trans. by P. Kennealy Minneapolis: University of Minnesota Press.

Cicero, M.T. 1994. De legibus/Über die Gesetze. In M.T. Cicero, *De legibus, Paradoxa Stoicorum/Über die Gesetze, Stoische Paradoxien*. Hrsg., übers. und erläutert von R. Nickel (S. 6-199), Zürich: Artemis & Winkler.

Colaresi, M.P. 2014. *Democracy Declassified: The Secrecy Dilemma in National Security*. Oxford: Oxford University Press.

Dahl, R.A. 2000. *On Democracy*. New Haven: Yale University Press.

Donaldson, P.S. 1988. *Machiavelli and Mystery of State*. New York: Cambridge University Press.

Europe Is Spying on You (http://www.nytimes.com/2015/10/28/opinion/europe-is-spying-on-you-mass-surveillance.html?_r=1) 27.10.2015.

Goodin, R.E. 2008. *Innovating Democracy: Democratic Theory and Practice after the Deliberative Turn*. Oxford: Oxford University Press.

Goodin, R.E. 2006. *What's Wrong with Terrorism?* Cambridge: Polity.

Goodin, R.E. & Jackson, F. 2007. Freedom from Fear. *Philosophy & Public Affairs*, 35 (3), 249-265.

Gutmann, A. & Thompson, D. 1996. *Democracy and Disagreement*. Cambridge: The Belkamp Press of Harvard University Press.

Hennis, W. 2000. Legitimität: Zu einer Kategorie der bürgerlichen Gesellschaft. In W. Hennis, *Politikwissenschaft und politisches Denken: Politikwissenschaftliche Abhandlungen II* (S. 250-296), Tübingen: Mohr Siebeck.

Innenministerium sieht weiter hohe Terrorgefahr (http://www.welt.de/newsticker/dpa_nt/infoline_nt/brennpunkte_nt/article137946891/Innenministerium-sieht-weiter-hohe-Terrorgefahr.html) 01.03.2015.

Isensee, J. 1983. *Das Grundrecht auf Sicherheit: Zu den Schutzpflichten des Freiheitlichen Verfassungsstaates*. Berlin: De Gruyter.

Janisch, W. 2015. Unsicherer Hafen: Gerichtshof prüft Schlagkraft des europäischen Datenschutzes. *Süddeutsche Zeitung vom* 02.03.2015, 71 (50), 6.

Koch, B. 2015. *Patterns Legitimizing Political Violence in Transcultural Perspectives: Islamic and Christian Traditions and Legacies*. Berlin/Boston: De Gruyter.

Koch, B. 2005. *Zur Dis-/Kontinuität mittelalterlichen politischen Denkens in der neuzeitlichen politischen Theorie: Marsilius von Padua, Johannes Althusius und Thomas Hobbes im Vergleich*. Berlin: Duncker & Humblot.

Kunreuther, H. 2002. Risk Analysis and Risk Management in an Uncertain World. *Risk Analysis*, 22 (4), 655-664.

Marciniak, A. 2015. *Politische Sicherheit: Zur Geschichte eines umstrittenen Konzepts*. Frankfurt am Main/New York: Campus.

Mascolo, G. 2015. Die unfeine britische Art: Ein Drohbrief aus London bringt Berlin in die Bredouille: Der NSA-Untersuchungsausschuss dürfe nichts über die Zusammenarbeit der beiden Geheimdienste erfahren – sonst werde der Informationsaustausch beendet. *Süddeutsche Zeitung* vom 02.03.2015, 71 (50), 6.

Mueller, J. & Stewart, M.G. 2012. The Terrorism Delusion: America's Overwrought Response to September 11. *International Security*, 37 (1), 81-110.

Neumann, P.R. & Smith, M. 2008. *The Strategy of Terrorism: How it Works, and Why it Fails*. Oxon: Routledge.

Niesen, P. 2009. Nützlichkeit, Sicherheit, Demokratie: Zur neueren Diskussion um Jeremy Benthams Utilitarismus. *Neue politische Literatur*, 54 (2), 241-259.

Präsident des Deutschen Bundestages (30.09.2013). *Kleine Anfrage des Bundestagsabgeordneten Dr. Konstantin von Notz u. a. und der Fraktion Bündnis 90/Die Grünen*. http://gruen-digital.de/wp-content/uploads/2013/10/Antwort-Geheimkooperationen.pdf.

Quill, L. 2014. *Secrets and Democracy: From Arcana Imperii to WikiLeaks*. New York: Palgrave Macmillan.

Russel, B. 2004. *Power: A New Social Analysis*. 1st ed. 1937, Abingdon: Routledge.

Schneider, W. 1976. *Wörter machen Leute: Magie und Macht der Sprache*. München: Piper.

Setty, S. 2015. Surveillance, Secrecy, and the Search for Meaningful Accountability. *Stanford International Law Review*, 51 (1), 69-104.

Shapiro, J.N. & Siegel, D.A. 2010. Is this Paper Dangerous? Balancing Secrecy and Openness in Counterterrorism. *Security Studies*, 19 (1), 66-98.

Shue, H. 1996. *Basic Rights: Subsistence, Affluence, and U.S. Foreign Policy*. 2nd ed. Princeton: Princeton University Press.

Stratenwerth, G. 1965. *Publizistischer Landesverrat*. Göttingen: Vandenhoeck & Ruprecht.

Thompson, D. 1999. Democratic Secrecy. *Political Science Quarterly*, 114 (2), 181-193.

Überwachungsgesetz: Bundestag beschließt umstrittene Vorratsdatenspeicherung (http://www.spiegel.de/netzwelt/netzpolitik/bundestag-beschliesst-umstrittene-vorratsdatenspeicherung-a-1058086.html) 16.10.2015.

Umstrittene Überwachung: Regierung plant Vorratsdatenspeicherung im Alleingang (http://www.spiegel.de/netzwelt/netzpolitik/bundesregierung-plant-gesetz-zur-vorratsdatenspeicherung-a-1022251.html) 07.03.2015.

Viroli, M. 1992. *From Politics to Reason of State: The Acquisition and Transformation of the Language of Politics 1250-1600*. Cambridge: Cambridge University Press.

Waldron, J. 2010. *Torture, Terror, and Trade-Offs: Philosophy for the White House*. Oxford: Oxford University Press.

Zwang zur Konzession?

Die Auswirkung der Schutzpflicht auf staatliche Handlungsoptionen bei terroristischen Entführungen

Jan Hecker

Welche Auswirkung hat die grundrechtlich festgeschriebene Schutzpflicht auf die Handlungsoptionen des deutschen Staates, wenn ein Staatsbürger von Terroristen entführt und dessen Freilassung an Bedingungen geknüpft ist? Diese Frage wird angewendet auf die Entführungen von Peter Lorenz und Hanns Martin Schleyer. Es wird angenommen, dass sich durch die Entführungen von Lorenz und Schleyer ein verfassungsrechtlich weit gestalteter Ermessenspielraum der Exekutive in terroristischen Entführungssituationen ergeben hat, der als *konsistent-flexible* (vgl. Goerzig 2010) Konzessionspolitik[1] beschrieben werden kann. Eine konsistent-flexible Konzessionspolitik weist einen hohen Grad an Verselbstständigung der Exekutive (vgl. Bobbio 1988) und einen geringen Grad an Öffentlichkeit auf. Der potenzielle Bruch demokratischer Prinzipien ist ihr inhärent. So kann diese Politik dazu führen, dass einige Geiseln – wie auch immer – befreit werden, während anderen Geiseln diese staatliche Rettung versagt bleibt. Somit wäre das Prinzip der Gleichheit unterwandert. Weder ist die wirksame Kontrolle der Exekutive in Entführungsfällen gegeben, noch ist die Öffentlichkeit notwendigerweise das Vehikel, das die gesellschaftlichen Interessen zur Problemlösung beiträgt. Der daraus resultierende geheime Charakter einer konsistent-flexiblen Konzessionspolitik ist

1 Konzessionspolitik ist ein bewusst gewählter Neologismus, die mahnenden Artikel Sartoris (u. a. 1970 und 1991) vor Augen. Ein alternativer Begriff könnte der der Lösegeldpolitik sein. Er reduziert die staatlichen Handlungsoptionen auf das Zahlen von Lösegeld und exkludiert damit Konzessionen anderer Art (bspw. mediale Öffentlichkeit, Gefangenenaustausch etc.). Konzessionspolitik ist nicht optimal, weil der Begriff ein unklares Verhältnis zu militärischen Reaktionen des Staates aufweist. In Anlehnung an das *no-concessions* Paradigma (vgl. Jenkins et al. 1977; Goerzig 2010; Wilkinson 2010) verwendet dieser Artikel den Begriff der Konzessionspolitik, um auszudrücken, dass es sich um eine *Reaktion* des Staates handelt, die davon geprägt ist, terroristischen Forderungen nachzugeben.

jedoch ein unverzichtbares Instrument von Demokratien. Wäre die Reaktion einer Demokratie auf die Entführung eines Bürgers eindeutig antizipierbar, machte sie sich verletzlicher (vgl. Rüb 2012) als sie es bereits ist.

Gäbe es rechtliche Pflichten, jedes Leben eines Deutschen auch im Ausland vor der Gewalteinwirkung Dritter zu schützen, und wäre diese Information sowohl glaubwürdig als auch potenziellen Störern bewusst, dann wäre – erstens – jede Zusicherung an internationale Konventionen,[2] nicht zu konzessionieren, hinfällig und – zweitens – würde sich der Staat in ein normatives Korsett zwängen, das seinen Handlungsspielraum erheblich einschränkte.

Dieser Beitrag befasst sich im ersten Teil mit der Frage, welche Rolle die Schutzpflicht des deutschen Staates gegenüber seinen Bürgern spielt. Denn diese kann einerseits als Argument ausgelegt werden, in Entführungssituationen das Leben des Einzelnen zu retten. Andererseits ist dem Kern des *no-concessions* Paradigma[3] die Vorstellung einer kollektiven, zukünftigen Schutzpflicht inhärent, die der *individuellen* Schutzpflicht vorzuziehen sei. Aus staatlicher Sicht stellte sich somit die Frage, ob kurzfristig das Leben eines Einzelnen gerettet werden darf, auch wenn damit potenziell Übergriffe in der Zukunft ermöglicht werden.

Der zweite Teil fokussiert die Fallsequenz[4] Lorenz-Schleyer.[5] Im Fokus der Lorenz-Entführung steht zuerst die Frage, wer warum konzessioniert hat. Die Relevanz dieser Eingrenzung ergibt sich daraus, dass in der Literatur unterschiedliche

---

2 Dieser Artikel nimmt an, dass das internationale Recht die Handlungsoptionen der staatlich Verantwortlichen in lebensbedrohlichen Entführungssituationen durch Terroristen nicht einschränkt. Grundlegend ist zu fragen, inwiefern das Völkerrecht relevant ist bei der Auseinandersetzung zwischen einem Staat und nicht-staatlichen terroristischen Gruppen (vgl. Klein 2004, S. 15). Der UN-Sicherheitsrat ist völkerrechtlich nicht in der Lage, „die Staaten von der Beachtung fundamentaler menschenrechtlicher Gewährleistungen zu dispensieren" (Klein 2004, S. 36). In Anwendung auf lebensbedrohliche Entführungsfälle, in denen der betroffene Staat eine Schutzleistung zu konkretisieren hat, kann es also keine Resolution des Sicherheitsrates geben, die diese Leistung verhinderte.

3 „*no* negotiations with terrorists, *no* deals with them, and *no* concessions to them" (Goerzig 2010, S. 3).

4 Mit dem Begriff der *Fallsequenz* soll verdeutlicht werden, dass diese Fälle innerhalb des Frageinteresses dieser Arbeit nicht isoliert voneinander betrachtet werden können, weil sich die Argumentation des BVerfG zur Schutzpflicht und zur Gleichheit anhand dieser beiden Ereignisse entwickelt.

5 Diese Fälle wurden gewählt, weil die jeweiligen staatlichen Reaktionen variieren. So wurde im Fall von Lorenz den Forderungen der „Bewegung 2. Juni" nachgekommen mit dem Ergebnis, dass Lorenz überlebte, während den Forderungen der RAF nicht nachgekommenund Schleyer ermordet wurde. Zu den Unterschieden zwischen RAF und „Bewegung 2. Juni" bezüglich Selbstwahrnehmung, Motivation und personeller Zusammensetzung siehe Blumenau (2015, S. 25f.)."

Akteure als Urheber der letztlich fatalen Konzessionen genannt werden. Darüber hinaus war der bisherige Stand der Literatur insofern unvollständig, als dass er ein entscheidendes Element der Entführung, den Ort, und die sich daraus ergebenden verwaltungstechnischen Verantwortlichkeiten, nicht angemessen berücksichtigte.

Anhand der Entführung von Hanns Martin Schleyer wird dann aufgezeigt, wie sich das Argument der Schutzpflicht, vorgebracht sowohl von der Familie Schleyer, als auch vom Bundesverfassungsgericht, auf die Handlungsoptionen der Bundesregierung ausgewirkt hat.

1 Schutzpflicht: Definition

> „Jeder hat das Recht auf Leben und körperliche Unversehrtheit. Die Freiheit der Person ist unverletzlich. In diese Rechte darf nur auf Grund eines Gesetzes eingegriffen werden" (Art. 2 Abs. 2 GG).

> „Die Würde des Menschen ist unantastbar. Sie zu achten und zu schützen ist Verpflichtung aller staatlichen Gewalt" (Art. 1 Abs. 1 GG).[6]

Ohne dass das Wort *Schutzpflicht* genannt wird, stellen Art. 2 Abs. 2 GG und Art. 1 Abs. 1 Satz 2 GG die Artikel dar, aus denen sowohl das Bundesverfassungsgericht (vgl. BVerfG 39, 1) als auch die Literatur (vgl. Hermes 1987; Krings 2003) einen Anspruch auf eine Schutzpflicht ableiten. Dieser Schutz wird zunächst in den Fällen angewendet, in denen das Individuum vor den Eingriffen des Staates zu schützen ist. Somit ist das Grundrecht auf Leben und Gesundheit als Abwehrrecht gegen hoheitliche Eingriffe einzuordnen (vgl. Hermes 1987; Krings 2003). Unter Hinzunahme von Art. 1 Abs. 1 Satz 1 GG, der die unantastbare Menschenwürde als „zu achten und zu schützen" erklärt, kann über „einen negatorischen Anspruch" hinaus vom Staat verlangt werden, „aktiv zu werden" (vgl. Krings 2003, S. 142).

6 Die Wahl, Art.2 vor Art. 1 zu zitieren, ist der Wortwahl des BVerfG geschuldet: „Art. 2 Abs. 2 Satz 1 in Verbindung mit Art. 1 Abs. 1 Satz 2 GG verpflichtet den Staat, jedes menschliche Leben zu schützen. Diese Schutzpflicht ist umfassend. Sie gebietet dem Staat, sich schützend und fördernd vor dieses Leben zu stellen; das heißt vor allem, es auch vor rechtswidrigen Eingriffen von seiten anderer zu bewahren" (BVerfG 46, 160 (164)).

Zusammenfassend ist der klassische Schutzpflichtfall nach Art. 2. Abs. 2 Satz 1 GG also eine Störung der privaten Sphäre durch einen staatlichen Störer (bspw. polizeilicher Schusswaffengebrauch).[7]

Die Schutzfunktion des Lebens ist nicht nur eines der wesentlichen Merkmale des modernen demokratischen Verfassungsstaates (vgl. Glaeßner 2002, S. 8), sondern auch im internationalen Recht „allgemein anerkannte Aufgabe des Staates" (Würtenberger et al. 2010, S. 108).

Würtenberger et al. (2010) verdeutlichen das Dilemma, das sich aus dieser Schutzfunktion für den Staat ergibt, anhand der Metapher des *Bürgeropfers*. Denn „ein Staat, der um individueller und gesellschaftlicher Freiheit willen auf Maßnahmen zur Gewährung von Sicherheit weitgehend verzichtet, kann seine Bürger vor kriminellen oder terroristischen Angriffen nicht in optimaler Weise schützen" (Würtenberger et al. 2010, S. 110). Wenn ein Staat es aber unterlässt, Sicherheitsmaßnahmen zu ergreifen, die freiheitsreduzierend wirken, dann ist die „Liberalität einer Gesellschaftsordnung [...] notwendigerweise mit Bürgeropfern verknüpft" (2010, S. 110).

Fischer formuliert dieses Dilemma pointiert: „Eine Sicherung der Freiheitsausübung, die Freiheitsrechte verletzte, wäre verfehlt" (Fischer 2014, S. 55). Dieses Dilemma hat nur dann Bestand, wenn das Verhältnis von Sicherheit und Freiheit als Spannungsverhältnis verstanden wird. Autoren wie Isensee (1999) oder Krings (2003) tendieren bei der Frage der Legitimation des Staates deutlich zu dessen Sicherheitsfunktion: „Der Staat legitimiert sich nicht ausschließlich, aber ganz wesentlich durch die Herstellung und Gewährleistung von Sicherheit, auf die der Freiheitsgebrauch aufbaut" (Krings 2003, S. 44).

Wie auch immer dieses Spannungsverhältnis ausgelegt wird: Es ist wichtig, auf die Kontroverse hinzuweisen, inwiefern sich, auch wenn sich der Staat wesentlich durch die Herstellung von Sicherheit legitimiert, daraus eine „Pflicht zur Gewährleistung von Sicherheit oder gar ein subjektiver Anspruch auf Sicherheit" ergibt (Krings 2003, S. 44; vgl. Isensee 1983, S. 38).

---

7 Eine Variation dieses klassischen Schutzpflichtfalls hat das Verwaltungsgericht Köln im Mai 2015 verhandelt. Die Kläger, zwei jemenitische Staatsangehörige, hatten bei einem Drohnenangriff Verwandte verloren und sahen auch ihr eigenes Leben bedroht. Weil die Kläger davon ausgehen, dass der Drohnenangriff ohne die Koordination über die Satellitenrelaisstation in Ramstein (Baden-Württemberg) nicht möglich gewesen wäre, klagten sie gegen die Bundesrepublik Deutschland mit dem Ziel, die Drohnenangriffe aus Ramstein zu untersagen (vgl. VG-Köln 3 K 5625/14, 2015). Diese Klage ist generell möglich, weil die Konzeption der Schutzpflicht einen „Anspruch auf positive Schutzhandlungen [...] weltweit und zugunsten jedermanns denkbar" (Krings 2003, S. 196) erscheinen lässt.

Im Unterschied zu Krings (2003) und Isensee (1983) sieht Hermes diesen Anspruch als gegeben an, denn die Schutzpflicht stelle nicht nur ein Abwehrrecht gegenüber staatlichen Eingriffen dar, sondern formuliere einen Anspruch des Einzelnen, durch staatliche Organe vor den Eingriffen Dritter geschützt zzu werden (vgl. Hermes 1987, S. 3f.). Isensee hingegen formuliert diesen Anspruch zurückhaltender. Der Staat entscheide, wie genau er die grundrechtliche Sicherheit zu gewährleisten habe (vgl. 1983, S. 38). Er müsse dabei aber seine potenziellen Leistungen und die damit einhergehenden Erwartungen der Bürger immer wieder den „wandelnden Gefahren" (1983, S. 40) anpassen:

> „Es ist daher ausgeschlossen, daß jedermann in jeder Gefahrenlage unmittelbar aus den grundrechtlichen Schutzpflichten den Anspruch auf eine bestimmte Schutzmaßnahme ableiten und einklagen kann. Den Schutzpflichten des Staates korrespondieren nicht durchgehend Schutzrechte des Bürgers" (Isensee 1983, S. 49).

Zusammenfassend lässt sich sagen, dass die Schutzfunktion der Grundrechte nicht konkret rechtstechnisch ausgestaltet ist. Diese Offenheit hat zur Folge, dass - erstens - eine Konkretisierung durch die Gesetzgebung erfolgen muss und dass es - zweitens - im jeweiligen Ermessen des Gesetzgebers liegt, welche Mittel zu der Erfüllung einer Schutzpflicht notwendig sind. Drittens ist das spezifizierende Gesetz in seiner Anwendung dann der verantwortlichen Verwaltungseinheit unterstellt, die abwägen muss, wie im Einzelfall ein Schutzpflichteingriff realisiert werden kann (vgl. Isensee 1983, S. 49).

2 Reichweite der grundrechtlichen Schutzpflicht auf Leben

> „Zwischen Staat, privatem Störer und privatem Opfer entsteht ein Schutzpflichten-Dreieck. Der Staat betätigt sich als Koordinator der Freiheitssphären der Grundrechtsträger, indem er einerseits den Freiheitsraum des Opfers vor den Übergriffen des Störers zu schützen hat und andererseits bei seinem schützenden Tätigwerden den Freiheitsraum des Störers nicht übermäßig einschränken darf" (Krings 2003, S. 190).

Die Fälle, die für diese Arbeit von Bedeutung sind, sind solche, in denen nicht ein Staat, sondern ein anderer Privater, zum Störer wird. Fälle also, in denen Leben und Gesundheit eines deutschen Staatsbürgers durch eine terroristisch motivierte Entführung gefährdet werden. Gleichsam schließt diese Reduktion solche Fälle aus, bei denen terroristische Handlungen von Staaten ausgehen. Diese Reduktion ist kongruent mit der konventionellen Auslegung, dass die „Pflicht des Schützens nur als Schutz vor nichtstaatlichen Mächten verstanden werden kann" (Krings 2003, S. 97).

Wenn diese terroristisch motivierte Entführung im Ausland stattfindet, greift zwar die grundrechtliche Schutzpflicht, jedoch ist die deutsche Staatsmacht auf dem Territorium eines anderen Staates beschränkt. Somit kann es zu Fällen kommen, in denen der deutsche Staat außerhalb seines Staatsgebietes nicht in der Lage ist, die „Freiheitssphären" (Krings 2003, S. 195) der Akteure des Schutzpflichten-Dreiecks zu koordinieren.

Weil aber die „Determinante des Entstehens einer Schutzpflicht [...] eben nicht die Rechtsmacht des deutschen Staates, sondern der grundrechtliche Schutzanspruch des Staats- oder Gebietszugehörigen der Bundesrepublik Deutschland" (Krings 2003, S. 199) ist, kann das Konzept der Rechtsmacht als Korrektiv der Erwartungshaltung des Schutzpflichtbedürftigen verstanden werden, um diese nicht in das „Unerfüllbare steigen zu lassen" (Krings 2003, S. 199).

Das bedeutet nichts Anderes, als dass ein deutscher Staatsangehöriger zwar auf die Unterstützung aus dem Krisenreaktionszentrum des Auswärtigen Amtes zählen darf, aber nicht erwarten sollte, dass innerhalb kürzester Zeit eine militärische oder monetäre Schutzdienstleistung durch den deutschen Staat erfolgt. Das folgende Schema (vgl. Krings 2003) soll diese Gedanken zur Variation grundrechtlichen Schutzpflichten visualisieren helfen:

Tab. 1 Krings 2003, S. 203: „Behandlung von grundrechtlichen Schutzpflichten mit Auslandsbezug“

<table>
<tr><th>Störer[9]
Opfer</th><th>Privater im Inland</th><th>deutscher Privater im Ausland</th><th>ausländischer Privater im Ausland</th><th>ausländischer Staat</th></tr>
<tr><td>Deutscher im Inland</td><td>Grundfall der Schutzpflicht (X1)[10]</td><td rowspan="2">Reaktionsmöglichkeiten eingeschränkt auf defensiven inländischen und ggf. indirekten diplomatischen Schutz; ggf. unmittelbare Einwirkungsmöglichkeiten auf Störer.
(X3)</td><td rowspan="2">Reaktionsmöglichkeit eingeschränkt auf defensiven inländischen und ggf. indirekten diplomatischen Schutz</td><td>militärischer Schutz (Landesverteidigung) und ggf. diplomatischer Schutz</td></tr>
<tr><td>Ausländer im Inland</td><td>eine Besonderheit bei Jedermann-Grundrechten- bei Deutschen-Grundrechten Schutz nur über Art. 2 I GG</td><td>militärischer und ggf. diplomatischer Schutz sowie Asylrecht bzgl. drohender Verfolgung im Heimatstaat</td></tr>
<tr><td>Deutscher im Ausland</td><td>grds. voller Schutz</td><td colspan="2">indirekter diplomatischer Schutz, weil deutsche Staatsgewalt nur auf ausländischen Staat einwirken kann, mit dem Ziel, dass dieser auf den seiner Rechtsmacht unterworfenen Störer einwirkt (X2)</td><td>diplomatischer Schutz</td></tr>
<tr><td>Ausländer im Ausland</td><td colspan="3">keine Schutzpflicht, es sei denn mittelbare staatliche Verfolgung</td><td>nur Asylrecht[11]</td></tr>
</table>

Anhand der vorliegenden Tabelle werden die Fälle der Entführungssequenz jeweils zum Abschluss ihres Kapitels analysiert und kategorisiert werden.

8 Durch die Aufspaltung in Opfer und Störer schließt die Tabelle den Fall aus, dass Opfer und Störer eine Person sind. Selbstgefährdung ist theoretisch auch als Schutzpflichtfall zu verstehen (vgl. BVerfG 58, 208 (226)). Der Staat ist nur dann befugt, zum Schutz des Menschen vor sich selbst zu handeln, wenn das Verhalten des Menschen „bzw. seine Ablehnung staatlicher Fürsorge nicht mehr als Äußerung seiner freien Selbstbestimmung gewertet werden kann“ (Krings 2003, S. 205).

9 Die farblichen Markierungen und Kategorisierungen (X1, X2, X3) finden sich nicht in der originalen Tabelle von Krings, sondern sind Modifizierungen des Autors.

10 In diese Kategorie fiele der Fall der Drohnenangriffe (vgl. zur Entwicklung der Drohneneinsätze: Begley 2015) im Jemen.

3 Die Entführung von Peter Lorenz (1975)

Peter Lorenz wurde am 27. Februar 1975 von einer Frau und zwei Männern der als links-extremistisch einzustufenden „Bewegung 2. Juni" entführt. Drei Tage später hätte die Wahl für das Abgeordnetenhaus in West-Berlin stattfinden sollen. Lorenz war als Spitzenkandidat der CDU aufgestellt worden. Die „Bewegung 2. Juni" forderte die Freilassung mehrerer rechtskräftig verurteilter Terroristen sowie deren Ausfliegen in einen Drittstaat (vgl. Dahlke 2012, S. 137). Weil diesen und weiteren Forderungen in allen Belangen nachgekommen worden ist, liegt ein Fall vor, bei dem sich die Bundesrepublik Deutschland von Terroristen hat erpressen lassen.

4 Die Konzessionsentscheidung

> „Lorenz was one of the candidates for the mayoral election, due in three days time. His opponent – the incumbent mayor – felt that he could not abandon him to his fate, and five prisoners were released (one of the six preferring to complete his sentence and return to normal life)" (Clutterbuck 1992, S. 268).

> „Die Bundesregierung beugte sich der Forderung der ‚Bewegung 2. Juni', im Austausch gegen Peter Lorenz rechtmäßig inhaftierte Verdächtige freizulassen" (Buck 2007, S. 58).

> „Der Forderung der Berliner Terroristen, den von ihnen benannten Häftlingen den Ausflug aus der Bundesrepublik Deutschland zu gestatten, sind die verschiedenen staatlichen Autoritäten nach gründlicher Abwägung aller Rechtsgüter, um ein Menschenleben zu retten, in diesem Fall nachgekommen (Klaus Bölling am 03.03.1975; vgl. Stern 2000).

Alle drei Autoren verorten die Verantwortung der Konzession bei unterschiedlichen Akteuren: „verschiedene[n] staatliche[n] Autoritäten" (Klaus Bölling am 03.03.1975; vgl. Stern 2000), die „Bundesregierung" (Buck 2007, S. 58) und den Regierenden Bürgermeister West-Berlins Klaus Schütz (vgl. Clutterbuck 1992, S. 268).

Dahlke geht davon aus, dass das politische Überleben des Regierenden Bürgermeisters von Berlin Klaus Schütz „mit dem physischen Überleben seines Kontrahenten verknüpft war und er deshalb mit großer Vehemenz für einen Austausch um jeden Preis warb" (Dahlke 2012, S. 134). Wie Dahlke präzise herausarbeitet, zeigt sich bereits zu Beginn der Entführung, dass es erstens kein eindeutiges Stimmungsbild gab zur Frage, wie mit den Forderungen der Terroristen umzugehen sei (vgl. 2012, S. 133), und zweitens, dass die Frage unklar schien, wer bei der Entscheidung letztlich die Verantwortung zu tragen habe. Wichtig für die Beantwortung der Frage der Verantwortlichkeit ist, dass die Entführung auf West-Berliner Territorium stattfand. Somit war die Bundesregierung „formal und unter Berücksichtigung des Viermächtestatuts von Berlin nicht in der Verantwortung" (Dahlke 2012, S. 135).

Noch vor der Bekanntgabe der genauen Forderungen der Terroristen entwickelte das Bundesjustizministerium (BMJ) unter Hans-Jochen Vogel ein Rechtsgutachten, „das die Verfassungsmäßigkeit eines möglichen Gefangenenaustauschs bestätigte." In dem Gutachten heißt es weiter, es sei „zumindest nicht verfassungswidrig, den Schutz des Lebens (von Peter Lorenz) über andere Rechtsgüter zu stellen" (Vermerk des BMJ vom 27. 2. 1975, in BArch Koblenz, B 141 / 80795; zit. n. Dahlke 2012, S. 134).

Entscheidend ist die Frage: Warum konnte sich welcher Akteur mit seiner Position durchsetzen?

Es gab mehrere Krisenstäbe auf Bundes- und auf Länderebene, in denen Politiker aller Couleur in den Tagen der Entführung Debatten zu der Frage führten, ob und wie ein staatliches Nachgeben zu legitimieren sei. Dieser Punkt erscheint im ersten Moment selbstverständlich, er gewinnt aber an Bedeutung, wenn er in Bezug gesetzt wird zu den späteren Aussagen der Bundesregierung, wie die Entscheidung zum Nachgeben entstanden sei. Demnach sei die Entscheidung zum Nachgeben „nie zweifelhaft" gewesen, weil der „Schutz des Lebens vor allen anderen Rechtsgütern" einzuordnen sei (Antwortkatalog des BMI vom 03.03.1975, in BArch Koblenz, 106 / 106997; zit. n. Dahlke 2012, S. 155).

Dahlke weist auf zwei Strategiepapiere des BMI vom 28.02.1975 hin, aus denen eine Pro-Kontra-Tabelle hervorgeht, deren Ergebnis von sechs zu vier zu einem Nachgeben tendierte (vgl. Dahlke 2012, S. 139). Der für diesen Beitrag relevante Punkt ist die Nennung auf der Kontra-Seite: „Da er [der Staat, M.D.] der [sic, J.H.] Gesamtinteresse im Auge behalten muß, muß er notfalls das Interesse eines einzelnen nachordnen" (Pro-Kontra-Tabelle des BMI, in: BArch Koblenz, B 106 / 106997; zit. n. Dahlke 2012, S. 139). Diese mögliche Nachordnung eines Einzelnen steht im Widerspruch zu der späteren Linie der Bundesregierung, nach der der Schutz des Lebens vor allen anderen Rechtsgütern stehe.

Bei der Betrachtung der gesamten Tabelle kommt Dahlke weiterhin zu dem Schluss, dass das Nachgeben auf das Argument zurückzuführen sei, dass „der Staat selbst bei einer Opferung Lorenz' in möglichen Folgeentführungen irgendwann doch nachgeben müsste und Lorenz damit umsonst aufgegeben hätte" (Dahlke 2012, S. 139). Festzuhalten ist, dass das Argument von Folgetaten zumindest in ministeriellen Kreisen kursierte. Allerdings, und das ist auffällig, führt die gefühlte Bedrohung von Folgetaten nicht zu dem Schluss, dass *nicht* nachzugeben sei, sondern wird gegenteilig ausgelegt. *Weil* der Staat in Zukunft Folgetaten zu fürchten habe und dabei zum Nachgeben gezwungen werden könnte, könne man auch bereits jetzt in der Lorenz-Entführung nachgeben, so lautete das sowohl vom BMI als auch im AA vorgetragene Argument.[11]

Die Bundesregierung war verwaltungsrechtlich erst dann qua Verfassung verantwortlich, als aus dem innenpolitischen Entführungsfall, der in West-Berlin stattfand, ein außenpolitischer wurde. Das geschah in dem Moment, in dem das Flugzeug mit den Inhaftierten mit unbekanntem Ziel aus West-Berlin abhob (vgl. Dahlke 2012, S. 157).

Diese Tatsache verändert das ganze Verhandlungsspiel zugunsten der Entscheidungsgewalt von Berlins Regierendem Bürgermeister Klaus Schütz. Dies verdeutlicht auch die Erklärung vom damaligen Bundeskanzler Schmidt, die er am 13.03.1975 im Bundestag zum Thema der Inneren Sicherheit verlas: „Weil wir politische Mitverantwortung tragen wollten", so der Bundeskanzler, „haben wir [...] an diesem Tisch die Entscheidungen gemeinsam beraten und getragen" (Presse- und Informationsamt der Bundesregierung 1975, zit. n. Dahlke 2012, S. 157). Obwohl Schmidt in dieser Aussage nicht auf Schütz und Kohl als Urhebergespann der Konzessionsentscheidung hinweist, kann kaum deutlicher als durch die Formulierung des „Willens zur politischen Mitverantwortung" zum Ausdruck gebracht werden, dass der Urheber der Entscheidung nicht im Bundeskanzleramt zu suchen ist. Entsprechend kommt Dahlke zu dem Schluss, dass „Schmidt nur eine nachrangige Rolle im Fall Lorenz" (Dahlke 2012, S. 158) spielte. Zur Frage, wer sich warum mit seiner Haltung durchgesetzt hat, kann schließlich folgende Einschätzung erfolgen: Klaus Schütz war Autor und stärkster Vertreter der nachgebenden Haltung (vgl. Dahlke 2012, S. 158). Ob dies aus rein wahltaktischen Gründen geschah, ist nicht nachzuvollziehen. Verwaltungsrechtlich war er als Bürgermeister West-Berlins befugt, eine innenpolitische Entscheidung dieses Ausmaßes zu treffen. Nichtsdestotrotz bemühte sich die Bundesregierung, einen breiten politischen Konsens zu etablieren, der auch oppositionelle Politiker und die Länder mit einbezog. Gerade den vier Bundesländern, in denen die Terroristen inhaftiert waren, kommt über Schütz hinaus eine außerordentliche Bedeutung zu, weil ohne ihre Zustimmung kein Gefangenenaustausch möglich gewesen wäre (vgl. Dahlke 2012, S. 159).

In Rückbezug zu den eingangs angeführten Zitaten ist somit festzustellen, dass nur Clutterbuck (1992) die Entscheidung der Konzession in den Händen von Schütz verortet. Interessant ist weiterhin, dass die von Buck getroffene Aussage, wonach es die Bundesregierung war, die den Forderungen der „Bewegung 2. Juni" nachgab, anzuzweifeln ist. Letztlich ist die von Regierungssprecher Bölling genutzte Formu-

---

11 In der gegenwärtigen Literatur wird das Argument des Nachgebens konträr verwendet. Gerade weil der Staat in Zukunft Folgetaten zu fürchten habe, sei er angehalten, nicht nachzugeben (vgl. Wilkinson 2011; Hughes 1990).

lierung der „staatlichen Autoritäten“ (Klaus Bölling am 03.03.1975; vgl. Stern 2000) in ihrer Ambiguität so weit gefasst, dass sie weder treffend noch unzutreffend ist.

In Rückbezug zu der vorgestellten Tabelle *Behandlung von grundrechtlichen Schutzpflichten mit Auslandsbezug* (vgl. Krings 2003, S. 203) kann der Lorenz-Fall wie folgt eingeordnet werden: Es handelt sich um den „Grundfall der Schutzpflicht“ (X1), weil ein Deutscher im Inland durch einen Privaten im Inland entführt worden war. Dass dieser private Störer dabei eine Gruppe, die „Bewegung 2. Juni“, war, spielt in Anwendung auf das Schema keine Rolle. Die Kategorie *Inland* ist insofern nicht in Frage zu stellen, weil das Grundgesetz auch in West-Berlin, dem Ort der Entführung, trotz des Viermächtestatus mit Einschränkungen gültig war. Somit ist im Fall Lorenz insofern das eingetreten, was anhand der Tabelle zur *Behandlung von grundrechtlichen Schutzpflichten* zu erwarten war, nämlich dass die Entführung durch die verantwortlichen staatlichen Akteure als Schutzpflichtfall wahrgenommen und verhandelt worden ist.

5 Die Besetzung der deutschen Botschaft in Stockholm (1975)

Wenige Wochen nach der Entführung von Lorenz kommt es zur Besetzung der deutschen Botschaft durch das Kommando Holger Meins (RAF) am 24. April 1975. Unter den 23 durch die RAF genommenen Geiseln befand sich auch der deutsche Botschafter (vgl. März 2007, S. 86). Die primäre Forderung war die Freilassung von 26 RAF Mitgliedern, die in deutschen Gefängnissen inhaftiert waren (vgl. Clutterbuck 1992, S. 269). Im Unterschied zu den Freigelassenen im Fall von Peter Lorenz, bei denen es sich um „verhältnismäßig geringfügig straffällig geworden[e] Linksextremisten“ handelte, forderte das Kommando Holger Meins durch die Besetzung der Botschaft die „Freilassung von vielfachen Mördern“ (März 2007, S. 119).

Nachdem die schwedische Polizei Teile der Botschaft eingenommen hatte, drohte das Kommando Holger Meins damit, den der Stockholmer Botschaft zugewiesenen Militärattaché von Mirbach zu töten, wenn es nicht zu einem Rückzug der Polizei komme (vgl. Clutterbuck 1992, S. 269). Die Reaktion der Bundesregierung fiel konträr zur Lorenz-Entführung unnachgiebig aus. Selbst die Reaktion Helmut Kohls, damaliger Ministerpräsident von Rheinland-Pfalz, war von einem „radikalen Sinneswandel“ (Dahlke 2012, S. 160) geprägt, weil er Schmidt in dessen vollkommen unnachgiebiger Haltung unterstützte.

So weigerte sich Helmut Schmidt, „direkt mit den Terroristen zu verhandeln" und „hob die Exterritorialität der Botschaft auf"[12] (Dahlke 2012, S. 160), sodass die Initiative und Verhandlungsführung nun beim schwedischen Regierungschef Olof Palme lag. Die Aufhebung der Exterritorialität der deutschen Botschaft zeigt erneut die Bedeutung des Ortes, an dem eine Entführung stattfindet. Wie im Fall der Lorenz-Entführung, die in West-Berlin stattfand, und damit verwaltungsrechtlich dem Regierenden Bürgermeister von Berlin Klaus Schütz unterstand, bedeutete die Aufhebung der Exterritorialität, dass die Bundesregierung nicht mehr in der Verantwortung war: „Durch die Aufgabe der Exterritorialität der Botschaft und die Entscheidung, den Geiselnehmern nicht als Verhandlungspartner zur Verfügung zu stehen, lag die gesamte Last der Verantwortung auf schwedischer Seite" (März 2007, S. 120). Olof Palme, in dessen Verantwortung die Geiselnahme nun lag, initiierte – von der Bundesregierung unterstützt (vgl. Clutterbuck 1992, S. 269) – keinen Rückzug der Polizei, und so erschoss das Kommando Holger Meins den Militärattaché von Mirbach. An diesem Punkt entschloss sich die schwedische Polizei zuzugreifen, kam aber nicht mehr zum Zuge, weil die Terroristen bei dem Versuch der Sprengung der Botschaft alle Geiseln verletzten und zwei RAF Mitglieder starben. Die anderen vier Terroristen wurden gefasst und in Deutschland inhaftiert (vgl. Clutterbuck 1992, S. 269).

Zusammenfassend stellt die Besetzung der deutschen Botschaft in Stockholm also den ersten Fall dar, in dem sich die, grundsätzlich von einer Unnachgiebigkeit gegenüber Terroristen geprägte, Haltung Helmut Schmidts durchsetzen konnte (vgl. März 1997, S. 94-95). Die beschriebene Unnachgiebigkeit wurde in einem nicht zu unterschätzenden Maß durch die Tatsache erleichtert, dass die Bundesregierung mit der Aufgabe der Exterritorialität die Verantwortung an die schwedische Regierung abgegeben hatte.

In Rückbezug zu der Tabelle *Behandlung von grundrechtlichen Schutzpflichten mit Auslandsbezug* (vgl. Krings 2003, S. 203) ist die Einordnung der Stockholmer

---

12 Diese Entscheidung ist bemerkenswert und findet sich in der Literatur zu diesem Fall in unterschiedlichen Versionen. Dahlke (2012, S. 116) bezieht sich direkt auf die Untersuchung von März (2007, S. 118-120) bei der Entscheidung zur Aufhebung der Exterritorialität der deutschen Botschaft, die von Bundeskanzler Schmidt getroffen worden sei. Diese Bezugnahme auf März' Untersuchung ist insofern brisant, als März auf den Seiten 118-120 zwar die Exterritorialität erwähnt, aber nicht expliziert, dass Helmut Schmidt Autor dieser Entscheidung war. Im Gegensatz dazu weist März überzeugend nach, dass die Entscheidung zur Aufhebung der Exterritorialität von Norman Dencker, dem diensthabenden und zuständigen Beamten im Auswärtigen Amt in Bonn getroffen wurde (vgl. März 2007, S. 88–90).

Botschaftsbesetzung von zwei Phasen gezeichnet. In den Kategorien der Tabelle handelt es sich um einen Übergang des Falls X3 zu X2.

Konstant ist die Kategorie des Störers, da es sich um *deutsche Private im Ausland* handelt. In der ersten Phase (X3) vor der Aufhebung der Exterritorialität sind die Opfer *Deutsche im Inland*. Krings geht grundsätzlich davon aus, dass der Staat „ggf. unmittelbare Einwirkungsmöglichkeiten auf Störer" (Krings 2003, S. 203) hat. Diese sind im vorliegenden Fall nicht gegeben, weil das Inland in diesem Kontext nur durch das völkerrechtliche Konzept der Exterritorialität ermöglicht wurde. Rechtlich handelt es sich also erst um einen Schutzpflichtfall im Inland (X3), der aber praktisch - weil er in Stockholm stattfindet - keine Einwirkungsoptionen für den deutschen Staat bereithält.

Mit der Aufhebung der Exterritorialität beginnt die zweite Phase. Da sich das Opfer nun auch im Ausland befindet, rückt der Fall in die Kategorie X2. Das bedeutet, dass die Opfer nur noch einen „indirekten diplomatischen Schutz" genießen, „weil die deutsche Staatsgewalt nur auf [den, J.H.] ausländischen Staat einwirken kann mit dem Ziel, dass dieser auf den, seiner Rechtsmacht unterworfenen Störer einwirkt" (Krings 2003, S. 203). Der schwedische Staat hatte aber nur begrenzte Optionen, um auf die Störer einzuwirken, weil die RAF die Freilassung von inhaftierten RAF-Terroristen aus deutschen Gefängnissen gefordert hatte.

Krings geht in seiner Tabelle davon aus, dass der deutsche Staat zugunsten seiner Staatsbürger versucht, auf den anderen Staat einzuwirken. Im Fall der Besetzung der deutschen Botschaft kann aber nicht von einem aktiven Einwirken, sondern vielmehr von einem aktiven Enthalten des deutschen Staates gesprochen werden, das nur deshalb möglich war, weil sich die Besetzung außerhalb des deutschen Territoriums abspielte.

6 Der Entführungsfall Hanns Martin Schleyer (1977)

Hanns Martin Schleyer war Direktor bei Mercedes Benz sowie Arbeitgeberpräsident, als er am 5. September 1977 von der RAF in Köln entführt wurde. Die zentrale Forderung der RAF war die Freilassung von elf Mitgliedern, die in deutschen Gefängnissen inhaftiert waren (vgl. Clutterbuck 1992, S. 271). Über einen Monat lang verlief die Entführung des Hanns Martin Schleyer ohne entscheidende Wendepunkte. Am Donnerstag, den 13. Oktober 1977 (vgl. Presse- und Informationsamt 1977, S. 133), habe es dann gegen 14.38 Uhr MEZ erste Hinweise darauf gegeben, dass die Lufthansa-Maschine „Landshut" auf dem Weg von Palma de Mallorca nach Frankfurt am Main von vier arabischen Terroristen entführt wurde (vgl. Clutterbuck 1992, S. 271; März 2007, S. 132).

Am Freitag, den 14. Oktober 1977, trat das Kabinett in Bonn zu einer Sondersitzung zusammen. Bei dieser Sitzung sei, „insbesondere" ob der juristischen Ausführungen des damaligen Bundesjustizministers Hans-Jochen Vogel, die „Überzeugung gewonnen" worden, „daß rechtlich ein Eingehen auf die Forderungen der Entführer gemäß § 34 StGB weder unzulässig noch geboten ist", sondern eine „staatspolitische Abwägung zwischen den erkennbaren Gefahren vorgenommen werden" sollte (vgl. Presse- und Informationsamt 1977, S. 148). Zu diesen „erkennbaren Gefahren" zählte die „konkrete Lebensgefahr" der Flugzeuggeiseln sowie Hanns Martin Schleyers. Diese Gefahren seien verglichen worden mit der Gefahr, die „sich im Fall der Freilassung der von den Entführern bezeichneten Gefangenen für eine unbestimmte Vielzahl von Menschen ergeben würde" (vgl. Presse- und Informationsamt 1977, S. 148).

Um diese potenzielle Gefahr einschätzen zu können, wurde nicht nur auf die Tatsache verwiesen, dass die in Stammheim inhaftierten RAF Terroristen für die Ermordung von 13 Menschen verurteilt worden waren, sondern explizit auf die Erfahrung mit den freigelassenen Terroristen der Lorenz-Entführung rekurriert. So hätten diese „nach ihrer Entlassung 4, möglicherweise sogar 9 Menschen ermordet und die Ermordung von 6 weiteren Menschen versucht" (Presse- und Informationsamt 1977, S. 148-149).

Weiterhin sei das Argument der „präjudizierenden Wirkung" einer möglichen Freilassung von Gefangenen für „künftige Erpressungsfälle aller Art" sowie die Wirkung der Freilassung auf „die Motivation und die weitere Bereitschaft der Sicherheitsorgane, Terroristen unter Lebensgefahr festzunehmen und zu verwahren" Teil der Überlegungen gewesen, die während der Sondersitzung am 14. Oktober 1977 artikuliert worden sind (vgl. Presse- und Informationsamt 1977, S. 148-149). Deutlich wird also, dass die Konsequenzen der Lorenz-Entführung in einem kritischen Moment auf die Entführungen von Hanns Martin Schleyer und der Landshut einwirkten. Das Kabinett beschloss, dass „alles mögliche unternommen werden soll, um – ohne eine Freilassung der Gefangenen – die Geiseln zu retten" (Presse- und Informationsamt 1977, S. 149).

Teil dieses *Möglichen* war die Übergabe von Lösegeld, das die PFLP der Forderung nach der Freilassung der in Deutschland inhaftierten RAF Terroristen durch die Entführung der „Landshut" hinzugefügt hatte (vgl. März 2007). Diese Lösegeldübergabe hätte am Morgen des 15. Oktober 1977, keine 24 Stunden nach dem Beschluss „alles mögliche [...] ohne eine Freilassung der Gefangenen" (Presse- und Informationsamt 1977, S. 149) unternehmen zu wollen, in Koordination zwischen der Schleyer Familie und der Bundesregierung erfolgen sollen (vgl. Clutterbuck 1992).

Als direkte Reaktion auf das Scheitern[13] dieser Übergabe, die gegen 12.00 Uhr MEZ in Frankfurt hätte stattfinden sollen, beantragte der Sohn Schleyers, Hanns Eberhard Schleyer, gegen 13.00 Uhr MEZ „beim Bundesverfassungsgericht den Erlaß einer Einstweiligen Anordnung mit dem Ziel, die Bundesregierung und die beteiligten Landesregierungen zu zwingen, die Gefangenen, deren Freilassung verlangt [wurde, J.H.], freizugeben, um das Leben seines Vaters zu retten“ (Presse- und Informationsamt 1977, S. 158).

Hanns Eberhard Schleyer versuchte durch diesen *dringlichen Antrag* eine einstweilige Anordnung zu erwirken, die vorsah, dass „den Forderungen der Entführer des Dr. Hanns Martin Schleyer auf Freilassung und Gewährung freier Ausreise aus der Bundesrepublik Deutschland von namentlich von den Entführern benannten Häftlingen […] stattzugeben“ sei (Antrag Dr. Hanns Eberhard Schleyer 1977, zit. n. Presse- und Informationsamt 1977, Anlage 16, S. 293).

In der Begründung verweist der Antragsteller auf die „brutale Entschlossenheit der terroristischen Entführergruppe“, die den „Kampfregeln der Stadtguerilla“ entspreche und sich in ihrer tödlichen Konsequenz sowohl bei der Ermordung des deutschen Diplomaten von Spreti in Guatemala als auch „der Ermordung von zwei Geiseln in der deutschen Botschaft in Stockholm“ (Presse- und Informationsamt 1977, S. 294) offenbart habe. Aufgrund dieser Erfahrungen wird argumentiert, dass die Weigerung der Bundesregierung den Forderungen der Entführer nachzukommen, einem „bewußte[n] Einwirken der staatlichen Gewalt auf Leib und Leben des Antragstellers“ (Presse- und Informationsamt 1977, S. 295) gleichkommt. Dagegen beruft sich der Antragsteller „auf den Schutz des Grundrechts aus Art. 2 GG, durch den sein Leben und seine körperliche Unversehrtheit durch die Staatsgewalt zu gewährleisten ist“. Unter Bezugnahme auf den Grundgesetzkommentar von Maunz-Dürig verweisen die Antragsteller darauf, dass es der Sinn des Art. 2 GG sei, auch den „staatlich geduldeten Mord abzuwehren“ (Presse- und Informationsamt 1977, S. 295).

Schließlich mündet dieses aus Art. 2 GG deduzierte Argument dahin, dass „es kein höherwertiges Rechtsgut als das Leben“ (Presse- und Informationsamt 1977, S. 295) gebe. Weil der Antragsgegner, die Bundesregierung, aber nicht Leben ge-

---

13 Das Scheitern wird in der Darstellung des Bundespresseamtes monokausal auf die Anwesenheit von Journalisten an dem ausgemachten Übergabeort zurückgeführt (vgl. Presse- und Informationsamt 1977, S. 157). Konträr zum Bundespresseamt schreibt Michael März, dass die „Bundesregierung dieses Manöver [die Lösegeldübergabe, J.H.] verhinderte“ (2007, S. 132), ohne dafür jedoch Belege anzuführen. Auch der Eilantrag des Sohnes von Hanns Martin Schleyer rekurriert auf die Lösegeld-Forderung bis zum 15.10.1977, der aufgrund des Willens der Bundesregierung nicht stattgegeben worden sei (vgl. Presse- und Informationsamt 1977, Anlage 16, S. 300).

gen Leben abzuwägen habe, sondern lediglich für die „Durchsetzung allgemeiner politischer, möglicherweise general- oder spezialpräventiver Überlegungen streitet, kann eine Güterabwägung rechtmäßig nicht erfolgen“ (Presse- und Informationsamt 1977, S. 297).

Um dieses Argument zu untermauern, beziehen sich die Antragsteller auf ein Urteil des BVerfG, das „mit aller Klarheit und allem Nachdruck“ (Presse- und Informationsamt 1977, S. 297) festgelegt habe, dass das „menschliche Leben [...] innerhalb der grundgesetzlichen Ordnung einen Höchstwert“ darstellt und die „vitale Basis für Menschenwürde und die Voraussetzung aller anderen Grundrechte“ (BVerfG 39, 1, 42, zit. n. Presse- und Informationsamt 1977, S. 297) formt. Weil die freizulassenden Terroristen eine Ausreise beabsichtigten, könne sich der Antragsgegner auch nicht darauf berufen, die Allgemeinheit in Zukunft vor einer Bedrohung schützen zu müssen (vgl. Presse- und Informationsamt 1977, S. 298).

Weiterhin führt der Antragsteller das Grundrecht auf Gleichbehandlung aus Artikel 3 GG an, „nach dem in dem vergleichbaren Entführungsfall des Berliner CDU-Abgeordneten und Fraktionsvorsitzenden Lorenz den Freilassungsforderungen seiner Entführer nachgegeben worden ist und so dessen bedrohtes Lebens gerettet werden konnte“ (Presse- und Informationsamt 1977, S. 295).

Weil die Entführungsfälle für die Antragsteller vergleichbar sind, gehen sie davon aus, dass das Erteilen der geforderten Konzessionen eine hinreichende Bedingung dafür ist, das Leben des Hanns Martin Schleyer zu schützen (vgl. Presse- und Informationsamt 1977, S. 296). Schließlich habe die „Staatsgewalt“ mit der „früheren Entscheidung [...] selbst die zugunsten des Rechtsgutes ‚Leib und Leben‘ erfolgte Güterabwägung bekundet, von der sie in vergleichbaren Fällen nicht zu Lasten der in Grundrechten Betroffenen abweichen darf“ (Presse- und Informationsamt 1977, S. 299).

Um der Bundesregierung abschließend einen Weg zu ebnen, wie sie rechtlich den Gefangenenaustausch rechtfertigen könnte, verweisen die Antragsteller auf die Möglichkeit, die § 34 StGB bietet, sich „bei der Freilassung der Gefangenen auf den durch die Erpressung mit dem Leben des Antragstellers begründeten rechtfertigenden Notstand“ (Presse- und Informationsamt 1977, S. 298) berufen zu können.

7 Das Urteil des BVerfG vom 16. Oktober 1977

Am 16. Oktober 1977 lehnt das Bundesverfassungsgericht den Antrag Schleyers auf Erlass einer einstweiligen Anordnung ab. Zwei Argumente leiten diese Entscheidung. Erstens betont das BVerfG, dass die Art und Weise, wie der effektive Schutz des Lebens durch die staatlichen Organe zu gewährleisten ist, „grundsätzlich in eigener Verantwortung zu entscheiden" (BVerfG 46, 160 (164)) ist. Die von den Antragstellern beschriebene Situation, in der nur noch *ein* Mittel den effektiven Schutz von Schleyer garantieren würde, sieht das Gericht in der vorliegenden Situation als nicht gegeben an (vgl. BVerfG 46, 160 (164).

Zweitens argumentiert das Gericht mit der Schutzpflicht des Staates gegenüber der „Gesamtheit aller Bürger", so dass die „Festlegung auf ein bestimmtes Mittel" zum Schutz des Einzelnen ausgeschlossen ist (vgl. BVerfG 46, 160 (164)). Um diesen Punkt zu untermauern, bezieht das Gericht die Perspektive der Entführer mit ein. Denn wenn die Mittel zum Schutz des Lebens normiert würden, dann wäre „die Reaktion des Staates für Terroristen von vornherein kalkulierbar. Damit würde dem Staat der effektive Schutz seiner Bürger unmöglich gemacht" (BVerfG 46, 160 (164)). Die Tragik dieser Entscheidung liegt also darin, dass das Gericht der „Pflicht zum Schutz des individuellen Opfers die Schutzpflicht für die Gesamtheit aller Bürger gegenüber" (Hermes 1987, S. 9) stellt.

Der Leitsatz des Bundesverfassungsgerichts zum Schleyer-Fall behandelt drei große Topoi. Den der Gleichbehandlung, den des Spannungsverhältnisses zwischen individueller und kollektiver Schutzpflicht, und letztlich das Verhältnis zwischen Schutzpflicht und Rechtsstaatlichkeit.

Die von den Antragstellern geforderte und im Grundgesetz festgeschriebene Gleichbehandlung vor dem Gesetz sieht die verfassungsrechtliche Entscheidung nicht als zwingend an: „Aus den gleichen Gründen kann auch unter dem Gesichtspunkt des allgemeinen Gleichheitssatzes (Art. 3 Abs. 1 GG) nicht in allen Entführungsfällen eine schematisch gleiche Entscheidung geboten sein" (BVerfG 40, 160 (164)).

Das Spannungsverhältnis zwischen der Schutzpflicht als positivem subjektiven Recht gegenüber Einzelnen im Kontrast zu einer Schutzpflicht gegenüber der Gesamtheit aller Bürger löst das BVerfG so auf, dass die „jeweiligen Umstände des Einzelfalls" eine Festschreibung auf eine bestimmte Intervention verbietet (vgl. BVerfG 40, 160 (164)). Folglich obliegt es den verantwortlichen staatlichen Organen, die Abwägung zwischen individueller und kollektiver Schutzpflicht vorzunehmen.

Letztlich macht der Leitsatz zur Schleyer-Entführung deutlich, dass auch das Recht des Schutzes auf Leben keinen gesetzesfreien Eingriff rechtfertigt: „Die grundrechtlichen Schutzpflichten bzw. das Status-positivus Grundrecht auf Sicherheit heben also die formellen Voraussetzungen des rechtsstaatlichen Handelns nicht auf. Die grundrechtliche Legitimität ersetzt nicht die Legalität" (Isensee 1983, S. 43).

Abseits dieser substantiellen Topoi zeigt der Titel des Leitsatzes *Grenzen verfassungsgerichtlicher Kontrolle bei der Bekämpfung lebensbedrohlicher terroristischer Erpressungen* (BVerfG 46, 160) deutlich, dass das BVerfG sich nicht als letztliche Entscheidungsinstanz in den vorliegenden Fällen versteht. Auch wenn es von den Antragstellern als finale Entscheidungsgewalt angesehen wurde, nimmt es in diesem Fall nicht für sich in Anspruch, den Verfassungstext für Bund, Länder, „sowie alle Gerichte und Behörden" (BVerfGG § 31, Abs. 1) verbindlich auszulegen. Damit folgt es in seiner Selbstauffassung der Stellungnahme Hans-Jochen Vogels, der in dem vorliegenden Fall einen „Raum freier politischer Gestaltung" sah, der abschließend nur „in der Frage des ‚Dürfens', nicht aber in der Frage des ‚Handelnmüssens' rechtlichen, insbesondere verfassungsrechtlichen Kriterien zugänglich", und deshalb „letztlich politischer Art" sei (Presse- und Informationsamt 1977, S. 306):

> „Angesichts dieser verfassungsrechtlichen Lage kann das Bundesverfassungsgericht den zuständigen staatlichen Organen keine bestimmte Entschließung vorschreiben. Es liegt in der Entscheidung der Antragsgegner, welche Maßnahmen zur Erfüllung der ihnen obliegenden Schutzpflichten zu ergreifen sind" (BVerfG 40, 160 (164)).

Das Urteil zur Entführung Hanns Martin Schleyers ist nicht nur deshalb bedeutsam, weil es das Zusammenspiel grundlegender Prinzipien (Rechtsstaatlichkeit, Sozialstaatsprinzip, Gleichheit vor dem Recht, Schutzpflicht des Staates) des Gemeinwesens behandelt. Das Urteil ist auch deshalb bedeutsam, weil der prinzipielle Umgang der Bundesregierung mit Forderungen in Entführungssituationen insofern festgelegt wurde, als dass er *nicht* festgelegt wurde. Folglich liegt die Ausgestaltung der Schutzpflicht in den Händen des Staates, der dabei über einen weiten Ermessenspielraum verfügt (vgl. Pietschmann 2010, S. 133; Krings 2003, S. 222).

Krings legt diesen Ermessenspielraum des Staates als ein „Dilemma der Pluralität der Konkretisierungsmöglichkeiten" (Krings 2003, S. 270) aus. Er meint also, dass es ein Dilemma für den Staat sei, in Entführungssituationen vor multiplen Optionen zu stehen, wie der staatlichen Schutzpflicht nachzukommen sei.

Diese Sichtweise kann hinterfragt werden, denn dieses Dilemma bedeutet auch, dass das Verhandlungsspiel zwischen Störer und Staat bzw. Staaten keine *Erwartungssicherheit* seitens der Terroristen beinhaltet. Aus der Sicht des Störers, der sich nicht sicher sein kann, wie der Staat handeln wird, um das störende Handeln zu unterbinden, kann die *Pluralität* deshalb auch als Dilemma verstanden werden.

Aus der Sicht des Opfers stellt die „Pluralität der Konkretisierungsmöglichkeiten" (Krings 2003, S. 270) ein Dilemma dar, weil es weder den Staat auf eine konkrete Handlung verklagen, noch von einer konkreten Handlung seitens des Staates ausgehen kann.

Der Staat muss zwar auf eine störende Handlung reagieren, in seinen Handlungen aber keinem rechtlich kodifizierten Protokoll folgen. Aus dieser Sicht ließe sich also argumentieren, dass die Entscheidung zur Hanns Martin Schleyer-Entführung die staatlichen Autoritäten in Entführungsfällen mit der weitreichenden Kompetenz ausgestattet hat, die jeweilige Konkretisierung der Schutzpflicht immer wieder neu zu bewerten.

Bis zu der Entführung der „Landshut" liegt ein Grundfall der Schutzpflicht (X1) vor, weil ein Privater, die RAF, einen Deutschen, Hanns Martin Schleyer, im Inland entführt. Weil Schleyer auf dem Gebiet der Bundesrepublik entführt wird, bestehen auch keine Zweifel bezüglich der Anwendbarkeit des Grundgesetzes.

Mit der Entführung der „Landshut" kann dann von einem Hybrid-Fall gesprochen werden, da sich der Grundfall (X1) und dessen Modifizierung (X2) gleichzeitig und nicht nacheinander, wie im Fall von Stockholm, abspielen. Die Ausprägung von X2 im Falle der Schleyer-Entführung unterscheidet sich aber von der X2-Ausprägung bei der Botschaftsbesetzung in Stockholm, weil es ausländische Private sind, die erst im Inland (Frankfurt) die Kontrolle über das Flugzeug übernehmen und dieses dann auf ausländischem Staatsgebiet (Mogadischu, Somalia) landen. War die Reaktion der Bundesregierung im Stockholm-Fall noch, die Verantwortung an den Staat abzugeben, auf dessen Territorium sich die Geiselnahme abspielt, entscheidet sich die Bundesregierung im Fall der „Landshut"-Entführung, selbst polizeilich tätig zu werden.

Anhand der Tabelle von Krings (vgl. 2003, S. 203) wäre zu erwarten gewesen, dass die Bundesregierung versucht, auf den fremden Staat (Somalia) einzuwirken, damit dieser seine Rechtsmacht nutzt, um auf den Störer einzuwirken (X2). Die Bundesregierung erbittet aber lediglich die Erlaubnis, dass ihre polizeiliche Eingreiftruppe auf somalischem Territorium aktiv werden darf. Eine Entscheidung, die hinsichtlich der staatlichen Struktur Somalias nicht abwegig war. Im Vergleich zu dem aktiven Enthalten, das das Verhalten der Bundesregierung im Stockholm-Fall gekennzeichnet hat, stellt der polizeiliche Eingriff auf fremdem Staatsgebiet nun den anderen Pol vorstellbarer Aktivitätsmuster dar.

8 Schutzpflicht und Schutzpflichtswirklichkeit: Alles kann, nichts muss

Zusammenfassend lässt sich sagen, dass sich die drei vorgestellten Schutzpflichtfälle sowohl in ihrer grundrechtlichen Einordnung als auch in ihren Ergebnissen fundamental unterscheiden:

Tab. 2 Zusammenfassung der analysierten Fälle im Vergleich.

Ereignis	Grundrechtliche Einordnung	Ergebnis
Entführung: *Peter Lorenz*	Grundfall der Schutzpflicht: X1	Konzession und Freilassung
Besetzung der deutschen Botschaft mit Geiselnahme: *Stockholm*	Zwei temporär aufeinander folgende Phasen der Schutzpflicht; von X3 zu X2	Polizeilicher Eingriff nach versuchter Sprengung der Botschaft; Tod einiger Geiseln
Entführung: *Hanns Martin Schleyer* in Zusammenhang mit Landshut-Entführung	Zuerst X1. Dann temporär gleichzeitige Phase von X1 und X2	Polizeilicher Eingriff bei Landshut und Rettung aller Geiseln; Tod des Hanns Martin Schleyer

Die Frage, ob sich der deutsche Staat erpressen lassen muss, weil die grundrechtliche Schutzpflicht gegenüber den Staatsbürgern dies verlangte, kann verneint werden. Weil die Bundesrepublik in terroristischen Entführungssituationen weder durch ihre Verfassung noch durch internationale Normen und Konventionen zu konkreten Schutzpflichtleistungen verpflichtet ist, kann ihre Konzessionspolitik als *konsistent flexibel* (vgl. Goerzig 2010) charakterisiert werden. Die *konsistente Flexibilität* wird manifest in einer Konzessionspolitik, die nachgeben *können kann,* aber keinem Zwang ausgesetzt ist, nachgeben *zu müssen.*

Literatur

Begley, J. 2015. *Dronestre.am*. Real-time and historical data about every reported United States drone strike. http://dronestre.am/. Zugegriffen: 02.03.2016.

Blumenau, B. 2015. *The United Nations and terrorism*. Germany, Multilateralism, and Antiterrorism Efforts in the 1970s. London/New York: palgrave macmillan.

Bobbio, N. 1988. *Die Zukunft der Demokratie. Sechs Essays*. Berlin: Rotbuch-Verlag.

Buck, C. 2007. *Medien und Geiselnahmen Fallstudien zum inszenierten Terror*. Wiesbaden: VS, Verlag für Sozialwissenschaften.

Clutterbuck, R. 1992. Negotiating with terrorists. *Terrorism and Political Violence* 4: S. 263–287.

Dahlke, M. 2012. *Demokratischer Staat und transnationaler Terrorismus*. München: Oldenbourg.

Fischer, K. 2014. Überwachen und Steuern. Was der Staat nicht wissen darf und auch nicht wissen wollen sollte. In *Kursbuch 180. Nicht wissen*, Hrsg. Armin Nassehi, S. 45–57. Hamburg.

Glaeßner, G.-J. 2003. *Sicherheit in Freiheit die Schutzfunktion des demokratischen Staates und die Freiheit der Bürger*. Opladen: Leske Budrich.

Goerzig, C. 2010. *Talking to terrorists concessions and the renunciation of violence*. London/New York: Routledge.

Hermes, G. 1987. Das Grundrecht auf Schutz von Leben und Gesundheit. Schutzpflicht und Schutzanspruch aus Art. 2 Abs. 2 Satz 1 GG. Heidelberg: Müller Juristischer Verlag.

Hughes, M. 1990. Terror and negotiation. *Terrorism and Political Violence* 2: S. 72–825.

Isensee, J. 1983. Das Grundrecht auf Sicherheit. Zu den Schutzpflichten des freiheitlichen Verfassungstaates. *Schriftenreihe der Juristischen Gesellschaft Berlin*: S. 1–60.

Jenkins, B., Johnson, J. und Ronfeldt, D. 1977. *Numbered Lives. Some Statistical Observations from 77 International Hostage Episodes*. RAND-Report P-5905. http://www.rand.org/content/dam/rand/pubs/papers/2008/P5291.pdf. Zugegriffen: 16.03.2016.

Klein, E. 2004. Die Herausforderungen durch den internationalen Terrorismus – hört hier das Völkerrecht auf? In *Der Terror, der Staat und das Recht*, Hrsg. Josef Isensee, S. 9–40. Berlin: Duncker & Humblot.

Krings, G. 2003. *Grund und Grenzen grundrechtlicher Schutzansprüche*. Die subjektiv-rechtliche Rekonstruktion der grundrechtlichen Schutzpflichten und ihre Auswirkung auf die verfassungsrechtliche Fundierung des Verbrauchervertragsrechts. Berlin: Duncker & Humblot.

März, M. 2007. *Die Machtprobe 1975 wie* RAF *und* Bewegung 2. Juni *den Staat erpressten*. Leipzig: Forum Verl. Leipzig.

Pietschmann, N. 2010. Der Rechtsstaat im Wandel. Zum Spannungsverhältnis von Freiheit und Sicherheit in der Bundesrepublik Deutschland. In *Sicherheit und Freiheit statt Terror und Angst. Perspektiven einer demokratischen Sicherheit*, Hrsg. Gisela Riescher, S. 127–153. Baden-Baden: Nomos.

Presse- und Informationsamt. 1977. *Dokumentation der Bundesregierung zur Entführung von Hanns Martin Schleyer Ereignisse und Entscheidungen im Zusammenhang mit der Entführung von Hanns Martin Schleyer und der Lufthansamaschine „Landshut"*. München: Goldmann.

Rüb, F. W. 2012. Die Verletzlichkeit der Demokratie – eine Spekulation. In: Olaf Asbach et al. (Hrsg.): *Zur kritischen Theorie der politischen Gesellschaft*. Wiesbaden, S. 99-120.

Sartori, G. 1970. Concept Misformation in Comparative Politics. *American Political Science Review* 4: S. 1033–1053.
Sartori, G. 1991. Comparing and Miscomparing. *Journal of Theoretical Politics* 3: S. 243–257.
Stern, K. 2000. *Der Austausch*. Die vergessene Entführung des Peter Lorenz: ARD.
Wilkinson, P. 2011. *Terrorism versus Democracy*. The liberal state response. London [u. a.]: Routledge.
Würtenberger, T., und Tanneberger. S. 2010. Sicherheitsarchitektur als interdisziplinäres Forschungsfeld. In *Sicherheit und Freiheit statt Terror und Angst. Perspektiven einer demokratischen Sicherheit*, Hrsg. Gisela Riescher, S. 97–125. Baden-Baden: Nomos.

Imperium Arcanum?
Realität und Mythos verdeckter Militäreinsätze der USA

Jochen Kleinschmidt und Sebastian Huhnholz

1 Zur Rolle der *covert action* in der amerikanischen Außenpolitik

Dieser Beitrag widmet sich der Frage, ob verdeckten Militäreinsätzen der USA – im Englischen bekannt als *covert action* –[1] als Spezialfällen der Arkanpolitik eine bedeutende oder gar tragende Rolle bei der Bildung imperialer Strukturen zukam oder noch zukommt. Derartige Annahmen werden – neben eher verschwörungstheoretisch anmutenden Arbeiten (Ganser 2005), die hier ignoriert werden sollen – auch von anerkannten Akademikern vertreten, und zwar sowohl in kritischer (z. B. Bacevich 2002, S. 70) wie auch in bedingt affirmativer Absicht (z. B. Godson 2001, S.

1 „Covert action" bezeichnet eigentlich entsprechend den Rechtsnormen der USA jeglichen Versuch, politische, ökonomische oder militärische Situationen im Ausland in ihrem Sinne zu beeinflussen, es zählten also auch verdeckte PR-Maßnahmen und dergleichen dazu. In der Literatur wird der Begriff allerdings meistens auf verdeckte Gewaltanwendung beschränkt, und aufgrund der vollständig anderen völkerrechtlichen und politischen Implikationen derartiger Vorgehensweisen schließen wir uns dieser Einschränkung hier an. Darüber hinaus ist die *covert action* auch von *klandestinen* Operationen abzugrenzen – erstere beabsichtigen nur, den Urheber einer gewaltsamen Intervention nicht offensichtlich werden zu lassen, zweitere hingegen zielen auf das absolute Unerkanntbleiben einer Aktivität (Kibbe 2007, S. 57f). Da politisch wirksame Gewalttaten fast per Definition Aufmerksamkeit erregen, dürfte die Relevanz letzterer – außerhalb von einschlägigen Kinofilmen – als sehr gering einzuschätzen sein. Alle diese Formen politischen Handelns sind als Arkanpolitik einzustufen, da aber sowohl die potenziellen Auswirkungen als auch die diese untersuchenden wissenschaftlichen Arbeiten stark divergieren, erscheint es uns als sinnvoll, dass sich hiesiger Artikel auf verdeckte, gewaltsame Operationen beschränkt – auch wenn diese im Einklang mit dem Großteil der Forschungs- und sonstigen Sachliteratur hier kurz als „covert action" oder „verdeckte Aktionen" bezeichnet werden.

170). Demzufolge sei das unerkannte, gewaltsame Eingreifen in die innenpolitischen Verhältnisse anderer Staaten unter Durchbrechung der völkerrechtlichen Norm souveräner Staatlichkeit zumindest unter bestimmten Umständen ein geeignetes Mittel zur imperialen Durchsetzung eigener Interessen und Machtansprüche.

Diese These soll hier durch eine Reihe von Fallstudien geprüft werden. Ein vergleichender Test ist insbesondere durch in den letzten zehn Jahren veröffentlichte Augenzeugenberichte und Verschlusssachen von Interesse, die für die betrachteten Fälle neue oder ergänzende Einsichten zulassen. Voraussetzung für die Aufnahme in die folgende Reihe von Fallstudien soll sein ein 1.) gewaltsames, in den Auswirkungen mit konventionellen militärischen Operationen vergleichbares, 2.) verdecktes, das heißt unter Absicht der Verschleierung seiner Urheberschaft durchgeführtes, und überdies 3.) tatsächlich offiziellen US-amerikanischen Institutionen zuzurechnendes Eingreifen in die inneren Angelegenheiten eines anderen Staates.[2]

Rechts- und öffentlichkeitsferne Aktivitäten im Rahmen der amerikanischen Außen- und Sicherheitspolitik werden bisweilen – und zwar sowohl von eher ‚idealistischen' als auch von ‚realistischen' Autoren – als Kontinuitätsbruch mit der Vorkriegsgeschichte der USA und mithin als Fremdkörper in einer imaginierten ursprünglichen oder authentischen Semantik ihrer politischen Identität gelesen (Lundestad 2003; dagegen z. B. Kagan 2007; Suri 2011). So weist ein Historiker des amerikanischen Nachrichtenwesens darauf hin, dass dieses im 19. Jahrhundert nicht nur faktisch nicht vorhanden war, sondern dass auch andere damals generell der Arkanpolitik zugerechnete Politikfelder wie die konventionelle Diplomatie unter akuten Problemen bei Diskretion und Geheimhaltung litten (Tidd 2008, S. 7f). Das Missverhältnis zum tradierten wie populären *common sense*, der den USA geradezu notorische und erfolgreiche Arkanpolitik nachsagt, ist vor diesem Hintergrund wohl vor allem durch den Umstand zu erklären, dass ältere Formen und Beispiele vermeintlich oder tatsächlich „typisch" imperialen Handelns der USA zwar selten geheim waren (siehe aus der dazu reichhaltigen Literatur nur Ninkovich 2001; Sandars 2000; Boot 2002; Kinzer 2006), ihnen just aufgrund des „Mythos" vom US-amerikanischen Vorkriegsisolationismus (Kagan 2008; Williams 1994) jedoch retrospektiv der Status eines seither angewachsenen „geheimen Imperialismus" (Johnson 2000, S. 94) zugeschrieben worden ist. So stehen mithin Stereotype US-amerikanischer Selbst- und Fremdwahrnehmung im wirkmächtigen Deutungskampf (dazu Huhnholz 2014).

2 Für das dritte Kriterium wäre also die bloße Zustimmung zu einem Staatsstreich über diplomatische Kanäle oder das politisch nicht sanktionierte Tätigwerden privater Akteure nicht ausreichend. Es muss zumindest ein aktives, direktes Handeln erkennbar werden, das beispielsweise einer militärischen Befehlskette äquivalent wäre.

Gleichwohl war bereits im Zuge der kontinentalen Expansion der USA schnell auch der paradoxe Charakter eines Verzichts auf staatliche Geheimpolitik deutlich geworden, etwa wenn der beabsichtigte Erwerb neuer Gebiete vom Einsatz privater Söldner oder Spione flankiert wurde (Tidd 2008, S. 7f.) – ein altes Phänomen, das in den „Private Military Companies", den privatwirtschaftlichen Sicherheits-, Söldner- und Kriegsunternehmern unserer Tage, zu neuer Aktualität gelangt ist, denn deren umfassende staatsseitige Indienstnahme lässt zwar statistische Beschönigungen des tatsächlichen Umfangs bewaffneten außenpolitischen Engagements ebenso zu wie die kurzfristige Reduktion politischer und volkswirtschaftlicher Kosten, riskiert längerfristig jedoch Rückschläge und verursacht diverse kontraproduktive Spätfolgen (Joachim 2010; Eckert 2016). Und zweifellos im hiesigen Themenfeld nicht zu ignorieren ist schließlich, dass die empirisch wie auch immer gedeckten inneramerikanischen Mythen und globalen Wahrnehmungsmuster über US-Geheimpolitikstile durch Vorfälle wie die „NSA-Affäre" um Edward Snowden sowie beispielsweise auch durch die extensive Drohnenkriegführung Barack Obamas (Woodward 2010) neuen Auftrieb erhielten.

Ob man aus diesen Beispielen allerdings sogleich auf eine Kontinuität zwischen verdeckten Aktivitäten im Kalten Krieg und gegenwärtigen Trends schließen darf, muss dahingestellt bleiben. Sicher scheint jedoch, dass die europäischen Großmächte der Vergangenheit über ihre frühe und kontinuierliche Erfahrung mit informalen Herrschaftsmechanismen in ihren Kolonien und Protektoraten sehr viel eher eine gewisse Normalität einer Arkanpolitik zu akzeptieren lernten, die aufgrund des Fehlens ausreichender Erzwingungskapazitäten meist nicht als Vorstufe oder Komponente militärischer Operationen, sondern gerade als Alternative zu diesen betrachtet wurde (Thomas 2005, S. 1035). Imperiale Arkanpolitik wurde in der „Alten Welt" somit weniger dem Bereich des Militärischen oder des Kriegerischen – mithin also den Sphären des politischen Ausnahmezustands – zugerechnet, sondern eher als defizitäre Form der Regierungsführung oder autoritärer Friedenssicherung unter kolonialen Umständen betrachtet.

Wo die amerikanische Tradition eher dazu tendiert, das politische Geheimnis in den militärischen Sachbereich abzuschieben, erhielten europäische Kolonialmächte das Prinzip der Öffentlichkeit der Politik durch die räumliche Differenzierung von Zonen, in denen verdeckte Machtausübung als durch Notwendigkeit legitimiert angesehen wurde – wobei über die Berechtigung der Verwendung des Präteritums gestritten werden mag (vgl. Sharman 2005, sowie den Beitrag von Hausteiner in diesem Band). Beiden gemeinsam ist jedenfalls das Bemühen, das Arkane zu isolieren und für es einen von öffentlicher Transparenz klar unterschiedenen Bereich reserviert zu halten mit dem unvermeidlich dilemmatischen Ziel, die Praxis und die Norm der *res publica* zu wahren.[3]

Vorsätzliche Intransparenz wie auch deren öffentliche Leugnung sind dabei selbstredend immer wieder auch als symbolische Belege gemiedener Imperialität funktionalisiert und rhetorisch instrumentalisiert worden. Denn insbesondere in den USA gehört die für imperiale Zentrumseliten generell bewährte Autosuggestion, die Bürde der Geheimnisträgerei diene erstlich und letztlich dem Gemeinwohl und schone die zum eigenen Wohl im Unklaren gelassene Bevölkerung, zum Standardrepertoire gesellschaftlicher Außenpolitikvermittlung. Einerzählt in die nationalen Legitimationsrhetoriken gemeinsinniger Verantwortungsethik bringt dies nicht zuletzt den gouvernementalen Vorzug mit sich, zivilen Ungehorsam als *per se* unpatriotisch stigmatisieren und das Decouvrieren entsprechender Machenschaften als defätistischen Hochverrat denunzieren zu können (vgl. Huhnholz 2012f).

Die Gratwanderung zwischen republikanischer Gesinnung einerseits und außenpolitischer Staatsräson samt all ihren diplomatischen Erfordernissen internationaler Rücksichtnahme andererseits ist dabei strukturell unausweichlich (dazu Münkler 2005; Biskamp 2010). Wie Konrad Lotter (2014, S. 16) pointiert, schließe zwar „die Volkssouveränität jegliche *arcana imperii* [(…) p]rinzipiell" aus. Zugleich plausibilisiere jedoch eben dies, warum die in Demokratien potentiell unbegrenzt erweiterbare Sphäre der Öffentlichkeit reziproke „Erweiterungen des Geheimbereichs der Politik" erfordere – verbunden mit dem vordergründig kontraintuitiven Effekt, dass der demokratische Kontrollverlust gegenüber geheimdienstlichen Abwehr- und Offensivmaßnahmen mit dem Grad der Offenheit freier Gesellschaften ansteigt.

Schließlich kann man eine weitere, spezifische Form der Relationierung von Arkanpolitik und regulärer politischer Herrschaft – und zwar mit bemerkenswerter Kontinuität – im zaristischen Russland, der Sowjetunion und einigen ihrer Nachfolgestaaten beobachten: Hier ging und geht es nicht um ihre Isolation zur Rechtfertigung in einem dem Prinzip der Öffentlichkeit verpflichteten System,

---

3 Vgl. Christensen und Cornelissen (2005). Dabei ist darauf Wert zu legen, dass ein politologisch gehaltvoller Begriff von Transparenz (zu einem solchen Rzepka 2013) allenfalls als prozedurale Praxis des verlässlichen Bereithaltens von gegebenfalls benutzer- und verwendungsgerecht vorsortierten Informationen durch Organisationen begriffen werden kann, keineswegs als Garantie unbedingter Publizität oder als Gewährleistung einer wie auch immer tatsächlichen Durchschaubarkeit aller organisatorischen Vorgänge oder der umfassenden Einsichtnahme in solche. Insofern ist Transparenz weder ein Gegenbegriff zur Geheimpolitik noch zum Geheimnis selbst (siehe Hölscher 1979). Transparenz schließt allerdings die gezielte Verwirrung der allgemeinen oder qualifizierten Öffentlichkeit aus und daher auch Aufklärung lediglich simulierende Arkanpolitik im Sinne absichtlicher Falsch- oder Überinformation.

sondern vielmehr um die Nutzbarmachung und Kontrolle klandestiner Strukturen zur Gewährleistung der Stabilität etablierter sozialer, ökonomischer und politischer Stratifizierungen – unter der Ägide welcher Ideologie auch immer, es existieren „continuities that connect the modern FSB to the Oprichniki of Ivan the Terrible" (Bateman 2014, S. 401). Die Beziehung von Arkanpolitik und der Herstellung politischer Legitimität ist hier im Vergleich zu den ‚westlichen' Mustern umgekehrt: Wurde in den USA oder in Westeuropa Erstere tendenziell zum Problem für Letztere, so war und ist die Erzeugung oftmals verschwörungstheoretisch anmutender Konstrukte zur Generierung von Legitimitätserzählungen autoritärer Regime als Bollwerk gegen eine feindliche Welt durchaus Kerngeschäft russländischer Nachrichtendienste aller Epochen, was bei westlichen Beobachtern dann auch beträchtliches Befremden auszulösen vermag (Blank 2013, S. 37).

Deutlich wird so nun, dass es keineswegs Arkanpolitik an sich ist, die als illegitim empfunden wird, sondern ihre Anwendung in Bereichen, denen sie als nicht zugehörig betrachtet wird. So wären geheime, ablenkende oder fälschende Praktiken in der Kriegführung oder der militärischen Auslandsspionage durchaus akzeptabel – bei der Vergabe von wirtschaftlichen Profitchancen unter dem Mantel staatlicher Sicherheitspolitik hingegen werden sie als „corruption and influence games" disqualifiziert (Hedlund 2008, S. 208). Dieses, die russische Politik in Vergangenheit und Gegenwart kennzeichnende Merkmal bedeutet allerdings keineswegs, dass damit auch eine erhöhte Disposition zu verdeckten Militäroperationen im Ausland verbunden sein müsste. Tatsächlich war im Fall schon der Sowjetunion mehrfach die Bereitschaft zu beobachten, Gewaltanwendung zur Absetzung von Regierungen im eigenen Einflussbereich – etwa den sogenannten „Satellitenstaaten" Ungarn und Tschechoslowakei – *offensichtlich* zu betreiben und danach öffentlich ideologisch zu rechtfertigen (Brezhnev 2014). Und noch die gegenwärtigen russischen Militäraktionen in der Ukraine sind – im Gegensatz zu manchen unten betrachteten amerikanischen Aktionen – erkennbar nicht durch Verschleierungsabsichten geprägt (Charap 2015).

Diese in idealtypisierender Absicht vorgenommene Gegenüberstellung verschiedener Modelle der Rechtfertigung von Arkanpolitik soll allerdings nicht suggerieren, dass in der politischen Praxis entsprechenden Zuordnungen und Kategorisierungen problemfrei erfolgten. Ganz im Gegenteil, verdeckte Praktiken scheinen um so schwieriger zu rechtfertigen, je anspruchsvoller die politischen Standards sind, gegenüber denen Rechenschaft abzulegen ist. Für die USA wurden diese Problematik erstmals in größerem Maßstab virulent, als sie außerhalb von Kriegs- und Ausnahmezuständen quasi-imperiale Herrschaft über lateinamerikanische Staaten auszuüben begannen. Der Widerspruch zwischen der Semantik des Fortschrittsexporteurs und des benevolenten Regionalpolizisten einerseits, wie er etwa im *Platt Amendment* zum Ausdruck kam (Weeks und Fiorey 2012), und der repressiven und informellen Praktiken andererseits, wie sie insbesondere in den *Banana Wars* tatsächlich angewendet wurden, personifizierte sich in der Person Smedley D. Butlers. Ursprünglich als hochrangiger Offizier der amerikanischen Marineinfanterie bei der Bekämpfung von Aufständen unter Anderem in den Philippinen, Honduras, Mexiko und Haiti eingesetzt, wandelte er sich mit der Publikation seines Buches *War is a Racket* zum energischen Kritiker asymmetrisch starker Interventionspolitik (Butler 2003).[4]

Dabei wurde ein Muster erkennbar, das bis heute einen festen Platz im Arsenal von Kritikern der Arkanpolitik demokratischer Staaten einnimmt und von Skeptikern wiederum als verschwörungstheoretisch wahrgenommen wird: Der Einsatz verdeckter Mittel diene ausschließlich der Durchsetzung von Interessen privilegierter Gruppen und erzeuge wiederum die Gefahr, dass die Grundlagen des politischen Systems der USA von den entsprechenden Methoden und Strukturen kolonisiert werden könnten (Schmidt 1989, S. 232; Johnson 2000). Wie anschlussfähig derartige Befürchtungen in der amerikanischen politischen Kultur der Zwischenkriegszeit gewesen sein müssen, lässt sich beispielsweise in dem Umstand sehen, dass der Außenminister Henry Stimson das Abhören ausländischer diplomatischer Kommunikation rundheraus ablehnte und die Finanzierung entsprechender Programme tatsächlich abbrach (Tidd 2008, S. 10f). Die Katastrophe von Pearl Harbor und andere Entwicklungen im Zweiten Weltkrieg delegitimierten derlei Einstellungen zwar. Sie änderten aber nicht das prinzipiell skeptische amerikanische Verhältnis zur Arkanpolitik im Allgemeinen und verdeckten Aktionen im Besonderen. Auch wenn die narrative Heroisierung der Leistungen des CIA-Vorgängers OSS im Nachhinein der Legitimierung amerikanischer Nachrichtendienste zuträglich gewesen sein mag, wurde seitens der politischen Eliten zunächst an der Tradition der prinzipiellen Unvereinbarkeit demokratischer Regierungsform mit Arkanpolitik und verdeckten Militäraktionen festgehalten und die Auflösung des OSS bereits vor Kriegsende beschlossen. Erst 1947 verfügten die USA mit der CIA wieder über einen Nachrichtendienst, der bald auch begrenzte Fähigkeiten zu derartigen Operationen entwickelte (Willmetts 2015, S. 116).

---

4 Münkler (2006) unterscheidet zwei strategische Leitvarianten nicht-symmetrischer Kriegführung, die tendenziell imperiale Asymmetrie der Stärke und die tendenziell terroristische Asymmetrie aus Schwäche. Letztere zieht praktische Konsequenzen aus der Not allgemeiner oder besonderer militärischer Unterlegenheit, in dem sie indirekte, allenfalls punktuell offensive Wege der Resymmetrierung der Kräfte erwägt, wohingegen die risikoaverse Asymmetrie aus Stärke defensive Konstellationen bevorzugt technisch überlegener Sicherheitsmaßnahmen schätzt.

2 Verdeckte Operationen im frühen Kalten Krieg

Begründet wurden Planungen zur „politischen Kriegführung", wie die verschiedenen diskutierten Methoden von George F. Kennan als einem der intellektuellen Architekten amerikanischer Containment-Politik zunächst genannt wurden, mit der vermuteten Leistungsfähigkeit entsprechender sowjetischer Techniken, ohne auf deren empirische Prävalenz wirklich einzugehen (vgl. Kennan 1948).[5] Die daraus resultierenden frühen amerikanischen Operationen – die etwa auf ökonomische Sabotage in sowjetisch besetzten Ländern oder die Unterstützung der wenigen dort noch operierenden Widerstandsbewegungen abzielten – waren allerdings weder effektiv, noch konnten sie sich Rückhalt in der politischen Führung sichern (Avey 2012, S. 174). Eher schienen sie von einer fundamentalen Unkenntnis der Verhältnisse unter den enormen Repressionsapparaten stalinistischer Satellitenstaaten der Nachkriegszeit geprägt zu sein. Letztendlich war es vermutlich die nach dem ersten sowjetischen Atombombentest entstandene nukleare Pattsituation, die verdeckte Militäraktionen als eine weniger risikoträchtige Alternative zu konventionellen Interventionen für politische Entscheidungsträger wie auch für die akademischen Strategieexperten der 1950er Jahre attraktiv erscheinen ließ. Dabei fanden etwa auch romantische Reminiszenzen an die Kampagne des Lawrence von Arabien Anklang (Freedman 2013, S. 178-183).

Die entgegen Kennans ursprünglichen Vorstellungen – er hatte nach kolonial-europäischem Vorbild die Verantwortung des Außenministeriums für verdeckte Aktionen befürwortet – mit derartigen Operationen betraute CIA musste sodann gleich nach ihrer Gründung mit ihrem scheinbaren Versagen bei der Vorhersage der Invasion Südkoreas einen empfindlichen Schlag einstecken. Die öffentliche Kritik folgte allerdings parteipolitischen Gesichtspunkten und hatte keine fundamentalen Konsequenzen (Johnson 2014, S. 9). In Folge des Koreakrieges kam es dann im weiteren Verlauf des Kalten Krieges zu einer Ausweitung verdeckter militärischer Interventionen seitens der USA, die in der Literatur häufig mit imperialer Geheimpolitik assoziiert werden (Bacevich 2002, S. 70). Von besonderem Interesse waren dabei stets solche Aktionen, die gegen demokratisch gewählte, im Kalten Krieg jedoch womöglich mit der sozialistischen Seite sympathisierende Regierungen durchgeführt wurden, da diese Vorfälle dazu geeignet waren, den

5 Tatsächlich war die sowjetische Politik zumindest unter Stalin wohl eher von Befürchtungen geprägt, mit verdeckten Militäraktionen eine unberechenbare größere Konfrontation hervorzurufen – vgl. auch Hopf (2012, S. 122). Im Fall des Koreakriegs wurde dieses Risiko aus verschiedenen Gründen nicht gesehen, auch dort war aber die Zurückhaltung bei der Entsendung eigener Kräfte – auch als Berater – zunächst groß (vgl. ebd. 2012, S. 128).

vielseitig geteilten Verdacht eines imperialen und undemokratischen Charakters US-amerikanischer Sicherheitspolitik zu erhärten (Forsythe 1992).

Die wohl erste dieser verdeckten Aktionen gegen eine gewählte Regierung war die „Operation Ajax" gegen den iranischen Ministerpräsidenten Mossadegh im Jahr 1953, begründet durch Befürchtungen über seine politische Orientierung aufgrund der Verstaatlichung der Erdölindustrie des Iran. Der konventionellen Interpretation zufolge hatte die Ausbildung, Bezahlung und Koordination antikommunistischer Gruppen in Zivilgesellschaft, Militär und schiitischer Geistlichkeit, die auf Fürsprache britischer Stellen unter Führung der CIA durchgeführt wurde, entscheidenden Einfluss auf die gewaltsame Machtübernahme durch den Schah Pahlevi (Radsan 2009, S. 496-498). Dieses Vorgehen wiederum wird häufig mit der antiamerikanischen Ausrichtung der iranischen Revolution von 1979 in direkte Verbindung gebracht. Die Gültigkeit dieser Interpretation – die sogar zu einer Art Schuldeingeständnis des US-Präsidenten Obama für die Rolle der USA „beim Sturz einer demokratisch gewählten iranischen Regierung" in seiner Kairoer Rede führte (White House 2009) – wird allerdings aufgrund mittlerweile öffentlich zur Verfügung stehender nachrichtendienstlicher Dokumente angezweifelt.

Dies gilt nicht für die Tatsache der Verwicklung amerikanischer und britischer Nachrichtendienste – in der Tat führten verschiedene Gruppen auf Anweisung und Bezahlung dieser Dienste Gewalttaten gegen staatliche Einrichtungen aus – wohl aber für deren entscheidende Rolle beim Sturz Mossadeghs: Er verkündete nach seiner Entlassung durch den Schah, dass ein militärischer Putsch gegen ihn verhindert worden sei, und floh nach Italien. Fortan wurde die Operation seitens der USA als gescheitert betrachtet. Ein tatsächlicher, nur auf iranische Initiative zurückgehender Staatsstreich wurde erst durchgeführt, nachdem die kommunistische Tudeh-Partei diese Ereignisse zum Anlass für Forderungen nach der Abschaffung der Monarchie nahm und die Überreaktion der Regierung Mossadegh zu massiven Demonstrationen verschiedenster Bevölkerungsteile führte, denen sich letztlich auch Truppenteile der iranischen Armee anschlossen. Die US-Regierung wie auch die CIA reagierten auf diese Ereignisse mit Verblüffung (Takeyh 2014).

Letztlich wurde der erfolgte Machtwechsel dennoch als Erfolg und als Beweis für die Effektivität verdeckter Operationen gefeiert. Darin kann durchaus eine Ursache für die spätere Überschätzung des Instruments gesehen werden (Weiner 2008, S. 104f). Während die Verwicklung amerikanischer Dienste in die Ereignisse durchaus der Realität entspricht, ist höchst unwahrscheinlich, dass ihnen eine Schlüsselrolle zukam. Das Ende der Regierung Mossadegh hing zum einen von der Konditionierung der Situation durch das keineswegs verdeckte Erdölembargo sowie zum Anderen von einer Vielzahl von Akteuren ab, die sich eben nicht unter Kontrolle der USA befanden. Dazu zählten wohl zumindest die kommunistische

Tudeh-Partei sowie militärische Eliten, die während der aktiven Einflussnahme der CIA noch loyal zur Regierung standen (Gasiorowski 2004, S. 260). Zu keinem Zeitpunkt verloren iranische Akteure die Kontrolle über das Geschehen, und insofern kann von einer durch verdeckte Operationen verwirklichten imperialen Dominanz der USA allenfalls bedingt die Rede sein. Die oft behauptete Effektivität der CIA-Operationen im Iran resultiert aus dem klassischen Fehlschluss *cum hoc ergo propter hoc*, welcher darin besteht, die Vorgängigkeit eines Ereignisses mit der kausalen Wirkung dieses Ereignisses gleichzusetzen.

Unter dem Eindruck dieses Fehlschlusses kam es dann zu der folgenreichen Entscheidung, den aufgrund einer minimalen Beteiligung von Kommunisten an seiner Regierung, des Versuchs sozialer Landreformen sowie des Einkaufs von Waffen in der Tschechoslowakei als potenzieller oder tatsächlicher Allierter der Sowjetunion verdächtigten guatemaltekischen Präsidenten Jacobo Arbenz mit den Mitteln, die vermeintlich im Iran erfolgreich gewesen waren, zu stürzen. Dazu wurde im Rahmen der „Operation SUCCESS" zunächst eine „Befreiungsarmee" samt Kommandozentrale in Florida aufgestellt, eine Streitkraft, die zunächst durch die Finanzierung von Propaganda- und Boykottmaßnahmen flankiert und später, als sich die gewaltsame Machtübernahme aufgrund militärischen Widerstands verzögerte, noch durch von amerikanischen Piloten geflogene Kampfflugzeuge verstärkt wurde (Radsan 2009, S. 499f). Diese Aktionen führten zum Exil von Arbenz sowie im Gefolge zu einem teils genozidal geführten Bürgerkrieg, der erst 1996 beendet wurde.

3 Routinisierung und Entzauberung der *covert action*

Im Gegensatz zum Falle Mossadeghs ist hier relativ unstrittig, dass die verdeckte Militäraktion in Guatemala direkt zum gewünschten Effekt führte, dies allerdings mit dem bedeutenden Caveat, dass Arbenz – wie später andere Vertreter radikaler Reformpolitik in lateinamerikanischen Ländern – dem von verschiedenen Aspekten seiner Politik selbst herbeigeführten Widerstand von Kirche, Großgrundbesitzern und Militär zum Opfer zu fallen drohte (Bowen 1983). Der politische Nutzen war grundsätzlich fragwürdig, hätte doch selbst ein tatsächlich kommunistisches Guatemala in der Machtbalance des Kalten Kriegs kaum einen Unterschied gemacht. Unabhängig von dieser Frage wird an diesem Fall ein bei verdeckten Militäroperationen stets latentes Dilemma sehr deutlich: Einerseits sind Aktionen von derart geringem Umfang, dass eine Beteiligung in der Weltöffentlichkeit zumindest halbwegs plausibel bestreitbar wäre, typischerweise kaum in der Lage, die politische

Situation im Zielgebiet entscheidend zu beeinflussen. Ein Klassiker der strategischen Studien demonstriert dies anhand von fiktiven Fallbeispielen nachdrücklich – selbst in kleinen und armen Staaten mit wenig komplexen Sicherheitsapparaten ist allgemein die Beteiligung von Tausenden Bewaffneten, Technikern und anderen Funktionsträgern notwendig, um per Staatsstreich einen Regierungswechsel herbeizuführen (Luttwak 1979, S. 88f), und auf dieser Ebene sozialer Komplexität erscheint die dauerhafte Verschleierung ausländischer Einflussnahme als kaum plausibel (Räikkä 2009, S. 193).

Andererseits sind daher effektive verdeckte Aktionen generell mit dem Risiko behaftet, nicht allzu lange verdeckt zu bleiben und eine dementsprechend unerwünschte politische Nebenwirkung zu entfalten. Man kann die These aufstellen, wie auch unten betrachtete Fälle illustrieren werden, dass verdeckte Militäroperationen entweder von kleinem Umfang sein können und verdeckt bleiben (dann aber allenfalls zweifelhafte Erfolgsaussichten haben), oder aber ausreichend massiv ausfallen (dann aber kaum auf längere Sicht geheimgehalten werden können). Während sich die Aktion im Iran gewissermaßen auf der ersten Seite des Dilemmas bewegte, war die Aktion gegen Arbenz deutlich auf der zweiten Seite zu verorten. Ihre mittelfristigen politischen Konsequenzen standen in keinem Verhältnis zu ihren tragischen humanitären Folgen und ihrem dubiosen Nutzen für die amerikanische Außenpolitik: In vielerlei Hinsicht war sie der Startschuss für eine Radikalisierung der lateinamerikanischen Linken, die nunmehr keine Vorteile in einer gemäßigten Position sehen konnte und empfänglich für sowjetische Unterstützung wurde. Ernesto „Che" Guevara nahm die Intervention zum Anlass und Thema für die Veröffentlichung seiner ersten politischen Schrift, und die kommunistische Orientierung der späteren kubanischen Revolutionäre wurde durch die Erfahrung von 1954 maßgeblich konditioniert (Friedman 2010).

Diese Problematik wurde jedoch zunächst nicht erkannt. Vielmehr kam es im Gefolge der vermeintlich erfolgreichen Aktion in Guatemala zu einer regelrechten Routinisierung verdeckter Operationen gegen tatsächliche oder vermeintliche Kommunisten in verschiedenen Weltregionen. Diese waren in dem oben gezeichneten Dilemma gefangen, entweder ineffektiv oder offensichtlich zu sein, und in fast allen Fällen tendierten sie zu letzterem. Dies gilt insbesondere für die sogenannte „Invasion in der Schweinebucht" auf Kuba, die nicht nur nach dem gleichen Muster wie die Aktion gegen Arbenz durchgeführt wurde, sondern auch von amerikanischer Seite von teils denselben Personen geplant und bei der Durchführung unterstützt wurde (Bowen 1983, S. 98). Wohl auch aufgrund der Erfahrungen Guatemalas hatte sich das Castro-Regime aber bald nach seiner Machtübernahme unter anderem in der Sowjetunion mit Kampfpanzern und anderen schweren Waffen eingedeckt, so dass der Waffengang öffentlich sichtbar blutig scheiterte (Gouré 1989, S. 167).

So wurde bei dem spektakulären Fehlschlag auf Kuba wiederum die tendenziell selbstzerstörerische Logik verdeckter Militäroperationen deutlich (vgl. Kibbe o. J.).

Weniger öffentlichkeitswirksam, aber in den Konsequenzen bis heute tragisch war der ebenfalls nach dem Muster der Operation in Guatemala durchgeführte Sturz des zwar progressiv und antikolonial, aber keineswegs kommunistisch orientierten kongolesischen Ministerpräsidenten Patrice Lumumba im gleichen Jahr. An der verdeckten, von der CIA geführten und finanzierten Operation waren neben südafrikanischen und rhodesischen Söldnern auch exilkubanische Kräfte beteiligt. Die Aktion resultierte letztlich in der desaströsen Diktatur Mobutus, der in der Gewissheit, von den USA unterstützt zu werden, niemals in irgendeiner Form tragfähige politische Strukturen zuließ und schließlich nach dem Ende des Kalten Krieges gestürzt wurde, was zu einem bis heute andauernden Bürgerkrieg führte. Obschon die letztlich für den Erfolg amerikanischer Außenpolitik im Kalten Krieg völlig unerhebliche – wenn nicht sogar schädliche – Wirkung der Aktion im Kongo sowohl in CIA und State Department bald offensichtlich wurde (Weissman 2014), gesellten sich zu den kritischen Reflexionen auch äußerst optimistische Einschätzungen zur angewandten Methode, insbesondere zum Einsatz nicht-amerikanischer Söldnertruppen zwecks effektiverer Verschleierung (Voß 2016).

Vermutlich ist diese Divergenz neben politischen Notwendigkeiten auch auf eine unterschiedliche Gewichtung taktischer und operativer Erfolge einerseits und der langfristigen politischen Ergebnisse andererseits zurückzuführen: Während erstere durchaus zu beobachten waren, konnten letztere bestenfalls als bescheiden – und in jedem Fall als ethisch bedenklich – eingestuft werden. Ähnliche Erwägungen hatten bereits 1958 zur Einstellung der verdeckten bewaffneten Unterstützung indonesischer Rebellen gegen die Regierung Sukarnos geführt – die Gefangennahme amerikanischer Piloten drohte in Südostasien zu einem diplomatischen Desaster zu führen (Kim 2002). Letztlich konnte hier die westliche Orientierung Indonesiens in der Blockkonfrontation auch ohne verdeckte Militäroperationen durch politische Beeinflussung des Generals Suharto sichergestellt werden.

Schließlich kam es ab Mitte der 1960er Jahre zu einem schrittweisen Verzicht auf diese Operationsweise, wobei aus der vorhandenen Literatur nicht klar hervorgeht, worauf dies zurückzuführen ist. Zwar könnte man annehmen, dass die zweifelhaften Resultate schließlich zu einem Lerneffekt bei politischen Entscheidungsträgern führten – angesichts der etwa im Fall Iran offensichtlich gewordenen Tendenz zur Übertreibung bis hin zur Präsentation erfundener Erfolge durch die zuständigen Stellen ist dies jedoch ein zu ungesicherter Optimismus. Immerhin hatten selbst drastische und offenkundige Fehlschläge wie die Operation in der Schweinebucht, die sogar eine Untersuchungskommission nach sich zog, nicht zu tiefgreifenden Änderungen von Entscheidungs- und Planungsstrukturen geführt (Johnson 2014, S.

5). Eine plausiblere Erklärung wäre, dass das beginnende amerikanische Engagement in Vietnam und seinen Nachbarstaaten politische Aufmerksamkeit und Ressourcen band – wobei insbesondere in Laos stark auf CIA-Ressourcen wie die Fluglinie „Air America" zurückgegriffen wurde, die im Rahmen eines „not-so-secret war" jedermann kenntliche, aber zumindest pro forma und de jure bestreitbare Kampfeinsätze durchführten (Leary 2002, S. 202). Auch der amerikanische Einsatz in Vietnam wurde zunächst als Entsendung von ‚Militärberatern' deklariert, in diesen Fällen kann man aber angesichts nahezu völlig fehlender Verschleierungsversuche nicht mehr von verdeckten Operationen sprechen.

Eine weitere, eher generalisierbare Perspektive in der wenig umfangreichen systematischen Forschung zum Thema der behördlichen Interessenlage geht davon aus, dass die CIA als zuständige Einrichtung letztlich steuernden Einfluss auf die Frage der Durchführung verdeckter Aktionen hatte. In dieser Hinsicht verhielt sie sich als rationaler Budgetmaximierer, und nicht, wie etwa realistische Theorien Internationaler Beziehungen prognostizieren würden, entsprechend der sicherheitspolitischen Lage in der Konkurrenz mit der Sowjetunion. Vielmehr sei die CIA geleitet worden von den drei Faktoren der innenpolitischen Opportunität im Hinblick auf die öffentliche Meinung (die im Kontext des Vietnam-Krieges bald gegen militärische Interventionen tendierte), dem Vorhandensein alternativer budgetwirksamer Aufgaben (wie etwa dem der Satellitenaufklärung und der Verifikation von Abrüstungsverträgen, die ab Mitte der 1960er Jahre eine wichtige Rolle einnahmen) und schließlich der Position im Wettbewerb mit den US-Streitkräften um Zuständigkeiten in diesen Aufgabenfeldern – und just im Bereich der Spezialoperationen hatte das amerikanische Heer bis zum Vietnamkrieg sehr wenig Interesse gezeigt, konnte dann aber zügig maßgebliche Ressourcen an sich ziehen (Stiefler 2004). Alle drei Faktoren würden der CIA also eine geringere Priorität verdeckter Militäroperationen attestieren.

Unabhängig von der individuellen Gewichtung dieser Faktoren erscheint das bürokratische Modell somit durchaus erklärungsmächtig, und in der Tat gab es ab Mitte der 1960er Jahre keine großangelegten *covert actions* im Stile von Guatemala oder Iran mehr (dazu unten). Die dafür oft als ursächlich angesehenen Untersuchungskommissionen und die von ihnen beeinflussten legislativen Maßnahmen – das „Hughes-Ryan Amendment" von 1974, das die Zustimmung des Kongresses zur Finanzierung von verdeckten Operationen notwendig machte, und die 1976 erfolgte Bildung des „Church Committee", welches die Aktivitäten der CIA beurteilen und reglementieren sollte (Radsan 2009, S. 521-524) – stellten in den hier interessierenden Fragen eher einen juristischen Nachvollzug bereits bestehender Präferenzen dar. Motivation für die Einführung dieser Kontroll- und Aufsichtsmechanismen waren weniger die problematischen Resultate der Auslandsoperationen, sondern viel eher die beschriebenen amerikanischen Vorbehalte bezüglich des möglichen innenpolitischen Missbrauchs von Auslandsnachrichtendiensten, die sich insbesondere während der Regierung Nixons unter anderem mit dem Einsatz der CIA zur Infiltration der Friedensbewegung bewahrheiten sollten (Johnson 2014, S. 14). Das Zeitalter der verdeckten Militäroperationen unter CIA-Führung ging somit dem Ende zu, sollte allerdings in den späteren Jahrzehnten ein interessantes Nachleben entwickeln.

4 Von der Tragödie zur Farce? *Covert action* als politischer Mythos

Dieses Nachleben bestand zunächst darin, dass sich mit der Publizierung offizieller – wenn auch bei weitem nicht vollständiger – Angaben zu verdeckten Militäroperationen in der medialen und politischen Öffentlichkeit zahlreicher Länder sowie in der akademischen Diskussion verschiedener Disziplinen eine bis heute oft unhinterfragte Tendenz entwickelte, gewaltsame oder in sonstiger Hinsicht fragwürdige Machtwechsel als Resultat amerikanischer Interventionen zu betrachten.

Ein früher Fall von diesem Syndrom stellt der brasilianische Militärputsch von 1964 dar, in dem der gemäßigt linke Präsident João Goulart, der Tendenzen zu einer blockfreien Außenpolitik verfolgte, durch eine über zwanzig Jahre währende Militärregierung abgelöst wurde (Hurrell 2013, S. 104f). Die gängige Interpretation dieses Coups als Resultat direkter amerikanischer Aktionen erscheint angesichts der Parallelen zu den Ereignissen in Guatemala zunächst nicht gänzlich unplausibel. Dementsprechend wird er auch in einigen Studien in eine entsprechende Reihe gestellt (Forsythe 1992, S. 388f). Anhand in den letzten Jahren freigegebener Geheimdokumente kann allerdings heute nachvollzogen werden, dass der amerikanische Beitrag keineswegs für den Ausgang des Putsches relevant war.

Vielmehr handelte es sich einer detaillierten Studie zufolge lediglich um die grundsätzliche Bereitschaft zur materiellen Unterstützung der US-freundlichen Militärs für den Fall, dass sich aus dem Putsch ein Bürgerkrieg entwickeln sollte. Die Putschisten warteten aber weder auf Signale aus Washington, noch wurden die diskutierten Unterstützungsleistungen jemals erbracht – sie waren angesichts des unblutigen Verlaufs auch vollständig unnötig (Teixeira 2012, S. 77-80). Nicht nur dies – auch die eher gewaltlose Einflussnahme der USA, etwa in Form der Verbreitung antikommunistischer Ideologien, war vernachlässigbar: Die geopolitische Vorstellung eines organischen, autoritären Staates, die unter den Putschisten verbreitet war und sich unter der Militärregierung quasi zur Staatsdoktrin entwickelte,[6] wurde von europäisch beeinflussten Akademikern und Militärs an der brasilianischen Generalstabsschule bereits seit den 1930er Jahren entwickelt und war somit quasi ‚hausgemacht' (Hepple 1986). Schließlich waren die Putschisten keineswegs vollständig auf der Linie amerikanischer außenpolitischer Interessen. Tatsächlich lag eine maßgebliche Differenz zwischen jenen und dem gestürzten Goulart darin, dass Goulart das Projekt einer nuklearwaffenfreien Zone in Lateinamerika vorantrieb, die dem an der zukünftigen Akquise solcher Waffensysteme interessierten Militär keineswegs genehm war. Diese Frage und handelspolitische Interessen entwickelten sich über die folgenden Jahrzehnte zu Quellen von Differenzen zwischen den USA und Brasilien, die eben keineswegs in einem plausibel als imperial zu beschreibenden asymmetrischen Verhältnis zueinander standen (Hurrell 2013, S. 137f).

Vergleichbar, wenn auch in westlichen Öffentlichkeiten weitaus bekannter als der brasilianische Fall, ist der chilenische Militärputsch von 1973 gegen den sozialistischen Präsidenten Allende. Auch dieser wird in der Literatur generell als Resultat amerikanischer Geheimoperationen in eine Reihe mit vorhergegangenen verdeckten Aktionen gestellt (Downes und Lilley 2010). In der Tat gab es 1970 auf Anweisung von US-Präsident Nixon einen Versuch, durch die Entführung des verfassungstreuen Heeresbefehlshabers René Schneider einen Regierungswechsel herbeizuführen, doch scheiterte dieser an der Inkompetenz der dazu ausgewählten chilenischen Agenten. Versehentlich erschossen sie den General. Bereits damals und im Gegensatz zu vorherigen Fällen hatte die CIA die Erfolgsaussichten skeptisch beurteilt. Nach dem Schneider-Fiasko wurde den amerikanischen Nachrichtendiensten befohlen, in Chile ausschließlich Informationen zu sammeln. Die wenig umfangreichen späteren Aktivitäten der CIA waren wohl politisch folgenlos – und sie beschränkten sich zunehmend auf die finanzielle Unterstützung konservativer Zeitungen und gewaltfreier Demonstrationen. Vom Putsch des Generals Augusto Pinochet erfuhren die USA erst am Vorabend von einem Informanten; ihre Beteiligung beschränkte sich nach heutiger Quellenlage auf duldsames Stillschweigen (Devine 2014).

Letztlich war der einzige Effekt der abortiven *covert action* eine gründliche Blamage der amerikanischen Außenpolitik. Der heute bekannte Verlauf der Ereignisse zeigt einerseits eine tiefere Unfähigkeit zur verdeckten gewaltsamen Beeinflussung der politischen Verhältnisse in Chile, andererseits aber auch – entgegen zahlreicher Meinungen der politikwissenschaftlichen Lateinamerikaforschung – ein Fehlen imperialer Charakteristika in der Politik der USA gegenüber Chile. Erst seit kurzem

6 Dies war in mehreren lateinamerikanischen Militärdiktaturen der Fall (vgl. Pinochet 1984).

werden hingegen die Strategien anderer, regionaler Akteure in der Forschung in Betracht gezogen. So war laut neuerer, gut belegter Untersuchungen bei dem chilenischen Putsch die ideologische und operative Unterstützung brasilianischer Stellen zentral, die von einer Konkurrenz durch sozialistische Regierungen in Südamerika mehr zu befürchten hatten als die USA (Teixeira 2012, S. 74; 93-96). Die generelle Nichtberücksichtigung von Handlungsmöglichkeiten peripherer, nicht-hegemonialer Akteure scheint eine Komponente *sowohl* der interventionistischen Vorstellungen der Kalten Krieger der 1950er in den USA *als auch* ihrer zahlreichen Kritiker zu sein: Unabhängig von der moralischen Bewertung des Geschehens werden *effektive* Ursachen bevorzugt bis ausschließlich den nördlichen Großmächten zugeschrieben – eine rudimentär kolonialistische Tendenz, die in neueren Forschungen kritisiert wird (vgl. Mastny 2014, S. 196; Saull 2005).

Ähnliches gilt möglicherweise auch bei der berüchtigten *Operación Condor*, also der transnationalen Zusammenarbeit lateinamerikanischer Militärregierungen bei der Entführung, Folter und Ermordung mutmaßlicher linker Aktivisten und Politiker. Während hier traditionell ein bestimmender Einfluss der CIA gesehen wurde, gehen neuere Forschungen von einer bis etwa 1976 passiv-unterstützenden, nach Exzessen wie der Ermordung eines chilenischen Oppositionellen in Washington aber restriktiven US-amerikanischen Haltung gegenüber der Unternehmung aus, die zudem das Resultat regionaler Initiativen und keine US-amerikanische Erfindung sei (Dinges 2004, S. 250f). Andere Autoren heben den enormen Einfluss französischer Militärs – darunter auch Mitglieder der rechtsextremen Terrororganisation OAS – bei der Konzeptionierung der *Operación Condor* hervor (McSherry 2005, S. 16) und wiederum andere befinden die bereits angesprochene autochthone Aneignung staatsorganizistischer geopolitischer Konzepte für relevant (Hepple 2004).

In jedem Fall wurde nicht seitens der USA eine Vorgehensweise oktroyiert, sondern waren die Geschehnisse Resultate der Vermengung verschiedenster, zuweilen freilich kompatibler Interessen und Vorstellungen. Damit ist keine Exkulpierung der für die wissentliche Duldung von Staatsverbrechen verantwortlichen Entscheidungsträger intendiert. Verdeutlicht werden sollte vielmehr, dass in den untersuchten Fällen selten eindeutig asymmetrische Verhältnisse im Sinne einer unilateralen, ja imperialen Überlagerung lokaler durch externe politische Strukturen vorliegen – oder zumindest, dass verdeckte Militäraktionen zu solchen Verhältnissen sehr wenig beizutragen vermögen (vgl. Kupchan 2014, S. 48).[7]

7 Insbesondere in den hier betrachteten lateinamerikanischen Fällen soll damit nicht gesagt sein, dass die USA nicht eventuell aufgrund ihres ökonomischen, politischen und militärischen Gewichts dennoch „hegemony by default" genössen.

5 Afghanistan, Nicaragua und der Krieg gegen den Terror

Nach den auch innenpolitisch desaströsen Effekten der bekanntgewordenen Geheimoperationen wurden ab den frühen 1970er Jahren vorerst keine Versuche mehr gewagt, derlei unzuverlässige Methoden wiederzubeleben. Ab 1979, während der Präsidentschaft Jimmy Carters – der noch im Wahlkampf verdeckte Operationen als mit amerikanischen Werten nicht vereinbar bezeichnet hatte (Johnson 2009, S. 48) –, und verstärkt unter Ronald Reagan hingegen widerfuhr einer modifizierten Version der alten Herangehensweise ein kurzer Zweiter Frühling. Dieser äußerte sich in – im öffentlichen Diskurs heute wesentlich stärker präsent als die Interventionen in Guatemala oder im Kongo – verdeckten Aktivitäten in Afghanistan und in Nicaragua. In beiden Fällen wurden immigrierte oder lokale Kräfte – die *Mudschahadin* bzw. die *Contras* – bei ihren Aufständen gegen eine mit der Sowjetunion verbündete Zentralgewalt unterstützt.

Eine entscheidende Modifikation zu den Methoden des frühen Kalten Krieges ist dabei darin zu sehen, dass nunmehr Versuche einer direkten Steuerung der Operationen weitgehend vermieden wurden. Damit wurde offenbar eine Lektion aus den bisherigen Erfahrungen gezogen, dass ein Geheimhaltungserfolg verdeckter Operationen ohne lokale politische Strukturen und Interessen unwahrscheinlicher wurde. In Afghanistan befanden sich dementsprechend keine amerikanischen Operateure, vielmehr wurden die erheblichen Mittel über den pakistanischen Dienst ISI verteilt, der, entsprechend der pakistanischen Regierungspolitik, radikale islamistische Akteure bevorzugte. Aus dieser Konstellation entstand dann – passend zur Diagnose, dass die Debatte um *covert action* die kausale Wirksamkeit amerikanischer Politik tendenziell drastisch überschätzt – die Legende, Usama bin Laden und seine Organisation seien Kreationen der CIA (Bergen 2002, S. 69; dazu Huhnholz 2010).

In Nicaragua war die Lage teilweise vergleichbar, allerdings konnten in diesem Fall aufgrund der Intervention des US-Kongresses keine öffentlichen Gelder für die Unterstützung der aufständischen *Contras* verwendet werden. Die daraufhin geschaffenen irregulären Strukturen auf amerikanischer Seite bedienten sich unter anderem des Drogenhandels sowie des illegalen Verkaufs von Waffen an den Iran. Die aus den zahlreichen mit dieser Operation verbundenen kriminellen Aktivitäten führten zu einer verschärften Untersuchung durch den US-Kongress und zur Verurteilung mindestens eines Beteiligten (Voß 2016, S. 56f), die wohl einzige direkte Beteiligung amerikanischer Streitkräfte bei der Verminung nicaraguanischer Häfen führte zu einer Verurteilung durch den Internationalen Gerichtshof (International Court of Justice 1986). Die somit erzielte Blamage bewirkte eine weitere Diskreditierung verdeckter Operationen – hier trat wieder die klassische Furcht um die Korrumpierung rechtsstaatlicher Strukturen im Inland aufgrund illegaler Aktivitäten im Ausland in den Vordergrund. Letztlich endete der Bürgerkrieg in Nicaragua 1990 durch demokratische Wahlen. Durch Wahlen erlangte denn auch 2006 der von den Contras bekämpfte sandinistische Präsident Daniel Ortega wieder die Macht.

Nachdem mit dem Ende des Kalten Krieges die globale Konfliktsituation vorläufig entschärft schien, die den Einsatz sonst illegitimer Mittel zuvor gerechtfertigt hatte, kam es in den 1990er Jahren zu keinen bekannten verdeckten Operationen der USA. Dies änderte sich zunächst auch nicht im Sinne der hier vertretenen Definition mit den Terroranschlägen vom 11. September 2001. Sicherlich gab es im Krieg gegen die Terrororganisation al-Qaida eine enorme Zunahme nachrichten- bzw. geheimdienstlicher Aktivitäten einschließlich der Verschleppung und Folter von Verdächtigen im Zuge der *extraordinary renditions*. Und im Gegensatz zu zahlreichen anderen der hier betrachteten Aktivitäten ist dabei auch deren imperialer Charakter angesichts der jahrelangen strukturierten Zuarbeit zahlreicher ausländischer Behörden nicht abzustreiten (Rahola 2010, S. 195). Was den *renditions* aber oftmals fehlt, ist ihr kriegerischer Charakter im eingangs benannten Sinne einer versteckten zwischenstaatlichen oder transnationalen Gewaltstrategie. So waren die Kriege in Afghanistan und im Irak über lange Zeit hinweg keineswegs verdeckt. Und wenn in diesem Kontext insbesondere Spezialkommandoeinsätze unter der üblicherweise sachdienlich begründeten operativen Geheimhaltung stattfanden und -finden, am prominentesten wohl bei der Tötung Usama bin Ladens, wurden Beteiligungen der USA nicht prinzipiell verschleiert, womit sie aus dem hier relevanten Raster fallen (vgl. auch Scott 2004, S. 324).

Eine interessante Ausnahme stellt einzig der Drohnenkrieg dar, der seit einigen Jahren insbesondere in den Stammesgebieten Nordwestpakistans vor allem gegen mutmaßliche Anführer von Taliban und al-Qaida geführt wird. Zumindest teilweise – und insbesondere dort, wo wie in Pakistan keine offizielle Zustimmung zu den Luftschlägen gegeben wurde – werden diese als verdeckte Aktionen mit optionaler Bestreitbarkeit von der CIA durchgeführt (Goppel 2013, S. 42). Sehr schnell allerdings war der bereits bekannte Mechanismus zu beobachten, dass innenpolitische Legitimierungszwänge eine Offenlegung und Rechtfertigung verdeckter Praktiken erzwangen. Da einige der bei Drohneneinsätzen im Ausland getöteten Menschen amerikanische Staatsbürger waren, wurden seitens der Opposition in den USA Befürchtungen eines rechtlich nicht mehr beschränkten Militäreinsatzes auch gegen eigene Staatsangehörige laut. Daraufhin erklärte die US-Regierung in einer Reihe von Ansprachen und teils öffentlichen Dokumenten, dass Drohneneinsätze ohne die Zustimmung des Zielstaats dann statthaft seien, wenn dieser nicht selbst zur Bekämpfung terroristischer Akteure willens oder in der Lage sei (Kleinschmidt 2012). Mit dem öffentlichen Bekenntnis zu dieser völkerrechtlichen Innovation ist, unabhängig davon, ob sich diese langfristig durchsetzen wird, eine verdeckte Operationsweise im Sinne des Arkanen nicht mehr gegeben. Im klassischen Verständnis gab es somit selbst im „Krieg gegen den Terror" kein umfassendes ‚Revival' der *covert action*, wenngleich man etwaigen Diagnosen eines fundamentaleren Formwandels verdeckter Operationen kaum wird widersprechen können, Diagnosen überdies, die eine gewisse Konvergenz zwischen dem „Wandel des Krieges" und der Transformation der in heutigen Kriegführungen bevorzugten Geheimstrategien betonen (dazu Münkler 2006, 2015).[8]

6 *Covert action* als imperiale Arkanpolitik oder Krisensemantik?

Betrachtet man die vorgenannten, unstrittigen Fälle von amerikanischer *covert action* – Iran, Guatemala, Indonesien, Kuba, Kongo –, ergibt sich das Bild von einem völligen und offensichtlichen Fehlschlag (Kuba), zwei Fehlschlägen, bei denen aufgrund der Unterstützung lokaler Akteure das angestrebte Ergebnis dennoch erreicht werden konnte, die verdeckten Einsätze aber nur eine geringe bzw. keine Rolle spielten (Iran und Indonesien), sowie zwei vermeintliche Erfolge, von denen einer (Kongo) wohl keine Auswirkungen auf die Machtverteilung im internationalen System hatte und der andere (Guatemala) durch seinen Effekt in der lateinamerikanischen und globalen Öffentlichkeit vermutlich hochgradig kontraproduktiv wirkte.

Was diejenigen Fälle angeht, bei denen aufgrund verschiedener Faktoren die Einordnung umstritten sein könnte, ist Folgendes festzustellen. In Brasilien fand keine materielle Unterstützung statt. Der im Umfang recht begrenzte Versuch in Chile war ein vollständiger Fehlschlag. In sowjetisch überfallenen Afghanistan handelte es sich eher um eine durch pakistanische Stellen vermittelte verdeckte materielle Unterstützung ohne größeren US-amerikanischen Einfluss, die zwar ihr Ziel vorübergehend erreichte – aber um den bekannten Preis der Stärkung

8 Fokussiert bemerkt Münkler beispielsweise im Interview mit der *Süddeutschen Zeitung*, viele derzeitige Zustände seien weder Krieg noch Frieden, sondern ein Drittes. „Ich denke da zum Beispiel an Drohnen. Ihr Einsatz stellt die bisherigen Kriegsordnungen auf den Kopf, denn gegenüber einer Drohne kann man sich nicht ergeben. Zum Krieg aber gehört die Chance, als Kämpfer die Waffen abzulegen", sich mithin zu ergeben (Münkler 2016).

terroristischer Gruppen. In Nicaragua beschränkten sich die USA weitgehend auf materielle Unterstützung, was ebenfalls nur vorübergehenden Erfolg verhieß. Bliebe noch die jüngere Drohnenkriegführung, deren Resultate bisher zwar kaum abzuschätzen sind, die aber aus Gründen innenpolitischer Legitimität auch den Charakter als verdeckte Operation weitgehend verlor und sich zu einer irregulären Standardstrategie innerhalb asymmetrisch starker Kriegführung zu entwickeln scheint. Wie auch immer man diese Fallstudien interpretieren mag – es ist wahrlich nicht das Bild eines Imperiums, welches „als eine regional bis global schier übermächtige Struktur" (Huhnholz 2014, S. 59) mittels bewaffneter Geheimaktionen politische Fakten schafft. Auch ist es wenig verwunderlich, dass ein Standardwerk zur Theorie der Nachrichtendienste zum Stichwort „covert action" mit der zusammenfassenden Aussage „most will be successful only within modest parameters" schließt (Johnson 2009, S. 49).

Trotz spektakulärer Fehlschläge und für viele Unbeteiligte tragischer Konsequenzen erscheint es heute als gesichert, dass *covert action* keine zentrale Komponente amerikanischer Sicherheitspolitik im Kalten Krieg darstellte, sondern eher als drastische und vorübergehende Überreaktion neugegründeter, experimenteller und profilierungssüchtiger Nachrichtendienste, die in Bezug auf Großmachtkonkurrenz nur über wenige außenpolitische Traditionsbestände verfügten. Überraschend mag gleichwohl die Signifikanz, die gerade dieses Element in kontemporären Interpretationen der amerikanischen Sicherheitspolitik bis heute annimmt – in vielen Fällen scheinen verdeckte Militäroperationen sogar als permanentes Kerngeschäft der USA und als wichtige Grundlage ihrer weltpolitischen Rolle aufgefasst zu werden (Scott 2004, S. 323). Sowohl in kritischen als auch in den – gerade in der Populärkultur verbreiteten – affirmativen Kommentaren werden *covert actions* als Kernbestandteile imperialer US-amerikanischer Macht aufgefasst (Dalby 2008, S. 431). Wie dargelegt, fehlt einer solchen Interpretation aber die empirische Basis.

Verdeckte Operationen sind letztendlich paradoxe Unterfangen – entweder sind sie aus Geheimhaltungsgründen nicht wirksam, oder aus Gründen der Wirksamkeit nicht geheim. Eine verlässliche Grundlage für politische Strukturen können sie nicht produzieren, allenfalls können sie in Einzelfällen bestehende Strukturen zerstören. Zwar wäre es denkbar, dass noch eine dritte Kategorie von erfolgreichen und geheim gebliebenen Operationen existiert – dagegen aber sprechen zwei Argumente: Einerseits ist vor dem bisherigen Erfahrungshintergrund nicht klar, wie genau solche Operationen ablaufen sollen, und andererseits lassen bisherige Erfahrungen mit der Öffnung von Archiven postkommunistischer Staaten nicht auf das Vorhandensein völlig unerwarteter nachrichtendienstlicher Erfolgsgeschichten schließen (vgl. Scott 2004, S. 325-327).

Abschließend soll daher hier die These aufgestellt werden, dass der Mythos von der *covert action* als Grundlage amerikanischer Machtpolitik in zwei verschiedenen Kontexten aus spiegelbildlich entgegengesetzten Gründen attraktiv sein kann und sich daher als Semantik weit über seine eigentlich gegebene Relevanz hinaus verbreitet hat. Wie bereits festgestellt, tendieren entsprechende Narrative dazu, die Handlungsmacht der USA zu überzeichnen und die der lokalen Akteure drastisch zu negieren. Zum einen hat es sich daher für Regierungen im globalen Süden gelegentlich als effektiv erwiesen, über die rhetorische Beschwörung potenzieller amerikanischer Interventionen autoritäre Maßnahmen zu rechtfertigen oder eigenes Versagen externen Einflüssen zuzurechnen. Insbesondere in Lateinamerika sind derartige Vorgehensweisen mittlerweile recht üblich – in Venezuela etwa hat sich der Verweis auf verdeckte Aktivitäten der USA zur Standardrechtfertigung des Regierens per militarisiertem Ausnahmezustand entwickelt (de la Torre 2013, S. 41), auch wenn keine ernstzunehmenden Hinweise auf eine Rolle der USA im versuchten Staatsstreich von 2002 existieren. Die gegenwärtige Rhetorik der russischen Regierung über die Rolle von *color revolutions* schlägt in eine ähnliche Kerbe.[9]

Auf der anderen Seite scheint es für manche amerikanischen Akteure insbesondere in sich rasch wandelnden oder bedrohlich erscheinenden Situationen attraktiv zu sein, über die Beschwörung des Mythos der *covert action* Handlungsfähigkeit und Stärke suggerieren zu können, ohne tatsächlich Taten folgen lassen zu müssen oder komplexere Problemdefinitionen und Strategien in Betracht zu ziehen. Die USA und ihre Kritiker im globalen Süden scheinen sich in dieser Hinsicht rhetorisch zu ergänzen. In dieser Hinsicht könnte man vielleicht in der Tat von einem Phänomen von „Krisenimperialität" (Huhnholz 2014) sprechen: Beide Seiten können sich über die rhetorische Überzeichnung eines historisch ja nachgewiesenen Phänomens der Validität ihrer eigenen, in sehr klaren Zügen gezeichneten Rolle versichern, somit Komplexität reduzieren und letztlich bestehende Strukturen legitimieren. Und wenn sie diese Funktion erfüllt, dürfte der *covert action* ihre rhetorische Zukunft vorerst sicher sein.

In operativer Hinsicht jedoch scheinen konventionelle und nukleare militärische Mittel sowie ökonomische und kulturelle oder institutionelle Attraktion bei der Erzeugung politischer Dominanz auf globaler Ebene eine bedeutendere Rolle zu spielen. Imperiumstheorien und andere Theorien der Internationalen Beziehungen tun daher auch weiterhin gut daran, die *covert action* als Randerscheinung

9 Neben diesen bekannten Beispielen scheint zum Zeitpunkt der Fertigstellung dieses Beitrags die Rhetorik des türkischen Präsidenten Erdoğan nach einem erfolglosen Staatsstreich einiger Militärkreise Ähnliches anzudeuten.

des Kalten Krieges und nicht etwa als arkanpolitische Grundlage amerikanischer Weltpolitik zu behandeln.

Literatur

Avey, P. C. 2012. Confronting Soviet Power: U.S. Policy during the Early Cold War. *International Security*, 36/4, S. 151-188.

Bacevich, A. J. 2002. *American Empire: The Realities and Consequences of U.S. Diplomacy.* Cambridge: Harvard University Press.

Bateman, A. 2014. The Political Influence of the Russian Security Services. *Journal of Slavic Military Studies*, 27/3, S. 380-403.

Bergen, P. L. 2002. *Holy War, Inc.: Inside the Secret World of Osama Bin Laden*. New York: Simon & Schuster.

Biskamp, F. 2010. *Die Dramaturgie demokratischer Imperien. Über das Verhältnis von Imperialität und Demokratie in der Debatte um das American Empire*. Frankfurt a. M. u. a.: Peter Lang.

Boot, M.. 2002. *The Savage Wars of Peace. Small Wars and the Rise of American Power.* New York: Basic Books.

Blank, S. 2013. Russian Information Warfare as Domestic Counterinsurgency. *American Foreign Policy Interests*, 35/1, S. 31-44.

Bowen, G. L. 1983. U.S. Foreign Policy toward Radical Change: Covert Operations in Guatemala, 1950-1954. *Latin American Perspectives*, 10/1, S. 88-102.

Brezhnev, Leonid. 2014. The Brezhnev Doctrine. In J. Dittmer und J. Sharp (Hrsg.): *Geopolitics. An Introductory Reader*, New York: Routledge, S. 116-118 [zuerst 1968 auf Russisch in der Parteizeitung Правда].

Butler, S. D. 2003. *War Is a Racket.* Los Angeles: Feral House.

Charap, S. 2015. The Ghost of Hybrid War. *Survival*, 57/6, S. 51-58.

Christensen, L. Thøger und Joep Cornelissen. 2015. Organizational Transparency as Myth and Metaphor. *European Journal of Social Theory*, 18/2, S. 132-149.

Dalby, S. 2008. Imperialism, Domination, Culture: The Continued Relevance of Critical Geopolitics. *Geopolitics*, 13/3, S. 413-436.

Devine, J. 2014. What Really Happened in Chile. The CIA, the Coup against Allende, and the Rise of Pinochet. *Foreign Affairs*, 93/4, S. 26-35.

Dinges, J. 2004. *The Condor Years. How Pinochet and His Allies Brought Terrorism to Three Continents.* New York: The New Press.

Downes, A. B. und M. L. Lilley. 2010. Overt Peace, Covert War?: Covert Intervention and the Democratic Peace. *Security Studies*, 19/2, S. 266-306.

Eckert, A. E. 2016. *Outsourcing War. The Just War Tradition in the Age of Military Privatisization*. Ithaca: Cornell University Press.

Forsythe, D. P. 1992. Democracy, War, and Covert Action. *Journal of Peace Research*, 29/4, S. 385-395.

Freedman, L. 2013. *Strategy. A History.* Oxford: Oxford University Press.

Friedman, M. P. 2010. Latin American Diplomatic Resistance to United States Intervention in Guatemala in 1954. *Diplomacy & Statecraft*, 21/4, S. 669-689.
Ganser, D. 2005. *NATO's Secret Armies. Operation Gladio and Terrorism in Western Europe*. London/New York: Frank Cass.
Gasiorowski, M. J. 2004. The 1953 Coup d'État Against Mossadeq. In ders. und M. Byrne (Hrsg.): *Mohammad Mosaddeq and the 1953 Coup in Iran*, Syracuse: Syracuse University Press, S. 227-260.
Godson, R. 2001. *Dirty Tricks Or Trump Cards: U.S. Covert Action and Counterintelligence*. New Brunswick: Transaction Publishers.
Goppel, A. 2013. *Killing Terrorists. A Moral and Legal Analysis*. Berlin: de Gruyter.
Gouré, L. 1989. Soviet-Cuban Military Relations. In J. Suchlicki (Hrsg.): *The Cuban Military under Castro*. Coral Gables: University of Miami, S. 165-197.
Hedlund, S. 2008. Such a Beautiful Dream: How Russia Did *Not* Become a Market Economy. *Russian Review*, 67/2, S. 187-208.
Hepple, L. W. 1986. Geopolitics, generals and the state in Brazil. *Political Geography Quarterly*, 5/4, S. 79-90.
Hepple, L. W. 2004. South American heartland: the Charcas, Latin American geopolitics and global strategies. *The Geographical Journal*, 170/4, S. 359-367.
Hölscher, L. 1979. Öffentlichkeit und Geheimnis. Eine begriffsgeschichtliche Studie zur Entstehung der Öffentlichkeit in der frühen Neuzeit. Stuttgart: Klett-Cotta.
Hopf, T. 2012. *Reconstructing the Cold War: The Early Years, 1945-1958*. Oxford: Oxford University Press.
Huhnholz, S. 2010. *Dschihadistische Raumpraxis. Raumordnungspolitische Herausforderungen des militanten sunnitischen Fundamentalismus*. Berlin u. a.: LIT-Verlag.
Huhnholz, S. 2012. Imperiale oder Internationale Beziehungen? Imperiumszyklische Überlegungen zum jüngeren „American Empire"-Diskurs. In H. Münkler und E. M. Hausteiner (Hrsg.): *Die Legitimation von Imperien. Strategien und Motive im 19. und 20. Jahrhundert*. Frankfurt a. M.: Campus-Verlag, S. 195-231.
Huhnholz, S. 2014. *Krisenimperialität. Romreferenz im US-amerikanischen Empire-Diskurs*. Frankfurt a. M.: Campus-Verlag.
Hurrell, A. 2013. *The Quest For Autonomy. The Evolution Of Brazil's Role in the International System, 1964-1985*. Brasilia: Fundação Alexandre de Gusmão.
International Court of Justice. 1986. Case Concerning the Military and Paramilitary Activities in and against Nicaragua. Summary of the Summary of the Judgment of 27 June 1986. http://www.icj-cij.org/docket/index.php?sum=367&code=nus&p1=3&p2=3&case=70&k=66&p3=5. Zugegriffen: 20. Mai 2016.
Joachim, L. 2010. *Der Einsatz von „Private Military Companies" im modernen Konflikt. Ein Neues Werkzeug für „Neue Kriege"?* Berlin: LIT-Verlag.
Johnson, C. 2000. *Ein Imperium verfällt. Wann endet das amerikanische Jahrhundert?* München: Blessing.
Johnson, L. K. 2009. Sketches for a Theory of Strategic Intelligence. In P. Gill, S. Marrin und M. Phythian (Hrsg.): *Intelligence Theory. Key Questions and Debates*. London: Routledge, S. 33-53.
Johnson, L. K. 2014. Intelligence Shocks, Media Coverage, and Congressional Accountability, 1947–2012. *Journal of Intelligence History*, 13/1, S. 1-21.
Kagan, R. 2007. *Dangerous Nation. America's Place in the World, from it's Earliest Days to the Dawn of the 20th Century*. New York: Vintage.

Kagan, R. 2008. Macht und Mission. Der Mythos vom amerikanischen Isolationismus. In Blätter für deutsche und internationale Politik (Hrsg.): *Sonderband Quo vadis, Amerika?*. Bonn und Berlin: Blätter-Verlag 2008, S. 36-46.

Kennan, G. F. 1948. On Organizing Political Warfare, 30. April 1948. http://digitalarchive.wilsoncenter.org/document/114320. Zugegriffen: 20. Februar 2016.

Kibbe, J. D. 2007. Covert Action and the Pentagon. *Intelligence and National Security*, 22/1, S. 57-74.

Kibbe, J. D. O. J. Covert Action. In Robert A. Denemark (Hrsg.): *The International Studies Encyclopedia*, www.isacompendium.org. Zugegriffen: 21. April 2016.

Kim, J. 2002. U.S. Covert Action in Indonesia in the 1960s: Assessing the Motives and Consequences. *Journal of International and Area Studies*, 9/2, S. 63-85.

Kinzer, S. 2006. *Overthrow. America's Century of Regime Change from Hawaii to Iraq*. New York, NY: Henry Holt.

Kleinschmidt, J. 2012. Zur politischen Geographie der *targeted killings*. In R. Voigt (Hrsg.): *Staatsräson. Steht die Macht über dem Recht?* Baden-Baden: Nomos, S. 107-119.

Kupchan, C. A. 2014. Unpacking Hegemony: The Social Foundations of Hierarchical Order. In G. J. Ikenberry (Hrsg.): *Power, Order, and Change in World Politics*. Cambridge: Cambridge University Press, S. 19-60.

Leary, W. M. 2002. *Perilous Missions: Civil Air Transport and CIA Covert Operations in Asia*. Washington/London: Smithsonian Institution Press.

Lotter, K. 2016. Arcana Imperii – Geheimbereiche der Macht. Geschichtliche Ausformungen eines umstrittenen Begriffs der politischen Theorie. *Widerspruch. Münchener Zeitschrift für Philosophie*, 35/1, S. 14-26.

Lundestad, G. 2003. *The United States and Western Europe since 1945: From „Empire by Invitation" to Transatlantic Drift*. Oxford: Oxford University Press.

Luttwak, E. 1979. *Coup d'État. A Practical Handbook*. Cambridge: Harvard University Press.

Mastny, V. 2014. The Cold War in retrospect: too early to tell? *Cold War History*, 14/4, S. 487-499.

McSherry, J. P. 2005. *Predatory States. Operation Condor and Covert War in Latin America*. Lanham: Rowman & Littlefield.

Münkler, H. 2006. *Der Wandel des Krieges. Von der Symmetrie zur Asymmetrie*. Weilerswist: Velbrück Wissenschaft.

Münkler, H. 2015. *Kriegssplitter. Die Evolution der Gewalt im 20. und 21. Jahrhundert*. Berlin: Rowohlt.

Münkler, H. 2016. Interview in Süddeutsche Zeitung vom 2./3. Januar Nr. 1, S. 32.

Ninkovich, F. 2001. *The United States and Imperialism*. Oxford: Blackwell.

Pinochet Ugarte, A. 1984. *Geopolítica*. Santiago de Chile: Editorial Andrés Bello, 4. Aufl.

Räikkä, J. 2009. On Political Conspiracy Theories. *The Journal of Political Philosophy*, 17/2, S. 185-201.

Radsan, A. J. 2009. An Overt Turn on Covert Action. *Saint Louis University Law Journal*, No. 53, S. 485-552.

Rahola, F. 2010. The Space of Camps: Towards a Genealogy of Places of Internment in the Present. In A. Dal Lago und S. Palidda (Hrsg.): *Conflict, Security and the Reshaping of Society. The civilization of war*. London: Routledge, S. 185-199

Rzepka, V. 2013. *Die Ordnung der Transparenz. Jeremy Bentham und die Genealogie einer demokratischen Norm*. Berlin: LIT-Verlag.

Sandars, C. T. 2000. *America's Overseas Garrisons. The Leasehold Empire*. New York u. Oxford: Oxford University Press.
Saull, R. 2005. Locating the Global South in the Theorisation of the Cold War: Capitalist Development, Social Revolution and Geopolitical Conflict. *Third World Quarterly*, 26/2, S. 253-280.
Schmidt, H. 1998. *Maverick Marine: General Smedley D. Butler and the Contradictions of American Military History*. Lexington: University Press of Kentucky.
Scott, L. 2004. Secret Intelligence, Covert Action and Clandestine Diplomacy. *Intelligence and National Security*, 19/2, S. 322-341.
Sharman, J. C. 2005. International Hierarchies and Contemporary Imperial Governance: A Tale of Three Kingdoms. *European Journal of International Relations*, 19/2, S. 189-207.
Stiefler, T. 2004. CIA's Leadership and Major Covert Operations: Rogue Elephants or Risk-Averse Bureaucrats? *Intelligence and National Security*, 19/4, S. 632-654.
Suri, J. 2011. *Liberty's Surest Guardian: American Nation-Building from the Founders to Obama*. New York: Free Press.
Takeyh, R. 2014. What Really Happened in Iran. The CIA, the Ouster of Mossadeq, and the Restoration of the Shah. *Foreign Affairs*, 93/4, S. 2-12.
Teixeira, C. G. P. 2012. *Brazil, the United States, and the South American Subsystem. Regional Politics and the Absent Empire*. Lanham: Lexington Books.
Thomas, M. 2005. Colonial States as Intelligence States: Security Policing and the Limits of Colonial Rule in France's Muslim Territories, 1920–40. *Journal of Strategic Studies*, 28/6, S. 1033-1060.
Tidd, J. M. 2008. From Revolution to Reform: A Brief History of U.S. Intelligence. *SAIS Review*, 28/1, S. 5-24.
de la Torre, C. 2013. In the Name of the People: Democratization, Popular Organizations, and Populism in Venezuela, Bolivia, and Ecuador. *European Review of Latin American and Caribbean Studies*, 95, S. 27-48.
Voß, K. 2016. Plausibly Deniable: Mercenaries in US Covert Interventions During the Cold War, 1964–1987. *Cold War History*, 16/1, S. 37-60.
Weeks, G. und E. Fiorey. 2012. Policy Options for a Cuban Spring. *Military Review*, May-June 2012, S. 88-95.
Weiner, T. 2008. *Legacy of ashes: The history of the CIA*. New York: Anchor.
Weissman, S. R. 2014. What Really Happened in Congo. The CIA, the Murder of Lumumba, and the Rise of Mobutu. *Foreign Affairs*, 93/4, S. 14-24.
The White House. 2009. Remarks by the President at Cairo University, 4. Juni 2009. https://www.whitehouse.gov/the-press-office/remarks-president-cairo-university-6-04-09. Zugegriffen: 22. Februar 2016.
Williams, W. A. 1954. The Legend of Isolationism in the 1920's. *Science and Society*, 18/1, S. 1-20.
Willmetts, S. 2015. The CIA and the invention of tradition. *Journal of Intelligence History*, 14/2, S. 112-128.
Woodward, B. 2010. *Obama's Wars*. New York: Schuster & Schuster.

III
Staatsgeheimnisse in Demokratien

Das Geheimnis und die Demokratie

(In-) Transparenz als politische Herausforderung im digitalen Zeitalter

Claudia Ritzi

Arcana imperii, das Prinzip der Herrschaft durch Geheimhaltung, hat seine Bedeutung in modernen politischen Systemen weitgehend eingebüßt. Soll politische Macht auf der Basis von Geheimnissen erlangt oder erhalten werden, erfordert dies entweder Gehorsamkeit auf Seiten der Bürger oder ein hohes Maß an Vertrauen. Gehorsam kann und darf jedoch nicht die Basis einer demokratischen Beziehung zwischen Bürgern und ihren Repräsentanten sein. Und Vertrauen ist eine Ressource, die in den letzten Jahrzehnten zu einer Mangelware im Verhältnis zwischen Politik und Bürgerschaft zu werden droht – zumindest in westlichen Demokratien (vgl. u. a. Hartmann 2011; Schaal 2004).

Nicht zuletzt angesichts dieser Entwicklung ist jüngst immer wieder der Ruf nach mehr Transparenz in der Demokratie laut geworden. Die Kombination aus einem Einstellungswandel auf Seiten von Politik und Bürgerschaft sowie der Etablierung neuer Informations- und Recherchemöglichkeiten, die maßgeblich aus der wachsenden Verfügbarkeit digitaler Technologien resultieren, lassen Geheimhaltung in Demokratien immer häufiger als unzeitgemäß erscheinen (vgl. u. a. Heller 2011; Brin 1998; kritisch Zeh/Trojanow 2010). Auch jenseits dieser jüngeren Entwicklungen sind Öffentlichkeit und Transparenz zu den Leitlinien demokratischer Politik zu zählen, sie stellen sowohl eine Bedingung für die angemessene Information der Bürger[1] als auch die Basis eines adäquaten politischen Diskurses dar, der die Grundlage für die Präferenzbildung und politische Entscheidung bildet. Darüber hinaus können Politiker auch nur dann vom Wähler für ihr Verhalten in die Verantwortung genommen werden, wenn sie vom demos beobachtet werden können. Sollen Responsivität und Verantwortlichkeit nicht nur normative Leitlinien

1 Aus Gründen der besseren Lesbarkeit wird in diesem Beitrag auf die Verwendung weiblicher Sprachformen verzichtet. Sämtliche Peronenbezeichnungen gelten aber selbstverständlich für beiderlei Geschlecht.

im Verhältnis von Bürgern und Repräsentanten sein, sondern auch Instrumente politischer Steuerung, ist die Transparenz des Handelns der Politik unabdingbar. Kurz gesagt, sind Öffentlichkeit und Transparenz zentrale Bedingungen für eine effektive Selbstregierung des Volkes.

Dennoch hat das Geheimnis auch in der zeitgenössischen Politik seinen Platz – es müssen jedoch gute Gründe dafürsprechen, politisch relevante Informationen vor der Bevölkerung zurückzuhalten. Welche Bedingungen dies sind und wie sich ihre Bedeutung in den letzten Jahrzehnten verändert hat, wird im folgenden Beitrag diskutiert. Dazu wird zunächst grundlegend dargestellt, weshalb Geheimnisse in der Demokratie – anders als in vormodernen Regierungssystemen – als sprichwörtlich ‚notwendige Übel' zu begreifen sind (Abschnitt 1). Anschließend werden zentrale Gegenstände und Werte erörtert, die in Demokratien der Geheimhaltung bedürfen, und es wird aufgezeigt, welche Gründe jeweils einen Schutz entsprechender Informationen legitimieren. Dabei wird differenziert zwischen Geheimnissen der Politik vor den Bürgern und der Geheimhaltung privater Informationen in der Bürgerschaft (Abschnitt 2). Im dritten Abschnitt wird darauf aufbauend die Relevanz von Geheimhaltung im sogenannten „Informationszeitalter" diskutiert. Mit der Etablierung neuer Speicher- und Informationsmedien steht die Demokratie vor einer zentralen Herausforderung mit Blick auf die Garantie von Geheimhaltung und Privatheit. Es muss neu justiert werden, wer unter welchen Bedingungen Geheimnisse wahren und verraten darf – das belegen zum Beispiel die WikiLeaks-Affären um Edward Snowden und Julian Assange oder das im Jahr 2012 in Kraft getretene „Hamburger Transparenzgesetz".

1 Demokratie und das Ende der Arkanpolitik?

Zeitgenössische westliche Demokratien stellen die praktische Vereinigung zweier für die Moderne zentraler Entwicklungslinien dar: sie verbinden liberales und demokratisches Denken miteinander. Dieses Bündnis schafft jedoch ein inhärentes Spannungsverhältnis, das unter anderem Auswirkungen auf Fragen notwendiger und legitimer Geheimhaltung von Informationen hat.

Sowohl das demokratische als auch das liberale Denken verkörpern den Bruch der Moderne mit dem durch religiöse Ordnung geprägten Mittelalter. „The onset of political modernity, the establishment of popular sovereignty and democracy, starts with the ‚purging' of the arcana from politics" (Horn 2011, S. 111). Anders als im Kontext des vormodernen Ordo-Denkens wird der Mensch seit der frühen Neuzeit als Wesen der Vernunft erkannt und theoretisch konzeptualisiert. Er gilt nun als

Akteur der Geschichte: er ist kompetent und es obliegt ihm auch, die Ordnung, unter der er lebt, mitzugestalten. „Die seit der Antike thematisierte philosophische Grundfrage nach der Wahrheit des Seins, der Dinge und des Menschen erhält jetzt die Form der Frage nach ihrer Gewissheit für das Subjekt [...]" (Schwan 2000, S. 158). Der Rationalismus, eine radikal subjektivistische Philosophie, wird zu einer zentralen philosophischen Strömung, und der Wunsch nach einem möglichst umfassenden Wissen über die Welt gewinnt Raum.

Zentral für diese Entwicklung ist auch die aufklärerische Wertschätzung öffentlichen Gebrauchs individueller Vernunft. Remo Bodei (2011, S. 6) spricht vom kantischen „Tribunal der Vernunft". Im Zuge der Aufklärung schwindet die Akzeptabilität des Geheimnisses im politischen Raum. Während Autoren wie Macchiavelli das Geheimnis noch als eine hilfreiche Herrschaftstechnik (zur Sicherung vormoderner Herrschaftsverhältnisse) beschrieben hatten, werden Geheimnisse nun zu Barrieren für vernünftiges Handeln, sie sind nur unter besonderen Umständen in Einklang zu bringen mit dem Anspruch des Einzelnen, das eigene sowie das gemeinschaftliche Leben (mit-) zu gestalten.

Das liberale Denken, das eng mit diesem Prozess der Modernisierung verbunden und dem methodologischen Individualismus verpflichtet ist, priorisiert die Freiheit und das Wohlergehen des Einzelnen. Eine Folge der Bedeutung individueller Freiheit ist die konzeptionelle Trennung zwischen privater und öffentlicher Sphäre. Die Öffentlichkeit dient der Regelung der gemeinsamen Angelegenheiten. Doch während der Staat beispielsweise für Thomas Paine ein „notwendiges Übel" (Paine 1999) ist, wird die Privatheit als der Bereich der persönlichen Freiheit zum schützenswerten Gut: im privaten Raum könne und solle jedes autonome Subjekt selbst entscheiden, welche Handlungen, Einstellungen und Überzeugungen für ihn oder sie die richtigen sind. Der Staat hat hier äußerste Zurückhaltung zu üben. Diesen Gedanken weiterführend definieren Warren und Brandeis (1890) in einem berühmten Aufsatz in der *Harvard Law Review* die Privatheit als ein individuelles, negatives Freiheitsrecht, als das Recht „to be let alone". Die Bürger haben folglich einen Anspruch darauf, persönliche Informationen vor dem Staat geheim zu halten – sofern sie nicht von dezidiert öffentlichem Belang sind. Bis heute spiegelt sich diese Auffassung auch in Deutschland in vielfältiger Weise in der Rechtsprechung wider, beispielsweise im 1983 vom Bundesverfassungsgericht erklärten „Recht auf informationelle Selbstbestimmung" (BVerfGE 65,1 [41]).

Das Verhältnis des individuen- und freiheitszentrierten Liberalismus zur Demokratie ist kompliziert. Dezidiert hat sich unter anderem Friedrich August von Hayek damit befasst. Er sieht die beiden Ideale der Demokratie und des Liberalismus zwar als vereinbar an, betont aber auch, dass sie unterschiedliche Anliegen verfolgen und in Konflikt zueinander geraten können.[2] „Beim Liberalismus geht es um das Ausmaß der Regierungsgewalt, bei der Demokratie darum, wer diese Gewalt ausübt" (Hayek 2005, S. 70). So ist es für Hayek durchaus denkbar, dass eine autoritäre Regierung nach liberalen Grundsätzen handelt, beispielweise wenn sie sich primär an ökonomischen Maximen orientiert und nicht religiöse Doktrinen oder andere umfassende Vorstellungen vom guten Leben umsetzen möchte. Auch Bobbio schreibt: „a liberal state is not necessarily democratic" (Bobbio 2005, S. 1).

Die Forderung nach Transparenz bzw. Öffentlichkeit politisch relevanter Prozesse und Informationen stellt ein Beispiel für die Spannung zwischen Liberalismus und Demokratie dar. Der Liberalismus problematisiert das Geheimnis, vor allem jenes der Bürger gegenüber dem Staat, nicht weiter – jedenfalls nicht, sofern es die Autonomie des Einzelnen nicht beschränkt. Für die, den Prinzipien der Rechenschaft und Responsivität verpflichtete, Demokratie hingegen stellt die Existenz von „Staatsgeheimnissen" und Geheimnissen im Staat eine größere Problematik dar. „Legitimität als eine demokratietheoretische Fundamentalkategorie politischer Kommunikation", so fasst es Ulrich Sarcinelli (2011, S. 89f.) zusammen, „knüpft den Geltungsanspruch politischer Herrschaft an eine kommunikative Begründungsleistung. [...] Somit sind Öffentlichkeit und Kommunikation eine notwendige, keineswegs aber hinreichende Bedingung von Legitimität." Wo Macht, wie in der Demokratie, begründungs- und zustimmungspflichtig ist, ist sie darauf angewiesen, dass es eine öffentliche Sphäre gibt, in der sich jene Akteure Gehör verschaffen können, die Macht innehaben oder erlangen möchten. Und es gilt auch umgekehrt, dass die Herrschaft des Volkes nur dann gewährleistet ist, wenn die Bürger Zugang zu einem kommunikativen Netzwerk und relevanten Informationen haben (vgl. Ritzi 2014, S. 177ff.). „At a minimum, democracy requires that citizens be able to hold officials accountable, and to do that citizens must know what officals are doing, and why" (Thompson 1999, S. 182).

Anstelle des Schutzes der Privatheit steht in der Demokratie also die Bedeutung von Öffentlichkeit und Transparenz im Vordergrund. Die „Domestizierung von Macht" (Ebbinghausen 1995) erfolgt hier primär durch die Öffentlichkeit, nicht durch die Definition von Schutzbereichen, die dem staatlichen Einfluss entzogen sind. Das Geheimnis als anti-öffentlicher Gegenstand ist undemokratisch – es sei denn, es liegen veritable Gründe vor, das demokratische Öffentlichkeitsprinzip zu durchbrechen. Die Existenz solcher Gründe stellt die Demokratie vor ein Problem, das zwar pragmatisch entschieden, aber nicht theoretisch aufgelöst werden kann. Dennis Thompson bringt dies prägnant auf den Punkt: „Some of the best reasons

2 Einige klassische Liberale wie Tocqueville (1985) standen der Demokratie sogar skeptisch gegenüber, da sie eine freiheitsfeindliche Tyrannei der Mehrheit befürchteten.

for secrecy rest on the very same democratic values that argue against secrecy" (Thompson 1999, S. 182).

Geheimnisse als Herausforderung sind der Demokratie also einerseits inhärent. Hinzu kommt das Spannungsfeld, das sich zwischen liberalen und demokratietheoretischen Elementen in der zeitgenössischen Theorie und Praxis der liberalen Demokratie ergibt. Sowohl die komplexe Dichotomie zwischen dem „ius publicum" und dem „ius privatum" (Brezovske et al. 2009, S. 28) als auch jene zwischen Öffentlichkeit bzw. Transparenz und Privatheit bzw. Geheimnis ist in der liberalen Demokratie angelegt. Während die Öffentlichkeit vor diesem Hintergrund zwar das Grundprinzip, in den Worten von Otto Depenheuer (2002, S. 17) sogar das „Lebensgesetz", der Demokratie ist, gibt es auch veritable Gründe für den Verzicht auf sie. Eva Horn (2011, S. 112) spricht in diesem Kontext von der Ersetzung der *arcana imperii* durch die Logik des *secretum*, also des begründeten und abgegrenzten Bereichs der Geheimhaltung. Einige der Gründe, die für die Notwendigkeit und Beibehaltung solcher Geheimnisse sprechen, sollen im Folgenden näher beleuchtet werden.

2 Wann sind Geheimnisse in der Demokratie notwendig oder akzeptabel?

„As a nation, we seem to be of two minds about secrecy", schreibt Steven Aftergood (2010, S. 839) über das Verhältnis der US-Amerikaner zu politischen Geheimnissen, „we know that government secrecy is incompatible with democratic decision-making in obvious ways. By definition, secrecy limits access to official information, thereby impeding public participation in the deliberative process and inhibiting or preventing the accountability of government officials for their actions. Yet there is a near universal consensus that some measure of secrecy is justified and necessary to protect authorized national security activities […], to permit confidential deliberations in the course of policy development, to secure personal privacy, and for other reasons." Und auch wenn nationale Besonderheiten die jeweilige Gewichtung von Öffentlichkeits- und Privatheitsargumenten beeinflussen mögen, gilt diese Aussage auch weit über die USA hinaus für andere westlichen Demokratien. Innere und äußere Sicherheit, Qualitätsverbesserungen politischer Entscheidungen in Folge von geheimer Beratung und die Garantie von Privatheit sind zentrale Gründe, die in Demokratien trotz der berechtigten Informationsansprüche der Bürger als Geheimhaltungsgründe anerkannt werden. Sie sollen im Folgenden näher erörtert werden, wobei die Darstellung aufgrund der unterschiedlichen Legitimationsmuster entlang zweier zentraler Beziehungsmodelle in der Demokratie gegliedert wird: Geheimnisse, welche die Politik, ihre Repräsentanten sowie die Bürokratie trotz ihrer dienenden Funktion gegenüber der Bürgerschaft wahren dürfen (Abschnitt 2.1) und Informationen, welche die Bürger dem Staat und/oder ihren Mitbürgern nicht preisgeben müssen (Abschnitt 2.2).

2.1 Politische Geheimnisse

Geheimnisse werden laut Deirdre Curtin (2014) immer dann zu einer Gefahr für die Demokratie, wenn sie jene Grundwerte bedrohen, die Demokratie eigentlich schützen soll: maßgeblich die Möglichkeit der Bürger zu einer effektiven Selbstregierung und ihre Sicherheit.

Gerade der Aspekt der *Sicherheit* zählt jedoch gleichzeitig zu den wichtigsten Gründen legitimer Geheimhaltungspolitik politischer und staatlicher Akteure gegenüber der Bürgerschaft (vgl. Archard 2013, S. 783). So weist unter anderem Richard Dearlove (2013), der 38 Jahre lang für den britischen Geheimdienst arbeitete, auf die Bedeutung der Geheimhaltung im Kampf gegen organisierte Kriminalität und Terror hin: „What is sure, however, is that should we push for complete transparency and insist on the sovereignty of our individual rights, we would eventually regret it. Much worse than 9/11 could happen." Auch in Kriegseinsätzen, wenn taktische und strategische Geheimhaltung dem Schutz der Soldaten bzw. der Bevölkerung dienen, gelten Geheimnisse in demokratischen Staaten als legitim: der Schutz des Lebens der dem Staat anvertrauten Menschen gilt in diesem Fall als dem demokratischen Prinzip der Öffentlichkeit übergeordnetes Prinzip. Innerhalb eines Staates zählt die geheimdienstliche Arbeit zu jenen Bereichen, die der strengen Geheimhaltung unterliegen – auch hier wird dies mit Gründen des Erfolgs der Tätigkeit und der Sicherheit legitimiert.[3] „The *arcanum* is an essential tool of security" fasst Eva Horn (2011, S. 108) zusammen. Vor allem die Außenpolitik, die Verteidigungspolitik und Teile der Innenpolitik können es vor diesem Hintergrund rechtfertigen, auch bedeutsame Informationen der öffentlichen Debatte und Kenntnisnahme zu entziehen.

Wie schmal die Gratwanderung zwischen demokratisch-legitimen und illegitimen Gründen der Geheimhaltung ist, zeigt ein Statement des Bundesinnenministers Thomas de Mazière aus dem November 2015 nach der Absage

3 Auch wenn einige Wissenschaftler und Aktivisten hinterfragen, ob gerade im Umgang mit den Ergebnissen geheimdienstlicher Arbeit ein Übermaß an Geheimhaltung besteht, das nicht (oder nicht mehr) durch die Sicherheitsinteressen der Bevölkerung begründet werden kann (vgl. bsp. Aftergood 2010).

eines Fußball-Länderspiels. Er begründete die Nichtauskunft auf die Frage nach den Gründen der Spielabsage zunächst mit dem Verweis darauf, dass „Teile der Antwort" die Bevölkerung „verunsichern" würden. Erst im Anschluss an diese Aussage erörterte er sicherheitspolitische Argumente. Das Statement endete mit der Bitte an die Bevölkerung, der Politik und den Sicherheitsbehörden einen „Vertrauensvorschuss" entgegen zu bringen, statt nähere Informationen einzufordern. Während der Verweis auf (zukünftige) Sicherheitsbedenken ein klassisches Beispiel für Geheimhaltungsinteressen auch im Kontext demokratischer Systeme darstellt, ist „Verunsicherung" dem demokratischen Bürger durchaus zuzumuten – was im Umkehrschluss bedeutete, dass die Zurückhaltung von Informationen, die im öffentlichen Interesse sind, nicht nur geschehen kann, um die Bürger vor Sorgen oder Ängsten zu bewahren.

Neben außen- und innenpolitischen Sicherheitsinteressen können auch *informationelle Rechte anderer Akteure* für eine Geheimhaltung sprechen. So kann, beispielsweise zum Schutz der Wettbewerbsfähigkeit, über den Inhalt bestimmter Kontrakte zwischen Politik und Unternehmen Stillschweigen vereinbart werden, wenn das Interesse des ökonomischen Geschäftspartners schwerer wiegt als das Informationsinteresse der Öffentlichkeit. Entsprechend wird Geheimhaltung bei vielen öffentlichen Vergabeprozessen gewahrt.

Ein weiterer sachlicher Grund für politische Geheimhaltung liegt in unmittelbar aus Vertraulichkeit resultierenden *Vorteilen für die Entscheidungsqualität*. Dies gilt einerseits für politische Verhandlungen, deren Gelingen maßgeblich davon abhängen kann, dass Geheimhaltung bis zum Abschluss des Verfahrens vereinbart wird. Dennis Thompson (1999, S. 182) führt das Abkommen von Dayton, welches 1995 den Krieg in Bosnien und Herzegowina beendete, als Beispiel für eine solche Situation an. Wie Simone Chambers (2004) darlegt, profitieren deliberative Prozesse aber auch in anderen Kontexten von Geheimhaltung: Sie beschreibt Geheimhaltung als „fertile ground" (Chambers 2004, S. 389) für jegliche rationale Argumentations- und Entscheidungsprozesse in der Politik. Unter den Bedingungen der Öffentlichkeit würden Politiker zwar dazu gezwungen, ihre Pläne, Positionen und Begründungen gegenüber den Bürgern offen zu legen – was sich zugunsten der demokratischen Rechenschaft auswirke. Die Qualität entsprechender Diskurse würde häufig aber unter der Bedingung öffentlicher Kommunikation leiden. „When deliberation takes place in secret, elites need not worry so much about how their arguments will affect their re-election" (Chambers 2004, S. 409), sie können offener verhandeln, müssen Argumente und Positionen weniger stark zuspitzen als unter den Bedingungen der Öffentlichkeit und müssen bei Meinungsveränderungen in Folge deliberativer Aufklärung keinen Gesichtsverlust fürchten. Auch innenpolitisch sind Geheimnisse also relevant.

Chambers unterscheidet zwischen zwei Dimensionen der Qualität politischer Deliberation: Der demokratischen und der sokratischen Dimension, wobei erstere vor allem auf Transparenz, Gemeinwohl und Verantwortlichkeit fokussiert, während die zweite die Vernünftigkeit der Ergebnisse zu optimieren sucht. Die beiden Dimensionen stehen praktisch häufig im Widerspruch zueinander – weshalb abgewogen werden muss, ob mehr Transparenz oder mehr Vertraulichkeit sachdienlicher sind. Eine ausschließliche Betonung der demokratischen Qualität (wie Chambers sie häufig im Diskurs über deliberative Demokratie ausmacht (Chambers 2004, S. 389)) sei nicht sachdienlich, weshalb ihre Überlegungen auch als Plädoyer für (gelegentliche) Geheimhaltung im politischen Diskurs verstanden werden können.

Niklas Luhmann (1985) nimmt eine andere Perspektive auf politische Kommunikation ein und beschreibt Geheimnisse primär als eine *Form politischen Zeitmanagements.* Die Unterbrechung kommunikativer Verbindungen ermögliche es dem politischen System vor allem, einen zeitlichen Vorsprung zu gewinnen – was im Kontext militärischer Aktivitäten, aber auch anderer Konkurrenzsituationen oder zur Vermeidung von Panikreaktionen angesichts von Epidemien etc. von Vorteil sein kann. Darüber hinaus erlaubt Geheimhaltung es, das Zeitfenster für bestimmte Entscheidungsfindungsprozesse zu vergrößern. Ein Beispiel für eine solche Situation kann die Geheimhaltung von Finanzmarktinformationen sein, beispielsweise über eine drohende Währungsabwertung. Die Enthüllung entsprechender Informationen würde zu ökonomischen Destabilisierungseffekten führen, die, solange entsprechende Entwicklungen nicht unvermeidbar sind, auch im Interesse der Bürgerschaft vermieden werden sollen (vgl. Archard 2013, S. 783). „Sprache schafft Verbundenheit, Stille ermöglicht Reflexion" (Luhmann 1989, S. 105) argumentiert Luhmann. Reflexion, sofern es hierfür einen sachlichen Bedarf gibt bzw. sie einen sachlichen Nutzen erzeugt, kann ein legitimer Grund für den Verschluss von Informationen sein. Einher geht mit der Geheimhaltung in Entscheidungsprozessen aber auch eine – zumindest temporäre – Sicherung bestehender Machtverhältnisse in machiavellischer Manier.[4] Einer solchen Handlungsstrategie kann selbstredend keine demokratische Legitimität zugesprochen werden.

Gerade vor dem Hintergrund wachsenden Zeitdrucks (vgl. u.a. Rosa 2011; Scheuerman 2009), das verdeutlichen Luhmanns Ausführungen ebenfalls, könnten Geheimnisse als „kommunikative Selbstblockaden" (Luhmann/Fuchs 1989) im 21. Jahrhundert eine zunehmende funktionale Bedeutung für gesellschaftliche Interaktion haben – trotz der Existenz neuer Informationsmöglichkeiten und

4 Dies gilt insbesondere dann, wenn mächtige Akteure selbst entscheiden können, wer zum Kreis der Eingeweihten zählen soll.

auch entgegen dem Wunsch vieler Bürger, in politischen Angelegenheiten mehr Transparenz zu erleben.

Neben den genannten sachlichen Gründen lassen sich schließlich *institutionelle Ursachen* politischer Geheimhaltung identifizieren. Norberto Bobbio (1987, S. 75ff.) beschreibt in seinen Ausführungen zur Zukunft der Demokratie den Zusammenhang zwischen Bürokratisierung und Geheimhaltung folgendermaßen: „Je höher der Verselbstständigungsgrad der Bürokratie und je geringer die institutionellen Möglichkeiten zur Repräsentation und Vermittlung gesellschaftlicher Interessen- und Wertkonflikte im politischen System und zur wirksamen Kontrolle von Herrschaftspraktiken durch intermediäre Insitutionen […] oder die politische Öffentlichkeit (Parlamente und Medien) sind, desto größer ist der Wirkungsraum ‚unsichtbarer Mächte', d. h. der Arkanbereich ‚arcana imperii' von Politik." Ob es tatsächlich eine grundsätzliche Eigenlogik der Bürokratie gibt, das eigene Handeln dem öffentlichen Einblick zu entziehen, ist eine empirische Frage. Auf der Basis einer entsprechenden Annahme lässt sich die bürokratische Geheimniskrämerei aber mit Bobbio kritisieren: Wo kein sachlicher Grund für Geheimhaltung existiert, gilt es, die Transparenz bürokratischen Handelns durch entsprechende institutionelle Vorkehrungen, zu denen nicht zuletzt eine Stärkung unabhängiger Medien zählt, zu minimieren.

Ungeachtet möglicher Differenzen zwischen Akteuren der Politik und Bürokratie und in Anerkennung der Existenz eines substantiell begründeten Bedarfs an Geheimhaltung in Demokratien auf der einen und eines öffentlichen Informationsanspruches auf der anderen Seite, schlägt Dennis F. Thompson (1999) zwei Strategien für eine Gestaltung legitimer Geheimhaltungspraktiken vor: Erstens die temporäre Geheimhaltung, wie sie unter anderem an Wahltagen bis zur Schließung der Wahllokale praktiziert wird. Die zeitliche Befristung von Sperrvermerken etc. kann dazu beitragen, dass sowohl die Vorteile von Nicht-Publizität im Entscheidungsprozess erzielt werden als auch politische Verantwortlichkeit gewährleistet bleibt (vgl. Thompson 1999, S. 184f.). In den meisten Fällen politischer Geheimhaltung kann nämlich nach einiger Zeit ohne Verluste in der Ergebnisqualität eine Enthüllung der genauen Entscheidungsgründe und -modalitäten erfolgen. Je länger diese Zeitspannen sind, desto mehr leidet jedoch die *accountability*, also die Fähigkeit, die verantwortlichen politischen Akteure zur Rechenschaft zu ziehen. Die Bestimmung der Auswahl von geheimen Gegenständen erfordert vor diesem Hintergrund ebenso genaue Abwägung wie die Festlegung der Geheimhaltungsfristen.

Um diese Abwägungsprozesse demokratisch zu legitimieren, betont Thompson die Bedeutung eines zweiten Prinzips. Es muss nicht nur ein substantieller Grund für Geheimhaltung existieren, sondern es gilt außerdem: „Secrecy is justifiable only if it is actually justified in a process that itself is not secret. First-order secrecy (in a process or about a policy) requires second-order publicity (about the decision to make the process or policy secret)“ (Thompson 1999, S. 185). Auch dieses Prinzip erlaubt allerdings keine zweifelsfreie Klärung aller Geheimhaltungsfragen, da Situationen bestehen, in denen die Rahmenbedingungen und Verantwortlichkeiten der Akteure nicht enthüllt werden können, ohne den Nutzen der Geheimhaltung des Entscheidungsprozesses bzw. der Entscheidung selbst zu gefährden. Eine konsequente Praktizierung dieser beiden Prinzipien minimiert jedoch die Zahl jener Fälle, in denen die Akzeptanz der Geheimhaltung ausschließlich auf einem Vertrauensvorschuss der Bevölkerung basiert. Angesichts vermehrter Geheimhaltung, die in Folge der Terroranschläge in den USA seit 9/11 in vielen westlichen Ländern praktiziert wird (siehe Koch in diesem Band), und angesichts sinkenden Vertrauens der Bevölkerung in Akteure der Legislative und Exekutive erscheint eine solche Minimierungspraxis geboten, soll die Legitimität von Geheimhaltungspraktiken in Demokratien gewahrt bleiben.

2.2 Privatheit als Gebot der Demokratie

Während die öffentlichen Angelegenheiten prinzipiell dem Gebot von Transparenz und Öffentlichkeit unterstehen, sollen und dürfen private Angelegenheiten im Kontext liberaler Demokratie der Diskretion unterliegen. Die Bürger können sich auf das Recht auf informationelle Selbstbestimmung, auf Daten- und Persönlichkeitsschutz berufen. Während Politik und Bürokratie legitime Gründe finden müssen, um Transparenz zu verweigern, kann die Bürgerschaft in liberalen Rechtsstaaten Privatheit zunächst einmal beanspruchen. Die Seite des Staates ist hier in der Pflicht zu begründen, weshalb bestimmte Auskunftspflichten bestehen, weshalb man die Bürger also legitimerweise verpflichten kann, persönliche Informationen preiszugeben bzw. diese Informationen auch ohne ihre Zustimmung eingeholt werden können.

In der liberalen Demokratietheorie kann man von den klassischen Theoretikern wie Hobbes und Mill bis hin zu aktuellen Ansätzen zwischen verschiedenen Konzeptualisierungen des Privaten unterscheiden, die überwiegend auf die funktionale Bedeutung des Privaten verweisen (vgl. Rössler 2001). Zuvorderst kommt dem Privaten dabei die Rolle eines „cardinal moral value“ (Mackenzie 2008, S. 512) zu. Der Schutz einer möglichst weitreichenden Autonomie des Individuums zählt zu den Kernaufgaben des Staates. Privatheit verstanden als negatives Freiheitsrecht schützt diese Autonomie.

> „Begreift man als das telos von Freiheit, ein autonomes Leben führen zu können, dann kann man, in der Ausbuchstabierung der Bedingungen eines solchen autono-

> men Lebens, sehen, dass für den Schutz von Autonomie Freiheitsrechte selbst nicht ausreichend sind, sondern dass Autonomie angewiesen ist auf die Substantialisierung dieser Freiheitsrechte in Rechten und Ansprüchen auf den Schutz des Privaten" (Rössler 2001, S. 26).

Nur ein autonom gelebtes Leben kann in diesem Sinne ein gelungenes Leben sein (ebd.: S. 96). Soll ein Individuum dazu in der Lage sein, sich die Frage zu stellen, wer es ist und wie es leben möchte, muss es sich vor den Blicken Anderer zurückziehen können.

Zweitens kommt der Möglichkeit der Geheimhaltung sozialer Beziehungen im Liberalismus eine wichtige Rolle zu. So zeigt u.a. George H. Mead (2000) die dialogische Konstitution des Selbst auf. Das Vorhandensein geschützter, privater Beziehungen ist demnach eine notwendige Bedingung für die Ausbildung autonomer Persönlichkeiten.

Privatheit erfüllt im Liberalismus schließlich drittens eine soziale Funktion, sie ist eine normative und funktionale Grundlage der Demokratie (vgl. Rössler 2012; Solove 2008). So schreibt Daniel Solove (2007, S. 15): „[Privacy, C. R.] is not an external restraint on society but is in fact an internal dimension of society. Therefore, privacy has a social value".

Der Schutz personaler Autonomie steht in engem Zusammenhang mit der Annahme der individuellen Vernunftbegabung und Rationalität und ist ein zentraler Aspekt dessen, was Bürger von Subjekten unterscheidet. Als Konsequenz resultiert aus dem Postulat der individuellen Autonomie das zentrale Argument zur liberalen Begründung demokratischer Strukturen: Die Anerkennung individueller Handlungsfreiheit, die grundlegende Annahme der Gleichheit aller Menschen und das epistemische Argument, dass sich keiner so gut in die Situation eines Anderen hineinversetzen könne wie eine Person selbst, begründen den Respekt vor Autonomie und in der Folge auch die Forderung des gleichen politischen Einflusses aller Entscheidungsbetroffenen auf den politischen Prozess (vgl. Atkins 2000, S. 75).

Die Anerkennung individueller Freiheit sowie die Forderung demokratischer Entscheidungsregeln können also über den Begriff der Autonomie zusammengeführt werden – und Demokratien legitimieren sich normativ maßgeblich darüber, dass sie dauerhaft die Autonomie ihrer Bürger aufrechterhalten. Folgt man darüber hinaus Rössler (2001, 2010) in der Annahme, dass Autonomie ohne Privatheit nicht möglich ist, stellt auch die Sicherung der Möglichkeit der Geheimhaltung von Informationen über die private Lebenssphäre nichts weniger als eine Grundbedingung demokratischer Systeme dar. Ähnlich fasst Elshtain (1997, S. 180) das Verhältnis von Privatheit und Demokratie zusammen: Eine „richly complex private sphere requires some freedom from all-encompassing public imperatives to survive", und umgekehrt „the public world itself must nurture [...] a commitment to preserve, protect, and defend human beings in their capacities as private persons, *as well as* to encourage and enable men and women alike to partake in the practical activity of politics."

Insbesondere der Schutz informationeller Privatheit ist also politisch bedeutsam, weil er für das Selbstverständnis einer autonomen Person konstitutiv ist, um Kontrolle über ihre Selbstdarstellung zu haben. Informationelle Privatheit ist außerdem relevant – und hierauf richtet vor allem die deliberative Demokratietheorie das Augenmerk –, weil die Privatsphäre der zentrale Ort der politischen Information und freien Meinungsbildung ist (vgl. Habermas 1992). Hier können die Bürger „räsonieren", sich ein Bild über politische Sachverhalte machen und ihre individuellen Präferenzen identifizieren und ordnen. Die Privatsphäre wird deshalb zu einem zentralen Teil der Lebenswelt in der Demokratie, sie agiert als ein Schutzraum, dessen Bedeutung nicht zuletzt im Kontext einer nach Ansicht kritischer Autoren (vgl. u. a. Herman/Chomsky 2002) immer stärker vermachteten Öffentlichkeit steigt.

Die Bedrohung von Autonomie durch ein Verschwinden der Möglichkeiten zur Geheimhaltung persönlicher Informationen wird jedoch nicht nur in der liberalen, sondern auch in anderen Demokratietheorien diskutiert. In der jüngeren Tradition des republikanischen Denkens (vgl. Pettit 1997; Richter 2012) kommt der Autonomie- und damit auch dem persönlichen Geheimnis – beispielsweise eine ähnliche Bedeutung wie im Liberalismus zu. Ausgangspunkt dieser Argumentation ist Quentin Skinners (1998) Rekonstruktion eines dritten Freiheitsbegriffes, der neben dem paradigmatisch von Isiah Berlin (1969) rekonstruierten positiven und dem negativen Freiheitsverständnis steht und historisch dem Liberalismus sogar vorausgeht: *freedom as non-domination*, also Freiheit als die Abwesenheit von Beherrschung (Pettit 1997, S. 288). Dieser Freiheitsbegriff betont die Bedeutung von Autonomie, die er nicht zuletzt durch die Entstehung von Dominanzsituationen in einer politischen Gesellschaft bedroht sieht. Trotz der Relevanz, die zeitgenössische republikanische Autoren der individuellen Freiheit zuschreiben, bleiben sie jedoch der Maximierung von Gemeinwohl als Ziel politischer Handlung verpflichtet. Damit die Bildung gemeinwohlorientierter „Präferenzen über [individuelle, C.R.] Präferenzen" (Sunstein 1988, S. 1545), gelingen kann, ist eine private Sphäre der Reflexion unabdingbar. Ähnlich wie bei Verhandlungen und Reflexionen im politischen Entscheidungszentrum, kann Geheimhaltung hier auf Seiten der Bürger zu einer Verbesserung der deliberativen Qualität politischer Meinungs- und Willensbildung führen.

In der post-strukturalistischen und radikaldemokratischen Theorie stellen Michel Foucaults (2014) Ausführungen zum Panoptismus das zentrale Referenzwerk zur Bedeutung von Transparenz bzw. Intransparenz in der Gesellschaft und im Verhältnis zwischen Staat und Bürgerschaft dar. Das Wirkungsprinzip des Panoptismus ist das Wissen um die ständige Möglichkeit der Beobachtung eines Überwachten durch seine Überwacher, was mit einem Verlust jeglicher Möglichkeit zur Geheimhaltung optisch wahrnehmbarer Informationen einhergeht:

> „Derjenige, welcher der Sichtbarkeit unterworfen ist und dies weiß, übernimmt die Zwangsmittel der Macht und spielt sie gegen sich selber aus; er internalisiert das Machtverhältnis, in welchem er gleichzeitig beide Rollen spielt; er wird zum Prinzip seiner eigenen Unterwerfung" (Foucault 2014, S. 260).

Die Folge einer solchen Situation ist die Selbstdisziplinierung des potenziell unter Bewachung stehenden Individuums: es passt sein Verhalten an die sozialen Konventionen oder normativen Erwartungen an und verinnerlicht diese im Lauf der Zeit. Transparenz – vor allem gegenüber staatlichen Instanzen – wird zu einer Bedrohung und führt eine Gesellschaft in eine unpolitische bzw. post-demokratische Konstellation: „Es [das Volk, C. R.] ist immer gleichzeitig vollkommen anwesend und vollkommen abwesend. Es ist in Gänze in eine Struktur des Sichtbaren inbegriffen, wo man alles sieht und wo es also keinen Platz mehr für die Erscheinung gibt", kritisiert beispielsweise Jacques Rancière (1996, S. 139f.). Die Wahrung von Geheimnissen der Bürger voreinander und vor dem Staat mindert also nicht nur das Maß an Überwachung in einer Gesellschaft, sondern trägt auch zur Politisierung bei.

Kritik an der Intransparenz vor allem häuslicher Lebensbereiche für die Politik und Gesellschaft haben dagegen vor allem Feministinnen geübt. So stützt beispielsweise Carol Patemans (1988) Rekonstruktion des unterdrückenden Moments vertragstheoretischer Konzeptionen, die sich umfassend mit den klassischen Werken von Hobbes und Locke auseinandersetzt, die berühmte feministische These „das Private ist politisch": die Unantastbarkeit des privaten Raums mag zwar der Autonomie und Freiheit jenes Teils der Gesellschaft dienen, der unabhängig handeln kann (vor allem der Männer). Wo im privaten Raum aber Ungleichheit herrscht, ebnet der staatliche Schutz von Intransparenz und Privatheit jedoch auch den Weg für die Fortschreibung unterdrückender Strukturen (vgl. Ritzi 2015). Autonomie wird aus feministischer Sicht nicht primär individuell erlangt, sondern muss mit Blick auf Umweltbedingungen, also relational, gedacht und konzeptualisiert werden – wofür Prozesse der Geheimhaltung meist weder notwendig noch dienlich sind (Mackenzie/Stoljar 2000, S. 5ff.). Relationale Theorien begreifen Autonomie entsprechend als „a socially constituted capacity, and because of this its development and exercise can be impaired by abusive or oppressive interpersonal relationships and by social and political environments characterized by oppression, injustice, and inequality" (Mackenzie 2008, S. 519). In dieser Perspektive verliert die Bedeutung von Geheimnissen für die Möglichkeit individueller Autonomie also an Exklusivität – und die Schattenseiten des Schutzes von Intransparenz werden deutlich.

Die Forderung nach vollständiger Transparenz im Verhältnis zwischen Staat und Bürger bleibt trotz dieser berechtigten Kritik in der demokratietheoretischen Diskussion die Ausnahme: der „Mainstream" der Demokratietheorien schätzt die individuelle Autonomie (v. a. im Fall des Liberalismus) und die geschützte Sphäre zur Reflexion und Deliberation (v. a. Republikanismus und deliberative Demokratietheorie) zu sehr, um sie für ein Mehr an Transparenz aufgeben zu wollen. Hinzu kommt die Befürchtung, dass ein übermächtiger Staat und einflussreiche ökonomische Akteure den öffentlichen Raum zu einem Raum der Machtasymmetrie und Unterdrückung werden lassen könnten, fehlten den Bürgern die Rückzugsorte des Privaten (v. a. Poststrukturalismus, radikale Demokratietheorie). Auch mit Blick auf die Relationen zwischen Bürgerschaft und Staat sowie zwischen den Bürgern untereinander, bleibt das Geheimnis also bedeutsam.

3 (In-)Transparenz als politische Herausforderung im digitalen Zeitalter

Ebenso wie es eindeutige Fälle für Geheimhaltung gibt, gibt es also auch eine Vielzahl an Situationen, in denen die legitimatorischen Kosten informationeller Intransparenz in einem konfliktiven Verhältnis zu ihrem Nutzen stehen. Es muss also in der Praxis – politisch oder juristisch – immer wieder eine Abwägung dieser widerstreitenden Güter und Interessen vorgenommen werden.

Historisch haben sich die Grenzziehungen zwischen Öffentlichem und Privatem bereits mehrfach verschoben (vgl. Thompson 1995; Bobbio 1987). Und, wie im Folgenden zu verdeutlichen ist, mit der zunehmenden Verbreitung und dem wachsenden Einfluss digitaler Technologien verschieben sich erneut zentrale Parameter in diesem Abwägungsprozess. So spricht beispielsweise Jodi Dean (2001, S. 624) von Öffentlichkeit als „the governing concept of the information age. Contemporary technoculture relies on the conviction that the solution to any problem is publicity". Ähnlich, aber in defätistischer Manier, formuliert der Rechtswissenschaftler Otto Depenheuer (2002, S. 18): „Öffentlichkeit wird im Zeitalter des Internet zunehmend total, nicht als politisches Postulat oder rechtstheoretisches Prinzip, sondern als scheinbar unentrinnbares Schicksal der gesellschaftlichen und technischen Entwicklung".

Vor diesem Hintergrund erscheint es begründet, (In-)Transparenz im Folgenden als eine Herausforderung zeitgenössischer demokratischer Politik im von digitalen

Technologien geprägten „Informationszeitalter" am Beginn des 21. Jahrhunderts zu begreifen und zu beschreiben. Auch dabei lassen sich die Verschiebungen am einfachsten entlang der beiden bereits im vorherigen Abschnitt verwendeten Perspektiven erörtern: dem Auskunftsanspruch der Bürger gegenüber der Politik, sowie der Frage nach der Relevanz von Privatheit im Verhältnis von Bürgern und Staat.

3.1 Neue Transparenz der Politik?

Vor allem in Folge des Kampfes gegen den Terrorismus, so bemängeln Kritiker (vgl. u. a. Aftergood 2010), habe das politische Streben nach einer „culture of secrecy" in den USA und in anderen westlichen Demokratien Überhand genommen und sei immer häufiger normativ dysfunktional geworden. Geheimdienste haben Kompetenzen und politischen Einfluss gewonnen und die Zahl der Verschlusssachen im politischen und bürokratischen Prozess ist massiv gestiegen.

Diesem Trend zur Geheimhaltung entgegengesetzt wirkt die vor allem im Rahmen digitaler Technologien entwickelte „culture of transparency" (vgl. Thompson 1999, S. 181). Sie geht so weit, dass einzelne Autoren sogar die Aufgabe jeglichen politischen Geheimnisses fordern: Autoren wie David Brin (1998) fordern ihre Leser dazu auf, die Macht des Faktischen zu akzeptieren und anzuerkennen, das heute kaum noch eine Information dauerhaft und sicher geheim zu halten sei. Nur wenn jeder Zugang zu allen Informationen habe, könne vor diesem Hintergrund von einer fairen Machtverteilung innerhalb der Gesellschaft die Rede sein und zudem Informationsmissbrauch eingedämmt werden.

Die Entstehung von Organisationen und Informationsplattformen wie Wikileaks, das 2006 von Julian Assange gegründet wurde, können als empirische Bestätigung solcher Thesen gelten – wenngleich ihre empirische Existenz nicht ihren normativen Status klärt. „WikiLeaks specializes in the analysis and publication of large datasets of censored or otherwise restricted official materials involving war, spying and corruption", so die Selbstbeschreibung der Organisation im Internet (www.wikileaks.org, zugegriffen am 18.8.2016). Die Organisation, die mit zahlreichen Medienorganisationen kooperiert, sammelt und publiziert Materialien aller Art, die zuvor von Staaten mit dem Gebot der Geheimhaltung belegt worden waren, und publiziert sie auf einer allgemein zugänglichen Website im Internet. Berühmt geworden ist sie unter anderem durch die Kooperation mit Edward Snowden, der im Sommer 2013 die so genannte NSA-Affäre auslöste, indem er Einblicke in das Ausmaß der Überwachungs- und Spionagepraktiken des britischen sowie des U.S.-amerikanischen Geheimdienstes gab. Durch die Herstellung von Transparenz über staatliches Handeln wollen die Mitarbeiter von Wikileaks nach eigenen Angaben einen Beitrag – auch um den Preis der Illegalität ihrer Handlungen – leisten, um eine aufgeklärte und gebildete Bürgerschaft in Demokratien zu ermöglichen. Der Wikileaks-Gründer Assange vertritt dabei das Ideal der totalen Transparenz: staatliche Geheimnisse betrachtet er stets als Verbrechen (siehe Horn 2011, S. 119) und hat entsprechend auch keine moralischen Bedenken, sie zu publizieren.

Auch wenn sie nicht widerlegen können, dass Geheimnisse in Demokratien funktional und damit im Sinne der Bürger sein können, leisten Initiativen wie Wikileaks auch aus demokratietheoretischer Sicht einen wichtigen Beitrag: sie ermöglichen eine punktuelle Hinterfragung der Geheihaltungspraktik und können somit ein undemokratisches – weil nicht über gemeinwohlorientierte Interessen begründbares – Ausufern der „culture of secrecy" verhindern. Digitale Technologien ermöglichen dabei nicht nur die fast weltweit zugängliche Publikation entsprechender Informationen, sondern spielen auch eine Schlüsselrolle für den Zugriff auf und die Speicherung entsprechend klassifizierter Daten durch Hacker und so genannte „whistleblowers". Angesichts der großen technischen und anwendungsbezogenen Herausforderung, die die Datensicherheit im digitalen Zeitalter darstellt, ist anzunehmen, dass schon die Möglichkeit von „leaking" in der Zukunft einen verstärkten Einfluss auf die Praxis der Geheimhaltung politischer Informationen haben wird.

Eine neue Transparenz der Politik zeigt sich aber auch in anderen Kontexten. So zeigen sich mehr und mehr Politiker gewillt, ihr Handeln und jenes der Verwaltung für die Bürger transparenter zu gestalten als in der Vergangenheit. Ein prägnantes Beispiel für diese Entwicklung steht das „Hamburgische Transparenzgesetz" (HmbTG) dar, das im Juni 2012 von der Hamburger Bürgerschaft einstimmig beschlossen wurde. Hintergrund des Gesetzes war die Volksinitiative „Transparenz schafft Vertrauen", die im Oktober 2011 im Rahmen der Volksgesetzgebung einen Gesetzesentwurf eingebracht hatte, der eine umfassende Veröffentlichungspflicht bislang verwaltungsinterner Informationen vorsah (www.transparenz.hamburg.de, zugegriffen am 16.8.2016). Anstelle dieses Entwurfes verabschiedete die Bürgerschaft das HmbTG, das wesentliche Forderungen der Initiative umsetzte, woraufhin die Volksinitiative ihr Volksbegehren zurückzog. In Anerkennung eines umfassenden Informationsrechts der Öffentlichkeit wird den Hamburger Bürgern ohne die Notwendigkeit einer Antragstellung nun ein weit gefächertes Spektrum an Daten und Dokumenten via Internet zugänglich gemacht, „um über die bestehenden Informationsmöglichkeiten hinaus die demokratische Meinungs- und Willensbildung zu fördern und eine Kontrolle des staatlichen Handelns zu ermöglichen" (§ 1 Abs. 1 HmbTG). Was früher einmal potentiell ein Amtsgeheimnis war, genießt nun größtmögliche Öffentlichkeit: neben Studien, Geodaten, amtlichen Statistiken und Senatsbeschlüssen werden jetzt u. a. auch Informationen über Subventionen und Zuwendungen, sowie die wesentlichen Unternehmensdaten städtischer Beteiligungen publiziert.

Neben Volksinitiativen wie „Transparenz schafft Vertrauen“ haben sich – nicht zuletzt über das Internet organisiert – in vielen westlichen Demokratien Nichtregierungsorganisationen oder Zusammenschlüsse von Bürgern gegründet, die sich dafür einsetzen, die Potenziale digitaler Technologien auch im öffentlichen Sektor umfassend zu nutzen. Dies kann in Form von Entscheidungsprozessen geschehen, die sich Schwarmintelligenz zunutze machen wollen oder – wie beispielsweise beim deutschen Netzwerk government 2.0 oder der amerikanischen Bewegung openthegovernment.org (vgl. Aftergood 2010, S. 840f.) – durch Organisationen, die für eine umfassende Nutzung der feedback-orientierten Web2.0-Anwendungen durch Politik und Verwaltung plädieren. Fast durch die Bank sind diese Institutionen von einer Gemeinsamkeit geprägt: Auch wenn sie die prinzipielle Notwendigkeit und gelegentliche Nützlichkeit politischer Geheimnisse nicht bestreiten, sprechen sie sich doch für eine erhebliche Ausweitung der Wirksamkeit des Transparenzprinzips aus und setzen das politische Geheimnis somit unter verstärkten Druck.

3.2 Transparenz statt Privatheit

Etwas anders stellt sich die Lage mit Blick auf die Stellung der Geheimhaltung im Verhältnis zwischen Bürgerschaft und Staat bzw. innerhalb der Bürgerschaft dar. Wie in Abschnitt 2.2 bereits dargelegt wurde, kommt insbesondere dem Schutz informationeller Privatheit heute große Bedeutung zu: Er ist wichtig, weil es für das individuelle Selbstverständnis einer autonomen Person konstitutiv ist, Kontrolle über ihre Selbstdarstellung zu haben, „also Kontrolle darüber, wie sie sich wem gegenüber in welchen Kontexten präsentieren, inszenieren, geben wollen, als welche sie sich in welchen Kontexten verstehen und wie sie verstanden werden wollen, darum also auch, wie sie in welchen Kontexten handeln wollen“ (Rössler 2010, S. 45).

Technische Innovationen haben jedoch in den letzten Jahren dazu geführt, dass Privatheit unter Druck gerät. Selbst an einem gewöhnlichen Arbeitstag hinterlassen wir heute unzählige Spuren in digitalen Datenbanken: Egal ob wir mit dem Handy telefonieren, eine Online-Zeitung lesen, eine Flugreise antreten, mit einer Kreditkarte im Supermarkt bezahlen oder im Internet surfen – stets werden Informationen zu diesen Aktivitäten erhoben und häufig auch gespeichert. Vor allem das Online-Shopping und die weitere Etablierung von RFID-Chips (*radio-frequency identification*) könnten in den nächsten Jahren dazu führen, dass auch in Deutschland noch deutlich mehr Daten, v. a. zum persönlichen Konsumverhalten, systematisch erhoben werden. Solche Daten sind in der Regel mit dem Namen des

Nutzers verknüpft und können deshalb theoretisch beliebig mit anderen personenbezogenen Daten dieser Person verbunden werden.

Als „Big Data" werden entsprechende, umfangreiche Datenbestände bezeichnet, die zumeist im Rahmen einer Zweitverwertung zusammengeführt, verfügbar gemacht und ausgewertet werden. Der Begriff steht für alte und neue Formen der Datenanalyse auf der Grundlage gewaltiger computerbasierter Speicher und Auswertungskapazitäten. „Big Data liefert neue Einsichten in gesellschaftliche, ökonomische oder politische Sachverhalte, es ermöglicht die nutzerorientiert aufbereitete Darstellung von aus großen Datenbeständen generierten Mustern, wirklichkeitsnähere Planungen und effizientere Abläufe in Organisationen sowie einen sinnvolleren Einsatz von Ressourcen und mehr Transparenz", fasst Thilo Weichert, ehemaliger Datenschutzbeauftragter des Landes Schleswig-Holstein, den Nutzen der Datensammlungen zusammen. Diesem Nutzen stehen, wo personenbezogene Daten erfasst und ausgewertet werden, jedoch klare Einschränkungen der Privatsphäre gegenüber. Dies gilt vor allem, wenn Verknüpfungen zwischen verschiedenen Datensätzen hergestellt werden können, die ein umfassendes Bild von einer Person und ihren Handlungsmustern erlauben.

Dem wachsenden wirtschaftlichen Interesse an der Erhebung und Auswertung personenbezogener Daten steht in Deutschland das „Recht auf informationelle Selbstbestimmung" entgegen, welches das Bundesverfassungsgericht bereits 1983 im Rahmen der Volkszählungsentscheidung formulierte – also lange vor der digitalen Revolution. Dieses Grundrecht auf Datenschutz begründet den Anspruch jedes Bürgers, selbst bestimmen zu können, wer was wann und bei welcher Gelegenheit über ihn oder sie weiß – und welche Informationen er/sie vor der Nutzung durch Andere geheim halten möchte. Einschränkungen des Grundrechts sind nur im überwiegenden Allgemeininteresse zulässig und bedürfen einer gesetzlichen Grundlage.

Anders als beispielsweise in der U.S.-amerikanischen Rechtspraxis gilt in Deutschland also das Zweckbindungsprinzip, wonach personenbezogene Daten nur für die Zwecke verwendet werden dürfen, für die sie ursprünglich erhoben wurden (vgl. Weichert 2013, S. 135). Gemäß der so genannten „Third Party Doctrine" wird in den USA hingegen eine freiwillige Weitergabe von Daten an Dritte als eine Freigabe dieser Daten bewertet. Der Supreme Court betrachtet die Weitergabe und weitere Nutzung personenbezogener Informationen entsprechend nur dann als unzulässig, wenn sich für die betroffene Person ein materieller Schaden oder eine tatsächliche Beeinträchtigung nachweisen lässt. Auch die Sicherheitsgesetzgebung lässt den Behörden in den Vereinigten Staaten bei informationellen Eingriffen weitgehend freie Hand (ebd. 137).

Wie dieser knappe Vergleich der deutschen und der U.S.-amerikanischen Rechtsprechung zeigt, wächst zwar weltweit die Menge der verfügbaren Daten über personales Handeln, Einstellungen und Ressourcen – die Möglichkeiten zur Verbindung und Auswertung solcher Daten variieren aber erheblich. Das deutsche Zweckbindungsprinzip schränkt die Möglichkeiten der Nutzung von Big-Data maßgeblich ein. Auch wenn kaum jemand das Kleingedruckte der Allgemeinen Geschäftsbedingungen bei Datenweitergabe liest, besteht in Deutschland für die Bürger zumindest prinzipiell die Chance zu wissen, wer welche persönlichen Informationen über sie hat und was damit geschehen darf.

Die praktische Nutzung dieser Möglichkeiten bleibt jedoch weit hinter den rechtlichen Möglichkeiten zurück. An die Stelle persönlicher Geheimhaltung tritt eine Omnipräsenz individueller Daten, deren Nutzung die Bürger nicht einschätzen können. Dennoch fordert Zizi Papacharissi (2010, S. 47) nicht eine Politisierung, sondern eine Privatisierung des Umgangs mit persönlichen Daten: „Privacy, as we have known it, becomes a property of the past, as it ceases to be a good collectively defined, but is rather a property personally delineated, negotiated, or surrendered". Jede/r Einzelne müsse lernen, Verantwortung mit Blick auf die Informationen, die er oder sie über sich Preis gibt, zu übernehmen. So plausibel diese Forderung auf der einen Seite sein mag, so unrealistisch und normativ unbegründet erscheint ihre Umsetzung. Zu diesem Schluss kommen auch Hallinan et al. (2012) auf der Basis einer umfassenden Sichtung empirischer Studien zu den Einstellungen europäischer Bürger zu Fragen von Privatheit und Datensicherheit. „Considering limited information, bounded rationality and behavioral distortions present in a decision in a data environment, it appears that the public are being forced to act in an environment they have no template for approaching" (ebd., S. 264).

Auch der ehemalige Bundesbeauftragte für den Datenschutz und die Informationsfreiheit, Peter Schaar, warnt vor einer systematischen Überforderung der Bürger, die zu einem massiven und für das Individuum wie die Gesellschaft folgenreichen Verlust an Privatheit führen könne. In dem Buch „Das Ende der Privatsphäre" (Schaar 2009) zitiert er eine Analogie zwischen der Reaktion eines Froschs auf heißer werdendes Wasser und jener der Menschen auf den schleichenden Verlust an Privatsphäre im digitalen Zeitalter:

> „Ein Frosch, den man in einen Kessel sprudelnd heißen Wassers wirft, springt reflexartig sofort wieder hinaus. Setzt man den Frosch hingegen in einen Topf mit kaltem Wasser und erwärmt ihn allmählich, so bleibt er drin. Zunächst mag das sich erwärmende Wasser sogar recht angenehm sein. Wenn das Wasser weiter erhitzt wird, sind seine Kräfte erlahmt. Wenn es den Siedepunkt erreicht hat, ist er tot" (Schaar 2009, S. 15).

Die von Schaar vorgebrachte Klage über ein mangelndes Bewusstsein der Gesellschaft für die Gefährdung der Privatheit mag zu allgemein formuliert sein, doch belegen empirische Studien, dass große Teile der Bevölkerung kein oder nur Grundwissen über ihre persönlichen Datenschutzrechte haben, und vor allem der soziale Wert von Privatheit als weitgehend unbekannt gelten muss (vgl. Hallinan et al. 2012). Gegen kleine Anreize sind außerdem viele Menschen bereit, personenbezogene Daten durch Firmen erheben, speichern und für verschiedenste Zwecke auswerten zu lassen. So waren nach Angaben der gleichnamigen Firma im Jahr 2014 nicht weniger als 27 Millionen Menschen in Deutschland im Besitz einer „Payback"-Karte. Warenkäufe im Wert von rund 3 Millionen Euro wurden im letzten Jahr durchschnittlich über das Informationssystem von Payback registriert – für die Gewährleistung von Bonuspunkten gaben die Bürger freiwillig die Möglichkeit der Geheimhaltung von Teilen ihres Einkaufsverhaltens auf.

Die Sensibilität gegenüber der Gefährdung von Privatheit ist jedoch in den letzten Jahren gewachsen. So belegt der Freiheitsindex des Heidelberger John-Stuart-Mill-Instituts aus dem Jahr 2014, dass 46 Prozent der Deutschen es als eine Gefahr für die Freiheit in Deutschland ansehen, dass der Staat die Bürger im Internet überwacht, und 61 Prozent der Befragten sehen in der Datensammlung durch Unternehmen eine entsprechende Bedrohung. Doch es ist anzunehmen, dass diese Werte starken zeitlichen Schwankungen unterliegen und nur bedingt mit individuellem Bemühungen zum Schutz persönlicher Informationen einhergehen. Zudem, so zeigt eine Flash-Eurobarometer-Studie aus dem Jahr 2008 auf, spricht sich eine deutliche Mehrheit der Bürger für staatliche Überwachungsmaßnahmen aus, wenn diese dazu dienen, Terrorismus zu bekämpfen. So unterstützen beispielsweise 82 Prozent der Befragten das systematische Monitoring von Flugpassagierdaten und 72 Prozent die Überwachung von Telefongesprächen bei Terrorverdächtigen.

Insgesamt lässt sich also konstatieren, dass in der Bevölkerung zwar ein gewisses Misstrauen gegenüber dem Umgang staatlicher Instanzen mit Daten besteht, gleichzeitig wird von vielen Menschen der Wunsch nach einer umfassenden politischen Regulierung des Schutzes von Privatheit artikuliert, da sich nur eine Minderheit der Bürger kompetent und dazu in der Lage sieht, den Schutz der eigenen Daten selbst in die Hand zu nehmen (vgl. Hallinan et al. 2012; Flash-Eurobarometer 2008). Zu einem ähnlichen Ergebnis kommt Oliver Murphy (2007), der in der qualitativen Studie „A Surveillance Society" zwischen drei Typen britischer Bürger mit Blick auf Fragen der Privatheit und des Datenschutzes unterscheidet: Den *Libertären*, die der Privatheit als negative Freiheit einen besonderen Wert zusprechen, den *Autoritären*, die Privatheit zwar als Individualrecht, aber nicht in gleichem Maße als soziales Gut anerkennen, und den *Acceptors*, die sich kaum mit Fragen der Privatheit befassen. Alle drei Gruppen eint, trotz aller Verschiedenheit, dass sie dem Staat die Aufgabe zusprechen, ihre Privatheit umfassend und angemessen zu schützen. Der Verweis auf eine zunehmende Eigenverantwortung der Bürger mit

Blick auf den Schutz ihrer persönlichen Geheimnisse erscheint vor dem Hintergrund zwar plausibel, er erlöst den Staat jedoch nicht von der Aufgabe, Privatheit als eine für die Funktionalität der Demokratie bedeutsame politische Aufgabe zu identifizieren und zu schützen.

Die faktische Regulierung des digitalen Daten- und Informationsverkehrs ist dabei eine komplexe Staatsaufgabe, die in der Literatur immer wieder als „höchst voraussetzungsvoll" (Czada/Lütz 2003, S. 13) beschrieben wird. Vor allem die grenzüberschreitende Struktur des Internets erschwert es zweifelsohne, effektive und unhintergehbare Regulierungen der Speicherung, Weiterleitung und Verwendung digitaler Daten zu gewährleisten (vgl. Betz/Kübler 2013). Während die Suche nach grenzüberschreitenden Governance-Formen vor diesem Hintergrund nur langsam voranschreitet (vgl. Hofmann 2005), hat die Judikative, vor allem der Gerichtshof der Europäischen Union (EuGH), bereits wichtige Urteile gesprochen, welche strittige Rechtsfragen entschieden und die Rolle staatlicher Regulierung auf nationaler und supranationaler Ebene gestärkt haben. Exemplarisch soll hier auf das Urteil zum Recht auf Vergessenwerden (2014) und die Entscheidung zum Safe-Harbor-Abkommen (2015) eingegangen werden.

Im Jahr 2014 gab der EuGH einem spanischen Kläger recht, der verlangte, dass die Suchmaschine Google die Verlinkung eines (sachlich korrekten) Artikels unterlassen muss, in dem über die viele Jahre zurückliegende Versteigerung seines Grundstückes wegen Sozialversicherungsschulden berichtet wird. Er verlangte also, dass er diese persönliche Information vor der einfachen Suche durch alle Internetnutzer geheim halten darf. Das Urteil, das auf der EU-Datenschutzrichtlinie beruht, wurde von den Einen als Meilenstein des Persönlichkeitsrechtsschutzes gefeiert, von Anderen wurde es als Angriff auf die Pressefreiheit verstanden (vgl. Nolte 2014). Zweifellos ist es für die informationelle Selbstbestimmung im digitalen Zeitalter bedeutsam: Nicht nur in seiner konkreten Wirkung, also weil Bürger nun in begründeten Fällen von Suchmaschinen verlangen dürfen, ihre Privatheit zu schützen, indem sie bestimmte Verlinkungen (die im Internet weiterhin existieren) nicht anzeigen. Wegweisend an diesem Urteil ist auch die Tatsache, dass die *Einfachheit* der Verfügbarkeit für ein breites Publikum als entscheidend für den Eingriff in die Persönlichkeitsrechte bewertet wurde. Während die Zeitung über ihr Archiv den Artikel auch weiterhin allen Interessierten zugänglich machen darf, ist der einfache, weltweit verfügbare und schnelle Zugriff über eine potentiell inhaltlich nicht zielgerichtete Suche via Internet erheblich erschwert worden.[5]

5 Noch dazu – aber in diesem Kontext nicht weiter bedeutsam – ist diese Entscheidung innovativ, weil sie den Anwendungsbereich europäischen Datenschutzrechts auf Unter-

Auch in der Entscheidung zum sog. Safe-Harbor-Abkommen hat der EuGH das Recht der Bürger auf die Geheimhaltung persönlicher Daten gestärkt. Das Gericht erklärte einen Beschluss der Europäischen Kommission aus dem Jahr 2000 für ungültig, wonach auch in den Händen von US-amerikanischen Unternehmen, sofern diese auf einer entsprechenden Liste des amerikanischen Handelsministeriums eingetragen sind und damit verbundene Grundsätze zum Datenschutz befolgen, ein ausreichender Schutz für die personenbezogenen Daten von EU-Bürgern besteht. Da die USA Datensammlungen von EU-Bürgern „in großem Umfang […], ohne dass sie über einen wirksamen gerichtlichen Rechtsschutz verfügen", erlaube, sowie angesichts der massiven Überwachungsmaßnahmen amerikanischer Geheimdienste, sei es nicht ausreichend, dass die EU-Kommission mit den USA in Verhandlungen eingetreten sei, um diese Grundrechtseingriffe abzustellen. Sie hätte auch die Safe-Harbor-Entscheidung aussetzen müssen (vgl. EuGH 2015). Die Abwägung der Interessen ausländischer Geheimdienste gegenüber den persönlichen Interessen betroffener Bürger fiel hier zugunsten des Schutzes persönlicher Geheimnisse aus.

Diese kurzen Ausführungen zeigen auf, dass der Schutz des persönlichen Geheimnisses gegenüber anderen Bürgern sowie gegenüber dem Staat auch im digitalen Zeitalter gelingen kann. Er bedarf aber einer kritischen Hinterfragung bestehender Freiheiten v.a. im internetbasierten Datenverkehr und teilweise auch einer stetigen Neubewertung des Geltungsbereichs bestehender rechtlicher Regelungen zum Datenschutz. Die verteilte und grenzübergreifende Struktur des Internets entbindet politische Akteure nicht von der Verantwortung für einen angemessenen Schutz von Privatheit.

4 Fazit

Auch und gerade im 21. Jahrhundert bleibt das Geheimnis in der Politik also ein Gegenstand von großer Bedeutung: Sieht man es als Aufgabe der demokratischen Politik an, das Gemeinwohl der Bürger zu maximieren, dann spricht dies dafür, bestimmte Diskurse, Entscheidungen und Strategien zumindest temporär geheim zu halten. Darüber hinaus wird die Möglichkeit zur Wahrung persönlicher Geheimnisse im 21. Jahrhundert angesichts der Etablierung digitaler Technologien zu einer zunehmend wichtigen und schwierigen Aufgabe, die vor allem im Konflikt zu ökonomischen und sicherheitspolitischen Interessen stehen kann. Auch die Mög-

nehmen ausweitet, die ihren Sitz nicht in der EU haben, aber in der EU wirtschaftlich tätig sind.

lichkeiten zur transparenten Gestaltung politischer Prozesse und Entscheidungen sind durch das Internet und andere technische Innovationen erheblich gestiegen. Es bestehen heute zumindest die technischen Voraussetzungen, um anstelle von vertrauens- und identitätsbasierter Repräsentationsbeziehungen mit Hilfe von computergestützten Anwendungen häufiger auf direktdemokratische Mitbestimmung zu setzen. Solche „liquid democracy"-Technologien (vgl. Schaal 2014) werden aber in der Regel nur von einem kleinen Teil der Bevölkerung, meist gut gebildeten und ökonomisch gut gestellten Bürger, genutzt. Mit ihrer Etablierung wird also eine verstärkte politische Ungleichheit verschiedener Bevölkerungsteile provoziert, die demokratietheoretisch bedenklich ist (vgl. Merkel/Ritzi 2016).

Vor diesem Hintergrund erscheint sowohl eine intensivierte Diskussion der Auswirkungen digitaler Technologien im Allgemeinen, sowie eine stärkere Politisierung der Politik der Geheimnisse im digitalen Zeitalter im Besonderen, erforderlich. Es kann und muss heute neu ausgehandelt werden, wann das berechtigte Interesse der politischen Öffentlichkeit auf Transparenz und umfassende Information den potentiellen Nutzen von Geheimhaltung überwiegt. Gestern wie heute sind Geheimnisse in der Demokratie nicht obsolet – aber legitimationsbedürftig. Anders als in der Vergangenheit ist ihre Sicherung jedoch eine nur schwer zu garantierende Herausforderung, der sich die Politik zukünftig stellen müssen wird.

Literatur

Aftergood, St. 2010. National Security Secrecy: How the Limits Change. In: *Social Research* 77, no. 3, S. 839–852.

Archard, D. 2013. Dirty Hands and the Complicity of the Democratic Public. In: *Ethical Theory and Moral Practice* 16, no. 4 (August 2013), S. 777–790.

Atkins, K. 2000. Autonomy and the Subjective Character of Experience. In: *Journal of Applied Philosophy* 17, no. 1, S. 71–79.

Berlin, I. 1969. *Four Essays on Liberty.* Oxford: Oxford University Press.

Betz, J. und Kübler, H.D. 2013. Netzpolitik und Internet Governance. In: *Internet Governance*, von J. Betz und H.-D. Kübler, S. 39–63. Wiesbaden: Springer.

Bobbio, N. 2005. *Liberalism and democracy.* London; New York: Verso.

Bobbio, N. 1987. *The Future of Democracy: A Defence of the Rules of the Game.* Cambridge: Polity Press.

Bodei, R. 2011. From Secrecy to Transparency: Reason of State and Democracy. In: *Philosophy & Social Criticism* 37, no. 8 (October 1, 2011): S. 889–898.

Brin, D. 1998. *The Transparent Society: Will Technology Force Us to Choose between Privacy and Freedom?* Reading, Mass: Perseus Books.

Chambers, S. 2004. Behind Closed Doors: Publicity, Secrecy, and the Quality of Deliberation. In: *Journal of Political Philosophy* 12, no. 4 (December 2004), S. 389–410.
Curtin, D. 2014. Challenging Executive Dominance in European Democracy. In: *Modern Law Review* 77, no. 1 (2014), S. 1–31.
Czada, R., Lütz, S. 2003. Einleitung. Probleme, Institutionen und Relevanz Regulativer Politik. In: Regulative Politik. Zähmungen von Markt Und Technik, hrsg. von Czada, R., Lütz, S. und Mette, St., S. 13–23. Opladen: Leske und Budrich.
Dean, J. 2001. Publicity's Secret. In: *Political Theory* 29, no. 5, S. 624–50.
Dearlove, R. 2013. From Inside the Bubble. In: *Secrecy + Security*, no. 3, S. 1–3.
Depenheuer, O. 2002. Öffentlichkeit und Vertraulichkeit. In: *Die Politische Meinung* 391, Nr. 2, S. 17–24.
Elshtain, J. B. 1997. The Displacement of Politics. In: *Public and Private in Thougth and Practice*, edited by Weintraub, J. and Kumar, K., S. 166–81. Chicago: Univ. of Chicago Press.
Foucault, M. 2014. *Überwachen und Strafen: die Geburt des Gefängnisses*. 19. Aufl. Frankfurt am Main: Suhrkamp.
Habermas, J. 1992. *Faktizität Und Geltung. Beiträge Zur Diskurstheorie des Rechts und des Demokratischen Rechtsstaats*. Frankfurt am Main: Suhrkamp.
Hallinan, D., Friedewald, M. and McCarthy, P. 2012. Citizen's Perspections of Data Protection and Privacy. In: *Computer Law and Security Review* 28, no. 3, S 163–272.
Hartmann, M. 2004. Vertrauen. In: *Politische Theorie*, hrsg. von Göhler, G., Iser, M. und Kerner, I., DS. 385–401. Wiesbaden: VS Verlag für Sozialwissenschaften.
Hayek, F.A. v. 2005. *Die Verfassung der Freiheit*. Hrsg. von Bosch, A. und Veit, R. 4. Aufl. Gesammelte Schriften in Deutscher Sprache, Abteilung B: Bücher[...]. Tübingen: Mohr Siebeck.
Heller, Chr. 2011. *Post-Privacy. Prima Leben Ohne Privatsphäre*. München: C. H. Beck.
Herman, E.S., Chomsky, N. 2001. *Manufacturing Consent: The Political Economy of the Mass Media*. New York: Pantheon Books.
Horn, E. 2011. Logics of Political Secrecy. In: *Theory, Culture & Society* 28, no. 7–8 (December 1, 2011), S. 103–122.
Kant, I. 1784. Beantwortung der Frage: Was ist Aufklärung? In: *Berlinische Monatsschrift*, 1784, H. 12, S. 481–494.
Luhmann, N., Fuchs, P. 1989. *Reden und Schweigen*. Frankfurt am Main: Suhrkamp.
Luhmann, N. 1989. Geheimnis, Zeit und Ewigkeit. In: Luhmann, N. und Fuchs, P. *Reden und Schweigen*. Frankfurt am Main: Suhrkamp, S. 101-137.
Mackenzie, C., Stoljar, N. 2000. Introduction: Refiguring Autonomy. In *Relational Autonomy. Feminist Perspectives on Autonomy, Agency and the Social Self*, 3–34. New York: Oxford Univ. Press.
Mackenzie, C. 2008. Relational Autonomy, Normative Authority and Perfectionism. In: *Journal of Social Philosophy* 39, no. 4, S. 512–533.
Mead, G.H., Morris, Ch.W. 2000. *Mind, Self, and Society: From the Standpoint of a Social Behaviorist*. Works of George Herbert Mead, Vol. 1. Chicago: Univ. of Chicago Press.
Merkel, W., Ritzi, C. 2016. *Die Legitimität direkter Demokratie. Wie demokratisch sind Volksabstimmungen?* Wiesbaden: Springer VS.
Murphy, O. 2007. A Surveillance Society: Qualitative Research Report. In: *Information Commissioner's Office*.
Nolte, N. 2014. Das Recht Auf Vergessenwerden – Mehr Als nur ein Hype? In: *NJW*, 2014, S. 1–10.

Papacharissi, Z.A. 2010. *A Private Sphere. Democracy in a Digital Age*. Digital Media and Society Series. Cambridge: Polity Press.
Pateman, C. 1988. *The Sexual Contract*. Stanford: Stanford Univ. Press.
Pettit, Ph. 1999. *Republicanism: A Theory of Freedom and Government*. Oxford Political Theory. Oxford: Oxford University Press.
Rancière, J. 1996. Demokratie und Postdemokratie. In: *Politik der Wahrheit*, hrsg. von Badiou, A. und Rancière, J., S. 119–156. Wien: Turia + Kant.
Richter, E. 2012. Inklusion von Freien und Gleichen. Zur Republikanischen Demokratietheorie. In: *Zeitgenössische Demokratietheorie. Band 1: Normative Demokratietheorien.*, hrsg. von Lembcke, O., Ritzi, C. und Schaal, G.S., S. 158–187. Wiesbaden: Springer VS.
Ritzi, C. 2015. Die Grenzen der Gleichheit. In: *Person und Rechtsperson. Zur Ideengeschichte der Personalität.*, hrsg. von Gröschner, R., Kirste, St. und Lembcke, O., S. 275–294. Tübingen: Mohr Siebeck.
Ritzi, C. 2014. *Die Postdemokratisierung politischer Öffentlichkeit. Kritik zeitgenössischer Demokratie – Theoretische Grundlagen und analytische Perspektiven*. Wiesbaden: Springer VS.
Rosa, H. 2011. *Weltbeziehungen im Zeitalter der Beschleunigung. Umrisse einer neuen Gesellschaftskritik*. Frankfurt am Main: Suhrkamp.
Rössler, B. 2010. Privatheit und Autonomie: zum individuellen und gesellschaftlichen Wert des Privaten. In: *Die Grenzen des Privaten*, hrsg. von Seubert, S. und Niesen, P. Baden-Baden: Nomos.
Rössler, B. 2012. Soziale Dimensionen des Privaten. In: *Politik und die Regulierung von Information*, hrsg. von Busch, A. und Hofmann, J., S. 101–128. PVS Sonderheft. Baden-Baden: Nomos.
Rössler, B. 2001. *Der Wert des Privaten*. Frankfurt am Main: Suhrkamp.
Sarcinelli, U. 2011. *Politische Kommunikation in Deutschland Medien und Politikvermittlung im demokratischen System*. Wiesbaden: Springer VS: Wiesbaden.
Schaal, G.S. 2015. E-democracy. In Lembcke, O., Ritzi, C. und Schaal, G.S. (Hrsg.). Zeitgenössische Demokratietheorie. Band 2: *Empirische Demokratietheorien*. Wiesbaden: Springer VS, S. 227-250.
Schaal, G.S. 2004. *Vertrauen, Verfassung und Demokratie. Über den Einfluss konstitutioneller Prozesse und Prozeduren auf die Genese von Vertrauensbeziehungen in modernen Demokratien*. Wiesbaden: VS Verlag für Sozialwissenschaften.
Schaar, P. 2009. *Das Ende der Privatsphäre: der Weg in die Überwachungsgesellschaft*. München: Goldmann.
Scheuerman, W.E. 2009. Citizenship and Speed. In: *High-Speed Society. Social Acceleration, Power, and Modernity*, edited by Scheuerman, W.E. and Rosa, H., S. 287–306. University Park, PA: Pennsylvania State Univ. Press.
Schwan, A. 2010. Politische Theorien des Rationalismus und der Aufklärung. In: *Politische Theorien von der Antike bis zur Gegenwart*, hrsg. von Lieber, H.-J., S. 157–257. Wiesbaden: Springer.
Skinner, Q. 1998. *Liberty before Liberalism*. Cambridge, New York: Cambridge University Press.
Solove, D.J. 2007. 'I've Got Nothing to Hide' and Other Misunderstandings of Privacy. In: *San Diego Law Review* 44, S. 1–23.
Solove, D.J. 2008. *Understanding Privacy*. Cambridge, Mass: Cambridge Univ. Press.
Sunstein, C.R. 1988. Beyond the Republican Revival. In: *The Yale Law Journal* 97, no. 8 (July 1988), S. 1539.

Thompson, D.F. 1999. Democratic Secrecy. In: *Political Science Quarterly* 114, no. 2 (June 1999), S. 181–193.
Thompson, J.B. 1995. *The Media and Modernity: A Social Theory of the Media*. Stanford, Calif.: Stanford Univ. Press.
Tocqueville, A.d. 1985. *Über Die Demokratie in Amerika*. Stuttgart: Reclam.
Weichert, Th. 2013. Big Data – Eine Herausforderung Für Den Datenschutz. In: *Big Data. Das neue Versprechen der Allwissenheit*. Frankfurt a. M.: Suhrkamp.
Zeh, J. und Trojanow. I. 2009. *Angriff auf die Freiheit Sicherheitswahn, Überwachungsstaat und der Abbau bürgerlicher Rechte*. München: Hanser.

Demokratie und Geheimnis

Jörn Knobloch

Das Thema „Demokratie und Geheimnis" scheint derzeit, außer in dem vorliegenden Band, nicht unbedingt einen zentralen Stellenwert in der wissenschaftlichen Diskussion einzunehmen. Der letzte auffindbare Beleg dieses Themas ist auf das Jahr 1985 datiert, als es einen Schwerpunkt dazu in der Zeitschrift „Vorgänge" gab (Vorgänge Nr. 48/1985). Danach sind entsprechende, dieses Thema explizit behandelnde, Beiträge nicht mehr zu finden. Gleichwohl besitzt es in der Gegenwart eine große Brisanz und taucht in verschiedenen Kontexten wieder auf. Da wären zum Beispiel die Auseinandersetzungen um die Aufarbeitung der Spionageaffäre der NSA und die damit verbundene Dramatik des Geheimnisverräters Edward Snowden, das beharrliche Schweigen von Beate Tschäpe, mit der die Geheimnisse der rechten Terrorgruppe „Nationalsozialistischer Untergrund" weiterhin verborgen bleiben. Ebenso berührt die Forderung nach vermehrter, durch digitale Medien ermöglichter Transparenz und den nunmehr gescheiterten Versuch der Piratenpartei, dies in der Praxis der deutschen Parteienlandschaft auch vorzuleben, die Aktualität des Themas vom Geheimnis in der Demokratie. Schließlich ist auf die nicht abebbende politikwissenschaftliche Diskussion einer möglichen Krise der Demokratie hinzuweisen, denn auch hier spielen Vorwürfe einer asymmetrischen, durch Lobbyisten und Expertengremien immer undurchsichtiger werdenden Sphäre der Politikproduktion eine wichtige Rolle (vgl. Knobloch 2014).

Diese Beispiele für die Relevanz des Geheimnisses sind aber nur ein Motiv für die hier vorgenommene Auseinandersetzung. Ein anderes ist die Komplexität und theoretische Unschärfe des Phänomens des Geheimen. Dementsprechend möchte ich den Schnittpunkt von Demokratie und Geheimnis nutzen, um die verschiedenen politikwissenschaftlichen und sozialtheoretischen Ebenen des Geheimnisses anzusprechen. Dabei lasse ich mich von folgender allgemeiner These leiten: Demokratie und Geheimnis bilden ein nicht aufzulösendes Paradox, aus dem sich stetig Stresssituationen bilden, wenn versucht wird, mittels einseitiger Politisierungen Totalitäten zu suggerieren. Totales Wissen ist jedoch ebenso unrealistisch bzw. dysfunktional wie totales Nichtwissen. Demzufolge kann die jüngst entwickelte Ideologie der Öffentlichkeit, die eine Reaktion auf die Probleme der politischen Repräsentation der Gegenwart darstellt, kritisiert werden. Stattdessen, so mein Plädoyer, muss im Verhältnis von Demokratie und Geheimnis im Kontext einer Sicherung der Demokratie auch eine Aufwertung des Geheimnisses vertreten werden. Zur Klärung der These werde ich in vier Schritten vorgehen: zunächst beleuchte ich den Begriff des Geheimnisses. Dabei werde ich systematisch verschiedene Dimensionen seiner Bedeutung ansprechen, die ihn im Rahmen der Politikwissenschaft zu einem Schlüsselbegriff machen. Anschließend will ich kurz auf das Verhältnis von Demokratie und Geheimnis in seiner Genese eingehen. Zwar ist die Demokratie eine Herrschaftsform, die auf einer durch die Öffentlichkeit vermittelten Gleichheit der Einzelnen basiert, dennoch konnte sie das Geheimnis nie völlig aus der politischen Praxis verdrängen. In einem dritten Schritt werde ich prüfen, wie das Verhältnis von Demokratie und Geheimnis in der aktuellen wissenschaftlichen Krisendiagnostik der Demokratie eine Rolle spielt und es wohlmöglich hier wieder zu einer Verschiebung kommt. Am Schluss soll dann das Geheimnis in seiner Funktionalität für die Demokratie vor dem Hintergrund der Kritik an der Ideologie der Öffentlichkeit aufgeklärt werden.

1 Der Begriff des Geheimnisses

„Es scheint Eulen nach Athen tragen zu heißen, den Geheimnisbegriff näher auszuleuchten, wo er doch aufgrund seiner alltäglichen Verwendung klar und unmissverständlich vor uns zu liegen scheint“ (Rösch 1999, S. 19). In diesem Zitat steckt bereits eine erste sinnvolle Differenzierung, um dem Geheimnisbegriff in seiner Mehrdimensionalität näher zu kommen. Diese Differenzierung lässt sich mit dem Gegensatz von nicht-theoretischen Begriffen und theoretischen Begriffen eingrenzen. Nicht-theoretische Begriffe sind Ausdrücke der Alltagswelt, die ihre Bedeutung und ihre Reichweite aus den praktischen Bezügen des täglichen Lebens und der damit verbundenen Expertise beziehen. Als solcher Begriff ist das Geheimnis nicht frei von Widersprüchen, denn seine Bedeutung leitet sich nur aus seiner Aktualisierung in der jeweiligen Situation heraus ab. „Im allgemeinen Sprachgebrauch werden Geheimnisse gewöhnlich als Sachverhalte verstanden, die sich dem positiven Wissen der Menschen entziehen“ (Rösch 1999, S. 21). Dabei rekurriert der Begriff auf das Wort „geheim“, welches sich seit dem 15. Jahrhundert nachweisen lässt und positiv konnotiert war, denn es bezeichnete Vertrautheit oder zu einem

Haus gehörig (Westerbarkey 1998, S. 24). Aus dieser Verbindung entsteht später das Konzept von Privatheit, jenes Antipoden zur Öffentlichkeit, der heute zumeist das Geheimnis als Gegenbegriff zur Öffentlichkeit abgelöst hat (vgl. Seubert 2010). Doch greife ich hier vor, zunächst ist das Geheimnis in seiner alltagsprachlichen Funktion eine Bezeichnung für das Nichtwissen (Simmel 1983; Rösch 1990, S. 21). Mit diesem Problem scheinen die Menschen von Beginn an konfrontiert zu sein. Denken wir hier an die Schmeicheleien der Schlange, welche Eva überredet hat, vom Baum der Erkenntnis zu kosten. Der biblische Sündenfall steht für die Neugier der Menschen, sich offensiv mit dem Nichtwissen zu beschäftigen und das Geheimnis zu lüften. Damit erweitern wir schon das Verständnis des Geheimnisses (Westerbarkey 1998, S. 36f.). Es repräsentiert nicht nur die Dimension des Nichtwissens, sondern es setzt weiterhin voraus, dass Menschen von diesem Nichtwissen etwas wissen.

Was im Sündenfall religiös-narrativ verarbeitet wird, steht für zwei Seiten eines einfachen Geheimnisbegriffs: seiner *Existenz* und seiner *Attraktivität*. Im Alltag setzt jeder Einzelne das Geheimnis als pragmatisches Instrument ein. Das Kind, welches etwas von ihm Verbocktes vor den Eltern verheimlicht, bis zu gewissen Lebenserfahrungen, die man besser in einem Gespräch nicht ausplaudert. Geheimnisse werden alltäglich durch die Menschen produziert, indem sie aktiv Nichtwissen erzeugen. Daneben ist es die Unwissenheit, die viele Menschen motiviert, die Geheimnisse ans Licht zu zerren, weil etwas durch seine Ungewissheit attraktiv wird, was wiederum, darauf verweist Westerbarkey, häufig lustvoll erlebt wird. „Insofern gleichen Geheimnisse durchaus Spielen oder Sportveranstaltungen, deren Attraktivität zu einem guten Teil von der Unvorhersagbarkeit ihres Verlaufs und ihrer Ergebnisse abhängt, also von der hohen Wahrscheinlichkeit überraschender Erfahrungen" (Westerbarkey 1998, S. 38).

Um nun das Geheimnis über seine Alltäglichkeit hinaus zu einem theoretischen Begriff weiterzuentwickeln, mit dem sich soziale Beziehungen analysieren und kategorisieren lassen, muss zunächst auf seine politische Dimension verwiesen werden. In seiner eindrucksvollen Studie, die innerhalb der wissenschaftlichen Reflexion des Geheimnisses eine wichtige Referenzgröße ist, zeigt Lucian Hölscher, dass das Geheimnis zu einem wichtigen Orientierungsbegriff der politischen Handlungslehre im 16. Jahrhunderts wird (Hölscher 1970). Davor spielte es keine große Rolle. In der lichten, von Gott bestimmten Heilsordnung des Mittelalters hatte das Geheimnis keinen Platz, denn alles hatte seinen erkennbaren Platz. Auch wenn dies romantisierende Aussagen über die politische bzw. gesellschaftliche Ordnung sind, die unzureichend reflektieren, dass es auch im Mittelalter genügend Belege für höfische Geheimhaltungspraktiken gibt (Althoff 1997, S. 197 u. 256), so lassen sie doch darauf schließen, dass es vor der Herausbildung des frühneuzeitlichen Staates noch keine umfassende Theoretisierung des Geheimnisses gegeben hat.

„Setzen die mittelalterlichen Autoritäten […] in erster Linie auf eine in Symbolen und öffentlichen Verfahren erfahrbare Herrschaftsausübung, so wandelte sich diese mit dem Aufkommen" der modernen Staatlichkeit (Wegener 2006, S. 39). „Der Staat der frühen Neuzeit suchte sich aus den Fesseln einer als gesamtgesellschaftliche Bedrohung empfundenen Vielgestaltigkeit ständischer Bindungen und Verfahren in die Exklusivität individueller Entscheidungsfindung zurückzuziehen. Wesentliches Instrument zur Gewinnung und Sicherung dieser Exklusivität, Garant ihrer inneren Souveränität, wurde der Staatsspitze die Geheimhaltung des eigenen überlegenen Wissens, die Täuschung der Gegner, die Aura des nunmehr als Ausweis von Hoheit akzeptierten Geheimnisses und seine überraschende Exekution" (Wegner 2006, S. 39).

Dies ist der Augenblick, wo aus dem Geheimnis als einem primär praktisch konnotierten Begriff über die Manifestierung seiner Bedeutung im Sinne einer Kunstfertigkeit sukzessive ein normativer Begriff entsteht. In diesem Zusammenhang verweist Machiavelli auf die Wirksamkeit von Verschwiegenheit und Verstellung als Mittel für gute Politik (Machiavelli 1978, S. 71ff.), später wird das dadurch verheimlichte Wissen zur „secreta politica" aufgewertet – einem Herrschaftswissen, welches exklusiv nur bestimmten Gruppen zur Verfügung steht (Hölscher 1970, S. 132). Im 17. Jahrhundert entstand dann die Lehre der arcana imperii als einer Reihe von Instrumenten, „die dem Fürsten um der Staatsräson willen zugestanden wurden, auch und gerade wenn sie bei einem Privatmann aus moralischen Gründen verworfen wurden" (Hölscher 1970, S. 133). Das Arkanum schwingt sich zu einem zentralen Begriff der neuzeitlichen, staatsfördernden politischen Handlungslehre auf und bildet eine „Theorie der Praxis staatlicher Geheimhaltung" (Wegener 2006, S. 49), die das Moment der Kunstfertigkeit politischen Handelns mit der Notwendigkeit des Schutzes staatlicher Informationen zusammenbringt. Ab diesem Punkt ist es tatsächlich ein reflektierter und damit theoretischer Begriff, der substanziell positiv ist, weil ihm eine politische Funktion zugesprochen wird. Dies lässt sich auch als ein Plädoyer für die strikte Differenzierung von Handlung und Moral verstehen. Die Fähigkeit zum Verheimlichen, Täuschen und Betrügen ist in der Politik vor dem Hintergrund der erreichbaren Ziele durchaus zu vertreten. Dennoch darf der Herrscher nicht in allen, auch unpolitischen Angelegenheiten auf diese Mittel zurückgreifen, da dies dann moralisch problematisch wird.

Seine für die Gegenwart wohl fundamentalste Wendung bekommt das Geheimnis aber erst mit der Partizipation des Bürgertums und seines Kampfes gegen den absolutistischen Staat. Seit der zweiten Hälfte des 18. Jahrhunderts nutzen die Vertreter des Bürgertums das Konzept der Öffentlichkeit, um sich politisch zu emanzipieren (Hölscher 1970, S. 118). Ganz im Sinne der Aufklärung, die mit dem Dunklen, Verborgenen und Geheimen bricht, nutzen Demokraten, Liberale und

Republikaner das Ideal der Publizität, um das Verhältnis von Transparenz und Geheimnis radikal umzuwerten. Statt wie bisher politische Macht auf die Exklusivität eines spezifisch geteilten Herrschaftswissens zurück zu beziehen, bildet fortan die Öffentlichkeit und die in ihr frei gebildete öffentliche Meinung die einzige Quelle der Souveränität. Dabei wird ein komplexes Konzept von Öffentlichkeit zur Basis des neuen Gegenbegriffs zum Geheimnis, das sich durch drei Merkmale auszeichnet: Erstens die Inklusivität, denn alle nehmen am öffentlichen Geschehen teil, zweitens die aktive Teilhabe an der Öffentlichkeit und drittens die Verknüpfung mit dem Redlichen bzw. Wahrhaftigen (Hölscher 1970, S. 123). Die Öffentlichkeit kann so, weitergehend als bis dahin das Geheimnis, eine universal einsetzbare Deutungs- und Ordnungsleistung vollbringen: aus einer Idee wird ein politisches Instrument, mit dessen Hilfe die alte Ordnung de-legitimiert werden kann. Die Öffentlichkeit entwickelt sich zu einem kognitiven Differenzierungsangebot für weitere soziale Bereiche (Habermas 1990). Mit anderen Worten ist das Leitprinzip der Öffentlichkeit in der Lage, Interaktionen, Handlungen und Kommunikationen als öffentlich zu qualifizieren, woraus eine Grundkategorie des sozialen Lebens entsteht, die gewissermaßen ein Medium ist, welches die Prozesse der kollektiven Willens- und Vertrauensbildung sowie der Kontrolle von politischen Entscheidungsträgern in einer Demokratie umfasst (Hölscher 1970, S. 136f.).

Das Geheimnis verliert als nunmehr negativ konnotierter politischer Begriff im Vergleich zur Öffentlichkeit an Bedeutung. Gleichzeitig entwickelt es sich zusammen mit seinem Gegenbegriff zu einer einflussreichen dichotomen Kategorisierung der sozialen Wirklichkeit. Geheimnis und Öffentlichkeit sind nicht mehr nur theoretische Begriffe im Sinne normativer Leitideen, sondern Ordnungsbegriffe, mit denen die Wissenschaft bei der Analyse und Beschreibung der sozialen Wirklichkeit nun operiert. Georg Simmel, den Westerbarkey den „Vater der Geheimnisforschung" (Westerbarkey 1998, S. 17) nennt, hat hierzu den ersten und innovativsten Beitrag geleistet. Er definiert das Geheimnis als das „Wissen des Nichtwissens", wobei er innerhalb eines interaktionistischen Ansatzes der Soziologie bleibt, die er als Wissenschaft von den „Formen der Wechselwirkung" begreift. Das Geheimnis konstituiert die Privatheit (Simmel 1983, S. 272). Es ist ein allgemeines Element der sozialen Beziehungen und bekommt durch Simmel sogar eine wesentliche Funktion beim Austarieren sozialer Gruppen zugesprochen, denn es schafft die Voraussetzungen, damit sich Wechselbeziehungen zwischen wissenden und nichtwissenden Menschen bilden können.

Ausgehend von Simmel hat sich eine ganze Reihe von soziologischen Theoretikern mit dem Geheimnis beschäftigt, es interaktionstheoretisch, kommunikationstheoretisch, alltagssoziologisch, systemtheoretisch redefiniert (vgl. Westerbarkey 1991, S. 57ff.). Aus diesen Arbeiten lässt sich zunächst eine allgemeine Definition ableiten, in der das Geheimnis eine „Nichtmitteilung beziehungsrelevanten Wissens wider Erwarten" (Westerbarkey 1998, S. 15) bedeutet. An diese allgemeine Definition will ich zunächst anknüpfen und kurz die Dimensionen wie auch die Attraktivität des Geheimnisbegriffs für die Politikwissenschaft verdeutlichen: Der theoretische Begriff des Geheimnisses integriert in seiner analytischen Verwendung zwei strukturelle Dimensionen: die des Nicht-Wissens (Information) und die der Nicht-Mitteilung (Kommunikation). Damit steht es in einer Reihe mit anderen, den gleichen Sachverhalt kategorisierenden Ordnungsbegriffen, wie unbewusst, inkommunikabel, uneigentlich, unsichtbar. Gleichzeitig sind sie alle in wirksame Dichotomien eingebunden, also bewusst/unbewusst, kommunikabel/inkommunikabel, eigentlich/uneigentlich, sichtbar/unsichtbar und eben öffentlich/geheim.

Der theoretische Begriff des Geheimnisses ist aber nicht nur analytisch, sondern auch politisch-normativ. Er operiert simultan als Ordnungsbegriff zur Kategorisierung sozialer Strukturen und zur Erklärung ihrer funktionalen Genese, wie auch als negative oder positive Leitidee, mit der in politischen Auseinandersetzungen Forderungen an die Organisation der Ordnung verknüpft und legitimiert werden (vgl. Knobloch 2011, S. 21). Der Begriff kann entsprechend dieser Simultanität besonders für die Analyse des Übergangs von Leitideen zu Ordnungsbegriffen verwendet werden. Darüber hinaus lässt er sich auf verschiedene soziale Strukturen beziehen. Neben den rein sozialpsychologischen Ansätzen ist es möglich, das Geheimnis auf einfache Interaktionssysteme, Organisationen und im Rahmen komplexer Gesellschaften zu verorten. Je nach Strukturebene ändert sich seine normative Orientierungskraft, aber auch sein analytischer Wert. Demzufolge kann hervorgehoben werden, dass das Geheimnis aufgrund seines mehrdimensionalen Charakters ein wertvoller Begriff und damit verbunden ein wichtiges Thema für die Politikwissenschaft ist.

2 Die Entwicklung des Verhältnisses von Demokratie und Geheimnis

Davon ausgehend möchte ich nun prüfen, inwieweit das Geheimnis in der politischen Praxis der Demokratie noch eine Rolle spielt. Noberto Bobbio schreibt hierzu: „Einer der Gemeinplätze aller alten und neuen Diskurse über die Demokratie besteht darin, zu behaupten, dass die Demokratie die Regierung der sichtbaren Macht ist. Dass es zur Natur der Demokratie gehöre, keine Bezirke mysteriöser Geheimnisse mehr zuzulassen […]" (1988, S. 86). Dies scheint geradezu notwendig zu sein, wenn, wie wir dargestellt haben, es zum Kern der bürgerlichen Revolution gehört, das Ideal der Publizität in der gesamten politischen Sphäre zu verankern. Das Transparenzprinzip dringt in der Folge nachhaltig in die Herrschaftsorganisation ein und formt zunächst bürgerliche Institutionen wie das Parlament und die Gerichtsbarkeit und gleichsam in reflexiver Distanz dazu die freie Presse. Und je mehr insbesondere das Parlament zum Grundstein der demokratischen Herrschaft wurde, führte dies zur Verankerung der Öffentlichkeit und des Prinzips öffentlichen politischen Handelns in der Tiefenstruktur und dem Selbstverständnis der Politik. Auf der anderen Seite verschwindet das Geheimnis nicht vollständig. Weil es jedoch nicht mehr positiv gesetzt ist, beschränkt es sich ob seines negativen Charakters nur auf die Markierung von Ausnahmen der Öffentlichkeit und zwar im exklusiven Bezug auf den Schutz. Mit dem Geheimnis dürfen in der Demokratie nur bestimmte Bereiche – ausnahmsweise (das heißt zeitlich und räumlich begrenzt) vor der Öffentlichkeit geschützt werden. Der Schutz umfasst interessanterweise simultan beide für die modernen politischen Systeme konstituierenden Bereiche, die unterschiedlichen Traditionen und politischen Vorstellungen entspringen: Der überkommene Staat absolutistischen Ursprungs und der Einzelne als das durch den Liberalismus in den Mittelpunkt gerückte politische Subjekt. Beide, wenn man so will strukturelle, durch die Demokratie miteinander verbundenen politischen Antipoden der Institutionen und Bürger werden durch *Rechte* auf Geheimhaltung in spezifischer Weise geschützt.

Auf der Seite des Staates sind dies explizit (Rösch 1999, S. 92ff.):

- Das Staatsgeheimnis und die Geheimschutzordnung des Bundestages, wobei beide Instrumentarien des Geheimnisschutzes sind. Während sich das Staatsgeheimnis primär auf die äußere Sicherheit bezieht und unter anderem den Landesverrat sanktioniert, sucht die Geheimschutzordnung des Bundestages auch eine Absicherung nach Innen. Die Geheimschutzordnung des Bundestages formalisiert Techniken, um parlamentsinterne Geheimnisse zu schützen. Weiterhin verbindet sie bestimmte Positionen mit unterschiedlichen Geheimhaltungsgraden. Mithilfe der Geheimschutzordnung werden die Informationsvorsprünge der Exekutive gegenüber dem Parlament aufgehoben, welches damit einen Zugang zu sensiblen Informationen der Regierung erhält, die sich nun auf den Schutz dieser Informationen durch das Parlament verlassen kann bzw. soll.

Auf der Seite des Subjekts sind dies explizit das Wahlgeheimnis und das Kommunikationsgeheimnis (Rösch 1999, S. 74ff.):

- Das Wahlgeheimnis wird einzigartig in zwei Artikeln des GG (38, 28) explizit mit dem Geheimnisbegriff genannt und geschützt. Indes formuliert das Grundgesetz

hier keine konkrete Geheimnisdefinition. Es wird die Wahl als ein geheimer Vorgang deklariert, detaillierter wird hier aber nichts aufgeführt.
- Das Kommunikationsgeheimnis schützt den Bürger vor staatlicher Indiskretion. Das Brief-, Post- und Fernmeldegeheimnis (Art 10 GG) verheimlicht diese Sphären nicht exklusiv gegenüber dem Staat, sondern, wie das Bundesverfassungsgericht formuliert, allgemein „vor den Augen der Öffentlichkeit". Allerdings kann der Staat unter bestimmten Voraussetzungen dieses Geheimnis verletzten.

Wir sehen, dass das Geheimnis die Expansion des „Ideals der Publizität" (Wegener 2006, S. 122) überlebt hat, wenn auch in einer streng limitierten Form. Nur weil es allgemein als Ausnahme von der Regel der Öffentlichkeit gilt, kann es zumindest temporär wirksam werden. Auffällig ist die ihm zugesprochene Schutzfunktion, woraus es seine Legitimität bezieht. Es fungiert jedoch nicht als ein starres Konzept, welches bestimmte Bereiche dauerhaft aus der Öffentlichkeit ausschließt. So wie sich das Grundgesetz der Formalisierung des Geheimnisses verweigert, indem es keine konkrete Definition desselben festschreibt, setzt es auch nicht auf absolute Arkana. Im Gegenteil, rechtlich legitimierte Geheimnisse können in unserer Demokratie immer auch gelüftet werden, wenn es nach situativer Abwägung im Interesse der Öffentlichkeit ist. Statt starrer Grenzen der Geheimhaltung werden diese stets neu justiert.

Neben diesen rechtlich explizit festgeschriebenen Geheimsphären existiert noch eine Reihe impliziter Geheimbereiche, die sich in der politischen Praxis von Regierung und Parlament unter Ausnutzung nicht eindeutig fixierter Regelungen etabliert haben. Dabei wird entweder die Öffentlichkeit ausgeschlossen, Informationen werden verweigert bzw. werden Informationsquellen nicht veröffentlicht, oder deren Informationen werden nicht weitergeben. Beispielsweise kann auch das Parlament beschließen, dass bestimmte Plenarsitzungen, Sitzungen von Ausschüssen oder Akten nichtöffentlich sind. Zwar handelt es sich dabei noch nicht um ein strenges Geheimnis, wohl aber erleidet die Öffentlichkeit dadurch ein partielles Informationsdefizit (Rösch 1999, S. 117). Zudem kann die Regierung gegenüber dem Parlament Informationen verweigern, indem sie sich auf das Staatswohl oder die Persönlichkeitsrechte beruft. Der Streit um die Veröffentlichung der Selektorenlisten im Kontext der NSA-Affäre hat dies wieder verdeutlicht. Rechtswissenschaftliche Arbeiten sehen dies jedoch problematisch, denn das konstitutionelle System kennt verfassungsrechtlich keine geheimen Regierungsbereiche (Rösch 1999, S. 130).

Eine weitere Ebene von Geheimnissen in der Demokratie findet sich dann innerhalb von Organisationen wieder, die ebenfalls, wie z. B. Parteien, wichtige Akteure im politischen System sind. Hier spielen Geheimnisse für die Unterscheidung von Mitgliedern und Nichtmitgliedern eine wichtige Rolle. Ebenso bilden sich in der Demokratie Geheimbünde, Saunarunden, Frühstückskartelle usw. (Westerbarkey 1998, S. 127ff.). Kurzum verliert das Geheimnis auf der Ebene der Organisation sozialer Beziehungen nicht seinen Wert und seine Funktion in der Demokratie. Einzig im politischen Bereich wird es durch die Dominanz der Öffentlichkeit relativiert und formal geächtet. Nur in Ausnahmefällen kommt es hier noch zur Geltung, wobei auch bei diesen Ausnahmen – Ausnahmen gemacht werden können. Mit anderen Worten ist in demokratischen Gesellschaften das Geheimnis analytisch gesehen, weiterhin funktional wirksam. Normativ tritt es hinter die Öffentlichkeit zurück und wird im Ausnahmefall oder im Ausnahmezustand aktiviert. Dafür sind jedoch erhebliche Argumentationen notwendig, die immer nur eine raum-zeitlich streng limitierte Suspendierung der Öffentlichkeit zugunsten des Geheimnisses rechtfertigen. Die Ächtung des Geheimnisses als positives Prinzip, das nicht mehr ohne seinen Gegenbegriff relevant ist, bei gleichzeitig maximal pragmatisch-funktionaler, also keinesfalls systemisch zu verstehender Zulassung in der Politik kennzeichnet das Verhältnis von Demokratie und Geheimnis. Natürlich kann dies auch als ein Paradox gesehen werden: Das Geheimnis dient dem letztendlichen Schutz sowohl des liberalen Individuums als auch des Staates. Es ist eine Ausnahme, obgleich anerkannt wird, dass es im alltäglichen Geschäft der Politik ein notwendiges Mittel für die Gewalten darstellt. Praktiken des Verheimlichens sind für Bürger wie Repräsentanten legitim und das alles in einer die Öffentlichkeit zum fundamentalen Prinzip erhebenden politischen Herrschaftsordnung.

3 Krise der Demokratie – Krise der Öffentlichkeit?

Soweit scheint das Geheimnis einen pragmatischen Status in der Demokratie zu besitzen, wobei es rechtlich außer in Bezug auf den Schutz des Einzelnen nirgendwo expliziert wird. Gestützt durch die sozialtheoretisch aufgeklärte Einsicht in die Funktionalität des Geheimnisses hat sich eine normativ nicht immer überzeugend begründete Balance zwischen den Prinzipien des Geheimen und des Öffentlichen gebildet. Nicht überzeugend, da das normativ eigentlich geächtete Geheimnis die partielle Schwäche der Öffentlichkeit kompensiert. Weil das Geheimnis seine Autonomie im Hinblick auf seine Rechtfertigung gegenüber der Öffentlichkeit verloren hat, kann es nur mit diesem zentralen demokratischen Prinzip gemeinsam auftreten. Es behauptet sich allenfalls als „Kehrseite der Öffentlichkeit" (Westerbarkey 1998, S. 13).

Ich möchte mich nun der Frage zuwenden, ob sich hinter den in jüngster Zeit vermehrt aufgetretenen Krisendiagnostiken zur Demokratie nicht auch ein verändertes Verhältnis von Demokratie und Geheimnis verbirgt? Zunächst einmal ist: „Die Rede von der Krise der Demokratie [...] so alt wie diese selbst." (Merkel 2015, S. 7) Verschiedene Diskurskonjunkturen der Krisenreflexion lassen sich auch in der Politikwissenschaft ausmachen, wobei diese in Deutschland historisch immer mit dem Staat verbunden waren (vgl. Schäfer 2008). Und obwohl die Krisendebatte am Ende des 20. Jahrhunderts an Elan verlor, gewann sie im neuen Jahrtausend wieder an Fahrt. Sicherlich das bekannteste Beispiel der aktuellen Diskussion ist das Postdemokratiekonzept von Crouch, doch auch der neo-schmittianische Ansatz, popmarxistische, poststrukturalistische – wir vermerken die Dominanz des Post-Begriffs – wie globalisierungskritische Ansätze, Ansätze deliberativer und partizipativer Demokratie usw., sie alle teilen ein Moment: Die Demokratie und vor allem ihre repräsentativen Institutionen befinden sich in der Krise (Merkel 2015, S. 8f.). Von diesen eher theoretischen mit einem normativen Ideal operierenden Ansätzen unterscheidet Merkel jedoch die Ansätze der empirischen Demokratieforschung, welche höchstens von einer verminderten Leistungsfähigkeit demokratischer Institutionen bzw. von Performanzproblemen sprechen – auf keinen Fall jedoch von einer Krise. Das Problem ist hier eines der Wahrnehmung und Interpretation. Ist es in Anbetracht einer stetig ablaufenden Veränderung politischer Herrschaft angebracht, von einer so stark veränderten Praxis zu sprechen, dass die Herrschaft schon dysfunktional ist?

Vor dem Hintergrund des Interesses am Status des Geheimnisses in der gegenwärtigen Demokratie möchte ich zunächst, rein analytisch, von einer partiellen „Krise" der Demokratie ausgehen, die für einen durchaus ernst zu nehmenden Trend steht. Um diese einzuordnen hilft es, einen Blick auf die von Merkel aus den Krisentheorien der Demokratie extrapolierten „Herausforderungen" derselben zu werfen. Es sind fünf (Merkel 2015, S. 28):

- sozioökonomische Ungleichheiten, die das demokratische Gleichheitsprinzip in Partizipation und Repräsentation infrage stellen;
- der zunehmende Bedeutungsverlust der traditionellen Volksparteien und die damit verbundene gesellschaftliche Entwurzelung etatisierter Parteien;
- ein die staatliche Handlungsfähigkeit herausfordernder deregulierter (Finanz-) Kapitalismus;
- das durch die Globalisierung relativierte nationalstaatlich organisierte und demokratisch legitimierte Regieren;
- die behauptete Divergenz von kollektiver Sicherheit und individueller Freiheit.

Die gestiegene Ungleichheit und die Marginalisierung der traditionellen Institutionen der politischen Repräsentation machen deutlich, dass nicht mehr alle Bürger egalitär am öffentlichen Prozess der Politik partizipieren. Der Niedergang der Parteien unterstreicht dies im Kontext überkommener Kanäle der Interessensvermittlung. Mit anderen Worten sind auch die Parteien nicht mehr in der Lage, das Problem der Ungleichheit anzugehen, weil sie eher als Exponenten der Asymmetrie wahrgenommen werden, denn als Möglichkeit, die Ungleichheit auszugleichen. Der deregulierte Kapitalismus und die Globalisierung verstärken ihrerseits das Problem, weil zum einen die legitimen Akteure der Politik kaum noch Einfluss auf die gesellschaftlich relevanten Probleme erhalten, weil diese sich längst dem Nationalstaat entziehen. Zum anderen erhalten ökonomische Akteure und ihre organisierten Interessen einen privilegierten Zugang zur Politik. Schließlich unternimmt der Staat im Zeichen einer Sicherheitsbedrohung zum Teil gefährliche Maßnahmen, die das geschützte Geheimnis der Bürger sukzessive aushebeln. Ich fasse zusammen: Strukturell scheint das Prinzip der Öffentlichkeit als sozialer Raum zur Formulierung und Aktivierung politischer Partizipation nicht mehr zu funktionieren. Wie man auch immer diesen Trend in Worte fasst und analytisch das Post-Wort nutzt oder nicht, problematisch ist die empirisch nachweisbare zunehmende politische Ungleichheit, die sich nicht aus einem Mangel institutioneller Optionen ergibt. Wahlen sind in der Demokratie immer noch der wichtigste egalitäre Mechanismus zur Legitimation von Politik, doch beteiligen sich schlicht große Teile des Demos nicht mehr an der Politik. Dies lässt sich mit Armin Schäfer und seiner Studie als nicht mehr von der Demokratie eingelöstes Versprechen der Gleichheit bei der politischen Teilhabe interpretieren (Schäfer 2015). Das ist durchaus eine Krise, es ist aber vor allem eine Veränderung der Funktionalität des Prinzips der Öffentlichkeit. Hier ist nochmals zu differenzieren: Es geht nun nicht mehr um den fiktionalen Charakter der Öffentlichkeit, die wie die Volkssouveränität der Demokratie gleichsam vorausgesetzt werden kann. Beides sind zwar fiktionale aber zentrale Legitimitätsmomente der Demokratie, insofern konnte die Demokratie mit dieser Fiktion von Anfang gut leben. Mir geht es jetzt jedoch um die Öffentlichkeit als Medium, im Sinne eines Raumes, welches in der Lage ist, ein genügend großes kritisches Publikum zu vereinen, um dessen Empörung und Anteilnahme an der Politik in konkrete Partizipation zu überführen. Ursachen für das Versagen lassen sich viele finden, ich will mich auf zwei gegenläufige Ursachen konzentrieren:

1. *Die quantitative Expansion der Öffentlichkeit*: Durch die Massenmedien, aber auch das Internet und seine Nutzung sind viele ehemals unsichtbare Bereiche des Sozialen einer ständigen Beobachtung und Mitteilung unterworfen. Längst haben Netzaktivisten das Ende der Privatheit ausgerufen und die Dystopie von Dave Eggers und seinem Circle entwirft die Vision einer durch technische Infrastruktur totalen Transparenz. Nachrichtenportale, Blogs und Foren haben die

Öffentlichkeit schon so dynamisiert, dass Raum und Zeit als Größen durch sie marginalisiert werden. Damit steigert sich die Aufmerksamkeit und Beobachtungsfähigkeit der Öffentlichkeit ins Unermessliche. Der Philosoph Byung-Chul Han spricht deshalb von einer „Transparenzgesellschaft", denn Transparenz ist keine Möglichkeit, sondern längst ein „systemischer Zwang" geworden (Han 2013, S. 6). Durch die massive Zunahme von Informationen und den Zwang, alles sichtbar zu machen, degenerieren soziale Beziehungen in ihrer Gänze zu Objekten von Ausstellungen, die permanent alles zeigen. Han sieht hier das Problem, dass die Transparenzgesellschaft zwar Aufklärung verspricht, aber dank ihrer Hyperkommunikation und Hyperinformation den Einzelnen stärker kontrolliert und dabei den Blick für das Ganze verliert. Dadurch steigen zwar die Möglichkeiten zur kollektiven Empörung und der öffentlichen Skandalisierung, aber sie verlieren auch schneller an Elan und verlaufen im Sande. Nachhaltige Effekte im Sinne von Dispositionen im kollektiven Erfahrungsraum sind in einer hochdynamischen Öffentlichkeit kaum noch zu erwarten. Durch die Produktion immer neuer Themen und Skandale verliert man die alten schnell wieder aus den Augen, obwohl sie als Wissen gerade im Internet dauerhaft verfügbar sind. Die einzelnen Menschen bilden kein politisches Subjekt, weil die Halbwertzeit ihres gemeinsamen Engagements mit dem nächsten Skandalisierungsthema schon wieder beendet ist.

2. *Die politische Expansion des Geheimnisses*: Ein weiteres Ursachenbündel ist der Wandel der politischen Steuerung, die vielfach neue Akteure und neue Formen dauerhaft integriert. Diese systemischen Formen der Steuerung entziehen sich systematisch der öffentlichen Beobachtung, wie die Politiknetzwerke demonstrieren (zum Folgenden vgl. Knobloch 2011). Netzwerke sind eigentlich eine Form sozialer Beziehungen, die traditionell relevante gesellschaftliche Bereiche organisiert (vgl. Bommes/Tacke 2011). In der Governance-Forschung werden sie jedoch neu bestimmt und systemisch aufgewertet. Ausgehend von der Diagnose einer stark gestiegenen sozialen Komplexität und Interdependenz muss das politische System neue Steuerungsmechanismen einsetzen (Benz u.a. 2007; Schuppert 2008). Gleichzeitig wächst die Bedeutung der gesellschaftlichen Akteure, die in die Koordinationsarrangements einbezogen bzw. von eben jenen Arrangements betroffen sind. Bei der Produktion von Politiken kommen daher verschiedene Mechanismen zur Anwendung, die im Governance-Konzept systematisiert werden, wobei es um die Gesamtheit „aller nebeneinander bestehenden Formen der kollektiven Regelung gesellschaftlicher Sachverhalte: von der institutionalisierten zivilgesellschaftlichen Selbstregelung über verschiedene Formen des Zusammenwirkens staatlicher und privater Akteure bis hin zu hoheitlichem Handeln staatlicher Akteure" geht (Mayntz 2009, S. 46).

Deren konzeptuelle Einholung für das moderne Regieren inkludiert auch die Politiknetzwerke. Nun wäre es aber ein Trugschluss, die Genese der Politiknetzwerke als natürlich anzusehen. Stattdessen werden sie erst durch die Wirkung der Politiknetzwerke selber hervorgebracht, sind also absichtsvoll geschaffene Instrumente der Politikproduktion (vgl. Haus 2010, S. 38). Die Politiknetzwerke unterminieren ihrerseits die Öffentlichkeit als wesentlichen Legitimationsmechanismus, indem ihre selektiven und partikularen Arrangements gegen das demokratische Gleichheitsgebot verstoßen, die an ihnen beteiligten Entscheidungsträger und Verantwortlichen aus der Öffentlichkeit heraushalten und sich gegenüber der Öffentlichkeit und ihren Medien abschirmen (Schneider 2000, S. 259f.). Politiknetzwerke hebeln das Prinzip der Öffentlichkeit in demokratischen Legitimationsmechanismen nicht nur über die Intransparenz aus. Die Nicht-Öffentlichkeit ist ein funktionelles Requisit von Netzwerken, doch es ist nicht das einzige. Diejenige Kritik, die sich ausschließlich damit beschäftigt, bedient zwar die Beobachtungs- und Wahrnehmungsdimension von Politiknetzwerken, vernachlässigt aber die Informationsdimension (vgl. Werron 2011, S. 218). In Politiknetzwerken geht es neben dem gepflegten Wissen des *Nicht-Wissens*, also das Nicht-Wissen der vom Netzwerk Ausgeschlossenen, auch um die gezielte *Nicht-Mitteilung* von Informationen aus den Netzwerken. Für die Demokratie ist das ein normatives Problem mit ihrem Demos, welches allein durch die Nicht-Öffentlichkeit ungenügend erfasst wird. Indessen ist die Simultanität eines erkenntnis- und kommunikationstheoretischen Aspekts für das Geheimnis konstituierend (Westerbarkey 1991, S. 22f.). Entsprechend wird hier nun wieder das anspruchsvollere Prinzip des Geheimnisses als „Existenzbedingung" (Werron 2011, S. 235) von Netzwerken aufgewertet. Mit anderen Worten ändert sich der Status des Geheimnisses in der gegenwärtigen politischen Praxis von der funktionalen Ausnahme hin zur funktionalen Regel.

Beide Ursachen zeigen die Gründe für die veränderte Wirkung der Öffentlichkeit in der Gegenwart auf, indem sie das Bild einer Vorder- und Hinterbühne der Demokratie evozieren. Während auf der Vorderbühne immer mehr kommuniziert und informiert wird, verlieren die Parteien das Potential, die Mehrheit der Bürger gleichermaßen in den politischen Prozess mit einzubeziehen. Auch wenn ein kritisches Publikum entsteht, es nutzt nicht mehr die vorhandenen Institutionen der Interessenvermittlung. Auch eine quantitativ erweiterte Öffentlichkeit ist nicht in der Lage, die traditionellen, auch öffentlichen Systeme der gesellschaftlichen Interessenvermittlung zu ersetzen. Dies hat eine zunehmende Ungleichheit der Partizipation zur Folge (Schäfer 2015). Simultan sind auf der Hinterbühne der Politik ganz andere Interessenkoalitionen am Werk. Die Krise der Öffentlichkeit führt nicht zu ihrer Abschaffung, im Gegenteil, in der Mediendemokratie und einer durch das Internet hochdynamisierten Transparenzgesellschaft scheint die Öffentlichkeit als Kommunikations- und Informationsraum die etablierten Grenzen von Raum und Zeit zu überwinden. Dennoch, und das scheint mir ein gewichtiger Vorwurf zu sein, verschwindet das Politische aus der Öffentlichkeit, und das Geheimnis gewinnt als systemisches Prinzip bei der Politikproduktion an Einfluss.

4 Die Ideologie der Öffentlichkeit

Die Krise der Demokratie enthüllt auf der einen Seite eine verstärkte Funktionalität des Geheimnisses, ohne die Gegenseite in Form der Öffentlichkeit abzuwerten. Nicht der Niedergang der Öffentlichkeit zeichnet die gegenwärtige Krise aus, sondern ihr erneuter Strukturwandel. Die medial produzierte Öffentlichkeit ist nicht mehr in der Lage, die Politik mit der Gesellschaft unmittelbar zusammenzubringen und damit als Forum politischer Partizipation zu dienen. Neben der durch die Komplexität des Regierens unmöglich gewordenen medialen Präsentation von Prozessen der Politikproduktion, die ihrerseits die „Plausibilitätskette politischen Handelns" (Oelze 2013, S. 258) unterbricht, ist es vor allem die gegenseitige Distanzierung der nach autonomen Eigenlogiken operierenden Systeme der Medien und der Politik, die der Öffentlichkeit eine neue Struktur in der Gesellschaft gibt. Gleichzeitig dringt die auf den Informations- und Kommunikationstechnologien basierende Öffentlichkeit in alle alltagsweltlichen Belange ein, um ihren anderen prominenten Gegenpart, die Privatheit, zu zerstören (vgl. Geuss 2002; Seubert 2010).

Eine mögliche Reaktion auf diesen Wandel ist die Forderung, auf die Kraft der Öffentlichkeit zu setzen und diese systemisch zu stärken. Insbesondere Netzaktivisten und linke Gruppen fordern in diesem Kontext eine Verstärkung der Transparenz-Norm, um die Öffentlichkeit wieder zum wichtigsten Prinzip der Demokratie zu machen. Baumann nennt dies die Ideologie der Öffentlichkeit und diskutiert einige ihrer problematischen Prämissen (2014, S. 402ff.):

1. Eine unterstellte aber nicht hinreichend begründete *Rationalität*. Die Ideologie der Öffentlichkeit geht von der Genese eines Konsenses in der Öffentlichkeit aus. Der Konsens entsteht aus der Wahrheitsfindung als unterstelltes funktionales Element der Öffentlichkeit. Indes werden die Probleme der Willensbildung und die damit auftretenden Konflikte vernachlässigt. Statt in Folge politischer Kämpfe erfolgt die Genese des Konsenses hier allein auf der Basis einer projizierten

Rationalität der Information. Wenn erst einmal alle Beteiligten die Tatsachen und Fakten kennen, werden sie automatisch zu einem gleichen Urteil kommen.
2. Die Ideologie der Öffentlichkeit unterstellt ein *harmonisches*, durch Einheit geprägtes Gesellschaftsbild. Auch in der Öffentlichkeit, wie in der antiken Agora, würde sich die Gesellschaft finden und Probleme kollektiv lösen. Baumann sieht hierbei den Mangel, dass sich diese Ideologie stärker mit Konfliktmodellen des Politischen auseinandersetzen muss, um das dezisionistische Moment der Politikproduktion besser zu verstehen.
3. Schließlich der konstituierte kausale Zusammenhang, dass mehr Information zu mehr Kompetenz führt und dies wiederum zu mehr Aktivitäten. Baumann verweist hier süffisant auf die sogenannten Couchsurfer, die zwar alle möglichen Informationen besitzen, ihr Wissen aber keinesfalls in Partizipation ummünzen.

In Ergänzung dieser Kritik lassen sich noch zwei Punkte nennen, die sich gegen die Forderung der Transparenz-Norm richten: Zum einen, dass die veränderte medial und technisch produzierte Öffentlichkeit auch ein Zuviel an Informationen produziert. Keiner ist mehr in der Lage, diese Mengen zu verarbeiten, was Passivität erzeugt. Zum anderen der Hinweis, dass eine Politik unter Dauerbeobachtung anfängt, die Transparenz zu instrumentalisieren. Politik wird dann zur Inszenierung, zum Theater oder zur „Theatrokratie" (Han 2013, S. 15), die mehr verschleiert, indem sie wichtige Dinge überspielt, inszeniert oder bewusst ablenkt. Es ist ebenso möglich, dass die Politik anfängt, systematisch den Beobachter zu beobachten, wobei sich ziemlich leicht die Marotten des Publikums systematisieren und anschließend instrumentalisieren lassen. Damit würde aus der positiven Öffentlichkeit das Gegenteil werden, kein Raum der Entfaltung von Freiheit, sondern ein Mittel zur totalen Überwachung in einer „Kontrollgesellschaft" (Han 2013, S. 74). Eben diese Funktionen besaß die Öffentlichkeit auch im Totalitarismus, wo sie jedes ‚Geheim halten' unmöglich machen sollte (Rylkin 2003). In dieser Funktion ist sie die Quelle einer „Macht, die alles sieht" (Bobbio 1988, S. 107).

Die Ideologie der Öffentlichkeit ist eine konzeptuelle Sackgasse, die keine Lösung bei den Herausforderungen der Transparenzgesellschaft und den systemischen Geheimnissen in der Politikproduktion entwickelt. Sie führt im Gegenteil zu einer weiteren Entpolitisierung der Demokratie, denn sie vernachlässigt die Gefahren einer kontrollierenden Öffentlichkeit und sie negiert die notwendigen Bedingungen politischen Handelns, die Han als Negativität der Dezision beschreibt (Han 2013, S. 14). Politisches Handeln ist nicht allein Diskurs oder Konsens, sondern auch Dezision, die, auch wenn sie produktiv verstanden wird, immer Enttäuschungen hervorruft. Diese können jedoch niemals vollständig in der Entscheidungsfindung berücksichtigt werden, es sei denn, um den Preis der Entscheidungsfähigkeit selber.

Deshalb benötigt politisches Handeln das Geheimnis, welches die Überraschung einer politischen Entscheidung ermöglicht. Erst mit diesem Moment der Überraschung lassen sich Unvorhersehbarkeiten der Enttäuschungen schaffen, die somit nur kurzfristig auftreten und die demokratische Politik nicht dauerhaft blockieren. Insofern lähmt die totale Transparenz die Politik, weshalb ein Ende des Geheimnisses auch das Ende der Politik nach sich ziehen würde (Han 2013, S. 15).

5 Eine neue Verschwörung der Bürger

Durch die Suggestion einer totalen Transparenz versucht die Ideologie der Öffentlichkeit die paradoxe Beziehung von Demokratie und Geheimnis einseitig aufzulösen. Zu den dabei in Kauf genommenen Kollateralschäden gehören die Abschaffung des Politischen und die unwillentliche Legitimation einer totalen Kontrolle durch die quantitativ unbegrenzte Öffentlichkeit. Statt die neue Stresssituation des paradoxen Verhältnisses von Demokratie und Geheimnis durch die Politisierung der Öffentlichkeit zu lösen, will ich für eine Expansion des Geheimnisses argumentieren. Meine These wäre also statt einer totalen Öffentlichkeit, besser das Geheimnis zu positivieren, um die Öffentlichkeit wieder zu funktionalisieren. Diese Positivierung setzt auf zwei Ebenen an: (1.) der Privatheit und (2.) der politischen Mobilisierung. Die erste Ebene konstituiert den Bürger; die zweite Ebene politisiert ihn.

1. Das Private als Gegenbegriff zur Öffentlichkeit in der „großen Dichotomie" (Seubert 2010, S. 9) ist für die Konstituierung der Bürger entscheidend. Erst die im Zuge der Aufklärung geübte Kritik am Geheimnis hat die Genese des Privaten als ein positives Pendant zur Öffentlichkeit ermöglicht (Westerbarkey 1991, S. 158). Das Geheimnis war der Geburtshelfer der Öffentlichkeit, wenn auch im negativen Sinn. Durch die Kritik am Geheimnis wurde die Grenze zwischen Öffentlichkeit und Privatheit überhaupt erst ein Teil sozialer Auseinandersetzungen, die dazu führten, dass in den liberalen Demokratien das Private klar von der Öffentlichkeit getrennt wurde. Im Anschluss daran wird der Raum des Privaten rechtlich-konventionell geschützt, da nur hier Freiheit und Autonomie des Einzelnen existentiell werden (Rössler 2001; kritisch Geuss 2002). Der Sinn dieser Differenzierung basiert auf der freien Entscheidung einer Person, etwas zu verhüllen oder zu enthüllen (Seubert 2010, S. 9). Privat kann etwas nur dann sein, wenn eine Person den Zugang dazu kontrolliert (Rössler 2001, S. 136). Der Kontrollmechanismus ist jedoch das Geheimnis: Erst entscheidet man sich, gewisse Dinge geheim zu halten, anschließend können sich die Geheimnisse

zu einem Bereich des Privaten verdichten. Diese Hierarchisierung stellt das Geheimnis als konstituierendes Merkmal der Privatheit in den Mittelpunkt (Simmel 1983, S. 272), und die Privatheit ermöglicht dem Bürger, ein Bürger zu sein, der existenzielle Dinge im Geborgenen und Verborgenen regelt (Arendt 1967, S. 81ff.). Dies ist in liberalen Gesellschaften das Recht des Bürgers und letztlich eine Voraussetzung seiner Existenz. In Demokratien leitet sich die Geltung des Geheimen auf der individuellen Ebene immer aus der Persönlichkeit des Individuums ab, welches selbst entscheidet, was verborgen bleiben soll und was nicht (Seubert 2010, S. 9). Erst der Austritt des Bürgers aus der Öffentlichkeit ermöglicht die autonome Artikulation von politischen Interessen. Demzufolge hat das Geheimnis gegenüber der radikalen Idee der Öffentlichkeit dafür zu sorgen, dass Menschen einander einen Rest Fremdheit durch Distanz bewahren, indem sie eine interpersonale Transparenz verhindern (Han 2013, S. 9). Damit wird Freiheit zum Nicht-Verstehen geschaffen, die wiederum die Voraussetzung von Autonomie ist (Han 2013, S. 10).

2. Der gescheiterte Versuch der Piraten-Partei, durch radikale Transparenz eine wirksame Opposition zu errichten, verweist auf deren unpolitischen Charakter. Die Piraten sind eine Partei ohne Farbe, die in der Politik nur die Verwaltung gesellschaftlicher Bedürfnisse sieht: „Als Anti-Partei ist die Piraten-Partei nicht in der Lage, einen politischen Willen zu artikulieren und neue gesellschaftliche Koordinaten herzustellen" (Han 2013, S. 16). Demgegenüber müsste die Wiederaneignung der Demokratie durch das kritische Publikum auf die Interessen und die Politikfähigkeit der Bürger setzen. Damit sich die kollektiven Interessen und Politiken aber überhaupt so aggregieren können, braucht es Vertrauen, um sich vor den desintegrativen Kräften der Öffentlichkeit zu schützen. Ich erinnere daran, dass die treibenden Kräfte der demokratischen bürgerlichen Revolution, welche die Öffentlichkeit gefordert hatten, zunächst im Schutz der Salons und Teilöffentlichkeiten ihr politisches Programm soweit ausformuliert hatten, dass es in den Auseinandersetzungen genug Mobilisierungspotential entfachen konnte. Der Niedergang der Piratenpartei unterstreicht, wie wichtig die Subversion ist, um nicht unter dem Druck der totalen Transparenz notwendige Auseinandersetzungen immer existenziell werden zu lassen. In diesem Zusammenhang sollte wieder an die Tradition der geheimen Verschwörung der Bürger angeknüpft werden. Auf die positiven Effekte der Verschwörung der Bürger hat Max Weber bei der Genese der europäischen Städte in ihrer wichtigen Funktion als autonome politische Selbstorganisationen verwiesen (Weber 1999). Auch Blickle sieht in der Verschwörung ein Fundament der politischen Ordnungsform des Kommunalismus, der aus dem „Willen der Menschen, die in einem konkreten räumlichen Bezug leben" (Blickle 2000, S. 150), kollektives

politisches Handeln ermöglicht. Hierfür schwören die Menschen Eide der Selbstbindung, um gemeinsam vereinbarte Absichten umzusetzen und sich gegenüber anderen Autoritäten zu verbünden. Dies schafft Vertrauen. Natürlich darf dies nicht zu totaler Abschottung führen, weil der Mechanismus zur Kommunikation mit den anderen ja immer noch die Öffentlichkeit ist und in der Demokratie auch bleiben muss.

Die Positivierung des Geheimnisses führt zum Schutz der Bürger vor der öffentlichen Kontrolle in der Transparenzgesellschaft und ermöglicht erst die vertrauensvolle Artikulation eines autonomen politischen Subjekts. Im zweiten Schritt können diese autonomen Subjekte sich zusammenschließen, um dann – und erst dann – an die Öffentlichkeit zu treten. Damit wird dem Strukturwandel der Öffentlichkeit Rechnung getragen und die Kultivierung des Geheimnisses in der Demokratie, quasi spiegelbildlich zu seiner funktionalen Expansion in der Politikproduktion, auch auf der Seite des Demos eingefordert. Die Macht, die aus der Verheimlichung erwachsen kann, lässt sich jüngst negativ am Beispiel von Pegida studieren. Weil die Protagonisten sich zunächst den Medien und der Öffentlichkeit entzogen, wuchs die Konfusion im politischen System. Die Art der Reaktion von politischen Akteuren zeigt, wie schwierig es für sie ist, dieses Phänomen einzuschätzen. Wenn im Kontrast zu dieser demokratiefeindlichen Tendenz die Bürger sich wieder miteinander im Sinne einer demokratisch-republikanischen Idee verschwören, führt dies jedoch wieder zu mehr demokratischer Partizipation und damit zu einer produktiven Reaktion der Demokratie auf ihre Krise.

Literatur

Althoff, G. 1997. *Spielregeln der Politik im Mittelalter: Kommunikation in Frieden und Fehde.* Darmstadt: Primus Verlag.

Baumann, M.-O. 2014. Die schöne Transparenz-Norm und das Biest des Politischen: Paradoxe Folgen einer neuen Ideologie der Öffentlichkeit, in: *Leviathan*, 42.3, S. 398-419.

Benz, A./Lütz, S./Schimank, U./Simonis, G. 2007. Einleitung. In: Dies. (Hrsg.), *Handbuch Governance.* Theoretisch Grundlagen und empirische Anwendungsfelder. Wiesbaden: VS Verlag, S. 9-26.

Blickle, P. 2000. *Kommunalismus: Skizzen einer gesellschaftlichen Organisationsform*, Band 2: Europa. München: Oldenbourg Wissenschaftsverlag.

Bobbio, N. 1988. *Die Zukunft der Demokratie.* Berlin: Rotbuch Verlag.

Bommes, M./Tacke, V. 2011. Das Allgemeine und das Besondere der Netzwerke. In: Dies. (Hrsg.), *Netzwerke in der funktional differenzierten Gesellschaft*, Wiesbaden: VS Verlag 2011, S. 25-48.

Habermas, J. 1990. *Strukturwandel der Öffentlichkeit*. Untersuchungen zu einer Kategorie der bürgerlichen Gesellschaft. Frankfurt am Main: Suhrkamp.

Han, B.-Ch. 2013. *Transparenzgesellschaft*. Berlin: Matthes & Seitz.

Hölscher, L. 1970. Öffentlichkeit und Geheimnis. Eine begriffsgeschichtliche Untersuchung zur Entstehung der Öffentlichkeit in der frühen Neuzeit. Stuttgart: Klett-Cotta.

Haus, M. 2010. *Transformation des Regierens und Herausforderungen der Institutionenpolitik*. Baden-Baden: Nomos.

Knobloch, J. 2011. Politiknetzwerke und das Geheimnis. In: *Zeitschrift für Politikwissenschaft*, 21.1, S. 5-32.

Knobloch, J. 2014. Politische Rationalität der Postdemokratie. In: D'Amato, G., Karolewski, P.I. (Hrsg.): *Bürgerschaft und demokratische Regierbarkeit in Deutschland und Europa*, Baden-Baden: Nomos, S. 254-278.

Machiavelli, N. 1978. *Der Fürst*. 6. Auflage Stuttgart: Reclam.

Mayntz, R. 2009. *Über Governance. Institutionen und Prozesse politischer Regelung*, Frankfurt am Main: Campus.

Merkel, W. 2015. Die Herausforderungen der Demokratie. In: Ders. (Hsg.), *Demokratie und Krise*: Zum schwierigen Verhältnis Theorie und Empirie, Wiesbaden: Springer VS, S. 7-42.

Oelze, B. 2013. Unbehagen an der Politik. Zum neuen Strukturwandel der Öffentlichkeit. In: Bach, M. (Hrsg.), *Der entmachtete Leviathan*: Löst sich der souveräne Staat auf?, Baden-Baden: Nomos, S. 247-259.

Rösch, U. 1999. *Geheimhaltung in der rechtsstaatlichen Demokratie: Demokratietheoretische Überlegungen zum Informationsverhältnis zwischen Staat und Bürger sowie zwischen Staatsgewalten*. Baden-Baden: Nomos.

Rössler, B. 2001. *Der Wert des Privaten*. Frankfurt am Main: Suhrkamp.

Rylkin, M. 2003. *Räume des Jubels: Totalitarismus und Differenz*. Frankfurt am Main: Suhrkamp.

Schäfer, A. 2008. Krisentheorien der Demokratie: Unregierbarkeit, Spätkapitalismus und Postdemokratie, *MPIfG Discussion Paper* 08/10.

Schäfer, A. 2015. *Der Verlust politischer Gleichheit: Warum die sinkende Wahlbeteiligung der Demokratie schadet*. Frankfurt am Main: Campus.

Schneider, V. 2000. Organisationsstaat und Verhandlungsdemokratie. In: Werle. R./Schimank, U. (Hrsg.), *Gesellschaftliche Komplexität und kollektive Handlungsfähigkeit*, Frankfurt am Main/New York: Campus, S. 243-269.

Schuppert, G.F. 2008. Governance – auf der Suche nach Konturen eines „anerkannt uneindeutigen Begriffs". In: Schuppert, G.F./Zürn, M. (Hrsg.), *Governance in einer sich wandelnden Welt*, Wiesbaden: VS Verlag, S. 13-40.

Seubert, S. 2010. Privatheit und Öffentlichkeit heute. Ein Problemaufriss. In: Seubert, S./ Niesen, P. (Hrsg.), *Die Grenzen des Privaten*, Baden-Baden: Nomos, S. 9-22.

Simmel, G. 1983. *Soziologie*. Untersuchungen über die Formen der Vergesellschaftung. 6. Auflage Berlin: Duncker & Humblodt.

Weber, M. 1999. *Wirtschaft und Gesellschaft*. Teilband 5: Die Stadt, Gesamtausgabe. Tübingen: Mohr und Siebeck.

Wegener, B.W. 2006. *Der geheime Staat: Arkantradition und Informationsfreiheitsrecht*. Göttingen: Morango.

Werron, T. 2011. Versteckte Netze. Netzwerke im Lichte der Unterscheidung öffentlich/ geheim. In: Bommes, M./Tacke, V. (Hrsg.), *Netzwerke in der funktional differenzierten Gesellschaft*, Wiesbaden: VS Verlag, S. 213-240.

Westerbarkey, J. 1991. *Das Geheimnis: Zur funktionalen Ambivalenz von Kommunikationsstrukturen*. Opladen: Westdeutscher Verlag.

Westerbarkey, J. 1998. *Das Geheimnis: Die Faszination des Verborgenen*. Leipzig: Gustav Kiepenheuer Verlag.

Geheimdienste in liberaldemokratischen Staaten

Wolfgang Krieger

Sind sie wirklich geheim? Diese Frage erscheint berechtigt, wenn man sich die Fülle von Presseberichten, parlamentarischen Untersuchungsausschüssen, Geheimdienst-Filmen und -Büchern vor Augen hält, die zudem versprechen, „einen tiefen Blick“ in diese (angeblich) verschlossene Welt zu werfen, „Machenschaften“ ans Licht der Öffentlichkeit zu zerren oder auch nur „ihre Geheimnisse zu lüften“.

Und wenn sie tatsächlich geheim sind, welche Begründung gibt es dafür in einer staatlichen Ordnung, die auf der öffentlichen Willensbildung und Mitwirkung der Bürger beruht? Die Antwort liegt in einem „sowohl als auch“, da staatliche Geheimdienste in liberaldemokratischen Staaten – und nur diese sollen hier behandelt werden! – einerseits weitgehend der Öffentlichkeit bekannt und Teil der rechtsstaatlichen Ordnung sind, andererseits jedoch hinsichtlich ihrer praktischen Tätigkeit in einer Zone strikter Geheimhaltung operieren, die ihrerseits nach gesetzlich geregelten Vorgaben funktioniert und mit Staatspersonal arbeitet – also Beamten, Soldaten und öffentlichen Angestellten –, das genauso der jeweiligen bürgerlichen Gesellschaft angehört wie das Personal der Gerichte oder der öffentlichen Schulen oder der Polizeidienststellen. Um es an deutschen Beispielen zu illustrieren: In den deutschen Geheimdiensten gilt das gleiche Beamten- und Soldatengesetz, die gleiche Verschlusssachenanweisung (für den Umgang mit geheimhaltungsbedürftigen Dokumenten und Informationen), das gleiche Sicherheitsüberprüfungsgesetz wie für die Staatsdiener in anderen Teilen des Staatsapparates. Dass sie den gleichen Bestimmungen des Strafgesetzbuches und der übrigen Gesetzgebung unterworfen sind, wie alle anderen Bürger auch, ist eine Selbstverständlichkeit. Wenn also nachfolgend die Besonderheiten der Geheimdienste als Behörden sowie ihrer Tätigkeit zu erörtern sind, so darf dabei die banale, gleichwohl in öffentlichen Diskursen oft angezweifelte Wahrheit nicht vergessen werden, dass die Geheimdienste (in dem hier nur kurz angedeuteten Sinn) schlichtweg Teile des Staatsapparates sind.

Allerdings gibt es im internationalen Vergleich durchaus bemerkenswerte Unterschiede, wie Demokratien diese Institutionen ausrichten, ausstatten, hinsichtlich ihrer Kompetenzen zuschneiden und kontrollieren. Diese Unterschiede können nachfolgend nur in groben Zügen dargestellt werden, um zu zeigen, dass es historisch gewachsene, politisch und rechtlich unterschiedlich begründete Wege gibt, die besonderen Probleme dieser Institutionen und ihrer Tätigkeit zu lösen. Im Licht dieser Unterschiede sollen die Besonderheiten der deutschen Diskurse beleuchtet werden.

1 Geheime Aufgaben im demokratischen Rechtsstaat

Die Begründung für die besonderen Aufgaben und die besondere Geheimhaltungspraxis der Geheimdienste liegt in den Anforderungen, welche an den freiheitlich-demokratischen Staat gestellt werden. Dabei geht es um Freiheitsrechte, Bürgerrechte, sozialen und wirtschaftlichen Wohlstand, sowie um den Schutz von kulturellen Identitäten und Werten, die sich nur in einer komplexen Balance von staatlichen Eingriffen und von Freiräumen individueller sowie gesellschaftlicher Entfaltung verwirklichen lassen. Ohne einen starken, effizienten Staat sind diese Ziele nicht zu erreichen, wie wir spätestens seit Thomas Hobbes wissen. Man sieht es tagtäglich in Regionen der Welt, wo diese Bedingungen nicht erfüllt sind – in Diktaturen, failed states oder Territorien ohne wirksame staatliche Ordnung. Zudem leiden die Demokratien unter den Auswirkungen durch Aggressionen, Umweltgefahren und Flüchtlingsströme, die von dort auf sei einwirken. Das heißt, in einer globalisierten Welt müssen die Demokratien nicht nur ihre „hausgemachten" Probleme lösen, sondern auch auf Gefahren reagieren, die vor allem von den nicht-Demokratien ausgehen.

Zu den ältesten Aufgaben des Staates gehört es, für Sicherheit zu sorgen, wobei allerdings dieser Begriff einem tiefgreifenden Wandel unterworfen ist. Zu sichern waren, wenn man es historisch betrachtet, zunächst die Herrschaftsgebiete und die Herrschaftsinstrumente des Monarchen oder anderer Personen und Institutionen der Staatsführung. Es kamen jedoch sehr früh sowohl wirtschaftliche Interessen (Ressourcen, Güterproduktion, Dienstleistungen, Handelswege) als auch kulturelle Werte wie Religionen (samt ihren heiligen Stätten) und Lebensformen (beispielsweise von Nomaden, Clans, Grundherren, Adel, Städte) hinzu, die noch heute von eminenter Bedeutung sind. Denken wir an Marktzugänge in unserer „globalisierten Welt" oder an die Konflikte um Jerusalem (mit heiligen Stätten der drei großen Weltreligionen) und an die seit 1300 Jahren währenden Spannungen zwischen den Glaubensrichtungen des Islam oder, bei den Lebensformen, an die afghanisch-pakistanischen Clan-Gesellschaften, welche sich nicht in eine moderne staatliche Ordnung pressen lassen. Aber auch säkulare Konflikte um nationale Identitäten bis hin zur mehr oder weniger gewaltsamen Ausbreitung westlicher demokratischer Werte werden als Inhalte von Sicherheit definiert.

Das heißt, nicht nur die inneren Gegner oder Verweigerer einer vorgegebenen (oder zu erzwingenden) politischen Ordnung werden als Sicherheitsproblem definiert. Es können auch externe politische Ordnungen, Gruppierungen, religiöse oder ideologische Bewegungen oder politische Verhältnisse als Gefährdung der eigenen Sicherheit definiert werden. Beispielsweise fühlen sich die Schiiten allein durch die Präsenz und den Einfluß von Sunniten bedroht – wie es im alten Europa einst zwischen Katholiken und Protestanten der Fall war. Im 19. Jahrhundert sahen sich Republiken und Monarchien wechselseitig als Bedrohung, weil die eine Staatsform versuchen könnte, durch Kriegsgewalt die andere zu eliminieren. Politische Diktaturen sieht man seit Immanuel Kant und Woodrow Wilson generell als Bedrohung des Weltfriedens, weil (angeblich) nur der demokratisch lebende Bürger ein natürliches Interesse am internationalen Frieden hat. Als Antworten auf dieses Verständnis von Sicherheit kann man aus der jüngsten Vergangenheit nennen: Bill Clintons „enlargement of democracy" oder die von Tony Blair und anderen verfochtene Doktrin der „responsibility to protect", welche bewaffnete Interventionen zum Schutz von bedrohten Minderheiten, Frauen und anderen Zivilisten nicht nur erlaubt, sondern zur völkerrechtlichen Pflicht erhebt.

Ohne das gesamte Panorama des Begriffes Sicherheit auszubreiten, wird rasch erkennbar, dass die staatlichen Sicherheitsorgane – nämlich Militär, Polizei und Geheimdienste – nicht nur mit den „klassischen" Gegnern wie Kriminellen und angreifenden Streitkräften fremder Staaten befasst sind, sondern auch mit Sicherheitsrisiken, die möglicherweise drohen oder zumindest denkbar sind. Hier geht es um die Sicherheit vor Gefahren, die nicht so offensichtlich sind wie Mord, Körperverletzung, Piraterie oder Krieg, sondern an Werte wie individuelle Freiheiten oder soziale und kulturelle Entfaltungsmöglichkeiten im weitesten Sinn, neuestens auch an Umweltfaktoren, gebunden sind.

Gewiss befassen sich Geheimdienste nicht mit allen Varianten dieser Bedrohungen von Sicherheit. Ihre hauptsächliche Aufgabe besteht jedoch darin, Informationen über ein breites Spektrum derartiger Bedrohungen zu sammeln, zu analysieren und der Staatsführung vorzulegen, damit die Basis für deren Entscheidungen nicht auf den eigenen Erfahrungshorizont, das eigene Wissen, beschränkt bleibt. Denn es ist eine Besonderheit dieses geheimdienstlichen Wissens – im Unterschied zu anderen Domänen des Wissens --, dass es sich nur teilweise mit öffentlich verfügbaren Mitteln beschaffen lässt und deshalb mit besonderen Methoden erworben wird. Es geht hier um Informationen, welche der Gegner (oder Feind) zu kaschieren sucht, also um Geheimnisse, die von Staaten, Organisationen, Gruppen oder Individuen bewahrt werden, um ihre Angriffe auf die Sicherheit anderer effektiver ausführen zu können. Indem man diese Geheiminformationen beschafft, nimmt man dem Gegner diesen Vorteil der Überraschung oder macht ihn überhaupt erst als Gegner erkennbar.

2 Die Legalität der Beschaffung

Die geheimdienstlichen Methoden, mit denen diese Informationen beschafft werden, sind insofern legal, als sie an gesetzlichen Vorgaben ausgerichtet und durch die legitime Staatsgewalt (zumeist die Regierung) befohlen werden. In diesem Sinn handeln die Geheimdienste der freiheitlich demokratischen Staaten also nicht „ungesetzlich" oder im Zuge von „Machenschaften", auf eigene Faust oder „außerhalb jeder Kontrolle", wie man in der Öffentlichkeit oft behauptet. Im Gegenteil! Es sind im historischen Rückblick keine Fälle bekannt, in denen Geheimdienste ohne politischen Auftrag oder ohne Wissen der politisch Verantwortlichen gehandelt hätten.[1] Wenn man dieses Handeln im Einzelfall für unrechtmäßig oder unmoralisch halten mag, so lässt es sich in jedem (bisher bekannt gewordenen Fall) als Regierungshandeln in diesem Sinne belegen. Um es auf den Punkt zu bringen: In jedem dieser „Geheimdienstskandale" lässt sich eine Urheberschaft oder zumindest Mitwisserschaft der politischen Führung nachweisen. Das entbindet allerdings das Geheimdienstpersonal nicht von einer persönlichen Verantwortung, wenn es ungesetzlichen oder unmoralischen Befehlen oder Anweisungen Folge leistet.

In einem anderen Sinn kann jedoch die hier zur Debatte stehende Beschaffung von Geheiminformationen „ungesetzlich" und sogar rechtswidrig sein. Bei Inlandsgeheimdiensten mag es sich um Beschaffungsmethoden handeln, die nicht im Detail gesetzlich geregelt sind oder zumindest in einer rechtlichen Grauzone stattfinden. Das betrifft beispielsweise den Einsatz von V-Leuten oder die Beobachtung sowie das Ausspähen von Personen, die man für eine Bedrohung hält. Hier gibt es spätestens seit den 1970er Jahren in allen Demokratien einen grundlegenden Wandel. Überall wurden Gesetze über die Befugnisse der Inlandsgeheimdienste sowie über den Umgang mit staatlich erfassten Daten (Datenschutz) erlassen oder

1 Gemeint sind hier Fälle oder „Skandale" von erheblicher Tragweite, die in parlamentarischen oder gerichtlichen Untersuchungen gründlich erforscht wurden.

inhaltlich ausdifferenziert, welche die staatlichen Eingriffe transparenter und damit leichter justiziabel machen.

Anders liegen die Dinge bei der Auslandsspionage, wo die Beschaffungsmethoden überwiegend gegen die Gesetze der jeweils betroffenen Staaten verstoßen (Geheimnisverrat, Hochverrat, Anstiftung zu einer Straftat usw.). Das heißt, der Geheimdienst erhält einen rechtmäßigen Auftrag seiner eigenen (demokratischen) Regierung, um auf einem fremden Staatsgebiet Straftaten zu begehen und dortige Staatsbürger zu Straftaten anzustiften. „We steal secrets", wie es James Woolsey, ein ehemaliger CIA-Direktor, formulierte.

Da es im Völkerrecht üblich ist, im Verkehr mit dem Ausland das dort geltende Recht zu achten, und da das Prinzip der „Nichteinmischung" in der UNO-Charta verankert ist, verwundert ein solches Handeln. Es besteht hier eine große Lücke im Völkerrecht, das sich – von einigen Ausnahmen abgesehen – mit der Spionage nicht befasst, diese aber nicht nur duldet, sondern mit der Resolution 1373 des UN-Sicherheitsrates von 2001 die Mitgliedstaaten sogar verpflichtete, sich ihrer Geheimdienste zu bedienen – wenn auch nur zum Zweck der Bekämpfung des internationalen Terrorismus. (Diese Resolution wurde als Antwort auf die Terroranschläge von 9/11 verabschiedet.) Spionage ist sodann ein Gegenstand des Kriegsvölkerrechtes – aber nur im Fall von legitimen Kriegen –, und sie kommt in mehreren Verträgen der Rüstungskontrolle vor, dort als Instrument zur Verifikation der Vertragstreue. Inzwischen entwickelt sich das Völkerrecht auch hier weiter, indem internationale Institutionen wie die UNO, die NATO sowie die EU eigene geheimdienstliche Fähigkeiten besitzen und ausbauen, wenn auch zumeist nur Analysezentren. Die alte völkerrechtliche Praxis des „benign neglect" gilt insofern heute nicht mehr.

Es bleibt jedoch das Dilemma bestehen, wonach freiheitlich demokratische Rechtsstaaten ihre Sicherheit schützen, indem sie die Gesetze anderer Staaten gezielt brechen und missachten. Wie ist das zu verstehen und zu rechtfertigen?

Zu verstehen ist es aufgrund der Tatsache, dass es sich bei den betroffenen Staaten in der Regel um solche handelt, die selbst eine Sicherheitsbedrohung für den handelnden demokratischen Staat (und seine engen Verbündeten) darstellen oder Gruppierungen und Individuen auf ihrem Territorium dulden, die ihrerseits eine Bedrohung darstellen. Das eine ist regelmäßig bei Gewaltregimen der Fall. Das andere bei Staaten, deren eigene Sicherheitsorgane nicht willens oder nicht in der Lage sind, derartige Akteure auf ihrem Territorium wirksam zu bekämpfen. Wenn beispielsweise westliche Geheimdienste im Irak, in Syrien oder in Afghanistan und Pakistan operieren, so bekämpfen sie nicht (oder nicht in erster Linie) die dortigen Regierungen, sondern spüren Bedrohungen auf, denen diese Regierungen nicht gewachsen sind. Im Fall von handlungsfähigen Staaten, die als Diktaturen oder wegen ihrer aggressiven Außenpolitik eine Gefahr darstellen – beispielsweise der Iran oder Rußland oder Nordkorea – lassen sich die dort begangenen Rechtsbrüche durch eine Güterabwägung rechtfertigen zwischen der Bedrohung für eine Demokratie und dem Rechtsbruch in einem Staat, der selbst kein Rechtsstaat ist und internationales Recht massiv verletzt.

Würde jedoch ein Staat per Gesetz und im Detail festlegen, dass seine Geheimdienste in einem anderen Staat gezielt und mit dort ungesetzlichen Mitteln operieren, wäre darin ein legitimer Kriegsgrund zu sehen. Es würde also ein Krieg vom Zaun gebrochen, obgleich es in Wirklichkeit das Ziel solcher geheimdienstlicher Operationen sein muss, die eigene und die internationale Sicherheit zu erhöhen und somit Krieg zu vermeiden. Deshalb wäre es absurd, in einem Gesetz explizit zu beschreiben, welche Staaten mit welchen geheimdienstlichen Mitteln ausgeforscht werden sollen. Genauso absurd wäre es, bestimmte Staaten explizit von solchen Operationen auszunehmen, denn die Politik und die Sicherheitslage von Staaten können sich rasch ändern. Zudem läßt sich Sicherheit nicht dadurch gewährleisten, dass man potentiellen Gefährdern eine gesetzliche Garantie gibt, sie nicht zu behelligen. Geheimdienste haben nämlich auch eine abschreckende Funktion, wenn sie die als Sicherheitsrisiken eingestuften Staaten, Organisationen oder Personen darüber im Unklaren lassen, was man über sie weiß und welche Maßnahmen gegen sie ergriffen werden.

Es wäre logisch, dass eng miteinander verbündete Demokratien sich nicht gegenseitig ausspionieren. Das Risiko, den privilegierten Partnerstatus zu verlieren, ist groß und der Aufwand völlig überflüssig. Allerdings sind bestimmte Ausnahmefälle unzweifelhaft belegt. So haben zwei ehemalige britische Kabinettsminister öffentlich gemacht, dass EU-Verhandlungsdelegationen von britischer Seite abgehört wurden. Im Februar 2016 wurde in Deutschland ein ehemaliger BND-Mitarbeiter zu einer hohen Haftstrafe verurteilt, der mehr als fünf Jahre durch die CIA als bezahlter „Maulwurf" geführt wurde und ihr hochrangige Geheimdokumente und eine umfassende geheime Personaldatei lieferte. Die britischen und französischen Geheimdienste rechnen die Wirtschaftsspionage explizit – in den einschlägigen Gesetzen – zu ihren Aufgabenfeldern, wobei illegale Finanzgeschäfte, Netzwerke zur Hintergehung von Wirtschaftssanktionen und wirtschaftlich-technische Fragen der Proliferation (ABC-Waffen, Komponenten für Raketen, etc.) und des illegalen Waffenhandels im Mittelpunkt stehen.

3 Aufträge, Vorgaben, Kontrolle

Um gleichwohl einen rechtlichen und ethischen Rahmen für Auslandsoperationen abzustecken, obliegt es den freiheitlichen Demokratien, ihren Geheimdienste klare Vorgaben zu machen, was als zulässig erachtet wird und was nicht. Das geschieht typischerweise in geheimen Anordnungen und Aufträgen, beispielsweise in der Bundesrepublik Deutschland im „Auftragsprofil der Bundesregierung" für den Bundesnachrichtendienst oder in den Direktiven des National Security Council der USA. Zusätzlich haben einige Staaten bestimmte allgemeine Grundsätze in ihre Geheimdienstgesetze aufgenommen. So legt das BND-Gesetz von 1990 (im Artikel 2) fest, dass die „nachrichtendienstlichen Mittel" der Informationsbeschaffung nur einzusetzen sind, wenn die für die Sicherheit der Bundesrepublik erforderlichen Informationen „nur auf diese Weise zu erlangen sind." Sodann muss das Prinzip der Verhältnismäßigkeit gelten, wonach aus mehreren Möglichkeiten diejenige zu wählen ist, „die den Betroffenen voraussichtlich am wenigsten beeinträchtigt." Man bedient sich also hier eines Prinzips, das für die Gewaltanwendung durch Polizei und Militär zu gelten hat. Ob dann im konkreten Fall die Mittel des Ausspähens, der Fernmeldeaufklärung oder ähnliches eingesetzt werden, hat die politische Exekutive zu entscheiden, also der jeweils zuständige Minister oder Regierungschef.

Das heißt, die zitierte gesetzliche Vorgabe ist nur eine von mehreren Vorgaben, welche dem Geheimdienst gemacht werden. Allerdings ziehen es viele freiheitliche Demokratien vor, für Auslandsoperationen überhaupt keine gesetzlichen Vorgaben zu machen und die Exekutive nach dem völkerrechtlichen Grundsatz der legitimen Selbstverteidigung handeln zu lassen. In diesem Fall gelten jedoch auch hier die Grundsätze des Kriegsvölkerrechtes, die sich an bereits durch Thomas von Aquin aufgestellten Normen orientieren (Verhältnismäßigkeit des Gewalteinsatzes, Verschonung Unbeteiligter, menschliche Behandlung des Konfliktgegners und so weiter).

Wenn es also gute Gründe gibt, warum geheimdienstliche Operationen im Ausland erfolgen, obgleich sie nach dortigem Recht illegal sind, und wenn die Abwesenheit von genauen gesetzlichen Bestimmungen keinesfalls den Schluß rechtfertigen, diese Tätigkeit erfolge in Bezug auf das eigenen demokratische Recht „ungesetzlich" oder ohne Kontrolle durch die eigene Regierung, so ist doch nicht zu leugnen, dass es hier viele Ermessensspielräume und vielerlei Grenzfälle gibt, deren zugrunde liegende Rechtfertigungen sich anzweifeln lassen. Möglich ist hier nur, die Weisungsbefugnis juristisch klar zu regeln, um damit die vor Ort handelnden Geheimdienst-Mitarbeiter, sofern sie sich an die erteilten Weisungen halten, vor der Situation zu bewahren, dass sie bei der Erfüllung ihres Auftrages „mit einem Bein im Gefängnis stehen".

Das ist in der Praxis allerdings nicht immer der Fall, weil die Exekutive typischerweise den Wunsch äußert, dass bestimmte Informationen beigebracht werden, sich jedoch mit der Methode der Beschaffung nicht im Einzelnen befassen will, um die eigene Karriere oder das eigene politische Überleben nicht zu gefährden. Es ist geradezu ein Grundsatz von Auslandsoperationen, dass sie keine Spuren hinterlassen dürfen, welche den demokratisch-rechtsstaatlichen Auftraggeber erkennbar machen. In bestimmten Fällen wird den eigenen geheim operierenden Agenten klar gesagt, dass sie bei Zwischenfällen keinerlei Unterstützung durch den eigenen Staat zu erwarten hätten, weil dieser nicht als Auftraggeber in Erscheinung treten wolle (plausible deniability).

Nicht zuletzt herrscht in vielen Fällen große Unsicherheit bei der Definition eines Risikos, das den Einsatz geheimdienstlicher Mittel rechtfertigt. Hier läßt sich allenfalls mit Analogien zu dem operieren, was in der innerstaatlichen Strafjustiz die Aufnahme staatsanwaltlicher Ermittlungen oder eine Verhaftung oder gar eine gerichtliche Verurteilung rechtfertigt. Das heißt, das juristische und ethische Denken ist hier durchaus gerechtfertigt, ja zwingend notwendig, aber es kann nicht mit der gleichen Mechanik, der gleichen expliziten Festlegung in der Form von Gesetzen und Gerichtsentscheidungen erfolgen, wie es in der innerstaatlichen Strafjustiz geschieht. Im Übrigen werden auch zur Gewährleistung der innerstaatlichen Sicherheit die Gesetze und Vorschriften in immer kürzeren Abständen modifiziert, erweitert oder präzisiert, weil andernfalls selbst das bewährte innerstaatliche Recht keine hinreichende Sicherheit mehr gewährleisten könnte. Wieviel schwieriger muss es dann auf der internationalen Bühne sein, deren Akteure, Normen und Instrumente weder von einem einzelnen Staat noch, wie die Wirklichkeit zeigt, von internationalen Institutionen wesentlich beeinflusst werden können -- jedenfalls soweit das von ihnen ausgehende Gefahrenpotential tangiert ist!

4 Technische Aufklärung und parlamentarische Kontrolle

Abschließend sollen zwei besonders umstrittene Themen der Debatten um die Geheimdienste aufgegriffen werden: erstens die sich rasch vermehrenden Möglichkeiten der technischen Überwachung und zweitens die Praxis der parlamentarischen Überwachung.

Technik, genauer gesagt die Kommunikationstechnik, hat die historische Entwicklung der Geheimdienste von jeher nicht nur begleitet, sondern geradezu angetrieben. Wenn man sich klar macht, dass es um die Beschaffung und Weiterleitung von Geheimnissen des Feindes an den eigenen Entscheidungsträger geht, so ist offensichtlich, dass die Übermittlungswege dieser Informationen entscheidende Momente der Beschaffung sein können. Neben der Beschaffung einer schriftlichen Botschaft (auf Papier), die zumeist durch einen Spion oder Agenten erfolgt, läßt sich eine optisch oder akustisch oder elektrisch/elektronisch übermittelte Botschaft durch den Einsatz von technischen Geräten abfangen. Man denke – in historischer Abfolge – an Telegraphen- und Telephonkabel, an elektromagnetische („drahtlose“) Funkübermittlung, an Mobil- und Satellitentelephone und schließlich an das Internet. Jede dieser Kommunikationstechnologien eröffnete die Möglichkeit, übermittelte Informationen mitzulesen, mitzuhören und aufzuzeichnen. Sofern die Nachricht verschlüsselt war, konnte sie (in den meisten Fällen) dechiffriert werden. Durch die Einführung von Datenspeichern können Informationen, bildlich gesprochen, aus dem Safe gestohlen werden, ohne physische Nähe zu diesem. Die Massenspeicherung und elektronische Verarbeitung von Daten erlaubt bislang unvorstellbare Geschwindigkeiten und Kombinationsmöglichkeiten bei der Informationsverarbeitung beschaffter Daten.

Wenn man sich mit der tatsächlichen oder möglichen Nutzung dieser Technologien befaßt, sind zwei Aspekte besonders zu beachten. Zum einen wurden diese Technologien für kommerzielle und militärische Nutzungen entwickelt. Wenn also Bedenken des Datenschutzes und der Bürgerrechte hinsichtlich ihrer Nutzung bestehen, so treffen diese heute genauso, in Wirklichkeit in viel größerem Ausmaß, auf diese kommerzielle Nutzung durch Internetgiganten wie Google, Amazon, Facebook und zahlreiche andere zu. Zweitens ist zu bedenken, dass es bei der Sammlung, Speicherung und Nutzung von Daten durch die Geheimdienste um die Bewahrung der Freiheit und Sicherheit des Bürgers geht, während bei den Privaten allein der finanzielle Nutzen zählt. Man kann die beiden Nutzungen also nicht über einen Kamm scheren, muß aber der staatlichen Seite gesetzliche Regeln vorgeben. Dort, wo es um die Abwehr schwerer Verbrechen geht – insbesondere um Terrorismus, Menschenhandel und die Proliferation von Massenvernichtungswaffen -, wäre es unerträglich, wenn Informationen (beispielsweise Gesprächsdaten oder Internet-Inhalte) den Sicherheitsbehörden gezielt vorenthalten würden, um gewissen abstrakten Vorstellungen von Bürgerrechten genüge zu tun. Die Folge wäre ein Verlust des Vertrauens in den Rechtsstaat mit unabsehbaren Konsequenzen. Den Behörden und ihren Mitarbeitern muss allerdings klar sein, dass sie politisch und juristisch zur Verantwortung gezogen werden können. Gleichwohl läßt sich deren Verantwortung nicht vollständig durch Paragraphen und Vorschriften reglementieren. „Wer nicht bereit ist, moralische Risiken einzugehen, hat beim Geheimdienst nichts verloren“, wie es Sir David Omand, ein ehemaliger Chef des britischen Abhördienstes (GCHQ) formulierte.

Das ist zugleich ein Grund, warum diese Dienste einer besonderen parlamentarischen Kontrolle bedürfen. Allerdings ist das eine Erkenntnis, die sich in den Parlamenten vergleichsweise spät durchsetzte. Zwar hatten Italien, die Niederlande und die Bundesrepublik Deutschland (und einige weitere Staaten) bereits seit den 1950er Jahren spezielle parlamentarische Gremien damit befaßt, doch in den USA geschah das erst in den 1970er, in Großbritannien und Frankreich erst seit den 1990er Jahren.

Drei Faktoren spielen hierbei eine Rolle. Zunächst finden sich die frühen Kontrollregime vor allem in Parlamenten mit mehr als zwei Parteien. Dort müssen oft Koalitionsregierungen gebildet werden, und es besteht der Verdacht, die Geheimdienste könnten für parteipolitische Zwecke mißbraucht werden. Zweitens hat der Vorwurf einer massiven rechtswidrigen Praxis in den USA zur Einrichtung spezieller Kontrollgremien (Senat und Repräsentantenhaus) geführt. Der US-Kongreß führte zusätzlich besondere Kontrollprozeduren für „verdeckte Operationen" ein, zu denen militärische Geheimoperationen und jüngstens bewaffnete Drohneneinsätze im Antiterrorkampf gehören. Dieses Mitentscheidungsrecht des US-Parlaments stellt eine verfassungsrechtliche Besonderheit dar, zumal die Genehmigung der Operationen in der Regel vorab zu erfolgen hat. In Deutschland nahm man einen Abhörskandal (Fall Traube) zum Anlass, ein bestehendes informelles Gremium durch ein gesetzlich verankertes mit größeren Befugnissen (1978) zu ersetzen, das später (2009) zusätzliche Kontrollbefugnisse erhielt.

Als Dritten Grund ist die Forderung der europäischen Rechtsprechung zu nennen, wonach staatliche Abhörmaßnahmen nur auf der Basis spezifischer Gesetze zulässig seien. In der Folge wurden entsprechende Regelungen getroffen und Kontrollgremien eingerichtet. Diese Überwachung wurde schrittweise der technischen Entwicklung (Mobiltelefonie, Internet, cloud computing usw.) angepaßt, in Deutschland vor allem durch das Telekommunikationsgesetz von 2004.

5 Ausblick

Seit den „9/11"-Terroranschlägen in den USA (2001) haben alle Demokratien ihre geheimen Nachrichtendienste verstärkt und deren Befugnisse ausgeweitet, am meisten in den USA durch die Homeland Security Act von 2002. Trotz erheblicher Kritik an den Eingriffen in die bürgerliche Privatsphäre (Telefonkontrolle, Internetausspähung, Vorratsdatenspeicherung) haben einige Staaten, beispielsweise Frankreich (Geheimdienstgesetz von 2015) diesen Ausbau mit einer Reduzierung der parlamentarischen und justiziellen Genehmigungsbefugnisse verbunden. Auf einem Sonderweg befindet sich die Bundesrepublik Deutschland, wo die Auslandspionage drastisch eingeschränkt und zugleich stärker gegenüber dem Parlament offengelegt werden soll. Eine Realisierung dieser Pläne würde zweifellos die internationale Kooperation stark behindern und die Terrorismusbekämpfung erschweren.

Literatur

Krieger, W. 2014. *Geschichte der Geheimdienste.* Von den Pharaonen bis zur NSA, 3. Aufl. München: C.H.Beck.

Johnson, L.K. (Hrsg.), 2010. *The Oxford Handbook of National Security Intelligence.* York New NY: Oxford University Press.

Dietrich, J-H., Eiffler, S. (Hrsg.), 2016. *Handbuch des Rechts der Nachrichtendienste.* Stuttgart: Richard Boorberg.

Autoren/Autorinnen

Prof. Dr. Norbert Campagna, Jg. 1963, Promotion in Trier, Habilitation an der Université Paris 12, professeur-associé für Philosophie an der Université du Luxembourg und Studienrat für Philosophie am Lycée de Garçons Esch. Forschungsschwerpunkte: Geschichte des politischen Denkens; Sexualethik; Rechtsphilosophie. 24 Buchveröffentlichungen und über 100 Aufsätze in wissenschaftlichen Zeitschriften und in Sammelbänden. Letzte Veröffentlichungen: La sexualité des handicapés. Faut-il seulement la tolérer ou aussi l'encourager? Genève 2012; Staatsverständnisse im spanischen siglo de oro, Baden-Baden 2013.
Email: norbertcampagna@hotmail.com

Konrad Göke, M.A., Jg. 1985, Doktorand am Lehrstuhl für Politische Theorie an der Bundeswehruniversität München. Forschungsschwerpunkte: Kriegstheorie, Politolinguistik, Politische Theorie der Renaissance. Veröffentlichungen: Fichtes „Mitstreiter" Machiavelli. Fichtes Machiavelliaufsatz als polemischer Sprechakt, in: V. Reinhard/St. Saracino/R. Voigt (Hrsg.): Der Machtstaat. Niccolò Machiavelli als Theoretiker der Macht im Spiegel der Zeit, Baden-Baden 2015, S. 197-221; Die Erfindung des wahren Krieges. Die Geburt des modernen Bellizismus aus der Krise der Aufklärung. In: S. Salzborn/H. Zapf (Hrsg.): Krieg und Frieden. Kulturelle Deutungsmuster, Frankfurt am Main 2015, S. 35-57.
Email: konrad.goeke@gmail.com

Dr. Eva Marlene Hausteiner, Jg. 1983, wiss. Mitarbeiterin am Lehrstuhl Politische Theorie und Ideengeschichte der Rheinischen Friedrich-Wilhelm-Universität Bonn und John F. Kennedy Memorial Fellow an der Harvard University (2016/2017). Forschungsschwerpunkte: Imperien- und Imperialismustheorie; Föderalismustheorie; Begriffsgeschichte; Geschichts- und Erinnerungspolitik; Politik und Ideengeschichte Russlands. Publikationen: Die Legitimation von Imperien. Strategien

und Motive im 19. und 20. Jahrhundert, (hrsg. zus. mit H. Münkler); Greater than Rome. Neubestimmungen britischer Imperialität 1870-1914, Frankfurt a. M./New York 2015; Föderalismen. Modelle jenseits des Staates (Hrsg.), Baden-Baden 2016.
Email: evahausteiner@uni-bonn.de

Jan Hecker, M.A., Jg. 1989, Studium der Rhetorik und Politikwissenschaften der Eberhard-Karls-Universität Tübingen, M.A. Politikwissenschaften der LMU München.
Email: jan.hecker@posteo.de

Dr. phil. Sebastian Huhnholz, Jg. 1980, wiss. Assistent am Lehrstuhl Politische Theorie des Geschwister-Scholl-Instituts für Politikwissenschaft der LMU München. Forschungsschwerpunkte: Raum- und Imperiumstheorien; politische Ideengeschichte des Steuerstaates u. a.; Publikationen: Krisenimperialität. Romreferenz im US-amerikanischen Empire-Diskurs, Frankfurt a. M./New York 2014; Dschihadistische Raumpraxis. Raumordnungspolitische Herausforderungen des militanten sunnitischen Fundamentalismus, Berlin 2010.
Email: sebastian.huhnholz@gsi.uni-muenchen.de

Dr. phil. Jochen Kleinschmidt, Jg. 1980, Profesor Principal an der Fakultät für Politikwissenschaft und Internationale Beziehungen der Universidad del Rosario in Bogotá, Kolumbien. Forschungsschwerpunkte: Politische Geographie; Theorien der Internationalen Beziehungen; Sicherheit und Konflikte in Lateinamerika; Regionalismus in Lateinamerika und im Globalen Süden. Letzte Veröffentlichung: Drones y el orden legal internacional. Tecnología, estrategia y largas cadenas de acción, in: *Colombia Internacional* 84, Bogotá 2015.
Email: jkleinsch@gmail.com

Dr. Jörn Knobloch, Jg. 1976, Privatdozent und akademischer Mitarbeiter an der Universität Potsdam. Forschungsschwerpunkte: Konstruktive Politische Theorie, Die politische Produktion von Zukunft u. a.; Publikationen: Hybridisierung und Ökumene: Soziale Ordnung im Kontext von Entterritorialisierung und Globalisierung, in: Kultursoziologie 1/2016, 68-84; Sinnübergänge in der Weltgesellschaft und die Möglichkeit einer transkulturellen Politischen Theorie, in: Michael Haus; S. d. La Rosa (Hrsg.): Politische Theorie und Gesellschaftstheorie: Zwischen Erneuerung und Ernüchterung, Baden-Baden 2016, 387-411; Normativität und Know-how Politischer Ordnung, Weilerswist 2016.
Email: Joern.Knobloch@uni-potsdam.de

Prof. Dr. Bettina Koch, Jg. 1970, Associate Professor of Political Science/ASPECT, Virginia Polytechnic Institute and State University, Caltech-Huntington Humanities Collaborations Fellow and Caltech Visiting Associate in the Humanities (2016/17). Forschungsschwerpunkte: Politische Theorie und Ideengeschichte; vergleichende politische Theorie, Politik und Religion, Überwachung, Gewalt und (Staats)Terrorismus. Publikationen: Patterns Legitimizing Political Violence in Transcultural Perspectives. Islamic and Christian Traditions and Legacies, Berlin/Boston, 2015; (Hrsg.) State Terror, State Violence. Global Perspectives, Wiesbaden, 2016.
Email: bkoch@vt.edu

Prof. Dr. Wolfgang Krieger, Jg. 1947, Universität Marburg (pensioniert). Forschungsschwerpunkte: Geschichte der internationalen Beziehungen, Geschichte der Geheimdienste und der Geheimdienstpolitik. Publikationen: Geschichte der Geheimdienste von den Pharaonen bis zur NSA, München 2014 (3. erweiterte und aktualisierte Auflage); Geschichte der deutschen geheimen Nachrichtendienste (erscheint demnächst in: Handbuch des Rechts der Nachrichtendienste, hrsg. Jan-Hendrik Dietrich / Sven-Rüdiger Eiffler)
Email: krieger@uni-marburg.de

Prof. Dr. Claudia Ritzi, Jg. 1981, Westfälische Wilhelms-Universität Münster. Forschungsschwerpunkte: Zeitgenössische Demokratietheorie, Demokratie und Digitalisierung, demokratische Legitimität; Publikationen: Die Postdemokratisierung politischer Öffentlichkeit? Wiesbaden 2014; Einführung in die zeitgenössische Demokratietheorie. Band 1 und 2. Wiesbaden 2012 & 2015 (mit O. Lembcke und G. S. Schaal); Die Legitimität direkter Demokratie. Wie demokratisch sind Volksabstimmungen? Wiesbaden 2016 (mit W. Merkel).
Email: ritzi@uni-muenster.de

Prof. Dr. Rüdiger Voigt, Jg. 1941, Emeritus der Universität der Bundeswehr München. Forschungsschwerpunkte: Staat und Recht, Krieg und Weltordnung, Visualisierung der Politik; Publikationen: Den Staat denken. Der Leviathan im Zeichen der Krise, 3. Aufl. Baden-Baden 2014; Denken in Widersprüchen. Carl Schmitts wider den Zeitgeist, Baden-Baden 2015; Staatsdenken. Zum Stand der Staatstheorie heute (Hrsg.), Baden-Baden 2016.
Email: dr.ruediger.voigt@gmail.com.

Printed by Printforce, the Netherlands